KB105723

심층 Deep Adaptation 적응

DEEP ADAPTATION (1st Edition)
By JEM BENDELL & RUPERT READ

Copyright © Jem Bendell & Rupert Read, 2021

This edition is published by arrangement with Polity Press Ltd., Cambridge
Korean translation (c) 2022 Bona Liber Publishing Co-operative Ltd.

이 책의 한국어판 저작권은 Icarias Agency를 통해 Polity Press Ltd.과 독점 계약한 협동조합 착한책가게에 있습니다.
저작권법에 의하여 한국 내에서 보호를 받는 저작물이므로 무단전재와 복제를 금합니다.

Doomsday Clock

심층 적응

기후대혼란,
피할 수 없는 붕괴에
어떻게
적응할 것인가

젬 벤델·루퍼트 리드 외 지음

김현우·김미정·추선영·하승우 옮김

착한책가게

"이 책의 저자들은 우리 시대의 현실을 인식하고 기후 재난이라는
불편한 진실을 직시할 수 있는 용기를 지녔다. 이 책의 주제는 참으로 무섭다.
그러나 이 책은 두려움과 곤란을 어떻게 친절하고 현명하게 생활하고
일하는 방식으로 바꿀 것인지에 대한 밝은 아이디어로 가득 차 있다.
이 책에 글을 실은 사상가, 연구자, 활동가들은 이 전례 없는 재앙에 적응할 수 있는
지혜를 구체화한다. 또한 상상력과 회복력을 가지고 생활하고 행동하는
실천적 방법과 수단을 보여준다. 모든 사람이 이런 급진적 아이디어에
동의하려 들지는 않을지라도, 모든 사람은 이에 대해 알아야 한다.
그래서 나는 이 책을 모두에게 추천한다."

– 사티쉬 쿠마르, 〈재생과 생태주의자(Resurgence & Ecologist)〉의 명예 편집자이자 슈마허 칼리지 창립자

"붕괴와 이를 뒤따르는 전환은 복잡한 시스템이 진화하는 공통적인 방식이다.
우리의 높은 소비 수준과 기후를 불안정하게 만드는 사회의 붕괴는 인류의
보다 밝은 미래로 향하는 전환으로 귀결될 수도 있다. 이 책에서 그려 보이는
심층적응이라는 틀은 그런 전환을 찾아가는 유용한 길이다."

– 윌 스테픈, 호주 국립대학교 기후변화연구소

차례

감사의 글

엮은이들은 이 책을 묶어낼 수 있도록 지원해준 케이티 카, 그리고 재정 마련에 도움을 준 롭 헤일즈 박사와 그가 주도하는 지속가능한 기업을 위한 그리피스 센터(오스트레일리아 그리피스 대학)에게 감사드린다. 또한 편집에 도움을 준 에이터스 마리쿠오-러셀, 그리고 이 어려운 주제에 마음과 지성을 담아 달라는 우리의 요청에 용기 있게 화답해준 각 장의 저자들에게도 감사드린다.

또한 우리는 이 책을 열정적으로 받아들여 준 로마클럽에 감사드린다. 이 책은 그들이 1972년에 사회 붕괴에 대해 경고하며 시작된 중요하고 방대한 대화와 같은 흐름에 있다. 요르겐 랜더스는 이 계획의 가장 첫 단계에서 우리를 도왔다. 우리는 비록 불운하고 심히 괴로운 것이더라도, 특정한 그리고 모든 붕괴의 영향과 피해를 누그러뜨리기 위한 준비에 관하여 우리가 이 책에서 둔 초점이 로마클럽의 지속되는 대화와 정책 기획들에 유용하기를 희망한다.

젬 벤델

전 세계에서 심층적응포럼Deep Adaptation Forum에 함께하는 모든 자원활동 가들에게 감사드린다. 이들 대부분을 개인적으로 만난 적은 없지만 고마움과 애정을 느낀다. 이 어려운 시기에 새로운 기획을 위해 새로운 방식으로 사람들이 모일 수 있도록 도우려고 나선 이들의 결심은 내 영혼의 치료 연고처럼 느껴졌다. 또한 케이티 카, 리처드 리틀, 매튜 슬레이터, 조리 토모바, 바네사 안드레오티 등 5장에서 인용한 모든 저자들에게, 지난 몇 년간의 나의 지적 여정에 매우 중요했던 이들로서 감사드린다.

루퍼트 리드

멸종반란XR 안팎의 많은 동료들에게 감사드린다. 변형적이고 심층적인 적응transformative and deep adaptations의 여정은 2020년대를 규정하는 것 중 하나가 될 것이다. 길 찾기를 도와준 포스트-XR 'TrAd' 그룹(특히 우나, 에이프릴, 사이먼, 스키나)에 감사드린다. 그리고 같은 주제에 대해 귀중한 토론을 해준 나의 학계 동료(그리고 옆집 이웃인) 조 클라크와 닉 브룩스에게 감사드린다. 머튼로드에서 시작된 이야기는 이 길에만 머물지 않는다. 마지막으로 이 책을 위해 시간과 자원을 제공하면서 큰 도움을 준 예술인문연구위원회AHRC에 감사를 전한다.

우리는 기후 위기에 어떻게 적응해야 할까?

몇 년 전, 신자유주의 세계화 반대를 외치며 도로를 점거하고 쇠사슬로 몸을 묶던 시위대 이후 오랜만에 그와 비슷하게 행동하는 집단을 신문에서 목격했다. 이름도 낯선 멸종반란Extinction Rebellion이라는 단체가 영국에서 벌인 시위였다. 기후 위기의 심각성은 알고 있었지만 어떻게 해야 할지 몰랐던 상황에서 '와, 저렇게라도 해야 하는 건가'라는 고민이 생겼다. 그 뒤에는 멸종반란한국, 멸종저항서울이라는 모임도 한국에 만들어졌고 국회 정문을 사슬로 막고 민주당사 현관을 봉쇄하는 시위를 하기도 했다.

그런 시위 탓(?)인지 영국 정부는 기후 비상사태를 선언했고, 한국에서도 지방자치단체와 국회가 비상선언을 하고 '기후 위기 대응을 위한 탄소중립·녹색성장 기본법'이라는 묘한 법이 만들어졌다. 그럼에도 여전히 비상이라는 말이 무색할 만큼 위기에 대한 체감은 떨어진다. 기후 위기가 심각하고 중요하다고 답하는 시민들은 많은데, 그 위기를 심화시킨 신공항이나 발전소와 같은 사업들은 마치 다른 세상 이야기처럼 계속 추진된다. 그러다 보니 기후 위기에 관한 정보는 위기에 대한 경보가 아니라 마치 교양처럼 여겨지기도 한다.

위기에 처한 사람들이 보이는 손쉬운 반응은 그 위기를 부정하는 것이다. 그것은 문제가 아니라고 인정하지 않고 문제가 없는 쪽을 보며 긍정적으로 사는 것이다. 아니면 경제가 조금 더 성장하고 과학기술이 발전하면 충분히 생태계의 문제를 통제할 수 있다고 믿는다. 위기에 대한 또 다른 반응은 어차피 피할 수 없으니 모든 걸 받아들이자는 식의 회의주의다. 엄청난 파국에 대한 두려움은 아무런 행동도 취하지 못하도록 만든다. 서로 상반되게 보이는 이 두 반응은 다가오는 위기에 대응해 아무것도 하지 못하도록 만든다는 점에서 동일하다.

그렇다면 우리는 이 두 극단적인 반응 외에 어떤 선택지를 만들 수 있을까? 이 책은 그런 고민을 하는 사람들에게 도움을 준다. 이 책은 "정상적인 삶이 중단되거나 심지어 무너지는 것처럼 보여서 혼란스럽고 걱정이 되는가? 어떻게 해야 할지도 몰라 꽉 막힌 느낌에 고민인가? 우리는 이 책을 통해 당신이 주변의 많은 혼란을 더욱 온전히 이해하고 친구, 동료 및 지역공동체의 구성원을 불러들여 우리 사회의 기반과 자연 세계와의 관계를 재고하도록 하고자 한다."고 말한다.

위험에 대비해서 많은 사람들은 보험을 든다. 위험이 예측되면 그 위험을 심각하게 받아들이고 보험에 들고 필요한 물자를 비축하거나 가까운 사람들에게 조언을 구하고 대비를 할 것이다. 이런 과정이 기후 위기에 대해서도 마련되어야 하지 않을까? 일단 전제는 기후 위기에 대한 인정이고, "기후로 인한 경제적·사회적 붕괴가 이제 그럼직하다는 사실을 받아들인다면 우리는 그 붕괴의 성격과 가능성을 탐색하기 시작할 수 있다. 그리고 이때 우리는 다양한 관점을 발견하게 된다."

물론 지금 당장은 기후 위기보다 코로나19가 사람들에게 더 큰 영향을 미쳤고, 그러다 보니 기후 이야기는 쏙 사라졌다. 엄청난 재난이 아니어도 우리는 눈 앞에서 사람들이 쓰러지고 목숨을 잃는 사람들이 하루 몇 명 이렇게 수치로 표현되어야 실감이 나는 사회, 하루에도 서너 명씩 노동자가 산업재해로 죽어도 제대로 대책을 마련하지 않는 사회에 살고 있다. 그러다 보니 기후 위기로부터 발생하는 문제와 그 영향에 대해서도 여전히 체감이 떨어진다. 기후 위기야 탄소 배출량을 좀 줄이면 나아지겠지, 이런 기대가 있는 것도 사실이고, 정부와 기업은 그런 것처럼 선전한다.

그러나 이 책은 기후 위기의 영향이 사회를, 우리의 생활이 의지하는 산업소비주의를 그 뿌리에서부터 뒤흔들 것이라고 예측한다. 배출되는 탄소량을 줄이는 것은 위기의 강도를 낮추는 것이지 위기를 막는 방법이 아니라는 점에서 붕괴는 이미 예고되었다. 하물며 탄소 배출량을 줄인다는 목표 자체도 실현가능성이 있는지 알 수 없다. 그런 점에서 이 책의 저자들은 탄소 배출량을 감소시킬 뿐 아니라 생산, 교역, 생활방식을 전면적으로 변화시킬 심층적응과 변형적 적응을 주장한다.

그래서 이 책의 전제는 받아들이기 싫겠지만 사회의 붕괴이다. 기후 위기로 인한 파국은 피할 수 없다. 파국을 피하기엔 너무 늦었고, 그 속도는 일정하지 않고 티핑포인트를 넘으면 갑작스럽게 빨라질 것이다. 그 속도만큼 해수면은 상승하고 농수산물의 생산량은 줄어들고 생물종의 수도 줄어들 것이다. 무너지는 일상에서 우리는 어떻게 살아갈 것인가? 이 사태를 지금까지 방치해온 정부와 기업은 사회의 붕괴라는 급박한 상황에서 우리 일상의 안전을 보장하려 할까? 그렇지 않다면 우리는 어떻게 버텨야 할까? 이 책은 이 질문에 진지하게 답하려고 한다.

놀랍도록 빠르게 새로운 상황에 적응하는 한국이기에 우리는 또 다른 'K-적응'의 신화를 기대할지 모른다. 그리고 이 책에서 이미 중요하게 다뤄지는 '회복력'이라는 단어도 이미 곳곳에서 쓰이고 있다. 기후 위기만이 아니라 사회 여러 곳에서 종종 사용되는 '회복력'이라는 단어는 마치 노력하면 이전 상태로 돌아갈 수 있을 것이라는 착각을 준다. 그렇지만 회복은 이전으로 돌아가는 것이 아니라 우선순위를 바꾸는 것을 뜻한다. 우리는 과거로 복귀하고 싶지만 그것은 불가능하다.

그래서 이 책은 네 가지 질문이 중요하다고 본다. 우리가 지키고자 하는 가장 가치 있는 것은 무엇이며 어떻게 할 수 있는가?(회복력) 우리는 문제를 악화시키지 않도록 하기 위해 무엇을 놓아줄 수 있는가?(포기) 우리는 이런 어려운 시기에 우리를 돕도록 무엇을 되돌려놓을 수 있는가?(복원) 우리의 공통 운명에 우리가 눈을 뜨면서 우리는 무엇과 그리고 누구와 평화를 만들 수 있을까?(타협) 회복력, 포기, 복원, 타협, 이 네 가지는 이 책의 저자들이 공유하는 관점이고 앞으로의 상황에 적응함에 있어 매우 중요하다.

아마도 우리가 가장 받아들이기 어려운 것은 포기일 것이다. 그렇지만 과거와 똑같이 누리는 삶은 이제 불가능하다는 점을 인정해야만 한다. 이제 누군가는 더 이상 해안선 가까이에서 살 수 없을 것이고, 재난에 취약한 산업 시설은 폐쇄되어야 하고, 특정한 유형의 소비나 특정 상품에 대한 기호도 이제 포기되어야 한다. 어느 정도로 회복할 수 있을지 알 수 없기 때문에 우리는 많은 것을 바꿔야 한다.

그것은 단순한 포기가 아니다. 그 전환 과정은 기존의 위계질서를 뒤집어 반가부장제, 사회정의, 탈식민화, 불평등 해소에 노력을 쏟게 하고 서로가 서로의 자유를 지지하는 공동해방이라는 과정에 도달하게 한다. 그런 점에서 전환의 과정이 고통만은 아니고 용기와 희망을 주기도 한다.

이 책의 원제는 Deep Adaptation이다. 'Navigating the Realities of Climate Chaos(기후 혼돈의 실체를 탐험하기)'라는 부제를 봐도 내용을 짐작하기 어렵다. 심층적응이라는 번역어도 직관적으로 의미를 파악하기 어려운 단어이다. 그렇다면 번역자들은 왜 이런 번역어를 택했을까? 독자들을 괴롭히기 위해서? 당연히 아니다. 번역자들은 한국어로는 그 의미를 정확하게 전달할 단어가 없는 상태에서 심층적응이라는 번역어가 독자들의 고민을 자극할 거란 기대로 이 번역어를 선택했다.

이 심층적응이란 말은 무엇을 뜻할까? 저자들은 심층적응이란 지도 없는 세계로의 초대라고 말한다. 우리가 이미 알고 있던 것들은 이 위기에서 크게 쓰임새가 없다. 무엇도 확실하지 않은 시대를 우리는 헤쳐가야 한다. "쓸모없고 유해한 정신 '지도'에 대한 의존을 포기하고 이제는 잊힌 존재 방식과 지식 습득 방식을 재발견하고 복원하는 데 관심을 가져야 한다. 쓸모없고 유해한 정신 지도는 우리가 무엇이고 무엇이 아닌지 그리고 세계가 어떤 방식으로 존재하는지 제대로 보여주지 못한다. 아울러 혼신의 힘과 온 마음을 다하고 관계로 맺어지는 공동체의 지혜를 모아 우리가 현재의 곤경에 직면하게 된 과정에 주목해야 한다. 기본적으로 심층적응은 대화를 담는 그릇이다. 그 대화는 학습한 것을 잊고, 세계에 대한 지도와 모델을 떠나보내며, 새로운 것을 조급하게 붙잡지 않도록 권하는 것으로 시작되는 대화다. 물론 쉬운 일은 아닐 것이다. 사실, 확실성, 정답을 요구하는 습관을 들였다는 말은 불확실성, '알지 못하는 상태'를 사람들이 불편해한다는 의미이기 때문이다. 그렇기 때문에 우리가 직면한 곤경의 모든 측면에서 집단과 관계를 맺는 대안적인 방식을 모색하는 것이 중요하다. 그리고 바로 이러한 이유로 심층적응은 집단 과정 촉진을 핵심으로 삼은 것이다."

당장 위기가 코 앞이라는데 한가하게 사람들과 이야기를 나누라는 것이냐며 불만을 품는 사람도 있을 것이다. 재난키트를 구매하고 응급처치법을 학습하며 재난에 대비하는 프레퍼족prepper이 한국에도 등장하고있다. 기업들도 이런 개인적인 대처법을 권장하며 상품을 판매한다. 그렇지만 이 책의 저자들은 그런 개인적인 해결책이 하나도 도움을 주지못한다고 본다. 이후의 세상에서는 혼자 살아남을 수도, 혼자 살아갈 수도 없기 때문이다. 전환은 개인의 주도권만이 아니라 많은 사람들의 리더십을 (구성원들의 다른 기여와 함께) 가능하게 하는 행동과 구조를 통해서만이루어질 수 있다. 그리고 이미 진행되고 있는 퍼머컬처나 전환마을과같은 대안적인 실험들이 확산될 수 있도록 힘을 모아야 한다.

그런 점에서 이 책은 특별한 해결책을 제시하지 않는다. 한국은 해답찾기에 몰두하지만 이 해답을 제시할 수 있는 사람은 없다. 우리는 신이아니기 때문이다. 시민의회나 전환 프로그램, 재지역화 등이 부분적인해답으로 제시되곤 있지만 그런 걸 만든다고 해서 붕괴의 위협이 사라지는 건 아니다. 오히려 그런 장치들은 붕괴 이후의 세상을 대면하기 위해 필요하다.

이 책을 든 사람들에게 이는 협박처럼 느껴질지 모르겠다. 그렇지만협박이 불확실한 미래를 근거로 삼는다면, 이 책의 질문은 정도만 다를뿐 확실한 미래를 근거로 삼기에 협박으로 여겨질 수 없다. 적어도 우리가 트럼프처럼 음모론(이 책에서는 기후 위기를 부인하는 주의)을 따르지 않는다면 말이다. 이 책의 한 대목처럼 "이 말을 인정하면 잃을 것이 너무 많다. 이를 인정하지 않으면 모든 것을 잃는데도 말이다. 여기에 모순과 역설과 비극이 한데 뭉쳐 있다."

이 책을 편집한 사람들은 멸종반란 영국의 핵심이라 불리는 젬 벤델과 루퍼트 리드이다. 이들의 영상은 유튜브를 검색하면 쉽게 찾아볼 수 있고, 지금과 같은 방식으론 기후 위기에 대응할 수 없다고 주장하는 대표적인 사람들이다. 비상사태를 선언하고서도 제대로 행동을 취하지 않는 정부와 기업, 시민사회를 비판하며 시민불복종에 나선 사람들이다. 놀랍게도 "멸종반란은 생태적 이유로 인한 문명 붕괴와 대량 멸종을 막기 위해 수천 명의 사람들이 기꺼이 체포될 용의가 있다는 것을 발견했다."고 한다. 그들의 반란은 영국인의 상식을 바꾸었고, 나아가서 기후 위기에 대응하는 행동이 나오미 클라인의 책 제목처럼 "모든 것을 바꾼다"는 것을 알게 해주고 있다.

하지만 그들의 주장이 처음부터 환영받은 것은 아니었고 지금도 그렇다. 젬 벤델이 2018년에 '심층적응'을 소개하는 논문을 지속가능 경영 전문 저널에 기고했을 때 심사자들은 대폭 수정을 요청했고, 결국 벤델은 컬럼비아 대학 내의 리더십과 지속가능성 연구소를 통해 자체 출판하기로 결정했다. 본문에서 언급되듯이 출판 직후 수많은 반발과 비판이 쏟아졌다. 하긴 지금부터 50년 전 1972년에 로마클럽의 《성장의 한계》(갈라파고스, 2012)가 출간되었을 때도 그랬었다. 두 경우 모두 전제와 과학적 근거, 사회적 영향 모두가 주류 학계와 권력 집단에게는 마음에 들지 않았던 것이다. 그러나 심층적응은 시나브로 진지한 논의의 단계에 올라섰고, 진지한 기후과학자와 기후정의 운동가들도 전향적인 태도를 보이기 시작했다. 벤델과 동료들은 2019년 3월, 자신의 견해를 공유하는 사람들을 연결하고 지원하기 위해 심층적응포럼을 시작했다.

한국의 우리에게 이 책은 어떻게 받아들여질까? 환경 운동과 기후 운동에 몸담고 있거나 이를 응원하는 여러 활동가와 시민들에게도 이 책의 주장들은 적잖은 불편함과 당혹감을 던져줄 것이다. 그러나 그런 감정적 반응과 논박들을 지나고 나면 많은 생산적인 이야기가 시작될 것이라 생각한다. 기후 재난이라는 현실로부터의 도피, 부인과 부정을 넘어서 붕괴의 시대에 추구하는, 급진적 회의주의와 능동적 희망을 동시에 말할 수 있게 될 것이다. 제대로 절망하고 비탄할 때 섣부른 낙관이나 손쉬운 비관 대신에 더 많은 것을 말하고 행할 수 있다는 '현타'가 올 수 있다. 이런 느낌과 고민이 자신만의 것이 아니고 참고할 만한 작업이 이미 시작되고 있다는 것은 반가운 소식으로 다가올 것이다.

그런데 사실 이런 작업은 심층적응 훨씬 이전으로 '연결'되어야 할지도 모르겠다. 저자들이 로마클럽의 작업과 자신의 책을 같은 선상에 있는 것으로 자리매김하고 있을 뿐 아니라, 이 책의 글들이 담고 있는 메시지도 로마클럽의 그것과 다르지 않기 때문이다. 《성장의 한계》는 다가오는 위기 앞에서 '지속가능성 혁명'을 요청하며 우리에게 "꿈꾸기", "네트워크 만들기", "진실 말하기", "배우기", "사랑하기"를 주문했었다. 정말이지 기후 위기 앞에서 심층적으로 들여다보고 생각해볼 문구들이다.

마지막으로 이 책을 꼭 순서대로 읽을 필요는 없다. 지금 자신이 관심을 두고 있는 주제를 찾아 읽어도 좋고, 멸종저항의 논리에 익숙한 사람이라면 1부를 건너뛰고 2, 3부를 읽을 수도, 실천적인 방법이 궁금한 사람은 3부부터 펼 수도 있다. 심리학, 정치학, 교육, 재지역화처럼 관심 가는 주제부터 먼저 읽어도 무방하다.

지금 한계를 넘어버렸다면, 다음은?

젬 벤델, 루퍼트 리드

정상적인 삶이 중단되거나 심지어 무너지는 듯 보여서 혼란스럽고 걱정되는가? 어떻게 해야 할지 몰라 꽉 막힌 느낌에 고민인가? 이 어려운 시기에 어떻게 창의적으로 대응할지 다른 사람들과 함께 탐색하고 싶은가? 그렇다면 당신은 그런 생각들을 이 책의 저자들과 함께 나눌 수 있다.

최근까지도 현대 사회의 사람들 대부분에게는 더 큰 사회적 혼란, 심지어 붕괴에 대한 예상이 그들 삶의 선택에 어떤 의미가 있는지 탐색할 충분한 이유나 기회가 없었다. 그것을 논의하는 것조차 개인과 사회에 도움이 되지 않는다는 주장과 함께 통제되고 금기시되는 주제였다. 환경적, 경제적, 정치적 또는 기술적 요인 등 어떤 범위에 걸친 것이든, 사회적 중단이나 붕괴를 어떤 수준에서든 예상하는 것에는 비관주의, 경보주의alarmism, 종말론doomism, 숙명론 또는 패배주의라는 라벨이 붙었다. 그러한 부정적인 기각들은 우리를 의기소침하게 만들어 이 주제에 더 이상 가까이 다가가지 못하게 할 수 있다. 불행히도, 그러한 회피는 특히나 우리의 목표가 사회와 자연 세계를 더 많이 구하고 피해를 줄이는 것이라면 이 어려운 순간에 무엇을 할 수 있고 배울 수 있는지를 탐구하는 소중한 시간을 몽땅 잃어버리게 만들 수 있다. 우리에게 가장 중요한 것이 무엇인지 다시 생각하고 남은 삶을 그것에 맞추어 갈 기회를 지연시키는 것을 의미할 수도 있다. 이 때문에 우리는 거대한 사회적 혼란에 직면하여 우리가 도울 수 있는 일을 탐색하기 시작조차 하지 않는 것은 패배주의라고 간주한다. 이것이 우리가 사회 붕괴를 예견하는 것에 담긴 다양한 의미들을 논의하는 책이 필요한 때라고 생각한 이유다.

심층적응Deep Adaptation은 인간이 초래한 기후변화와 환경 파괴의 직간접적인 영향으로 인한 산업소비사회의 잠재적이거나 가능한 또는 불가피한 붕괴에 대응하기 위한 의제이자 틀framework이다. '사회 붕괴societal collapse'라는 용어로 우리가 나타내고자 하는 바는 지속성, 보호, 건강, 안보, 즐거움, 정체성과 의미에 관한 산업소비주의 양식의 불균등한 중단이다. 환경적, 경제적 또는 정치적 붕괴보다 이 '사회'라는 단어가 중요한 이유는 이런 불균등한 중단들이 사회에 두루 퍼지고 그 속에서 살고 있는 우리 처지를 위협하기 때문이다.

'붕괴'라는 용어는 반드시 급작스러울 것 같다는 의미라기보다는 시스템이 포괄적으로 그리고 그 전의 모습으로 돌이킬 수 없도록 파괴되는 형태를 함축한다. '심층'이라는 용어에는 기후 영향 적용에 관하여, 우리 자신들 그리고 우리 조직과 사회들 내의 원인과 잠재적 대응들 속으로 더욱 깊이 들어감으로써 주류적 접근들의 의제와 대비하려는 의도가 담겨 있다(Klein et al. 2015).

심층적응을 위한 대화와 기획에 참여하는 사람들은 세계의 대부분 또는 모든 국가에서 사회 붕괴가 일어날 가능성이 높거나, 불가피하거나 또는 이미 전개되고 있다고 믿는다. 일반적으로 이러한 사람들은 그런 혼란을 스스로 경험하고 있거나 이미 시작되었다고 믿으며, 이 혼란이 남반구에서 먼저 그리고 가장 최악으로 나타날 수 있다고 인식한다. 심층적응은 기후변화의 직간접적인 영향으로 인해 악화되는 사회 붕괴의 예상이나 경험에 대한 내부 및 외부, 개인적 및 집단적 반응을 설명한다.

우리의 일반적 생활방식의 취약성은 2020년 한 바이러스가 처음의 건강상 영향을 넘어서서 일련의 연쇄적 효과들을 촉발시켰을 때 확연하게 드러났다. 이를 시작으로 의약품과 보호장구, 식량 부족을 겪었고, 경제 활동의 둔화, 국내적 정치 격변, 외교적이고 지정학적인 갈등, 그리고 경제적 충격을 줄이거나 지연시키기 위한 엄청난 국가 부채가 초래되었다. 여러 곳에서 생겨난 자원활동가 주도의 상호부조 활동은 사람들이 능동적으로 대응할 수 있는 역량을 보여주는 지표다. 코로나-19는 지구화된 경제에 스트레스 테스트가 되었지만, 우리의 일상생활에서 무엇이 심층적으로 중요한지를 가감 없이 일깨워주기도 했으며 미래의 재난들과 심리적 불안에 대한 실시간 예행연습이기도 했다(Read 2020: ch. 26; Gray 2020). 일부 사람들이 사회 붕괴를 추상적이고 이론적인 문제로 생각할 때, 유엔이 잠재적으로 코로나-19보다 더 심각한 것을 포함하여 코로나바이러스의 발병이 환경 파괴와 기후변화 모두로 인해 발생했을 가능성이 매우 크다고 경고했다는 점을 주목할 필요가 있다(United Nations 2020). 이러한 분석은 기후변화의 간접적 영향들에서 비롯하는 혼란들이 이미 세계 대부분의 사회에서 느껴지고 있음을 뜻한다.

사회 붕괴의 가능성과 과정에 대한 평가는 이 책의 3장에서 전문적 '붕괴학자들collapsologist'이 설명한 것처럼 복잡한 과업이다. 그러한 평가는 사회학, 경제학, 정치학, 심리학, 철학과 농생학 같은 많은 분과 학문들뿐 아니라, 기후과학, 환경 연구, 미래 연구, 재앙 리스크, 비상상황 관리, 재난 감소 등 혼성적 분야들의 도움을 받아야 한다(Servigne and Stevens 2020). 따라서 이런 복잡성은 사회 붕괴의 어떤 가능성에 대한 언급이라도 학자의 전문가주의, 멘탈리티, 정체성 그리고 살아온 경험에서 도출될 것임을 의미한다. 대부분의 학자들은 기후 때문에 악화된 기아나 우리가 이 글을 쓰는 동안에도 일어나는 수억 명의 난민 발생을 경험하지 못한다(FAO 2018). 사회 붕괴의 가능성 평가를 제공할 수 있는 많은 학문 영역 내에서 무엇이 정상성인가에 대한 견해 차이가 있음에도 불구하고, 최근 몇 년 사이에 더 많은 전문가들이 경고를 내놓았다. 기후과학은 현재 그러한 경고가 일어나고 있는 분야 중 하나다(Moses 2020).

2019년 11월, 일곱 명의 유력한 기후과학자들이 〈네이처〉지의 기고를 통해 사회 붕괴가 불가피할 수 있다고 말했는데 왜냐하면 지구의 상태를 조절하는 알려진 지구 기후 티핑 포인트 15개 중 9개가 이미 작동하기 시작했기 때문이라는 것이다(Lenton et al. 2019). 그리고 얼마 지나지 않아 우리의 기후 상황에 대한 과학자 다섯 명의 의견이 〈생물과학〉지에 실렸고 인류에 대한 경고로서 11,000명이 넘는 전 세계 기후과학자의 서명을 받았다. "기후 위기가 다가왔고 대부분의 과학자들이 예상했던 것보다 훨씬 빨리 가속화되고 있다. … 예상보다 심각하며, 자연 생태계와 인류의 운명을 위협하고 있다…."(Ripple et al. 2019). 기후변화가 인류에게 그토록 위험스러운 이유들은 2장에 설명되며, 기후과학자들이 그 위험성에 대한 진술에서 왜 보수적인지는 1장에서 설명된다.

2020년에는 2백 명의 과학자가, 다른 기후 및 환경적 인자들이 상호작용하며 서로 증폭하는 방식 때문에 '지구의 시스템적 붕괴' 가능성이 높아지고 있다고 경고했다. 그들은 '많은 과학자들과 정책가들이 한 번에 하나씩 일어나는, 서로 따로 떨어진 위험들로 생각하고 행동하는 데에 익숙해진 제도들에 깊이 사로잡혀 있는' 탓에 실제 상황이 충분히 잘 이해되거나 소통되지 않는다고 설명했다(Future Earth 2020). 금융 부문에서는 다중적 위험에 관한 통합적인 다중적 정보 형태를 경험한 연구 분석가들이 발견된다. 그래서 미국의 가장 큰 은행 JP모건의 분석가들이 작성한 내부 보고서는 인류가 재난을 피하는 변화를 만들 수 있을지에 관한 질문을 살펴보기에 적절하다. 그들은 이렇게 평가한다.

파리협정의 지구 온도 2도 상승 목표를 달성하기 위해서는 … 세계 석탄화력발전 설비의 34%를 즉각 배제할 필요가 있다. 이러한 석탄화력발전소들의 조기 폐기뿐 아니라 재생가능 에너지에 대한 늘어난 투자도 비용으로 포함할 것이다. 종국적 결과는 에너지 부족과 전력 소매가격 상승이 될 수 있다. 그러나 그렇게 될 것 같지는 않다.(《가디언》, 2020)

우리는 탄소 배출을 상당히 감축하고 대기 속의 탄소를 효과적으로 드로다운drawdown하기 위해 노력을 배가할 수 있고 또 그래야 한다. 최근의 과학 정보와 분석을 생각하기 너무도 고통스럽다는 이유로 외면해서는 안 된다.

불행히도 새 기후 모델들은 과거의 모델들보다 훨씬 더 큰 기후변화를 예고하고 있다(Johnson 2019). 이미 우리는 과거의 예상들에 비추어 극단적인 수치를 나타내는 대기와 해양의 온도 변화를 목격하고 있고, 생태계에 대한 영향도 예견을 훨씬 앞지르고 있다(Nisbet et al. 2019). 예를 들어 2020년 5월 앞의 12개월은 산업화 이전 온도보다 1.3도가 높았다.[*] 이런 급속한 기후변화는 생태계와 인간 시스템에 커다란 충격을 주며 인간이 완전히 저지할 수 있는 그런 게 아니다. 우리는 그 속도를 늦추기 위해 분투해야 하지만, 그러나 우리의 노력이 그리 성공적일지는 모르겠다. 위험스러운 기후변화는 그래서 하나의 중요한 의미에서 아마도, 또는 필시, 산업소비사회의 붕괴로 이어지게 될 해결할 수 없는 곤경이라는 것이 우리의 입장이다.

이러한 이유로 우리는 이 책의 부제처럼, 우리가 초래하고 있는 불안정성을 '기후 혼돈'으로 설명하는 것이 유용하다고 생각하며, '문제'를 바로 '해결'할 수 있다기보다는 그런 혼돈의 다양한 수준을 '탐험'하는 법을 배울 필요가 있다고 본다. 왜냐하면 이는 하나의 문제를 넘어서는, 심지어 하나의 '사악한wicked' 문제를 넘어서는 것이기 때문이다. 이는 하나의 비극이자 지구상의 나머지 다른 생명들과 더불어 *인류에게 새로운 조건을 제공하는* 끝나지 않는 재난 시리즈다(Foster 2015).

일부 공동체들은 감염병, 자본주의의 실패, 인종적 불평등처럼 사회에 압박을 주는 금방 생각나는 몇 가지 요인들뿐만 아니라, 이미 기후변화의 직간접 영향들로 인해 붕괴를 경험하고 있다(Future Earth 2020). 언제 그리고 어디에서 사회 붕괴들이 일어날 수 있을지를 살펴보는 더 많은 연구들이 진행되고 있지만, 그걸 예견하기는 매우 어려우며 그러한 작업은 근본 원인에 대한 질문과 신속하고 의미 있는 행동에 대한 관심을 흐리게 만들 수 있다. 이 책을 통해 우리는 사회 붕괴의 예상으로부터 출발하는 질문과 행동의 영역에 도움을 줄 수 있기를 희망한다. 말하자면, 그러한 붕괴의 아주 현실적 전망을 언제나 회피하거나 또는 예방

---

[*] https://climate.copernicus.eu/surface-air-temperature-may-2020

을 위한 시도만 하는 대신에, 실제로 곧바로 대면하는 게 어떨까? 그러면 무엇이 바뀔까? 혼돈을 경감하기 위한 노력들을 포함하여 우리의 계획과 투쟁들은 어떻게 변화하거나 에너지를 얻게 될까?

우리는 우선 우리가 살고 있는 곳을 포함해서 세계 곳곳의 사회에 대규모 중단이나 심지어 붕괴가 있을 것이라는 결론에 도달하는 게 심리적으로 얼마나 어려운 일인지 알고 있다. 이런 전망을 우리의 인식 속에 허용하는 것이 어렵기도 하거니와, 사회 붕괴를 예상하는 것은 우리가 개인적으로 취약하다고 느낄 뿐 아니라 우리에게 소중한 사람들의 미래를 염려하게 됨을 의미하기 때문에 이를 감내하기도 쉽지 않다. 그런 심리적 고통은 우리가 파괴되는 환경과 대중적 불안 증가의 직간접적 영향으로 인한 구체적인 혼란을 경험하기 전에도 발생한다.

정서적 안녕^well-being의 문제는 심리학에서 얻는 통찰에 관한 4장과, 심리-영성적 함의를 일부 다루는 8장에서도 탐구되는 바, 심층적응 의제 내에서 중요하다. 특히 어린이와 청년에 대한 우려가 있다. 우리는 청년들이 기후변화로 고통을 겪을 미래를 향해 성장하고 있다는 것을 잘 알고 있다. 우리에게 있어, 그들과의 실제적 연대는 이 어려운 의제를 억압하는 것이 아니라, 오히려 그런 미래에 대한 실질적이고 심리적인 적응을 향한 노력을 포함해야만 한다. 교육과 학교에 대한 기본적인 함의들은 10장에서 일부 논의된다.

심층적응이라는 개념과 이와 연관된 대화의 틀은 학제를 넘나드는 사회학자이자 이 책의 공동 편집인인 젬 벤델 교수가 창안한 것이다. 이 내용은 영국의 컴브리아 대학이 출간한 논문으로 대중화되었다(Bendell 2018). 이 논문은 두 해만에 1백만 회나 다운로드 되었고 많은 사람들이 기후 행동 그룹에 결합하고 그것을 이끄는 데 영향을 끼쳤다(Green 2019).

이 운동을 지원하기 위해 2019년 4월에 심층적응포럼Deep Adaptation Forum이 만들어져서 이러한 곤경에 대응하는 데 심층적응이 유용한 틀을 제공한다고 생각하는 이들을 자유로이 연결시켰다.[*]

포럼은 우리의 곤경에 대해 우리가 피해를 줄일 수 있는, 특히 갈등과 트라우마를 줄일 수 있는 방식을 준비하도록 서로 도울 수 있는 애정 어린 대응을 구체화하고 실행 가능하게 하는 것을 목적으로 한다고 설명한다. 포럼은 집단적 지도력이라는 철학 위에 만들어졌고, 여기서 생성적 대화는 핵심적 수단이자 목적이기도 하다(Bendell, Sutherland and Little 2017).

이를 돕기 위해, 심층적응은 사람들에게 그러한 잠재적 변화들을 함께 탐색할 수 있는 방법과 함께 네 개의 질문으로 이루어진 틀을 발전시킨다. 2장에서 간단히 설명되는 것처럼, 이는 4Rs로 불린다. 우리가 지키고자 하는 가장 가치 있는 것은 무엇이며 어떻게 지킬 수 있을까? 이는 회복력resilience에 관한 질문이다. 우리는 문제를 악화시키지 않도록 하기 위해 무엇을 놓아줄 수 있을까? 이는 포기relinquishment에 관한 질문이다. 우리는 이런 어려운 시기에 우리에게 힘이 되도록 무엇을 되돌려놓을 수 있을까? 이는 복원restoration에 관한 질문이다. 우리의 공통 운명에 눈을 뜨면서 우리는 무엇과 그리고 누구와 함께 평화를 만들 수 있을까? 이는 타협reconciliation에 관한 질문이다.

우리는 사회 붕괴에 대한 예상이 신뢰할 만한 조망이라고 생각하지만, 그것을 분명히 하거나 그러한 기반에서 일을 풀어가는 것이 도움이 되지 않는다고 생각하는 사람들과 계속 만나고 있다. 우리의 경험은 그

---

[*] www.deepadaptation.info를 보라.

러한 생각과는 반대였다. 많은 사람들은 붕괴의 가능성이 높거나 불가피하다는 결론을 내린 후에, 위험한 기후변화를 늦추고 영향을 줄이며 서로 돕고 부정의를 되돌리기 위한 사회적이고 정치적인 행동에 적극적으로 참여한다(Bendell and Cave 2020). 게다가 우리가 적응하기 위한 노력에 더 많은 시간을 쏟을수록, 우리는 사회를 서로 안전하게 떠받치면서 탄소 배출이 드로다운 되도록 만들 가능성도 더 높아진다(Read 2020a, 2020b; Foster et al. 2019).

심층적응에 대한 저항 중 일부는 그것이 지난 30년간의 국제 정책 패러다임과의 근본적인 절연을 나타내기 때문에 일어나는 것일 수 있다. 1987년에 유엔에서 채택한 지속가능한 발전이라는 개념은 환경과 사회에 관한 염려들을 통합하면서도 자본주의를 유지하는 게 가능함을 시사한다(Foster 2019). 심층적응의 조망은 기후변화와 환경 파괴의 위험스러운 수준이 속도와 스케일에서 너무 빠르기 때문에 자본주의나 현대 사회의 개혁 모두가 현실적이지 않다고 본다. 결국, 심층적응은 '포스트-지속가능성' 사고의 한 형태다(ibid). 하지만 이 개념은 사회 붕괴를 '세상의 종말'이나 근시일 내의 인간 멸종과 등치시키지 않는다.

이는 탄소 감축(완화)과 드로다운(자연적 격리)을 위한 우리의 노력을 줄이자고 하는 것이 아니다. 오히려 현재 시스템 내에서 이러한 목표에 대한 노력들이 대기 중 온실가스 수준을 상당히 감소시키는 데 계속 실패할 가능성이 높다는 것이 현실적인 상황으로 간주되어야 함을 의미한다. 따라서 이제 우리는 사회 붕괴와 궁극적인 몰락에 대비해야만 한다. 만약 우리가 그러한 실패에 대해 준비하지 못한다면, 우리는 우리 자신과 우리 아이들을 더 크게 실패하도록 만드는 준비를 하고 있는 것이다.

심층적응의 조망은 현대 사회의 지속이라는 가정이 타당한지에 주의를 돌리게 함으로써 기후변화 적응[CCA]에 대한 주류적 접근 방식을 재고할 것을 제안한다. 주류적 기후 적응과 가장 공명하는 것은 '변형적 적응[transformative adaptation]'으로 알려진 아이디어와 실천의 영역이다. 이 접근 방식은 탄소를 감축하고 동시에 기존 생태계의 안정성에 대한 의존을 줄이기 위해 생산, 교역 및 생활방식의 체계적인 변화 필요성을 예상한다(Coulter, Serrao-Neumann and Coiacetto 2019). 앞으로 우리는 탄소 감축과 드로다운을 위한 더욱 과감한 시도의 보완물로서 변형적 적응과 심층적응이 함께 결합될 것을 예상한다.

우리가 처한 곤경에 대한 서로 다른 분석들을 바탕으로 활동하는 이들 사이에서 벌어지는 앞으로의 어떤 대화에서든, '붕괴 예상'이 성찰과 학습, 행동에 어떻게 차별적인 특수한 패러다임을 만들어내는지 인식하는 게 중요할 것이다. 이제껏 사람들이 당연하다고 여겨온 많은 것들에 질문이 던져질 수 있다. 따라서 이 책의 글들은 어떤 간단한 대답도 허락하지 않는 의제를 단지 그려 보일 뿐이지만, 우리 자신의 맥락에서 의미 있는 대답들에 도달하는 방식을 제공할 수 있기를 희망한다.

1부에서는 사회 붕괴의 직면이라는 곤경이 세 개의 장으로 펼쳐진다. 우리는 1장에서 인류가 맞닥뜨리는 위험의 평가에서 기후과학 분야가 수십 년 간 얼마나 보수적이었는지를 설명한다. 지금 상황은 개별적 기후 연구나 기후변화에 관한 정부간 패널[IPCC]이 보고하곤 했던 것보다 더욱 나쁘다. 2장은 젬 벤델 박사의 원래 심층적응 논문의 개정판으로서 인간이 촉발한 기후변화가 불가피하게 위험해졌음을 주장하고 현대의 환경 운동과 전문가가 그런 진실을 여전히 거부하고 있음을 설명한다. 원래의 논문은 기업 지속가능성 분야에서 연구하고 교육 및 실천 활동을 하는 이들을 위한 것이었는데, 이 장은 원래의 초점과 스타일을 그대로 담고 있다. 3장에서 사회 붕괴 과학 또는 '붕괴학'에 초점을 맞추는 파블로 세르비뉴 박사와 학자 그룹이 붕괴 예상이 연구와 정책 발전 모두에 신뢰할 만한 출발점임을 보여주는 지식 상태state of knowledge를 살펴본다.

2부에서는 우리가 사회 붕괴를 예상하면서 일어나는 (그리고 지지받는) '존재의 전환'이 다섯 장에 걸쳐 탐색된다. 4장에서는 심리학자이자 기후심리학동맹Climate Psychology Alliance의 공동 창립자인 에이드리언 테이트 박사가 심리치료 전문가가 커져가는 대중적 생태 괴로움eco-distress에 대응하면서 변화해야 하는, 그리고 변화하기 시작한 방식들을 설명한다. 5장에서는 젬 벤델이 우리 곤경의 근원에 있다고 생각하는 이데올로기에 관한 통찰을 공유하며 우리의 나쁜 상황을 더 악화시키지 않는 방법이라는 주제를 다룬다. 그는 이 파괴적 이데올로기가 어떻게 화폐 시스템에 의해 주류화되고 유지되어 왔는지를 설명한다. 비슷한 주제가 6장에서, 지구적 곤경 속에서 원주민들에 대한 분석을 발전시키고 있는 르네 수자와 동료들에 의해 보다 깊이 논의된다. 그들은 사람들이 붕괴에 대응하는 능력을 방해하는 사고 패턴에 중독되어 있다고 주장하며, 이러한 중독을 깨는 데 도움이 되는 몇 가지 아이디어를 제공한다. 이러한 비판들을 심층적응에 대한 상호작용을 새로운 방식으로 조직화하는 데 어떻게 적용할 것인지가 중요하다. 따라서 7장에서는 심층적응포럼의 선임 진행자가 젬 벤델과 함께 우리의 곤경에 관한 연결과 대화를 촉진하기 위한 논리와 몇 가지 수단을 설명한다. 이 부분은 환경철학자 조애나 메이시와 그녀의 동료 션 켈리 교수에 의해 8장에서 마무리된다. 주제에 대한 다소 비공식적이고 진심 어린 토론을 통해 그들은 고대의 지혜를 바탕으로 앞으로 맞이할 어려운 시기에 우리가 어떻게 힘을 발견할 수 있는지에 대한 몇 가지 성찰을 제공한다.

3부에서는 사람들이 사회 붕괴를 예상할 때 일어나는 '행동의 전환' 중 일부를 네 개의 장에서 탐구한다. 9장에서는 저명한 리더십 학자인 조나단 고슬링 교수가 커져가는 사회의 격동에 대응할 수 있는 가능한 방식들을 살펴본다. 그는 리더십에 대한 전통적인 이해와 규정이 도움이 되지 않는 이유를 설명한다. 그렇지만 적응의 리더십은 다양하며 때로는 리더십으로 거의 인식조차 되지 않는다. 그는 적응의 리더십이 지닌 핵심 효과 중 하나가 불안을 유발하는 상황에서 평정심을 가능하게 하는 것이라고 주장한다. 10장에서는 교육 전문가 샤를로트 폰 뷜로우가 기후 비상사태에 직면해서 요구되는 수업과 교육에 대한 새로운 접근 방식을 탐색한다. 11장에서는 루퍼트 리드 교수가 활동가 그룹 멸종반란Extinction Rebellion의 대변인 및 정치 자문으로서의 경험과 정치 철학자로서의 활동을 바탕으로, 사회 붕괴에 직면한 정치와 행동주의의 미래에 대한 자신의 생각을 나눈다. 그는 생태 및 기후 위기에 대한 경제와 정치의 체계적인 동인들 때문에 급진적이고 변혁적인 정치 의제가 심층적응의 미래에 필수적이게 된다는 점을 설명한다. 12장에서는 지역화폐 전문가인 매튜 슬레이터와 멸종반란의 창립 멤버 스키나 라소르가 경제와 사회의 '재지역화'가 기후 혼란에 대한 대응의 중요한 부분이 되도록 만드는 이유와 방식을 설명한다. 그들은 미래의 재지역화 노력에 공동 해방 철학을 결합하고 지역화와 기후정의를 가능하게 하는 정책을 위한 국제적 행동을 지원함으로써 이익을 얻을 수 있다는 점을 말한다.

이 거대한 주제에 대한 최초의 글 모음을 펴내면서 우리는 문제의 범위와 목소리의 다양성이 충분하지 않다는 것을 알고 있다. 이 책의 독자 대다수와 마찬가지로, 이 글을 쓰고 있는 지금 우리가 사회적 교란과 붕괴의 고강도 상황 가운데에 있지 않다는 점을 특히 잘 알고 있다. 앞으로 우리는 보다 다양한 목소리를 듣고 지원하며 사회적 교란과 붕괴의 결과를 겪고 있는 사람들과 보다 실질적인 연대에 함께하려 한다. 그래서 마지막 장에서 우리는 심층적응이라는 새로 등장하는 분야 내의 일련의 현실적 문제들을 논의한다.

이 책을 읽으면서 당신은 삶의 양식, 생계 그리고 미래 전망이 무너지는 상황들을 목격하게 될 것이다. 이러한 붕괴는 대부분의 매스 미디어에서 아마도 우리의 파괴되는 환경을 전면에 내세우지 않고 보도될 것이다. 하지만 헤드라인 이면을 들여다보면, 물가 상승, 코로나바이러스, 재정 불안정, 정신 질환, 난민과 외국인 혐오증 등 모든 형태의 혼란이 우리 자연 세계의 건강과 안정성의 쇠퇴로 인해 악화되고 있다는 충분한 증거가 있다.

불행히도 로마클럽이 옳았다. 1972년에 그들의 베스트셀러인 《성장의 한계》 보고서는 인류가 자연 세계에 미치는 영향 탓에 지금 어려움을 겪을 것이라고 예측했다(Meadows et al. 1972). 오늘날 더 많은 사람들이 우리가 직면한 많은 곤경들 사이의 관련성을 이해하고 현대인이 어떻게 그러한 곤경들을 일으켰는지 질문하지 않는다면 사회는 배우고 변화할 기회를 잃게 될 것이다. 우리는 이 책을 통해 당신이 주변의 많은 혼란을 더욱 온전히 이해하고 친구와 동료, 지역공동체의 구성원을 불러들여 우리 사회의 기반과 자연 세계와의 관계를 재고하도록 하고자 한다. 무슨 일이 일어나든 간에, 세계적인 재난의 전개에서 배울 기회를 살리는 것은 여전히 우리의 몫이다.

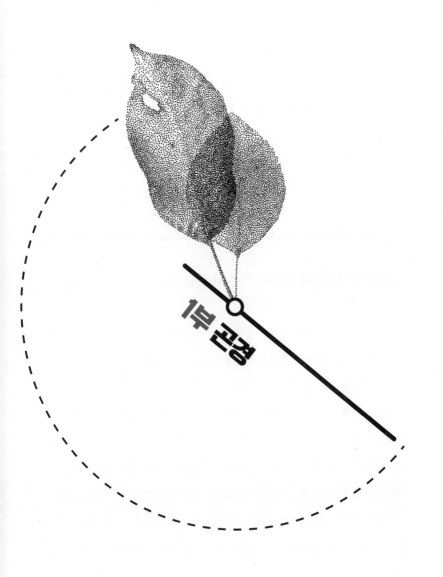

1부 근경

1

기후과학이 곤경에 대해
말해줄 수 있는 것과 없는 것

젬 벤델, 루퍼트 리드

125년의 기후과학 이후 우리가 와 있는 곳

기후과학은 아마도 1896년에 탄생했을 것이다. 만약 대기 중 CO_2의 함량이 전 산업시대의 수치에서 두 배가 된다면 지구가 얼마나 더워질 것인지에 대한 최초이자 여전히 유효한 계산이 이루어졌기 때문이다(Arrhenius 2009 [1896]). 컴퓨터도 이용할 수 없던 때였지만, 열역학과 화학반응 이해에 대한 기여로 유명했던 스웨덴 물리학자 스반테 아레니우스는 지구가 4°C만큼 더워질 것이라고 계산했다. 여전히 이 수치는 매우복잡한 컴퓨터 모델로 산출한 현대의 계측 범위 안에 있다(Slingo 2017). 심지어 아레니우스는 적도 근처 지역보다 극지방이 더 많이 온난화될 것이라고 계산했는데 이는 지금도 기후과학의 주요 발견 중 하나로 이해된다.

기후변화에 대한 인간의 취약성 인식은 19세기 말엽에 매우 높았다.

아레니우스의 고향인 스칸디나비아와 북유럽 대부분은 잦은 곡물 흉작과 기근을 초래한 추운 시기였던 소빙하기를 막 벗어난 참이었다(Lee 2009). 그래서 아레니우스는 공기 속의 '탄산'(대기 중 이산화탄소)의 양 증가가 더 좋은 날씨와 함께 지구의 더 추운 지역들에서 곡물 수확 증가를 가져올 것이라고 희망했다.

125년을 앞으로 빠르게 돌리면, 예견된 기후 온난화가 지금은 거의 모두에게 분명해졌음을 알 수 있다(WMO, 2019). 그리고 현대 기후과학의 도움이 없더라도, 우리가 농업의 개시와 함께 시작된 현대 문명 이래로 인간이 경험한 적이 없는 상황에 처해 있음을 잘 알 수 있다. 온도계와 같은 19세기 기술, 탄소 함유 연료의 사용으로 배출되는 가스에 관한 데이터 취합을 아레니우스의 과학과 결합하는 것만으로도 우리는 이야기의 전체 그림을 알게 된다. 인간의 활동에서 나오는 이산화탄소 배출이 기하급수적으로 증가하는 반면에(Global Carbon Project 2020), 이러한 상황이 조만간 변화할 조짐은 없으며(Betts et al. 2020; Le Quéré et al. 2020), 지구 온난화는 가속화되고 있다(NOAA 2020a). 기후 시스템은 통제를 벗어난 듯하며 그 원인은 인간의 활동이다.

지구의 지질학적 과거에 대한 인간의 관심은 오래 전에 기후과학이라는 한 줄기를 형성했는데, 지금은 고기후학paleo-climatology이라 불린다. 고기후학은 이미 그 자체로 우리가 어디쯤 있는지에 관한 설득력 있는 이야기를 들려주며 나아가 우리의 재난이 어떤 규모인지를 이해하도록 도와준다. 연구자들은 북극의 얼음에 깊은 구멍을 뚫어 작은 공기방울의 구성을 분석함으로써 80만 년 전의 대기 중 이산화탄소의 연속적 기록을 확보할 수 있었다(Masson-Delmotte et al. 2010). 데이터는 CO_2 수준이 빙하기에는 180ppm 언저리에서 그리고 온난기에는 280ppm 정도에서 오르내렸음을 보여준다. 딱 한 번만 300ppm을 약간 상회하여 증가했다. 이 글을 쓰고 있는 지금, 가장 최근 측정된 지구의 평균 CO_2 농도는 415ppm으로 나타났고, 지난 5년간 매년 거의 3ppm씩 늘어났다(NOAA 2020b). 대기 중 CO_2 농도가 지금만큼 높았던 가장 마지막 시기는 대략 300만 년 전, 중기 선신세 때였다(Lunt et al. 2008). 이마저도 아주 잠깐의 예외적 시기였고, 500ppm을 넘는 수치를 찾아보려면 자그마치 2천5백만 년을 거슬러 올라가야 하는데(Pagani et al. 2006), 지금의 추세대로라면 우리가 대략 30년 안에 도달하게 될 수치다.

전기 주전자의 전원을 켜면 물은 즉시 데워지지 않고 지연되는 시간이 생긴다. 지구의 기후에도 같은 일이 벌어진다. 기후변화에 관한 정부 간 패널에 따르면(IPCC 2019a), 온실효과 증가로 발생한 열의 90퍼센트는 대양의 물이 흡수한다. 이는 우리가 이제까지 본 온난화는 대기중 이산화탄소 수준의 가파른 상승에 한참 뒤처져서 일어난 것이며, 설령 우리가 갑자기 증가를 멈추게 하더라도 온난화는 계속될 것임을 뜻한다(Huntingford, Williamson and Nijsse 2020).

지구 표면은 19세기 후반보다 지금이 1°C 이상 따듯해졌는데(NOAA 2020a), 이는 1만 년에서 5천 년 전 사이의 마지막 지질학적 온난기 동안과 비슷하거나 약간 더 높은 것이다(Marcott et al. 2013). 하지만 당시의 온난화는 지구의 태양 공전 궤도와 자전축의 변화 때문이었고, 그 결과로 열대지방이 오늘날보다 약간 더 시원했다. 지금은 (과)가열 효과가 지구 전역에서 고루 관찰되며, 이는 1만 년 전에 마지막 빙하기가 끝난 이래 어떤 기후적 요동과도 완전히 다른 것이다(Barbuzano 2019; Neukom et al. 2019).

현재 강화된 온실효과는 대략 2/3가 CO_2에 의해서, 그리고 1/3은 다

른 기체들에 의해 만들어진 것인데 그 기체들 중 절반가량은 메탄이다.[*]
이런 온난화에 어느 정도 반대 작용을 하는 몇 가지 다른 인간-유발 효
과들이 있는데, 특히 대기 중 에어로졸 오염을 통해서 일정한 냉각 효과
를 일으킨다(Myhre et al. 2013). 이런 냉각 효과들은 CO_2 외 온실가스의 온
난화 효과를 약간은 누그러뜨릴 것이다. 그러나 CO_2가 이제까지 가장
중요한 온실가스인데 왜냐하면 그 존재 기간이 다른 온실 가스들이나
에어로졸들 대부분보다 훨씬 길기 때문이다.

이론적 수치상의 실질적 질문은 우리가 CO_2의 추가적인 상승을 막
을 뿐 아니라 내일 모든 CO_2와 다른 온실가스 배출을 중단할 경우 어떤
일이 벌어질까 하는 것이다. 대양과 토양이 인위적 CO_2 배출의 절반 이
상을 흡수하는 경향이 있기 때문에(Global Carbon Project 2020), 인위적 탄
소 흐름의 그러한 즉각적인 넷-제로 균형은 자연적 흡수로 인해 일정한
CO_2 드로다운을 가져올 것이며, 대기 중 CO_2 수준을 하향시킬 것이다.
하지만 이런 드로다운의 정도는 결코 알 수 없으며 쉽게 과대평가될 수
도 없다. 산림은 그런 흡수의 큰 부분을 담당할 수 있지만(Global Carbon
Project 2020), 점점 더 훼손되고 줄어들고 있다(Grantham et al. 2020). 최근
의 몇몇 연구들은 우리가 이미 이런 흡수 효과의 하락을 목격하고 있음
을 보여준다(Wang et al. 2020). 더욱이, 설령 그러한 하향이 일어난다 하더
라도 이는 가열의 중단으로 이어지지 않을 수 있다. 일단 (에어로졸에 의한)
'지구 암실화 효과global dimming effect'가 줄어드는 경우 과가열이 가속화될 수
있고(Xu, Ramanathan and Victor 2018), 이미 진행 중일지도 모르는 악순환
적 기후 피드백이 작용할 수 있기 때문이다(Lenton et al. 2019).

[*] https://www.esrl.noaa.gov/gmd/aggi/aggi.html

CO_2 배출만이 중단될 경우 얼마나 더 과가열이 일어날지는 이 기체가 대기 중에서 얼마나 빨리 제거될지와, 남아있는 CO_2 수준에 기후가 장기적으로 어떻게 반응할지 둘 다에 달려있다. 모델의 결과(Matthews and Zickfeld 2012)는 이러한 시나리오에서 인위적인 초과 CO_2의 2/3, 즉 전 산업시대 수준인 280ppm 이상이 190년 후에도 대기 중에 남아 있을 것임을 보여준다. 이는 2020년에 415ppm 수준에서 배출을 멈추는 경우 2200년에 370ppm 이상이 될 가능성으로 해석될 수 있다. 이 시간 동안 지구는 아마도 10분의 몇 도씩이겠지만 계속 온난화를 지속할 것이다. 만약 다른 모든 온실가스와 에어로졸 배출도 같이 멈춘다 해도, 그 결과는 유사할 것이다. 하지만 *이럴 것*이라는 가정은 최소한 다른 두 가능성을 배제한 것이다. 우리가 확실하게 정량화할 수 없는 탄소순환 피드백이 예상보다 강하여 CO_2 수준이 더 높을 수도 있고(Lenton et al. 2019), CO_2에 대한 지구 온도의 장기적 민감도가 더 높을 수도 있는 (Bjordal et al. 2020) 가능성 말이다.

모델의 한계가 있기 때문에, 보다 신중한 접근은 과거의 기후로부터 기후 민감도를 도출하는 것이다. 이 접근은 가장 일반적으로 빙하기/온난기 변동 동안의 온도와 CO_2 변화에 기초를 둔다(Hansen et al. 2013). 이러한 접근에서 도출한 결과들은 대체로 모델의 결과들을 뒷받침한다 (Sherwood et al. 2020). 하지만 문제는 이미 지구가 그런 빙하기 사이클의 어떤 시기와도 비할 수 없는 상태에 들어섰다는 것이다.

보다 온난한 상태에서는 기후 민감도가 기후 시스템의 양의 피드백 때문이든 또는 티핑 메커니즘 때문이든 더 높을 수 있다. 이런 작용들은 아직 정량화되지 못했지만 깊은 우려를 불러오는 '찜통 지구Hothouse Earth' 가설의 기반이 된다(Steffen et al. 2018). CO_2 수준이 365~415ppm

수준이었고 온도가 전 산업시대 동안보다 3도 더 따뜻했던 플라이오세 온난기에 관한 측정 수치들은 이런 가설을 지지해준다(Pagani et al. 2010; Sherwood et al. 2020). 지구가 지금과 유사한 기후 상태였던 가장 마지막 시기에서 얻은 이러한 데이터에 따르면 CO_2 배출이 즉각 중단되더라도 오늘 이후 실질적 온난화는 계속 진행될 것이다. 플라이오세의 CO_2 측정치 중 높은 수치보다는 1도, 낮은 수치보다는 2도 이상 상승일 것이다.[*]

그러한 높은 기후 민감도로 이어질 수 있었던 메커니즘은 알려져 있지 않지만, 북극 해빙의 피드백이 기여했다는 일부 증거가 있다. 지금 우리가 CO_2 배출을 멈춘다 하더라도 가까운 미래에 빙하가 사라진 북극을 경험할 가능성이 있으며, 이는 북극의 긴 여름 동안 얼음이 사라진 바다가 흡수한 추가적인 에너지 때문에 수십 년간 상당한 온난화 고착 lock in 효과를 불러올 수 있다. 가장 최근의 기후 모델 시뮬레이션 검토에서, 과거의 해빙 상실 데이터를 보정한 모델들은 일반적으로 가정된 것보다 더 높은 기후 민감도를 갖는 경향을 보였다. 게다가 당장 배출 중단에 근접하는 극도의 저배출 시나리오로 설정된 모델에서조차, 2050년 이전에 얼음이 사라진 북극이 예상되었다(SIMIP Community 2020). 여기서 핵심 메커니즘은 CO_2 농도가 낮아지는 경우에도 대양에 저장된 초과 열기는 매우 천천히 식는다는 것이다(Solomon et al. 2010).

방금 논의한 시나리오는 대체로 추측이며 우리가 이미 지구의 기후 상태를 돌이킬 수 없는 방향으로 얼마나 나아갔는지 그려 보이는 정도

---

* 만약 플라이오세의 CO_2 수준이 더 낮은 추정치인 365ppm에 가깝다고 가정하면 위의 370ppm CO_2 수준은 약 3°C의 전체적 가열로 해석되거나, 우리가 이미 1°C 상승에 도달했기 때문에 2°C 추가 가열로 볼 수 있을 것이다. 우리는 추정치의 상한인 415ppm에서는 415-280=135ppm의 초과 CO_2가 3°C 온난화로 이어지지만, 370-280=90ppm의 초과 CO_2는 90/135×3=2°C의 합계 상승, 또는 1°C의 추가 온난화로 이어질 것으로 가정한다.

라는 점을 강조할 필요가 있다. 온실가스 배출 시나리오들을 활용하여 얻은 가능한 미래 기후 상태의 컴퓨터 시뮬레이션들을 통해 이러한 추세가 어떻게 계속될 것인지에 대한 일반적인 인상을 얻을 수 있다. 그리고 기후 정책을 통한 CO_2 수준 하락의 증거는 여전히 존재하지 않는다 (Knorr 2019; Le Quéré et al. 2020).

한 미국 과학자 그룹의 저명한 출판물(Burke et al. 2018)은 우리가 실제로 기후 시스템을 미지의 영역으로 몰아가는 과정에 있음을 확인해준다. IPCC가 따랐던 접근(Hoegh-Guldberg et al. 2018)과 달리, 이 그룹은 과거 변화들의 영향을 평가하거나 컴퓨터 모델을 활용하여 예상되는 변화의 영향을 간접적으로 파악하려 하지 않았다. 대신에 그들은 모델 시뮬레이션에서 얻어진 예상되는 기후 온난화 패턴을 지질학적 과거로부터 우리가 알고 있는 것과 비교했다. 그들은 '온건한' 정도의 온난화라 할지라도, 지구 대부분의 기후는 적어도 농경 문명이 시작된 이래로 지구상에서 볼 수 있던 어느 것과도 닮지 않을 것이라고 결론 내렸다. 대신에 세계의 많은 지역에서 접하게 되는 극심한 더위와 습도의 조합은 오랜 과거에서 가장 근접한 비교 대상을 갖게 될 것이다. 세계 경제가 빠르고 전례 없는 탈탄소화를 이룰 경우, 마침내 기후는 앞에서 논의한 대략 300만~500만 년 전 플라이오세 중반의 온난기와 가장 유사한 상태에서 안정될 것으로 예상된다. 하지만 보다 그럼직한 높은 배출 시나리오에서는, 지구의 대부분이 공룡의 멸종 '바로'(지질학적 기준에서) 직후, 대략 5천만 년 전인 초기 에오세에 보였던 기후 상태로 되돌아가게 될 것이다.

이런 무서운 시나리오가 전부는 아닌데, 왜냐하면 이는 온난화의 시작점과 끝점만을 고려한 것이며 우리가 거기에 도달하는 경로에 대해서는 말하지 않기 때문이다. 만약 우리가 몇 세대 동안에 지구 지질학적 CO_2 수준을 수천만 년만큼 되돌린다면, 그런 변화의 속도는 기후 가열이 진행되는 방식에 영향을 끼칠 것이 분명하다. 불운하게도 이런 비율은 오랜 지질학적 과거로부터 우리가 알고 있는 모든 것을 넘어서며(Zeebe, Ridgwell and Zachos 2016), 따라서 위험스러운 인류세적 기후변화가 다가오는 수십 년 동안 어떤 방식으로 일어나게 될지 알 수 없다. 이는 그 자체로 우려스러운 것이다(Read and O'Riordan 2017a).

그런데 알려진 바에 따르면, 빙하기와 온난기 사이의 온도의 큰 요동은 위아래의 정점 사이에 6도까지 기온 변화를 일으켰는데(Hansen et al. 2013), 이는 앞서의 연구의 기초가 되는 기후 모델이 제시하는 것처럼 점진적으로 일어난 게 아니라, 상당히 변덕스럽게 진행된 과정이었다(Masson-Delmotte et al. 2005). 그러한 기후 요동은 우리가 오늘 보고 있는 온난화에 근접할 정도로 빨랐고 다양한 기후 피드백 또는 티핑 포인트에 의해 초래되었다. 그리고 대략 1만 년 전에 훨씬 더 안정적인 기후가 형성되었다. 일부 학자들은 이 지점 이전에는 빠른 기후 요동 때문에 농업이 불가능했으며, 이후에는 농업이 어느 정도 필연적인 조건이 되었다고 주장한다(Fagan 2004; Staubwasser and Weiss 2006).

저명한 과학자들은 최근 언급들 속에서 기후로 인해 농업이 존재하기 어렵게 되었던 것과 유사한 티핑 포인트와 피드백이 CO_2 수준의 급격한 증가로 인해 이미 작동하기 시작했을 수 있다고 경고했다(Lenton et al. 2019). 변화의 시대 동안에는 점진적 변화보다는 급속한 붕괴가 훨씬 일반적이다. 생태계(Cooper, Willcock and Dearing 2020; Williams and Lenton 2010)와 사회(Fagan 2008; Lee 2009) 둘 다에서 그렇다. 이는 인간 문명을 향하여 세 가지 위협을 제기한다. 농업은 크게 변동하는 기후에서 존재한 적이 없었다. 또한 오래 전 지질학적 온난기와 유사한 기후 상태에서도 존재한 적이 없었다. 그리고 인간 사회와 같은 복잡한 시스템은 현재 진행 중인 기후 온난화 속도보다 훨씬 더 빠르게 붕괴할 수 있다.

위협의 심각성을 인식하고 점점 더 목소리를 높이는 시민 불복종 기후 시위대의 뒤를 따라, 최근 여러 국가와 수많은 조직에서, 즉 지방의회와 대학 등 곳곳에서 기후 비상사태를 선언했다. 여기에는 세계적 온실가스 다배출 주체들을 대의하는 기구들 가운데 최초로 동참한 유럽 의회가 포함되어 있다. 하지만 불행히도 이런 긴급 경고 상태에도 불구하고 행동이 뒤따르지는 않는다. 아레니우스의 시대에 계산을 시작한 이래로 인위적 CO_2 배출은 계속 상승하고 있으며, 최근의 팬데믹으로 인한 하락은 일시적일 뿐으로 보인다(Le Quéré et al. 2020). 화석연료 탐사와 생산에 대한 투자는 지속되고 있고(Tong et al. 2019) 화석연료에 계속 보조금을 지급하는 상황은 조만간 바뀔 것 같지 않다(Farand 2018; ODI 2019; Trinomics 2018). 기후와 생태 행동주의 운동에 '멸종반란'이라고 이름을 붙인 한 이유다.

이 장의 나머지 부분에서는, 지구 가열이라는 비상 상태를 맞아 진정으로 그에 걸맞은 행동 조짐이 여전히 없는 현실에 대해 살펴볼 것이다. 그리고 기후 위협의 엄중함이 심지어 많은 기후과학자 자신들에게서도 무시되거나 과소평가되고 있는(Spratt and Dunlop 2018) 이유를 살펴볼 것이다.

부인의 뿌리는 기후과학의 작업 방식에서 발견할 수 있다

어떤 스토리의 소유권은 뉴스의 흐름이 어떻게 쏠리는지로 가장 잘 판단할 수 있다. 지구 가열 문제에 관해서는 뉴스 체계가 반응하는 세 가지 층위가 있다. 어떤 획기적인 과학적 결과들의 출간, 기후 정책 결정 또는 주요한 기후 정책 미팅, 그리고 대중적 저항이다. 그런 뉴스 경보를 촉발시킬 수 있는 세 그룹인 과학자, 정책가 그리고 활동가 중에서 기껏해야 과학자들만이 최소한 다른 이들의 도움 없이도 뉴스를 만들어 낼 수 있다. 기후 정책은 대개는 기후과학자들(그리고 정치인과 공무원들)의 조직인 IPCC의 결의를 둘러싸고 논의된다. 기후 운동가들은 자신들의 주장을 밀고 가기 위해 과학적 증거들을 반복하여 인용한다. 이 때문에 사회는 기후 가열을 다른 많은 이들이 참여할 수 있는 산업 사회와 과소비의 징후라는 틀에서 보기보다는, 기후를 자연과학자들에 의해 '소유되는' 이슈로 바라보기 십상이다.

따라서 과학자 공동체가 지구 가열의 문제에 접근하는 방식이 이제까지 기후 정책의 실패를 이해하는 데 매우 중요하다. 물리학자들은 우리가 살고 있는 물리적 세계에 관한 새로운 통찰을 얻고 확인하는 것이 자신들의 역할이라 생각하는 경향이 있다. 이와 연결되어 과학자들이 명성을 높이는 두 가지 주요 방식이 있다. 중요한 발견을 최초로 한 사람이 되거나, 훨씬 오래 지속될 수 있는 뭔가를 하는 것이다. 전자는 새로운 이론을 제시하는 것이고 후자는 그 이론이 틀렸음을 증명하려는 되풀이되는 시도를 견뎌내는 것이다.

다른 한편, 이론이 기각되거나 발견을 철회해야 한다는 것은 전문학자로서의 평판 상실이라는 측면에서 큰 타격을 의미한다. 따라서 과학자들은 새로운 증거나, 특히 새로운 이론들을 받아들이기 전에는 더욱 신중하도록 훈련받아왔다. 이는 특정한 유형의 '사전예방의 원칙'을 적용하는 것으로 이어진다. 발견이 과장되었다거나 그럼직하지 않을 가능성이 높은 것으로 비춰질 수 있다는 어떤 두려움이 존재하는 것이다. '긍정 오류^{false positives}'는 '부정 오류^{false negatives}'보다 더 나쁜 것으로 여겨진다.

불행하게도 이런 사전예방의 원칙은 보다 넓은 사회의 필요에서 보자면 그 효과가 정반대로 나타나게 되는 경향이 있다. 말하자면, 엄밀한 사전예방의 원칙에 종속되는 것이다(Read and O'Riordan 2017b). 보다 넓은 사회를 위한 이해관계에 더 큰 의미를 두는 '포스트-정상' 과학에서는, '긍정 오류'는 '부정 오류'보다 덜 나쁘다.[*] 만약 과학자들이 외부의 위협에 대해 경고하지 못한다면 그건 그들이 때로는 양치기 소년이 되고 마는 것보다 사회에는 훨씬 좋지 않다.

기후 가열과 관련하여 보자면, 남들보다 앞서가는 과학자가 되는 것에 대한 두려움이 일반적으로 크다. 그리고 이 두려움은 매우 불행하게도 인간에 의해 촉발된 기후변화 자체의 파국적 결과에 대한 두려움보다 더 강한 것으로 입증되었다(Hansen 2007).

이러한 심리적 성향이 사회적 위협에 대한 주요 과학적 평가들에서 결과가 제시되는 방식에 어떤 영향을 미치는지 여러 문서에서 정리되어 있다. 그것은 '최소 드라마 오류^{err on the side of least drama}'^{**}(Brysse et al. 2013), 즉 과학자들이 그 또는 그녀의 동료들에게 반박되지 않는다는 것을 완전히 확신할 수 있는 정도의 위험들을 지닌 결과에 대해서만 보고하는 경향

---

* 정상 과학의 맥락에서는, 과학자들은 '유형 1' 오류, 즉 '긍정 오류'를 피하기 위해 주의 깊게 진실을 말한다. 그러나 포스트-정상 과학에서는 '유형 2' 오류인 '부정 오류'를 피하는 것이 훨씬 더 중요하다. 우리가 설명했듯이 과학자들은 이것을 매우 불편하게 여긴다. 그들은 '경보주의자(alarmists)'라는 오명을 피하기 위해 필사적이며, 그러면서 '더 많은 연구가 필요함'은 기꺼이 받아들인다. 이것은 과학이 거의 언제나 현실의 곡선에 뒤처져 있다는 것을 의미한다. 반면에 포스트-정상 과학에서 우리는 언제나, 사전 예방적으로, 곡선보다 앞서야 한다. 그렇지 않으면 우리는, 감염병에 대해서만큼 기후에 대해서도, 곡선을 꺾을 수 없으며 결국 우리가 해야 할 일도 할 수 없게 된다.

** 기후변화 등 자연 현상들이 실제로는 극적(dramatic)이고 사회적인 영향도 극적일 가능성이 있음에도 과학자들이 검증하기 어려운 그런 진술을 피하는 경향 때문에 저지를 수 있는 결과적인 오류를 말한다.─옮긴이

으로 이어진다.

특정 전문직, 예를 들어 응급실 의사들을 위한 윤리적 가이드라인은 실제 비상 상황에서 어떤 행동들이 요구되는지를 알려줄 수 있다(Peacock 2018). 적용 가능한 행동 강령의 핵심은 지체 없이 사전예방의 원칙을 적용하는 것이다. 항상 소수가 아닌 다수에 대한 최악의 결과를 주시해야 하며, 방어해야 할 전문적 이해를 가진 이들이 아니라 문제에 대한 이해관계를 갖는 모든 이들을 생각해야 한다. 따라서 이런 유형의 사전예방의 원칙은 우리가 논의했듯이 과학자 공동체가 추구한 그런 것과 완전히 반대의 방향으로 작동한다. 그것은 보다 관용적일 것, 특히 위험과 관련한 이해관계가 크거나 실존적일 경우에, '최대 드라마' 측면에서 강력한 오류를 범할 것을 요청한다. 그 반대가 아니라 말이다(Read and O'Riordan 2017a; Taleb et al. 2014).

대기 운동의 물리학, 지구의 행성적 에너지 균형 또는 해수에 용해되는 CO_2의 화학 등 기후과학자들이 연구하는 일부 과정들은 충분히 기본적으로 이해될 수 있으며, 우리는 동일한 원리가 온난화하는/혼돈스러워지는 기후에도 적용될 것이라고 안전하게 가정할 수 있다. 그러나 빙상의 용해와 궁극적인 붕괴, 또는 가뭄과 온난화에 대한 작물과 생태계의 반응 그리고 그것들의 가능한 붕괴 같은 과정들은 훨씬 이해가 부족한 부분들이다. 과거에 비교할 만한 대상이 없는 경우가 많고, 필연적으로 소규모의 매우 제한된 실험 그리고 심각하게 제한된 데이터를 다루는 데 적합한 컴퓨터 모델이 있다. 따라서 이는 잘 수립된 이론과 관찰들에 대부분 의존하는 예방의 문제이며, 우리가 거의 알지 못하는 예상치 못한 전개의 가능성을 열어두고, 보호와 예방(그리고 적응)을 위한 '후회 없는no-regrets' 정책을 실행하도록 노력해야 하는 문제다. 앞부분에서 제시된 기후과학의 현 상태에 대한 설명은 결국 기후과학이 우리의 임박한 미래조차 알지 못한다는 특성이 있음을 뚜렷이 보여주고 과거의 기후변화와 기후 모델 시뮬레이션을 제한적인 방식으로 활용하여 얻은 몇몇 발견들에 관해 우리가 알고 있는 것으로 한계를 지운다는 점을 알게 해준다.

지구 가열의 문제를 다루기 위해 유엔은 IPCC를 설립했고 기후과학의 상태에 대한 정규적이고 포괄적인 평가를 하도록 했다. 이 평가를 수행하는 과학자들은 최소한 두 개의 큰 문제에 부딪혔다. 첫째, 과학을 수행하는 그들의 정상 모델은 비상 상황의 윤리와 모순된다는 것이다. 둘째, 기후과학의 많은 부분이 알려진 선례나 실험 기술이 없는 탓에 필연적으로 추측의 영역으로 남아있다고 믿을 만한 이유들이 있다. 단일 식물이나 작은 토지는 인위적으로 변경된 기후의 영향 하에서 연구할 수 있지만, 전체 사회 또는 생태계는 그렇지 않기 때문이다. 하지만 완전히 새로운 기후 상태의 영향을 예상하는 게 원칙적으로 불가능하고, 과학자들이 매우 불확실한 발견들을 언급하기를 꺼리는 상황이라면, 그런 보고를 시도해볼 수나 있겠는가? 그리고 만약 지구 가열이 비상 상황을 초래한다면, IPCC는 이에 대해 어떻게 반응해야 할 것인가?

증거가 보여주는 바는 IPCC의 평가는 균형을 추구했다는 것이다. 충분히 이해되지 않았지만 가능성이 높고 큰 영향을 미치는 결과들을 다룰 때 문제에 대면하는 것이 아니라 보수적 태도를 유지했다(Brysse et al. 2013). IPCC는 세 개의 워킹그룹으로 나뉘고, 첫째 그룹이 비교적 추적이 가능한 기후변화의 물리적 기반을 다루지만, 여기서도 몇 미터의 해수면 상승으로 이어질 수 있는 빙상 붕괴와 같이 우리가 이해하지 못하는 많은 과정이 있다(Grégoire, Payne and Valdes 2012). 실제로, IPCC는

2100년에 0.3~1.1미터 범위의 해수면 상승을 보고했는데(IPCC 2019b), 이는 최악의 시나리오(Bamber et al. 2019)로 확인된 2.4미터 상승보다 훨씬 낮은 것이었다.

미래의 인위적인 기후변화에 관한 IPCC의 모든 시나리오는 한 가지 공통점이 있다. 변화가 어떤 커다란 교란 없이 부드럽고 점진적으로 일어난다는 가정이다. IPCC도 빙상 붕괴, 아마존 우림의 파괴, 영구동토층의 대규모 탄소 유출 같은 대규모 교란 가능성을 인정한다. 그러나 IPCC가 앞으로 배출될 수 있는 가능한 한 확실한 CO_2 양을 계산할 때, 그러한 사건들이 실제로 발생할 가능성은 고려되지 않거나 각주로 언급되고 말거나 '신뢰도 낮음'으로 분류되어 크게 염려할 필요가 없다는 듯이 처리된다(Rogelj et al. 2018).

하지만 우리가 강조했듯이, 그리고 자신들이 보수적으로 입증할 수 있는 것을 넘어서는 미래에 대한 두려움을 공개적으로 발언하는 상대적으로 소수의 (그러나 점점 늘어나는) 과학자들이 증명하듯이, 일은 잘못된 방향으로 흘러가고 있다. IPCC 또는 이와 유사한 조직들이 효과적인 조기 경보 시스템이 되려면, 낮은 확률이지만 의심할 여지없이 큰 영향을 미치는 사건이나 급격한 변화에 내재된 위험을 최대한 빨리 (몇 년이 걸리는 느린 숙고 다음이 아니라) 확실하게 만드는 데 매우 강력하게 초점을 맞출 필요가 있다.

기후변화와 토지에 관한 IPCC 보고서를 생각해보자(IPCC 2019b). 이 보고서는 미래의 기후변화가 수확에 어떤 영향을 미칠 수 있는가라는 질문에 대해 평가한다. 하지만 이 연구는 과거의 관찰된 변화들과 과거의 변화에만 유효했던 모델들에만 의존하며, 따라서 다수의 작물재배 지역의 미래 기후가 지난 수백만 년 동안 지구에서 볼 수 없었던 높은 습도와 극심한 열의 조합으로 완전히 새로운 것일 수 있다는 점을 고려할 수 없다(Burke et al. 2018). 기후가 농업의 도입 이전 시기처럼 근본적으로 불안정해진다면 일어날 상황에 대한 평가도 빠져 있다. 대신에 이 평가는 과거의 기후 온난화를 곡물 수확량의 변동과 연결하고 그러한 변화들을 바탕으로 미래를 추론하는 모델 이용에 국한된다. 과거에 볼 수 없었던 중요한 해충 발생이나 몇 개의 주요 농업 생산 지역에서 동시에 대규모 가뭄이 발생할 가능성(multi-breadbasket failure: Kornhuber et al. 2019)은 고려되지 않는다.

최근의 관찰들로부터 미래의 상황을 단순히 추론하는 방식은 경제적 평가에도 적용된다. 2018년 노벨 경제학상이 DICE 모델을 통해 작업한 윌리엄 노드하우스(Nordhaus and Sztorc 2013)에게 주어졌다는 놀라운 사실은 이런 접근법이 얼마나 널리 받아들여지고 또 지배적인지를 보여준다. 노드하우스의 모델은 지구 평균기온 변화를 입력값으로 하는 함수를 포함하여, 세계 GDP의 몇 퍼센티지가 변하는지를 통해 기후변화가 초래하는 피해를 예측한다. 이 피해 함수에 이용된 데이터 점수들은 미국 여러 주의 GDP 측정이나, 제방 건설 비용, 또는 말라리아 발병률 증가시 건강보험 비용 같은 고립적 효과를 갖는 피해들의 정량화를 통해 얻어진 것이다(Tol 2009). 만약 보다 더운 기후의 주들이 더 낮은 GDP를 보인다면 이 단순한 방법론은 더 더운 기후가 '피해'를 낳는다고 추론할 것이다(Mendelsohn et al. 2000). 리처드 톨이 말하듯(Tol 2009), 여기에 포함된 모든 연구들은 긴밀한 관계의 세 연구자 그룹에서 저자가 나왔고 20년 이전에 출간된 것들이다. 이런 결과 및 관련된 분석들은 윌리엄 노드하우스가 섭씨 4도의 온난화가 인간 복지에 최적이라고 결론 내리게 만들었고(Nordhaus 2018), IPCC는 인간이 유발한 기후변화가 미치는 영향이 대부분의 경제 부문에게는 작을 것이라고 결론 내렸다(Arent et al. 2014).

이런 식으로 '예상'하는 것은 많은 무언의 그리고 증명되지 않은 다음과 같은 가정들에 기초한다는 점을 상기하는 게 중요하다. 예를 들어 첫째, 오늘날의 서로 연결된 세계에서 주어진 장소의 복지가 나머지 세계의 기후와 독립적이다. 둘째, 기후변화로 인한 피해가 부문마다 하나씩 더해질 수 있으며, 상호연결성과 그것이 현대 세계의 취약성에 미치는 영향은 무시될 수 있다. 셋째, 시간에 걸친 변화들이 장소에 걸친 변화로부터 추론될 수 있다. 말하자면 만약 매사추세츠의 기후가 플로리다만큼 변한다면, 일인당 GDP도 그만큼 변화할 것이라고 간주하는 것이다. 넷째, 위험스러운 기후변화가 얼마나 빠르게 일어나는지는 문제가아니다. 그리고 다섯째, 기후변화/혼돈의 영향을 증폭할 수 있는 문턱값이나 티핑 포인트는 알려져 있지 않다(Lenton et al. 2019). 이 기구의 작업에 대한 최근의 분석은 다른 편향들이 있을 뿐 아니라 경제의 많은 부분이 기후에 의존적이지 않은 것으로 처음부터 배제되었음을 알려주고 있기도 하다(Keene 2020).

과학적 무지가 미덕이 된 사례

4°C 기후 온난화의 세계에 대해 일부 과학자들은 거주할 수 없거나 사회 붕괴로 이어지는 것으로 판단하지만(Steffen et al. 2018), 다른 이들에게는 전문적인 그리고 건조한 방식으로, 심지어 '최적'(Nordhaus 2018)인 것으로 받아들여지는 상황이 어떻게 가능할까? 경제적 접근 방식의 결점과 한계가 분명하긴 하지만, 과거에 IPCC가 최악의 시나리오와 파괴

적 사건을 포함하거나 주로 컴퓨터 모델에 기반한 접근 방식의 한계를 받아들이기를 꺼려하는 것을 어떻게 이해할 수 있을까?

대답의 일부는 기후과학자와 같은 전문가들이 지닌 현상 유지를 지지하는 내재적인 경향에서 찾을 수 있다(Schmidt 2000). 이는 일부 기후과학자들이 옹호하는 바처럼 기후 재앙을 피하려면 사회가 급진적인 방식으로 변화해야 한다는 사실과 충돌한다(Rockström 2015). 옹호되는 변화는 일반적으로 과학자들 스스로의 역할에 근본적인 변화를 포함할 만큼 충분히 급진적이지 않다는 점을 지적할 필요가 있다. 기후과학 자체가 지식을 과장하고 기후 위기 해결을 위해 지나치게 이론적인 길을 제시함으로써 현재의 위기에 기여했을 가능성은 거의 주목되지 않는다. 그러나 증거에 따르면 기후 정책 입안자들과 IPCC는 종종 미래의 입증되지 않은 기술 솔루션이 행동 지체에 대한 정당성을 부여하는 시나리오를 함께 작성하곤 했다(McLaren and Markusson 2020).

세계가 어떻게 변했고 현재 어떻게 위협받고 있는지 자세히 설명하는 데 기후과학자들이 일반적으로 상당히 훌륭한 일을 했다는 점은 분명하다. 일부 기후과학자들은 무지하거나 자금이 넉넉한 시민, 미디어 또는 '싱크탱크'(탱크란 말 그대로)의 무시무시한 공격을 견뎌야 했다는 점도 강조할 필요가 있다. 아직 제한적이지만 점점 더 많은 수의 기후과학자들이 우리 행성 생태계에 닥친 위협의 커다란 위중함에 대해 발언하는, 거의 영웅에 가까운 역할을 떠맡고 있음도 분명하다. 그럼에도⋯ 적절한 사전예방적인 입장을 갖지 않는 경향이 있는 기후과학이 지구 과열로 인한 위협의 심각성을 상대적으로 부정하는 데 *기여했다*고 말할 수 있지 않을까? 불편하지만 꼭 물어봐야 할 질문이다. 한 경험 많은 기후학자는 이렇게 말했다. "과학자로서 우리가 위기에 기여한 한 가지 방법은 위협의 과도한 합리화와 관련이 있습니다. 다른 말로 하면, 상식을 버리고 이상적인 모델을 바탕으로 수학적이든 지적이든 과학적 결과를 산출하는 거죠." 그리고 이어서 이렇게 말했다.

우리는 모두 시민으로서 정치인의 말과 행동의 차이를 알고 있으며 … 4도 또는 그 이상의 온난화의 매우 현실적 위험을 … 고통스럽게 인식하고 있습니다. 그럼에도 IPCC의 여러 평가 보고서는 이러한 것들을 전혀 모르거나 인정하지 않는 고도로 이상화된 이른바 통합 모델에 계속 의존해왔고, 결국 상식적 논리와는 완전히 모순되는 결과들을 쉽게 내놓곤 합니다(Knorr 2019).

기후과학 전문가 내부에서 이러한 비판이 존재함에도 불구하고, 이 글을 쓰는 지금 기후 위기에 대해 이해하는 우리의 접근 방식에 놓인 한계를 인식하는 능력이 대체로 부재하다는 것이 드러났다. 과학 공동체는 지구 온난화 이슈를 계속 자신의 것으로 하고 있지만, 인간 사회가 온전히 기능하기 위해 필요한 사전예방의 원칙이 지닌 근본적인 중요성을 받아들이거나 준수하지 않는 것으로 보인다. 그러나 무지의 미덕을 가르친 고대 그리스 철학자 소크라테스까지 거의 2500년 전으로 거슬러 올라갈 수 있는, 근본적으로 다른 접근 방식이 있다. 우리가 알지 못하고 이해하지 못하는 것을 인정하는 것 말이다.

인간 사회와 같은 복잡한 시스템의 붕괴는 우리가 과학적 방법으로 완전히 이해하거나 정확하게 예측할 수 없는 혼란스러운 과정이다. 에누리해서 말하더라도, (예컨대) 기후를 제대로 이해하지 못하는 '포퓰리스트'가 당선될 가능성이나 또는 기근(금세기에 우리가 미지의 세계로 접어들면서

그 본성상 예측할 수 없는 것이 되겠지만, 이는 '자연' 재해이며 언제나 정치적 사건이기도 하

다)의 가능성에 대해서조차도 기후과학이 우리에게 말해줄 수 있는 것은 매우 제한적이다.

따라서 적절하게 이해된 바와 같은 사전예방의 원칙에 대한 강조는 잠재적인 파멸의 경우 결정적인 것이다. 그러나 과학적 담론에서는 상당한 수준의 무지를 인정할 여지나 인센티브가 거의 없다. 이것은 기후위기가 어떻게든 통제되고 있다는 널리 퍼진 잘못된 인식에 기여했을 수 있다. 통계적 계산에서 확실성보다 확률을 강조하는 것은 피할 수 없는 무지를 수용하는 효과적인 방법이 아니다. 오히려 통계적 방법론 내의 불확실성은 과학자에게든 일반인에게든 간에 결과가 현실 세계에서 확실하지 않다는 메시지로 번역되기 마련이고, 그래서 아마도 회피하거나 반박할 생각을 갖게 만들기 쉽다.

그러나 과학이 채택하는 방법과 언어가 고도로 복잡한 시스템에 대한 신뢰할 수 있는 결론에 도달하는 데 도움이 안 될 수 있으며(Servigne and Stevens 2020), 신속하고 근본적인 비상조치를 취하는 것의 중요성을 *강조하기보다는 훼손하게* 된다는 것이 지금의 중요한 통찰이다. 결과가 엄청난 그런 문제들에 대해 결론에 도달하고 행동하는 것은 너무도 중요하다. 그러한 결론들은 너무 느리고 너무 보수적이고 너무 기술관료적이고 너무 기술 중심적인 과학에만 '외부 하청'으로 맡겨서는 안 되며 사전예방, 윤리 그리고 과학의 기반 위에서 얻어야 하는 것이다(Read 2020).

생존과 열정에 도달하기 위해 가능한 두 개의 새로운 접근

우리의 염려가 커질수록, 우리가 사용할 수 있는 도구를 활용하여 더 열심히 해야 할 것이다. 그러나 우리가 처한 곤경의 본질을 더욱 면밀히 측정하는 것이 더 큰 통제력이나 안전을 가져다주지는 않을 것이다. 오히려 그러한 측정 프로젝트를 뒷받침하는 더 깊은 가정과 의도에 의문을 제기하지 않는다면, 그것은 대중의 주의를 다른 데로 돌리는 수단이 될 위험이 있다. 따라서 우리는 다음 두 가지 가능성 중 하나를 시도할 경우 기후 위기에 대한 새롭고도 더 만족스러운 접근 방식이 형성될 수 있을지 살펴보고자 한다.

1) 사회는 기후 붕괴에 대한 호루라기를 과학자들에게 의존해왔다. 한센Hansen이나 크노르Knorr 같은 명예로운 예외들이 있긴 하지만, 대부분 과학자들은 아직 호루라기를 입에 대지 않았다. 과학자들은 시스템, 점진주의 그리고 개혁주의를 신뢰하고, 모든 것을 고려한다 치더라도 기본적으로 체제(좋은 보수를 받게 해주고, 자신들이 중요하고 정당하다고 느끼게 하며, 상황이 얼마나 고약한지를 경고하러 *세계를 여행하면서* 잘 먹고 잘 살 수 있게 해주는 체제: Anderson 2018)를 유지하고자 하는 그들의 접근이 실패했음을 뼈아프게 인정해야만 한다. 지금 과학자들이 이것을 인정하면 아찔한 일이 벌어질 것이다. 커튼이 당겨지고 베일이 벗겨지고 가식이 사라질 것이다. 많은 일반 시민들은 갑자기 겁을 먹을 것이다. 이게 나쁜 결과일까?

그럴 수 있다. 그러나 지금 우리는 절벽을 뛰어넘고 있다. 따라서 커뮤니케이션과 관련하여 몇 가지 위험을 감수해야 할 때다(이는 마지막 장에서 자세히 논의할 것이다).

더 많은 기후과학자들이 단지 과학자로서의 행동을 그만두고 시민으로서, 이야기꾼으로서, 사람으로서 행동하기 시작했다고 상상해보자. 과연 어떤 장면이 펼쳐질까? TV 라이브 방송에서 감정에 휩싸인 모습으로 나타날 수도 있겠다. 집단적으로 시민 불복종에 나서고, 변형적 적응이나 심층적응을 실천하는 모습일 수도 있다. 이 세상의 많은 트럼프들뿐만 아니라 노드하우스들, 그리고 그들에게 자금을 제공하는 이들의 부조리를 비난하는 모습일 수도 있다.*

왜 이런 일이 진작 대규모로 일어나지 않았을까? 의심할 여지없이 많은 이유들이 있고, 일부 좋은 이유들도 있다. 그러나 우리는 공포에 대한 사적인 감정이 직업적 행동이나 판단에 들어가지 않아야 한다는 널리 퍼져 있지만 대부분 표현되지 않는 인식이 있다고 생각한다. 우리는 그렇게 하는 것은 *과학 자체에는 존재하지 않는 외부의* 관습이라고 믿는다. 그리고 우리는 그것이 무엇을 초래했는지를 설명하고 있다.

우리는 우리 문명이 절벽 가장자리를 넘어갈 때 정상성의 한 조각을 필사적으로 유지하려는 태도가 실은 절망에서, 그리고 그런 절망의 필사적인 관리로부터 나온 것이라 의심한다. 우리는 이 모든 상황들 속에서 직업적 허울이 유지되는 주된 이유가 ('중립성'을 유지함으로써) 그것이 변화를 일으키는 가장 실용적으로 효과적인 방식이라는 (매우 그리고 더욱 더 의심스러워지는) 믿음 때문이 아니라, 그러한 유지가 공포 관리에 도움이

---

* 우리가 이 장에서 얘기하는 것은 물론 멸종반란(XR)의 첫째 요구인 "진실을 말하라"라는 표제하에서, 멸종반란의 의제 관점으로 재구성한 것이다. 우리는 말한다. 유형 2의 오류를 피하는 것에 대해 진지하게 생각하지 않는 한 당신은 진실을 말하고 있는 것이 아니다. 어떻게 해서라도, 특히 팻테일(fat-tails)의/로부터 시나리오를 그리지 않는 한 당신은 진실을 말하고 있는 것이 아니다. 더욱이 그 내용의 위중함을 당신의 표현 방식에서 훼손한다면, 당신은 진실을 말하고 있는 것이 아니다. 당신이 아무런 감정도 없이 그리고 임박한 사나리오가 그냥 하던 일을 계속하는 게 아니라 다른 무언가를 요구하는 것이라는 어떤 암시도 없이 팻테일을 설명한다면, 당신은 진실을 말하고 있는 것이 아니다.

되기 때문이라고 생각한다. 죽음의 부정, 이 경우 우리 문명(물론 그 속에서 많은 사람들의 죽음을 의미할 것이 거의 확실할: Moses 2020, Read and Alexander 2019, 그리고 이 책의 2장)의 죽음에 대한 가능성의 부정이다.

*불일치*라는 개념의 측면에서 요점이 형성될 수 있다. 잠재적인 묵시록을 침착하게 발표하고 다시 일하러 가는 것은 어울리지 않는다. 그것은 발표의 심각성을 훼손할 것이다. 끔찍한 생태 재앙에 대해 이야기하면서 감정적이지 않거나 또는 정치적이지 않은 것은 앞뒤가 맞지 않는다.

과학자들은 불일치를 멈추기 위해 노력해야 한다.

2) (1)이 실패한다면, 탐색할 수 있는 또 다른 잠재적인 방법은 기후과학자들이 기후 논쟁의 주요 수호자로서의 역할에서 물러나는 경우겠다. 그렇게 된다면 학자, 활동가, 그리고 정책 입안자들이 수학적 모델에 통합되는 데 적절한 수량화만을 중시하는 기계적인 과학 패러다임의 제약에서 벗어나서 (우리가 바로 이 책에서 희망하는 바인데) 시야를 넓힐 수 있게 될 것이다. 그러면 사람들은 복잡한 시스템의 변화가 종종 갑작스럽고 예측할 수 없는 방식으로 일어난다는 알려진 과학적 사실에 더 주의를 기울일 수 있을 것 같다(Servigne and Stevens 2020). 또한 아마도 기후 의제는 생물다양성과 생태계 서비스에 관한 정부간 플랫폼에서 실행되는 가운데(Díaz et al. 2015), 다른 접근 방식과 세계관, 특히 토착 지식을 더 잘 포함할 수 있을 것이다. 이를 통해 우리는 과거의 붕괴와 재앙에서 교훈을 얻을 수 있으므로, 앞으로의 피할 수 없는 혼란에 더 잘 대비하고 최악의 시나리오를 피하는 방법에 대해 생각할 수 있게 될 것이다. 가장 중요하게는, 우리는 한 가지 지식 수단의 우위를 과대평가하여 위험을 과소평가하는 것을 멈추고, 마침내 이 행성에서 대부분의 인간, 동물과 식물의 생

명이 얼마나 위태롭게 되었는지를 받아들이게 될 것이라는 점이다.

이런 획기적인 맥락 속에서, 기후-산업의 복잡한 관계에서 비롯하는 이슈에 관한 질문들을 결정할 능력을 과학자들과 (특히) 경제학자들이라는 특정 집단에게 국한시키는 것으로는 더 이상 충분하지 않다고 주장할 수 있게 될 것이다. 그러한 역량을 가진 풀은 크게 확장되어야 하며, 여기에는 *넓은 범위의* 다양한 철학자, 예상 전문가, 윤리학자가 포함되어야 한다. 여기에는 시스템 사상가와 사회과학자들도 포함되어야 한다. 아니, 더 나아가야 한다. 미래에 관한 공상작가들을 포함해야 한다. 더 나아가자. 앞에서 분명히 언급한 것처럼, 우리 문명에 거의 찾아보기 어려운 지혜에 접근할 수 있는 원주민들도 포함해야 한다. 다른 무엇보다도, 성인에게만 국한되어서는 안 된다. 예를 들어 노드하우스, 스턴, 멘델손, 톨 같은 과학자들은 경제 모델링에 사용할 미래 할인율에 대해 아직 학교에 다니는 젊은 세대의 대표들과 협의해야 한다. 이뿐만이 아니다. 아직 투표할 나이는 아니지만(이 역시 재검토되어야 한다), 앞으로 기후 재난으로 죽을 수 있는 나이의 젊은 세대에게 이러한 질문들을 *결정하는* 역할을 부여해야 한다.

이 장에서 살펴본 실패를 고려할 때, 기후 논쟁이 지금까지처럼 거의 제한된 그룹 내에서만 벌어져야 할 확실한 근거는 없다. 따라서 청년과 원주민, 식민화되고 주변화된 이들을 포함하고 완화, 적응, 서식지 보호, 생태학살, 할인율 등에 관한 결정을 내릴 권한을 부여받는 시민의회는 전체 지형을 바꾸는 매력적인 방법이다.

물론 무엇보다도 가장 좋은 것은 (1)*그리고* (2)둘 다를 종합하는 것일 테다. 기후과학자들은 우리가 위에서 간략히 말한 개선된 방식으로 진실을 말하며, *그리고* 다소간 옆으로 비켜서서 나머지 우리들이 들어설

1.1 붕괴 위험에 대해 경고하는 국제적 학자들의 서한

전 세계의 과학자이자 학자로서 우리는 정책 입안자들에게 사회 교란, 심지어 붕괴 위험을 다룰 것을 촉구한다. 파리 기후협정에 따라 배출량을 줄이지 못한 지 5년이 지난 지금, 우리는 그 결과를 대면해야만 한다. 배출량을 줄이고 탄소를 자연적으로 드로다운 하기 위한 대담하고 공정한 노력이 꼭 필요하지만, 여러 분야의 연구자들은 금세기에 사회 붕괴가 일어난다는 것을 신뢰할 만한 시나리오로 여기고 있다. 교란의 지점, 범위, 시기, 영속성 및 원인에 대해 서로 다른 견해가 존재하지만, 현대 사회가 사람과 자연을 착취하는 방식은 공통된 염려다. 정책 입안자들이 사회 붕괴의 위협에 대해 논의하기 시작해야만 우리는 그 가능성, 속도, 심각성, 그리고 가장 취약한 사람들과 자연에 대한 피해를 줄이기 시작할 수 있다.

이미 일부 군대는 붕괴를 중요한 시나리오로 보고 있다. 설문 조사는 현재 많은 사람들이 사회 붕괴를 예상하고 있음을 보여준다. 슬프게도, 그것은 남반구 많은 지역공동체의 경험이기도 하다. 하지만 이는 언론에 제대로 보도되지 않으며 시민사회와 정치에서도 이런 이야기가 거의 부재한 형편이다. 환경 및 인도적 이슈에 관심이 있는 사람들은 사회적 교란이나 붕괴의 위험에 대해 논의하는 것을 주저해서는 안 된다. 정신 건강과 동기 부여에 미치는 영향에 대한 잘못된 정보는 진지한 토론에 도움이 되지 않는다. 그것은 붕괴에 대한 예상을 기후와 생태, 사회 정의에 대한 변화를 추진하려는 동기의 일부로 삼는 수천 명의 활동가들에게 등을 돌리는 위험이 있다.

우리 중 일부는 새로운 사회로의 전환이 가능할 수도 있다고 생각한다. 여기에는 일상생활의 교란에 대한 대비를 포함하여 기후와 자연, 사회에 대한 피해를 줄이기 위한 담대한 행동이 포함될 것이다. 우리는 붕괴에 관한 논의를 억제하려는 노력이 이런 전환의 가능성을 방해한다고 본다는 점에서 뜻을 같이한다. 우리는 이미 진행된 피해와 더불어, 우리 자신의 삶의 방식에 대한 위협이 커지는 것을 인정하는 것이 감정적으로 얼마나 힘든 것인지 경험했다. 우리는 생겨날 수 있는 커다란 유대감 또한 알고 있다. 이제 우리가 피해에 대한 묵인방조를 줄이고 격동하는 미래에 최대한 잘 대처할 수 있도록 이런 어려운 대화들을 나눌 때다.

---

* 이 서한에 2020년 말까지 60명이 넘는 기후학자를 포함하여 30개국 450명 이상의 과학자와 학자가 서명했다. 전체 서한과 서명자 목록은 www.scholarswarning.net에 있다.

수 있는 공간을 제공할 필요성을 받아들이는 것이다. 그래서 우리는 여러 기후학자들이 수백 명의 다른 학자들과 더불어 붕괴의 위험에 관한 국제적 학자들의 경고에 함께 서명한 것에서 용기를 얻는다.

기후과학자들이 그들에게 이익이 되는 체제의 공모자였거나 희생자였다는 대중적 인식이 확산된다면 이는 실제로 어느 정도 현기증을 일으킬 수도 있을 것이다. 하지만 그것은 진정으로 공간을 창출한다. *시민들의 경우, 자신들을 지키기 위해 과학자와 시스템에 의존할 수 없음을 재빨리 깨닫게 될 것이다.* 기후과학자들이 세계와 자녀들이 처한 상황에 대해 큰 슬픔을 고백하고, 시스템 안에 오래 머물렀던 것에 대한 후회를 털어놓고, 그들의 실제 감정을 표현하고, 자신의 무력함을 고백한다. 그것은 많은 시민들이 발걸음을 들일 수 있게 하고 또 들어오게 할 것이다. *그들의 권력을 행사하기 시작하는 것이다.* 아무도 구조할 준비를 하지 않고 있다는 사실을 깨닫고, 대신에 그들의 주체성을 *자각한다.* 우리가 생각하는 바와 같은, 판도를 바꾸는 내러티브 변화는 지금까지 꿈으로만 그려 왔던 규모의 급진적 시민 운동을 촉발할 수 있을 것이다. 멸종반란은 생태적 이유로 인한 문명 붕괴와 대량 멸종을 막기 위해 수천 명의 사람들이 기꺼이 체포될 용의가 있다는 것을 발견했다. 과학과 정책통들이 아니라 그런 식의 행동만이 현 상태를 실제로 크게 바꿀 수 있다는 것을 과학자들이 명료히 한다면, 수십만, 심지어 백만, 또는 그 이상이 그렇게 행동할 준비가 되어 있다고 상상해보자. 그리고 적응을 요구하고 활성화하는 새로운 운동이, 지금이 자정 전 5분이 아니라 자정이 *지난* 5분이라는* 더욱 널리 퍼진 인식에 의해 추동된다면 얼마나

---

* 미국 핵과학자회가 1947년부터 발표하기 시작한 지구 종말 시계(Doomsday Clock)를 비유한 것으로 보인다. 지구 종말 시계는 2020년 현재 23시 58분 20초를 가리키고 있다.– 옮긴이

더 진지할 수 있을지를 상상해보자.

우리가 알고 있는 학계는 점진적인 변화에 최적화되어 있다. 그러나 당신이 *비상 상황*에 직면해 있을 때, 그리고 시간 지체가 내재되어 있을 때, 정상 과학은 더 이상 적절하지 않다. 그리고 이러한 상황은 말과 행동 모두에서 새로운 용기를 요구한다.

다수의 사람들은 이런 용기에 대한 요청에 움츠러들 것이고, 현학적인 회의론(또는 이름 부르며 비난하기에 대한 우려)으로 그들의 주저함을 포장할 것이다. 예컨대 이런 말을 할 것이다. "하지만 당신 말대로 하면서 우리의 '중립성'을 버린다면, 이 세계의 온갖 폭스뉴스 같은 것들이 지금까지 했던 것들보다 훨씬 엉망진창을 만들 거예요"라고. 맞다. 하지만 우리는 과학자들에게 이제껏 그들이 당신에게 이미 충분히 잘 못하고 있었다고 말할 것이다. 그들은 당신이 그렇게 크게 적극적으로 나서지 않고 있는데도 당신이 완전히 편향되어 있다는 듯이 행동한다. 당신이 그저 진실하고 일관적이기만 하다면 실제로 더 나빠지지는 않을 것이다. 그러나 당신은 초능력 또한 갖게 될 것이다. 그레타 툰베리와 멸종반란이 공공영역에서 발견한, 확실히 존재하는 초능력 말이다. 당신의 조카, 아들딸과 당신이 사랑하는 야생의 자연, 그 무엇을 생각하든 간에 그들이 세상에서 어떻게 될 것인지를 감정에 복받쳐 당신의 목소리가 갈라지도록 발언한다면 무슨 일이 일어날까?

우리는 이 장에서 있는 그대로의 과학에 대해 다소 비판적이었다. 그러나 우리는 과학자들을 상황의 *희생자*라고 말함으로써 신호를 보냈듯이, 우리 편에서 개인을 꾸짖고자 하는 욕구는 전혀 없음을 강조하고자 한다. 멸종반란의 정신과 심층적응의 정신으로, 우리는 사랑을 바탕에 두고 더 다가가려 한다. (이런 종류의 말은 누군가로부터 경력을 망치려 든다는 핀잔을 듣게 될 가능성이 매우 크며 … 이 역시 기존 과학의 잘못된 측면을 보여주기도 한다). 우리는 비난하지 않아야 하며 그럴 수 있도록 노력해야 한다. 모욕을 주려는 것도 아니다. 오히려, 배출 곡선을 아래로 급히 구부리기는커녕 하향시키기 위해서조차 거의 아무것도 하지 않는 결과를 초래한 지금의 기후과학 세대들이 시스템적 실패에 대하여 일종의 진실과 화해의 과정을 갖는 것을 상상해보자.

　문명과 지구 위 생명체의 복잡성이 인간이 불러온 심각한 위태로움에 처해 있음을 감안할 때, 심층적응 프로젝트는 놀랍고도 슬프게도 시기적절해 보인다. 이 장에서 우리가 감히 말하고자 하는 것은, 일부 배교자 기후과학자들의 도움으로 때로는 조용하고 때로는 공개적으로 이해되는 바, 이 사회가 붕괴를 막을 수 있는 전망은 모든 사람들이 여전히 생각하는 것보다 실제로는 덜 장밋빛이라는 것이다. 학문적 연구와 정책적 적절성이 어떻게 작동해야 하는지에 대한 헤게모니적 이야기가 있기 때문이다. 기후과학자들은 천천히 사실을 확립하고 정책 입안자는 그에 따라 행동한다는 기대가 있다. 하지만 이것은 *사실이 아니다.* 이것은 *작동하지 않는다.* 그리고 우리는 시간이 없다.

　우리가 이 장의 후반부에서 스케치한 이야기들, 대안적이고 가능한 이야기들이 있다. 그러한 새로운 접근 방식이 수용된다면, 적어도 우리가 찜통 지구Hothouse Earth로 향하는 최악의 영향을 피할 수 있는 *기회*를 갖게 될 것이다. 과학자든 시민이든, 우리는 당신이 최소한 새로운 이야기를 생각해볼 수 있는 용기와 선의를 가질 수 있기를 바란다.

2

심층적응:기후 비극의 탐험 지도

젬 벤델

서문

이 장은 2018년 7월 27일에 발간된 원래의 심층적응 논문을 2020년 7월 27일에 수정한 것이다. 이 논문은 약 1백만 회가 다운로드되면서 입소문을 타기도 했다. 나는 이 논문을 사회 붕괴에 관한 보다 넓은 학문적 분야(3장 참고)가 있음을 알기 전에, 기업의 지속가능성 분야에서 활동하고 있는 사람들을 위해 썼다. 내 관심은 더 넓지만, 이 논문은 빈곤, 권리, 인도주의적 행동, 공공정책, 재지역화, 통화정책, 반가부장제 및 탈식민지와 같은 많은 중요한 문제는 다루지 않았다. 그러나 이 원본 텍스트를 참조하는 것이 심층적응이라는 현상을 이해하는 데 여전히 도움이 될 것이다.

도입

나 자신을 포함하여, 지속가능 관리, 정책 및 연구 전문가들은 기후변화를 늦추거나 문명을 유지할 수 있을 만큼 충분히 대응할 수 있다는 가정이나 희망을 가지고 계속 작업할 수 있을까? 기후변화에 대한 충격적인 정보가 내 모니터를 가로질러 지나가면서 나는 이 질문을 더 이상 무시할 수 없게 되었다. 그래서 나는 몇 달 동안 최신 기후과학을 분석해 보기로 했다. 그리고 더 이상 그런 가정이나 희망을 가지고 일할 수 없다는 결론과 함께 두 번째 질문을 던졌다. 지속가능성 분야의 전문가들은 환경 재앙을 피하기에 너무 늦었을 수 있다는 가능성과 함께 그것이 그들의 작업에 갖는 함의에 대해 논의했는가? 간단하게 문헌 검토를 해보아도 동료 전문가들은 이러한 관점을 탐구하거나 이런 관점에서 출발하는 연구 결과를 내놓은 게 없었다. 이는 세 번째 질문, 즉 지속가능성 전문가들이 우리의 분야 전체뿐 아니라 개인의 삶에 대해서도 근본적으로 중요한 이 문제를 탐구하지 않는 이유에 대한 질문으로 이어졌다. 이 문제를 탐구하기 위해 나는 심리학 분석, 동료들과의 대화, 소셜 미디어에서 환경 운동가들 사이의 논쟁에 대해 리뷰를 진행했고, 내 자신의 조심스러움에 대해 자기 성찰도 해보았다. 환경 재앙이 촉발하는 사회 붕괴의 의미에 대한 토론을 촉진할 필요가 있다는 결론을 내리고 나서, 나는 붕괴에 대해 소셜 미디어에서 사람들이 이야기하는 방식에 대해 네번째 질문을 던졌다. 다양한 개념화가 있음을 확인했고 그로부터 사람들이 이 극도로 어려운 문제를 탐색할 지도로 제공할 수 있는 것이 무엇인지 마지막으로 자문했다. 그리고 이제 지속가능성 분야에서 25년 동안의 다양한 독서와 경험을 바탕으로 내가 기후변화에 대해 '심층적응'

이라고 명명한 의제의 개요를 설명하고자 한다.

이 다섯 가지 질문의 결과는 지속가능 관리와 정책의 광범위한 분야에서 어떤 하나의 특정 주제의 문헌이나 실행에 기여하지는 않는 한 장이 되었다. 오히려 이 글은 이 분야 모든 작업의 기초에 의문을 제기한다. 나는 기후변화가 물리적, 경제적, 사회적, 정치적, 심리적 상황에 미치는 영향을 관리할 수 있다는 생각을 바탕으로 수행되어 온 기후 적응에 대한 기존 연구, 정책과 실행에 뭔가를 보태려는 것이 아니다. 대신에, 이 장은 더하기뿐만 아니라 빼기를 통해서도 지속가능 관리와 정책에 대한 향후 작업에 기여할 수 있을지 모른다. 여기서 내가 의도하는 바는, 당신이 시간을 갖고 한 걸음 물러서서, 이 페이지의 분석이 '만약에 사실이라면 어떠할 것인지를(what if)' 숙고하고, 스스로에게 비탄을 허용하고 우리 모두가 갖는 전형적인 공포를 충분히 극복하며, 존재와 행동의 새로운 방식에 대한 의미를 발견하도록 하는 것이다. 이는 학계나 경영계 분야에서일 수도 있고, 이러한 자각이 당신을 인도하는 어떤 다른 분야일 수도 있겠다.

우선 나는 환경 재앙으로 인한 사회 붕괴를 고려하거나 그로부터 시작하는 경영학 연구가 많지 않은 점에 대해 간략히 설명하고, 여러 독자들이 관련이 있다고 생각할 수 있는 이 분야의 기존 연구들을 살펴본다. 나 역시 사회 붕괴라는 주제를 처음 접했고, 그것을 생계, 피난처, 안전, 즐거움, 정체성과 의미의 정상적인 방식들이 불균등하게 종결되는 것으로 정의하고자 한다. 둘째, 나는 지난 몇 년 동안 가장 중요하다고 여겨지는 기후과학을 요약하고 이것이 어떻게 더 많은 사람들이 가까운 시일 내에 파괴적인 변화에 직면할 것이라고 결론을 내리게 했는지를 요약한다. 셋째, 그러한 관점이 전문적 환경 분야에서 어떻게 주변화되고 있는지 설명하며, 당신이 주류적 시각의 반대쪽을 고려할 필요가 있음을 제기한다. 넷째, 관련된 소셜 네트워크 속의 사람들이 우리의 상황을 붕괴, 재앙 또는 멸종에 직면한 것으로 구성하는 방식과 함께 이러한 견해가 어떻게 다른 감정과 아이디어를 유발하는지 설명한다. 다섯째, 일단 기후변화가 전개되고 있는 비극임을 인식할 때 우리가 할 수 있는 일에 대한 토론을 안내하는 데 도움이 되는 심층적응 의제의 개요를 설명한다. 마지막으로, 이 의제가 지속가능성 분야에 있어서 우리 미래의 연구와 교육에 어떠한 영향을 미칠 수 있는지에 대한 몇 가지 제안을 하고자 한다.

연구자이자 성찰적 실무자로서 우리는 고용주나 직업 규범이 우리에게 기대하는 것을 수행할 뿐만 아니라 더 넓은 사회 안에서 우리 작업의 적절성을 숙고할 기회와 의무가 있다. 나는 일부 사람들의 경우 지금 우리가 피할 수 없는 단기적 사회 붕괴에 직면해 있다는 학계의 진술을 무책임한 것으로 간주하고 있다는 사실을 안다. 그것을 접하는 사람들의 동기 부여나 정신 건강에 미칠 수 있는 잠재적인 영향을 고려한다면서 말이다. 하지만 이 주제에 대한 나의 연구와 대화 참여는 정반대의 결론에 이르게 했는데, 그 중 일부도 이 장에서 설명하게 될 것이다. 지금 이 분석에 대해 소통하고 사람들이 심리적, 영적 의미를 포함하여 그 의미를 탐구하는 데 있어 나 자신을 포함하여 서로를 지원하도록 초대하는 것이 책임감 있는 행동이다.

학계 내에서 이 연구의 자리매김

기후변화에 대한 부정적인 전망과 그것이 인간 사회에 미치는 영향에 대해 논의할 때, 이 정보를 맥락 속에 배치하여 통찰력을 찾는 것이 대답이 되는 경우가 많다. 그러한 맥락은 다른 정보와 균형을 맞출 때 얻어지는 것으로 가정되곤 한다. 그리고 기후 곤경에 대한 정보가 너무 부정적이기 때문에, 균형은 지속가능성 의제에서의 진전에 관한 보다 긍정적인 정보를 강조함으로써 찾아지곤 한다. '균형 맞추기'를 추구하는 이 과정은 지각 있고 합리적인 마음의 습관인 게 사실이다. 그러나 공유되는 긍정적인 정보가 부정적인 정보가 설명하는 상황과 관련이 없는 경우에는 논리적인 숙고 수단이 되지는 못한다. 예를 들어, 타이타닉호가 북대서양의 얼음 바다에 침몰하고 있는데 화이트 스타라인 사의 보건 및 안전 정책의 진전 상황에 대해 선장과 논의하는 것은 시간을 현명하게 사용하는 일이 아닐 것이다. 그러나 이러한 균형이 종종 사람들이 기후 비극의 규모와 속도에 관한 논의에 대응하는 방식이라는 점을 감안하여, 더 광범위한 지속가능성 의제에서의 긍정적인 소식들을 먼저 인정하도록 하자.

확실히, 오염 감소, 서식지 보존, 폐기물 관리에 이르기까지 지난 수십 년 동안 환경 문제에서 약간의 진전이 있었다. 지난 20년 동안 탄소 배출량을 줄이기 위해 많은 단호한 노력들이 있었는데, 이는 공식적으로 '완화'라고 불리는 기후 조치의 일부다(Aaron-Morrison et al. 2017). 인식에서 정책, 혁신에 이르기까지 기후 및 탄소 관리에서 많은 진전이 있었다(Flannery 2015). 하지만 더 크고 빠른 조치가 취해져야 한다. 이 점은 2015년 12월 열린 COP21 정부간 기후정상회담에서 만들어진 합의로 힘을 받았고 이제 이 문제에 대해서 중국도 상당한 비중으로 동참하고 있다. 이러한 노력들을 유지하고 규모를 키우도록 지원하는 것이 핵심적이다. 또한 홍수 방어, 계획 관련 법률 및 관개 시스템 등 기후변화 적응에 대한 조치가 증가하고 있다(Singh, Harmeling and Rai 2016). 우리는 이러한 노력을 칭찬할 수 있지만, 기후변화로 인한 우리의 전반적인 곤경을 분석하는 데는 그 존재가 중요하지 않다.

이 장에서는 지속가능한 비즈니스에 대한 기존 이론들로부터 뭔가를 구축하기보다 현상에 초점을 맞춘다. 그 현상이란 기후변화 자체가 아니라 2018년의 기후변화 상태이다. 그리고 연구의 2차 검토를 통해 이제 그것이 단기적인 사회 붕괴를 가리키고 있다고 주장할 것이다. 이 장에서 출발점으로 다루는 문헌은 기후변화를 해결하거나 대처할 수 있다는 생각의 종언에 대한 경영학 연구 및 실천 내의 논의가 결핍되어 있다. 이 장이 원래 출간된 〈지속가능 관리 회계 및 정책 저널SAMPJ〉에서는 내가 공동 저작한 논문(Bendell, Sutherland and Little 2017)을 제외하고는 이전에 이 주제에 대한 논의가 없었다. 세 개의 논문이 기후 적응에 대해 지나가며 언급하는 정도며, 관개 농업을 개선하는 방법을 고려하여 적응에 초점을 맞춘 논문은 1개뿐이었다(de Sousa Fragoso and de Almeida Noéme 2018).*

〈조직과 환경Organization and Environment〉은 기후와 조직이 서로에게 갖는 함의를 논의하는 선도적 저널이며, 1980년대 이래로 환경에 대한 철학적·이론적 입장들뿐 아니라 조직적이거나 경영학적 함의도 다루어 왔다. 그러나 이 저널은 환경 재앙으로 인한 사회 붕괴의 이론과 의미를 탐구하는 어떤 연구 논문도 출간하지 않았다.** 세 개의 글이 기후 적응에 대

---

* 저널 데이터베이스의 풀 텍스트 검색에 따르면 이 저널의 논문에는 '환경 붕괴', '경제 붕괴', '사회 붕괴', '사회적 붕괴', '환경 재앙', '인류 멸종'이라는 용어가 등장하지 않는다. '재앙'은 방글라데시 공장 화재에 관한 두 개의 논문과 Bendell, Sutherland and Little(2017) 등 세 개의 논문에서 언급되었다.

** 저널 데이터베이스의 풀 텍스트 검색에 따르면 '환경 붕괴', '사회 붕괴' 및 '사회적 붕괴'라는 용어가 각각 별도의 글에서 한 번씩 나왔음을 보여준다. 세 편의 논문에서 '경제 붕괴'가 언급되었다. '인류 멸종'은 두 개의 논문에서 언급된다. '환경 재앙'은 12개의 논문에서 언급된다. 이 논문들을 읽어보면 그들이 붕괴를 탐구하고 있는 게 아님을 알 수 있다.

해 언급하고 있다. 그중 두 개의 논문은 적응을 맥락으로 다루지만 주요 초점으로 탐구하는 것은 다른 문제, 특히 사회적 학습(Orsato, Ferraz de Campos and Barakat 2018)과 네트워크 학습(Temby et al. 2016)이다. 이 저널에 실린 단 하나의 논문만이 기후 적응을 조직에 대한 중요한 초점과 함의로서 다룬다. 이 논문은 경영에 미치는 함의가 얼마나 다루기 어려운지에 대해서 유용하게 요약하지만, 광범위한 사회 붕괴가 갖는 의미에 대해서는 탐구하지 않는다(Clément and Rivera 2016).

경영 연구 외에도 기후 적응 분야는 광범위하다(Lesnikowski et al. 2015). 예를 들어 구글 학술 검색(Google Scholar)에서 검색하면 '기후 적응'이라는 용어에 대해 40,000개가 넘는 검색결과를 보여준다. 이 장에서 내 스스로 설정한 질문에 대한 답으로, 나는 기존의 분야와 학계를 검토하지 않을 것이다. 누군가는 "왜 그러는데?"라고 물을지 모른다. 대답은 기후 적응 분야는 관리 가능한 작은 기후 요동에 대면하여 현재 사회를 유지하는 방법을 중심으로 한다는 것이다(ibid). '심층적응'이라는 개념은 우리가 변화할 필요가 있다는 점에서 이 의제와 공명하지만, (아래에서 설명하겠지만) 사회 붕괴의 불가피성을 출발점으로 삼는다는 점에서 이와 다른 길을 걷는다.

그뿐만 아니라 2018년 이 장이 논문으로 발표된 후 나는 파국적 위험, 실존적 위험 및 '붕괴학'에 관한 학문 분야를 알게 되었다(Servigne and Stevens 2020). 나는 독자들에게 내가 계속하고 있는 것처럼 해당 분야의 문헌을 탐색할 것을 권한다. 이 장에서는 그런 분야에서 얻은 통찰까지 다루지는 않는다.

우리의 비선형적 세계

이 장이 모든 최신 기후과학을 자세히 검토하는 회의장은 아니다. 그러나 나는 지난 몇 년 동안의 과학 문헌을 검토했는데 여전히 커다란 불확실성이 있음을 확인했다. 그래서 연구 기관들에서 최신 데이터를 찾아보았다. 이 글에서 나는 오늘날 살아있는 사람들의 일생 동안 지구적 환경 재앙을 피하기에는 너무 늦었다는 것의 의미를 숙고할 시점이라는 전제를 뒷받침하기 위해 연구 결과들을 요약한다.

지구 전반의 온도 상승에 관한 단순한 증거는 논쟁의 여지가 없다. 2018년까지의 136년간 기록에서 가장 따뜻한 18년 중 17년이 모두 2001년 이후에 발생했으며 지구 온도는 1880년 이후 0.9°C 상승했다 (NASA/GISS 2018). 가장 놀라운 온난화는 북극에서 일어났는데, 2016년의 지표면 온도는 1981~2010년의 평균보다 2.0°C 높았고 이는 과거 2007년, 2011년 및 2015년의 기록들을 0.8°C 넘어선 것이며 1900년에 기록이 시작된 이래 3.5°C 상승한 것이다(Aaron-Morrison et al. 2017).

이러한 데이터는 대조하기가 매우 쉽고 크게 도전받을 일도 없는 만큼 학술 출판물에 신속하게 게재된다. 그러나 이러한 온난화가 환경과 사회에 미치는 영향을 이해하려면 현재 상황과 이것이 함의하는 추세에 대한 실시간 데이터가 필요하다. 앞으로 보게 되겠지만, 기후변화와 그와 관련된 영향은 지난 몇 년 동안 중요하게 부상했다. 따라서 상황을 제대로 이해하려면 연구 기관, 연구자 및 해당 웹 사이트에서 최신 정보를 직접 확인할 필요가 있다. 이는 학술지 논문과 느릿느릿 만들어진 IPCC의 보고서를 사용하되 그것들에 전적으로 의존하지 않을 것임을 뜻한다. 이 국제기구는 유용한 작업을 수행했지만 저명한 기후과학자들이 지난 수십 년 동안 더 정확하게 예측했던 변화의 속도를 상당히 과소 평가한 실적이 있다(Herrando-Pérez et al. 2019; Spratt and Dunlop 2018).

일부 연구자들은 기후변화가 일어나고 있을 뿐 아니라 IPCC가 예측한 것보다 훨씬 빠르게 일어날 것이라고 결론 내린 바 있다(Xu et al. 2018). 예를 들어, 이전에 IPCC는 2030년까지 1.5°C 지구 온난화 기준을 넘을 확률을 17%로 제시했는데, 이는 "1.5°C 온난화의 예상 날짜를 2030년 경으로 앞당기게 만들고 2°C 경계에는 2045년에 도달하게 할" 몇 가지 핵심 요소를 과소평가했다(Xu et al. 2018). 이 저자들은 태평양의 자연적 요동이 "2025년에 1.5°C의 특이점을 돌파할 확률을 최소한 10% 높인다"고 썼다. 이 "10년 주기 태평양 진동JPO"에 대한 더 자세한 연구는 그것이 양의 온난화 단계로 이동하면 "2026년을 중심으로 한 [1.5°C 온난화] 목표 예상을 넘어서는 것으로 이어질 것"임을 발견했는데(Henley and King 2017), 이는 어떻게 그보다 더 빨리 (그러나 희망적으로는 나중에) 이루어질 수 있는지를 통계의 언어로 표현한 것이다.

따라서 이 검토에서 나는 2014년 이후의 데이터에 중점을 두고 IPCC 외부의 다양한 출처를 활용할 것이다. 왜냐하면 불행히도 그 이후로 수집된 데이터는 종종 우리 환경의 비선형 변화와 일치하기 때문이다. 비선형 변화는 영향이 선형 예측에 기반한 예측보다 훨씬 더 빠르고 심각할 것이며, 변화가 더 이상 인위적 탄소 배출량과 연동하지 않게 될 것임을 시사하기 때문에 기후변화를 이해하는 데 핵심적으로 중요하다. 비선형 변화가 반드시 기하급수적 변화를 의미하거나 억제 또는 일시 정지가 없을 것임을 의미하지는 않지만, 자연 세계에서 해수면의 비선형 상승이나 해빙의 비선형 변화는 피드백을 증폭하는 그러한 거대한 과정의 결과이다. 따라서 이러한 비선형 프로세스는 멈출 수 없다고 생각하는 것이 합리적이다. 다시 말해, 그러한 변화는 이른바 "폭주하는 기후변화"runaway climate change"라 불리는 현상의 측면이자 지표를 구성할 것이다.

"폭주하는 기후변화"의 의미는 무엇일까? 기후 티핑 포인트를 연구하는 과학자들은 "우리가 이미 상호 연관된 티핑 포인트들의 계단으로 접어드는 문턱을 넘어섰을 수도 있음"을 발견했으며(Lenton et al. 2019), 이는 지구를 훨씬 더 뜨거운 상태로 만들기 시작할 것이다. 연구자들은 2008년에 식별한 15개의 잠재적 티핑 포인트 중 7개가 현재 활성화된 징후를 보이고 있다고 결론 내렸다. 이는 그것들이 이미 스스로 강화하고 되돌릴 수 없는 변화로 접어들었다는 것을 의미하며, 연구자들은 활성화 목록에 두 개의 새로운 티핑 포인트를 추가했다(Lenton et al. 2019). 총 9개의 티핑 포인트가 이미 활성화되고 상호 연관되어 있는 만큼, '폭주하는' 변화는 이러한 상황에 대해 적절한 용어다. 새로운 모델들은 현재의 배출 경로를 따르면 우리가 금세기 말까지 6°C 이상의 온난화를 향해 갈 것이라고 예측하고 있다(Johnson 2019). 따라서 사람들이 우리가 폭주하는 기후변화의 시작에 있을 가능성이 있거나 틀림없이 그 시작에 있다고 평가한다면, 이는 극단적인 평가라기보다는 믿을 만한 것이라 할 수 있다.

북극의 온난화는 더 높은 상공에서 부는 바람, 특히 제트 기류와 북극 소용돌이를 불안정하게 만들기 시작하면서 대중에게 더 널리 인식되었다. 2018년 초 한 시점에 북극의 온도 기록은 해당 날짜의 평균보다 20°C 더 높았다(Watts 2018). 온난화하는 북극은 해빙의 극적인 손실을 초래했으며, 9월 평균 넓이는 1980년 이후 10년에 13.2%의 비율로 감소하여 얼음 덮개의 3분의 2 이상이 사라졌다(NSIDC/NASA 2018). 이러한 데이터는 미래의 온난화와 폭풍에 대한 빙상의 회복력을 나타내는 지표인 해빙 부피의 변화 측면에서 더욱 우려된다. 이는 2017년에 최저치였고, 지속적인 하락세를 이어가고 있다(Kahn 2017).

백빙white ice 표면에서 태양 광선의 반사가 감소한다는 점을 감안하면, 얼음이 없는 북극은 전 세계적으로 온난화를 상당한 정도로 증가시킬 것으로 예상된다. 2014년에 과학자들은 이로 인한 변화가 이미 지난 30년 동안 CO_2 때문에 발생한 직접적인 온도 상승의 25%에 해당한다고 추산했다(Pistone, Eisenman and Ramanathan 2014). 이는 지난 30년간 누적 CO_2 배출량의 4분의 1을 제거할 수 있었음을 뜻하기에, 연간 북극 얼음 덮개의 반사력 손실에 따른 위험이 매우 커졌을 것임을 의미한다. 세계에서 가장 저명한 기후과학자 중 한 명인 피터 워드햄스Peter Wadhams는 앞으로 몇 년 내에 여름 동안 얼음이 없는 북극이 나타날 것이라고 믿고 있다. 그는 그런 일이 일어나면 온난화 피드백이 몇 년 후에 북극에서 일 년 내내 얼음이 없는 상태를 초래할 것이 거의 확실하며, 인간 활동이 생성한 CO_2로 인한 온난화를 50% 증가시킬 것이라고 계산했다(Wadhams 2016).[*]

일부 과학자들은 온난화 영향이 그보다는 낮다고 평가하지만(Hudson 2011), 만약 맞다면 유엔기후변화협약UNFCCC의 목표 및 제안과 IPCC의 계산을 가치 없게 만들 것이다. 2002년과 2016년 사이에 그린란드는 매년 약 280기가톤의 얼음을 상실했고, 섬의 낮은 고도와 해안 지역은 14년 동안 최대 13.1피트(4미터)의 얼음 손실(동등한 물높이로 표시할 때)을 경험했다(NASA 2018). 이는 다른 육지 얼음의 해빙과 물의 열팽창과 더불어서, 연간 약 3.2mm 상승하여 1993년 이후로 총 80mm 이상의 지구 평

---

[*] 이전 원고에서 '두 배'로 되었던 것을 수정했다.

균 해수면 상승으로 작용했다(JPL/PO.DAAC 2018). IPCC는 전반적인 "현존하는 기후 위험에 대한 과소평가"의 한 부분으로, 해수면 상승도 과소예측한 것으로 드러났다(Spratt and Dunlop 2018). 최근 데이터는 상승 추세가 비선형적이라는 것을 보여준다(Malmquist 2018). 이는 육지 얼음의 해빙이 비선형적으로 증가하면서 해수면이 상승하고 있음을 의미한다.

관찰된 현상은 지난 수십 년 동안 대부분의 기후 모델이 현재 시점에 대해 예측한 것보다 더 높은 범위에 있고 더 극단적이다. 모델이 제트기류의 변화 정도 같은 현상들에서 발생하는 날씨 변동성의 정도를 예측하지 못했기 때문에 관찰 결과는 더 극단적이다(Kornhuber et al. 2019). 지구 평균 기온은 현재 시점에 대한 모델 예측의 더 높은 가장자리에 있으며, 특히 10년 추세를 확인하는 과학적 관습을 기다리기보다 가장 최근 연도들이 뉴 노멀을 나타내는 것으로 간주하는 경우에 더욱 그렇다. "2020년 6월까지 12개월 동안의 평균 기온은 [IPCC에서 사용하는 산업화 이전 온도보다] 1.5°C 및 2°C 상승 임계값을 기준으로 삼았을 때 1.3°C 높은 수준에 근접한다."(Copernicus Programme 2020) 이러한 현재 측정값은 인간 서식지와 농업에 통제할 수 없는 영향을 촉발하고, 이어서 사회·경제·정치 시스템에 복잡한 영향을 가져올 환경의 비선형적 변화와 일치하는 것이다. 오늘날 일어나고 있다고 이미 보고된 영향들을 더 살펴본 후 이러한 추세가 갖는 의미로 돌아가도록 하자.

이미 우리는 극지방이 더 빨리 가열되면서 바다와 대기의 열 균형이 변화함으로써 폭풍, 가뭄, 홍수 빈도 및 강도에 영향을 미치는 것을 보고 있다(Herring et al. 2018). 게다가 극지방에 더 많은 열이 들어간다는 것은 위도가 낮은 지역 온도의 변화도가 떨어지므로 제트 기류가 약해지고 물결 모양이 되어 더 많은 고기압 블록이 생성됨으로써 극한 날씨를 초래함을 의미한다(Kornhuber et al. 2019). 우리는 농업에 대한 부정적인 영향을 목격하고 있다. 기후변화는 지난 세기 동안 작물 수확량 성장을 10년에 1~2퍼센트씩 감소시켰다(Wiebe et al. 2015). 유엔식량농업기구^{FAO}는 기후변화와 관련된 기상 이상 때문에 연간 수십억 달러의 비용이 발생하며 이는 기하급수적으로 늘어나고 있다고 보고한다. 현재로서는 그 영향이 금전적으로 계산되지만 핵심은 영양적 영향이다(FAO 2018). 우리는 또한 해양 생태계에 미치는 영향을 보고 있다. 세계 산호초의 약절반이 지난 30년 동안 여러 요인의 조합으로 인해 죽었지만, 해수의 CO_2 농도 증가로 인한 더 높은 수온과 산성화가 핵심 요인이다(Phys.org. 2018). 2016년 이전 10년 동안 대서양은 그 이전 10년보다 50% 더 많은 이산화탄소를 흡수했고, 해양 산성화를 가속화하는 것이 측정되고 있다(Woosley, Millero and Wanninkhof 2016). 이 연구는 전 세계 바다에서 나타나는 경향을 보여주며, 결과적인 산성화는 해양 먹이사슬의 기반을 파괴하고 전 세계적으로 어류 개체군의 재생산 능력을 약화한다(Britten, Dowd and Worm 2015). 한편, 온난화되는 바다는 이미 일부 어종의 개체군 크기를 감소시키고 있다(Aaron-Morrison et al. 2017). 인간 영양에 대한 이러한 위협에 더하여, 일부 지역에서는 온도가 더 높아짐에 따라 모기와 진드기 매개 바이러스의 확산이 기하급수적으로 증가하는 것을 목격하고 있다(ECJCR 2018).

내다보기

내가 방금 요약한 대부분의 영향은 이미 우리에게 다가와 있으며, 그 심각성이 증가하지 않더라도 시간이 지남에 따라 생태계, 토양, 바다 및 사회와 관련하여 그 영향이 더 커질 것이다.

미래의 영향을 예측하기는 어렵다. 그러나 예측하지 않는 것이 더 어렵다. 오늘날 보고되는 영향들은 1990년대 초에 이루어진 예측 중 가장 최악의 끝에 있는 것이다. 당시에 나는 케임브리지 대학 학부생이었는데 그때 처음으로 기후변화와 모델 기반 기후 예측을 연구했다. 오늘날의 모델들은 폭풍 수와 강도의 증가를 시사한다(Herring et al. 2018). 그리고 북반구에서 곡물의 대량 생산이 피해를 입고 열대 지방에서 간헐적으로 쌀 생산이 중단되는 것을 포함하여 정상적인 농업의 쇠퇴를 예측한다. 여기에는 금세기 말까지 중국의 쌀과 밀, 옥수수 수확량이 각각 36.25%, 18.26%, 45.10% 감소할 것이라는 예상이 포함된다(Zhang et al. 2016). 나레시 쿠마르의 연구(Naresh Kumar et al. 2014)는 주류적 기후변화 예상 시나리오에서 2050년대와 2080년대에 인도의 밀 수확량이 각각 6~23% 및 15~25% 감소할 것을 예상한다. 산호의 손실과 바다의 산성화는 어업 생산성을 절반 넘게 감소시킬 것으로 예상된다(Rogers et al. 2017). 해수면 상승 속도는 곧 기하급수적으로 증가할 수 있으며 (Malmquist 2018), 이는 해안 지역에 거주하는 수억 명의 사람들에게 심각한 문제를 불러일으킬 것이다(Neumann et al. 2015). 환경과학자들은 현재 우리 시대를 지구 역사상 여섯 번째 대멸종 사건으로 설명하고 있으며, 이번 사건은 우리가 일으킨 것이다. 세계에서 가장 생물다양성이 높은 곳에서 모든 동식물 종의 약 절반이 기후변화로 멸종 위기에 처해 있다 (WWF 2018). 세계은행의 2018년 보고는 국가들이 수백만 명의 국제 난민 외에도 기후변화의 영향으로 1억 명 이상의 내부 난민에 대비해야 한다고 말한다(Rigaud et al. 2018).

당신과 나, 그리고 이 분야에서 우리가 아는 대부분의 사람들은 이미

이 지구적 상황에 대한 데이터를 알고 있지만, 현재 우리의 곤경을 냉정하게 받아들이도록 초대하기 위해 이렇게 간단히 요약하는 것이 유용할 것이다. 이에 대해 일부 비평가들은 우리 시대를 인간이 만들어낸 새로운 지질시대, 즉 인류세Anthropocene로 설명했다(Hamilton et al. 2015). 이는 다른 이들로 하여금 우리가 불안정한 포스트-지속가능성 상황에서 어떻게 살아야 하는지를 탐구해야 한다는 결론에 이르게 했다(Benson and Craig 2014; Foster 2015). 이 맥락은 환기할 가치가 있는데, 지난 10년 동안 앞서 인용한 저널들을 포함하여 다양한 저널에서 진행되고 보고된 모든 의미 있는 노력의 중요성을 평가하는 기초를 제공하기 때문이다. 나는 이제 지속가능성에 대한 우리의 미래 작업을 구성할 수 있을 더 넓은 맥락을 요약해보고자 한다.

정치적으로 허용되는 과학적 합의는 대규모의 기아, 질병, 홍수, 폭풍 파괴, 강제 이주, 전쟁과 같은 영향과 더불어 위험하고 통제할 수 없는 수준의 기후변화를 피하기 위해 지구 온도의 2°C 이하 온난화를 유지해야 한다는 것이다. 이 수치는 기득권, 특히 기업으로부터의 많은 국내 및 국제적 압력을 받아야 하는 정부에 의해 동의되었던 것이다. 말하자면 이는 우리가 2°C의 지구 대기 온난화에 근접할 경우 많은 생태계가 손실되고 수많은 위험이 발생한다는 점을 감안할 때, 다수의 과학자들이 조언하는 수치가 아니다(Wadhams 2018). IPCC는 2013년에 세계가 인위적인 탄소 배출량을 총 8,000억 톤 이하로 유지하지 않는다면 평균 기온을 지구 평균 온난화의 2°C 미만으로 유지하지 못할 것이라는 데 동의했다. 이는 태워질 탄소가 약 2,700억 톤 남아있다는 것이다(Pidcock 2013). 그렇다면 전 세계 총 배출량은 연간 약 110억 톤의 탄소(CO_2로는 370억 톤)로 제한되어야 한다. 걱정하는 듯 보이지만 이 계산은 변화를 위해 적어도 10년은 남아있다는 인상을 준다. 경제 시스템을 변경하는 데는 상당한 시간이 걸리므로, 아직도 극적인 감축의 길을 걷고 있지 않다면 탄소 제한을 유지하지 못할 공산이 크다. 2017년에도 탄소 배출량은 2% 증가했고, 경제 활동과 배출량에 어떤 탈동조화가 있다 하더라도 아직 전 세계 배출은 감소세로 접어들지 않고 있다(Canadell et al. 2017). 결국 우리는 배출 감소를 통해 2°C 온난화를 방지하는 길 위에 있지 못한 상태다. 어쨌든 탄소 예산에 대한 IPCC 추정치는 논란의 여지가 있었다. 한 과학자는 IPCC가 메탄의 양을 과소평가했고, 따라서 탄소 예산은 2025년까지 완전히 소진될 것이라고 계산했다(Knorr 2019).

이러한 상황이 일부 전문가들이 기계로 대기에서 탄소를 제거하는 작업에 대해 더 많은 노력이 필요하다고 주장하는 이유가 된다. 불행히도, 현 시스템에 이미 잠겨있는 열의 총량을 줄이려면, 현재 기술은 2년 이내에 200만 배까지 확장되어야 하며, 모두 재생가능 에너지로 구동되고 막대한 배출량 감축이 이루어져야 한다(Wadhams 2018).

탄소 포집을 위한 생물학적 접근 방식은 훨씬 더 유력할 것으로 보인다(Hawken and Wilkinson 2017). 여기에는 나무 심기, 농업에 사용되는 토양 복원, 해초와 다시마 재배 등이 포함된다. 이런 방법들은 더 광범위하고 유익한 환경 및 사회적 부수 효과도 제공한다. 해초(Greiner et al. 2013)와 해조류(Flannery 2015)에 대한 연구에 따르면, 해초 초원을 복원하고 해조류를 양식하는 데 막대한 노력을 투입한다면 대기에서 수백만 톤의 탄소를 즉시 그리고 지속적으로 제거할 수 있음을 보여준다. 순 격리 효과는 여전히 평가가 진행되고 있지만 특정 환경 하에서는 상당할 것이다(Howard et al. 2017).

전체론적holistic 방목으로도 불리는 "관리 집약적 순환 방목MIRG"에 대한 연구는 건강한 초원이 탄소를 저장할 수 있는 방법을 보여준다. 2014년 연구에서는 이러한 방식으로 전환한 농장에서 토양 내 탄소가 헥타르당 연간 8톤 증가하는 것으로 측정되었다(Machmuller et al. 2015). 세계는 목 초지와 사료 작물을 위해 약 35억 헥타르의 땅을 사용한다. 위의 8톤 수 치를 활용한다면, 해당 토지의 10분의 1을 MIRG 관행으로 전환하면 현 재 배출량의 4분의 1을 격리할 수 있다는 계산이 가능하다. 또 무경운 작물 재배 방식은 연간 헥타르당 2톤의 탄소를 격리할 수 있으므로 상 당한 기여를 할 수 있다. 그렇다면 탄소 예산에 대한 우리의 평가는 배 출량 감소만큼이나 이러한 농업 시스템에도 중점을 두어야 함이 분명하 다.

농업을 혁신하고 전 세계적으로 생태계를 복원하기 위한 대규모 캠페 인과 정책 의제가 지금 당장 필요하다는 것이 확실하다. 그것은 세계 농 업이 60년간 이루어온 발전을 뒤로 돌리는 거대한 작업이 될 것이다. 또 한 지리적으로 제한된 자연보호구역 이외의 땅에서 수십 년 동안 실패 했던 기존 습지와 숲의 보전이 재빨리 성공해야 함을 뜻한다. 그러한 성 공이 당장 이루어진다 하더라도 이미 기후에 고착된 온난화와 불안정성 은 생태계에 피해를 줄 것이기 때문에 그러한 접근 방식으로 지구 대기 의 탄소 수준을 억제하기는 어려울 것이다. 생태계 교란을 피하기에는 우리가 이미 너무 많이 지나왔다는 현실은 대기 중의 CO_2 제거가 대규 모로 작동하더라도 대양 속의 CO_2 용해로 인한 산성화 때문에 오랜 시 간 탄소가 고정된 탓에 해양 생물에 대한 막대한 피해를 방지하지 못할 것이라는 발견으로 더욱 분명해진다(Mathesius et al. 2015).

탄소 격리 과정을 촉진하기 위해 인간이 자연과 협력할 수 있는 일의 한계에도 불구하고, 지구는 어쨌든 우리를 돕고 있다. 지구적 '녹화'는 금세기 초부터 대기 중 이산화탄소 증가 속도를 크게 늦췄다. 식물은 대기 중 더 높은 CO_2 수준과 온난화 온도로 인해 더 빠르고 더 크게 성장했고 이는 호흡을 통해 식물이 방출하는 CO_2를 감소시켰다. 그 영향으로 대기 중에 남아 있는 연간 탄소 배출량의 비율이 지난 10년 동안 약 50%에서 40%로 떨어졌다. 그러나 이 과정은 대기 중 CO_2의 절대 수준이 계속 상승하여 2015년에 400ppm(백만분율)이라는 이정표를 깨고 있는 탓에 효과는 제한적이다. 계절의 변화, 극한 온도, 홍수와 가뭄이 생태계에 부정적인 영향을 미치기 시작했음을 감안하면, 이런 지구적 녹화의 효과는 시간이 지나면서 감소할 위험이 존재한다(Keenan et al. 2016).

자연적인 그리고 부수적인 생물학적 과정을 통한 대기 중 탄소의 이러한 잠재적인 감소는 우리의 어두운 상황에서 깜박이는 한줄기 빛이다. 그러나 그 효과는 대기 중 메탄 방출 증가의 불확실하지만 상당한 영향과 대조했을 때 확실하지 않다. 메탄은 CO_2보다 태양 광선의 열을 훨씬 더 많이 가두는 기체지만 2005년 이후 대부분의 기후 모델에서 상당히 과소평가되었고, 그 전에는 무시되었다. 최근 연구에서는 훨씬 더 높은 수준의 메탄을 발견하고 또 예측하고 있다(Farquharson et al. 2019; Lamarche-Gagnon et al. 2019; Nisbet et al. 2019). 2016년 세계 메탄 예산Global Methane Budget 보고서의 저자들은 메탄 농도가 금세기 초에는 매년 약 0.5ppb 증가했을 뿐이지만 2014년과 2015년에는 10ppb 증가한 것을 발견했다. 화석연료에서 농업 그리고 영구동토층 해빙에 이르기까지 메탄을 배출하는 다양한 원천이 확인되었다(Saunois et al. 2016).

과학계에서 이 주제에 대해 논쟁의 여지가 있음을 감안한다 하더라도, 현재의 메탄 배출원 또는 지표면이든 해저든 영구동토층에서 대규모 메탄 배출의 잠재적 위험과 시기에 대한 과학적 합의가 전혀 없다는 말은 나로서는 매우 납득하기 어렵다. 지표 영구동토층의 해빙으로 발생하는 메탄의 위험성에 대해 합의를 내오려는 최근의 한 시도는 메탄 방출이 향후 십여 년이 아니라 수세기 또는 수천 년에 걸쳐 일어날 것이라고 결론지었다(Schuur et al. 2015). 그러나 이 합의는 3년 만에 깨지고 말았는데, 가장 정교한 실험 하나가 녹는 영구동토층이 물에 잠긴 채로 남아 있으면 불과 몇 년 이내에 상당한 양의 메탄을 생성한다는 것을 발견했기 때문이다(Knoblauch et al. 2018). 이제 논쟁은 다른 미생물이 이런 환경에서 번성하여 메탄을 먹어치울 수 있는지, 그리고 그렇게 해서 제때에 기후 영향을 줄일 수 있는지 여부로 옮겨 간 것으로 보인다.

　북극 해저에서 결정 형태나 냉동 메탄 하이드레이트 상태로부터의 메탄 방출에 대한 논쟁은 훨씬 더 복잡하다. 2010년에 한 과학자 그룹이 북극의 온난화가 불과 몇 년 이내에 5°C 이상의 대기 가열을 통해 지구상의 생명체에 치명적일 수 있는 메탄 방출의 속도와 규모로 이어질 수 있다고 경고하는 연구를 발표했다(Shakhova et al. 2010). 이 연구는 격렬한 논쟁을 촉발했는데, 대부분 제대로 숙고되지 않았던 것은 아마도 이 정보의 충격적인 의미 때문이라고 볼 수 있다(Ahmed 2013). 그 후로 이 과학적 논쟁의 핵심 질문(인류의 멸종 가능성에 얼마나 영향을 미칠까 하는)은 해양 온난화가 해저의 하이드레이트를 불안정하게 만드는 데 걸리는 시간과, 메탄이 표면에 도달하여 대기 중으로 빠져나가기 전까지 호기성 및 혐기성 미생물에 의해 소비되는 양의 문제를 포함한다. 이 논쟁적인 주제에 대한 국제적인 검토에서 과학자들은 단기간에 치명적인 수준의 메탄이 갑자기 방출될 것이라고 예측할 증거는 없다고 결론지었다(Ruppel and Kessler 2017). 그러나 그들이 이런 결론을 내린 주요 이유는 북극 표면에서 대기 중 메탄의 실제 증가를 보여주는 데이터가 부족하기 때문이었고, 이는 부분적으로 그러한 정보를 수집하는 센서가 충분하지 않은 탓이었다. 대부분의 지표 수준 메탄 측정 시스템은 육지에 있다. 그런데 그 때문에 전 세계의 기존 데이터 세트로 대기 중 메탄 농도의 비정상적인 증가를 완전히 설명할 수 없는 걸까(Saunois et al. 2016)? 실시간 대기 측정 수치가 갖는 잠재적 의미에 대하여 쉽게 접근할 수 있고 신뢰할 수 있는 양질의 분석이 없다는 사실에 나는 당혹스럽다.[*] 그러나 2014년과 2017년 사이에 메탄 농도는 '매우 강한' 상승을 보였다(Nisbet et al. 2019). 다른 극지방의 메탄 방출에서 미생물의 불충분한 여과 효과에 대한 2020년 연구는 메탄이 해저에서 위험한 양으로 방출될 수 있다는 우려를 더한다(Thurber, Seabrook and Welsh 2020).

내가 보기에 이러한 최근 연구들은 북극해에서 단기간에 대량의 메탄 방출이 일어날 가능성이 매우 낮다는 합의가 있다고 분명하게 주장하기 어렵다는 것을 알려준다. 2017년에 동부 시베리아 해붕sea shelf에서 연구를 진행한 과학자들은 영구동토층이 하이드레이트를 불안정하게 만들 위험이 있을 정도로 얇아졌다고 보고했다(Arctic News 2018). 동시베리아 북극 해붕의 해저 영구동토층 불안정화에 대한 보고서, 북극의 전례 없는 최근 기온, 상층 대기 메탄 수준의 비선형 상승에 대한 최근 데이터를 함께 놓고 보면서, 나는 우리가 이미 두 발의 총알을 장전하고는 인류 전체를 걸고 러시안 룰렛을 벌이고 있다는 느낌이 든다. 확실한 것은 없다. 그러나 이제 인류가 단기 멸종에 대한 분석의 현실성을 놓고 토론하는, 우리 스스로 만든 상황에 이르렀다는 것을 직시하게 한다.

---

[*] https://www.esrl.noaa.gov/gmd/ccgg/trends_ch4/

불확실한 묵시록

기후변화의 추세와 생태 및 사회에 미치는 영향에 대한 완전히 충격적인 정보를 접한 일부 사람들은 기후를 지구공학geoengineering의 대상으로 삼아야 한다고 주장한다. 이러한 주장에는 해양을 부영양화하여 광합성을 통해 더 많은 CO_2를 흡수하도록 하는 것부터 상층 대기에 화학물질을 방출하여 태양광선을 반사시키는 것까지 여러 방법이 포함된다. 후자의 경우 기후 지구공학의 예측 불가능성, 특히 수십억 명의 사람들이 의존하는 계절적 강우를 교란할 위험 때문에 그 가능성이 줄어든다(Keller, Feng and Oschlies 2014). 지각의 무게가 재분배됨에 따라 일어나는 지각 변동으로 인해 화산에서 방출되는 황의 증가와 연관된 잠재적인 자연적 지구공학은 수십 년 또는 수백 년 동안 지구 온도 변화에 그다지 기여하지 못할 것 같다.

미래가 어떻게 될지 모른다는 것은 진실이다. 그러나 우리는 추세를 볼 수 있다. 인간의 독창력이 우리가 처한 환경적 궤도를 바꾸는 데 충분히 도움이 될 것인지는 알 수 없다. 불행히도 최근 몇 년간의 혁신, 투자, 특허들을 보면 인간의 독창성이 어떻게 점점 더 소비주의와 금융공학으로 흘러가는지 보여준다. 우리는 시간이 더 주어지길 기도할 수 있을지 모른다. 그러나 우리 앞에 놓인 증거는 우리가 기아, 파괴, 이주, 질병과 전쟁을 불러오는 파괴적이고 아마도 통제할 수 없는 수준의 기후변화에 직면해 있음을 알려준다(Servigne and Stevens 2020).

특히 경제와 사회 시스템이 복잡한 방식으로 반응할 것이기 때문에 기후변화의 영향이 얼마나 파괴적일지 또는 어느 곳이 가장 큰 영향을 받을 것인지 평가하기는 어렵다. 그 영향이 우리의 생계와 우리가 살고 있는 사회에 재앙이 될 것이라는 증거가 늘어나고 있다. 우리가 '문명'이라 부르는, 행동의 규범도 파괴될 수 있다. 2018년 초에 이 장을 처음 논문으로 썼을 때 나는 재앙적 위험과 관련된 학문 분야와 현재 '붕괴학 collapsology'이라고 불리는 것에 대해 알지 못했다(Servigne and Stevens 2020). 이 학문 분야는 사회가 어떻게 무너져 내리며 그러한 붕괴가 미래에 발생할 가능성이 있는지 지도를 그리려는 시도다. 농업, 국제관계, 사회 불안, 범죄, 내전, 질병 확산, 재정적 안정 등에 미치는 영향이 사회 붕괴를 초래할 수 있는 방식을 살펴보려면 관련 문헌들을 찾아볼 것을 권하고 싶다. 내가 이 장에서 사회 붕괴의 가능성이나 확실성을 증명할 수는 없거니와, 붕괴학 분야의 전문가들은 그러한 복잡한 시스템 내에서 붕괴가 일어날 것인지 아닌지를 현대 학문의 틀 안에서 증명하려는 어떠한 시도도 헛된 것이라고 말한다. 그러나 또한 그들은 이것이 복잡한 시스템 내에서의 예측의 한계가 우리가 처한 곤경에 대한 이해를 제한해야 함을 의미하지는 않는다고 결론 내린다.

우리가 이러한 '사회 붕괴'의 가능성을 생각해본다면, 추상적으로 보일 수 있다. 앞의 구절들은, 적어도 무의식적으로는, 텔레비전이나 온라인에서 장면을 목격할 때 한탄하곤 하는 장면을 설명하는 것처럼 보일 수 있다. 그러나 내가 기아, 파괴, 이주, 질병과 전쟁을 말할 때 나는 당신 자신의 삶을 말하는 것이다. 전원이 꺼지면 곧 수도꼭지에서 물이 나오지 않을 것이다. 당신은 음식과 약간의 따뜻함을 위해 이웃에 의존해야 할 것이다. 당신은 영양실조를 겪을 것이고, 어디에 머무를지 어디로 갈지 알 수 없을 것이다. 당신은 굶어 죽기 전에 잔인하게 살해당할 것을 두려워하게 될 것이다.

이러한 설명은 지나치게 극적으로 보일 수 있다. 어떤 독자들은 이런 방식을 비학문적인 글쓰기 형식으로 여길 수도 있는데, 이는 우리가 글을 쓰는 이유에 대해 되돌아보는 계기로 삼을 수 있는 흥미로운 논평일 수도 있다. 학계에서는 자문화기술지auto-ethnography가 발전함에 따라 독자와 감정적 연결을 가능하게 해주는 몇 가지 새로운 의사소통 방법을 학술적 서술에 활용할 수 있게 되었다(Adams et al. 2015). 나는 앞에서 이 주제가 순전히 이론적이라는 느낌을 없애기 위해 단어들을 선택했다. 우리는 여기서 이 책의 발행인이 더 이상 존재하지 않고, 책을 읽을 수 있는 전등의 불빛도 존재하지 않으며, 교육을 담당하는 직업도 존재하지 않을 그런 상황까지 고려하고 있으므로, 이제 이런 형식의 관습 일부를 깨야 할 때라고 생각한다.

그러나 우리 중 일부는, 붕괴의 한가운데에서조차, 현 사회의 규범들을 준수하는 데 자부심을 가질지도 모른다. 우리 중 일부는 행동 규범을 공유 가치의 지표로 유지하는 것이 중요하다고 생각할지 모르지만, 또 다른 이들은 붕괴 가능성 때문에 현재 시스템을 개혁하려는 노력이 더 이상 실용적인 선택이 되지 못한다고 생각할 것이다. 이 상황에 대한 나의 결론은 공동체와 국가, 인류가 다가오는 문제에 어떻게 적응할 수 있는지 숙고하기 위해 '지속가능성'에 대한 우리의 작업을 확장할 필요가 있다는 것이었다. 나는 이것을 현재의 기후 적응 활동의 제한된 범위와 대조하기 위해 '심층적응 의제'라고 명명했다. 내 경험에 따르면 많은 사람들이 내가 방금 공유한 그런 결론들에 저항한다. 따라서 그 의미를 설명하기 전에, 내가 여기에 요약한 정보에 대한 몇 가지 감정적이고 심리적인 반응들을 생각해보고자 한다.

부정의 시스템

내가 지금 제시한 정보와 주장에 대해 다소간 모욕감을 느끼거나, 혼란스럽거나, 슬퍼하는 것은 이상한 일이 아니다. 지난 몇 년 동안 많은 사람들이 나에게 "기후변화를 멈추기에 너무 늦을 수는 없어요. 만약 그렇다면 우리가 변화를 위해 계속 노력할 수 있는 에너지를 어떻게 찾을 수 있겠어요?"라고 말했다. 그런 시각을 갖는다면, 사람들이 노력하기를 원한다는 이유 때문에 가능한 현실이 거부되고 만다. 이것은 어떤 의미일까? '노력'은 지지하는 가치와 관련된 자아정체성을 유지한다는 합리성에 기반한다. 그러니 이해할 만하다. 항상 공공선을 증진함으로써 자신이 가치 있다고 생각해온 사람이라면, 일단 그런 자아상을 앗아가는 것처럼 여겨지는 정보를 받아들이기 어렵다.

노력과 정체성을 유지하기 위한 전략적 부정의 과정은 최신 기후과학에 대한 온라인 토론에서 쉽게 볼 수 있다. 한 가지 특별한 사례가 시사적이다. 2017년에 〈뉴욕 매거진〉은 급격한 기후 온난화가 생태계와 인류에 미칠 영향에 대한 최신 데이터와 분석을 종합한 기사를 실었다. 이 주제에 대한 대다수의 건조한 학술 기사와 달리 이 대중적 기사는 이러한 과정을 감정에 충실한 방식으로 설명하려 했다(Wallace-Wells 2017). 이 기사에 대해 일부 환경 운동가들은 설명의 정확성이나 기사에서 확인된 최악의 영향을 줄이기 위해 무엇을 할 수 있는지에 초점을 맞추어 반응하지 않았다. 대신에 기사가 담고 있는 내용이 일반 대중에게 전달되어야 하는지에 주목했다. 기후과학자 마이클 만Michael Mann은 "문제를 해결할 수 없는 것으로 제시하고 종말론, 불가피성 그리고 절망감을 조장하는 것"에 반대하며 경고했다(Becker 2017). 환경 저널리스트 알렉스 스테픈(Alex Steffen 2017)은 트위터에 "도움을 받을 수 없는 독자들에게 행동에 나서는 대신 두려움을 불러일으키는 … 끔찍한 진실을 투하한다"라고 올렸다. 기후 정치를 연구하는 사회학 조교수인 다니엘 알다나 코헨 Daniel Aldana Cohen은 블로그 게시물에 이 기사를 '기후 재난 포르노'라고 일컬었다. 그들의 반응은 전문적 환경 서클 내의 일부 사람들이 나에게 말한 것을 반영한다. 기후변화로 인한 사회 붕괴의 가능성과 그 성격에 대해 논의하는 것은 일반 대중에게 절망감을 유발할 수 있기 때문에 무책임하다는 주장이다. 나는 항상 우리의 결론이 다른 사람들에게 어떻게 전달될지에 대한 생각 때문에 현실에 대한 우리 자신의 탐구를 제한하고 우리 자신의 감각을 검열하는 것은 이상하다고 생각했다. 이러한 검열의 시도가 2017년 환경 분야에서 매우 널리 공유되어 있었다는 점을 감안할 때, 이 문제는 좀 더 주의를 기울여 볼 필요가 있다.

나는 사람들이 우리가 직면한 재앙의 가능성과 성격을 대중에게 알리면 안 된다고 주장할 때 나타나는 네 가지 독특한 시각이 있다고 본다. 첫째, 데이터가 일어날 것이라고 시사하는 바가 아니라, 우리 자신과 다른 사람들이 갖기를 바라는 관점에서 데이터에 반응하는 것은 예외가 아니라 일반적인 현상이다. 이는 풍요로운 시대에는 별 문제가 없는 현실과 사회에 대한 접근 방식을 반영하지만, 큰 위험들에 직면할 때는 생산적이지 못하다. 둘째, 나쁜 소식과 극단적인 시나리오는 인간의 심리에 영향을 미친다. 우리는 때때로 그것들이 어떻게 영향을 미치는지에 대한 질문이 심리학 및 커뮤니케이션 이론에서 끌어올 수 있는 정보에 바탕을 둔 토론이 필요한 문제라는 것을 간과한다. 실제로 환경심리학을 주로 다루는 저널들이 있다. 현재 영향에 초점을 맞춤으로써 기후변화를 더욱 가까운 것으로 느끼게 만들고 완화에 대한 지지를 증가시킨다는 사회심리학 연구의 증거도 있다(McDonald, Chai and Newell 2015). 이에 대해 결론이 지어진 것은 아니며, 이 분야는 더 탐구가 필요할 것이다. 그런 진지한 학자와 활동가들이 특정한 이론이나 증거 없이 커뮤니케이션의 영향에 대해 주장한다는 것은, 그들이 실제로 대중에 대한 영향을 알고자 하는 동기 때문이 아니라 자신의 견해를 설명해주는 특정한 주장에 끌리기 때문이라는 것을 암시한다.

우리 사회의 붕괴 가능성에 대한 정보를 전달할지 여부에 대한 논의에서 세 번째 시각은 때때로 사람들이 환경 전문가로서 자신들과 '대중'으로 분류하는 다른 사람들 사이의 온정주의적 관계를 표현할 수 있다는 것이다. 이는 현대 환경주의에 지배적인 비-포퓰리즘적 반-정치적 기술관료적 태도와 관련이 있다. 이는 우리가 환경 파괴에 동참하도록 요구하는 시스템에 균열을 내거나 전복하기 위해 함께 연대하기보다, 사람들이 더 명민하고 더 올바른 태도를 갖기 위해 더 열심히 노력하도록 격려하는 것으로 과제를 설정하는 관점이다.

네 번째 시각은 '절망'이나 그와 관련된 당혹감과 절망감이 이해할 만하게 두려운 것이지만 전적으로 부정적이며 어떤 상황에서도 피해야 하는 것으로 잘못 가정하는 것이다. 알렉스 스테픈은 "절망은 결코 도움이 되지 않는다"(2017)라고 경고했다. 그러나 고대 지혜의 폭넓은 전통을 보면 희망 없음과 절망은 중요한 위치를 차지한다. 능력이나 사랑하는 이 또는 생활방식의 상실, 또는 시한부 진단 통고, 이런 것들은 모두 자아와 세계를 받아들이는 새로운 방식을 촉발하는 방아쇠로 보고되거나 개인적으로 경험되었다. 희망 없음과 절망은 이런 과정의 필수적인 단계인 것이다(Matousek 2008). 이러한 맥락 속에서 '희망'은 누군가가 무엇을 희망하는지에 달려있는 것인 만큼, 그것을 유지하는 게 좋은 것이 아니다. 〈뉴욕 매거진〉 기사의 가치에 대한 논쟁이 격렬해졌을 때, 일부 논자들은 이런 입장을 택했다. 토미 린치(Tommy Lynch 2017)는 "한 가지 삶의 방식이 계속될 것이라는 희망을 버리고, 대안적 희망을 위한 공간을 엽니다."라고 썼다.

유효하고 유용한 희망에 대한 이러한 질문은 우리가 훨씬 더 탐구해야 할 것이다. 리더십 이론가 조나단 고슬링은 현대 산업소비사회에서 기후변화와 "산산이 무너진다는 것things falling apart"에 대한 느낌이 커지는 맥락에서 보다 "급진적인 희망"이 필요한지 여부에 대한 질문을 제기했다(Gosling 2016). 그는 재난에 직면했던 다른 문화들에서 배울 수 있는 것을 탐구하도록 우리를 초대한다. 리어(Lear 2008)는 아메리카 원주민 인디언이 보호구역으로의 이동에 대처하는 방식을 조사하면서 그가 모든 문화의 '사각지대'라고 부르는 것, 즉 자신들 문화의 파괴와 멸종 가능성을 생각할 수 없다는 것을 살펴보았다. 그는 부정이나 맹목적인 낙관주의를 포함하지 않는 희망의 역할을 탐구했다. "이 희망을 급진적으로 만드는 것은 그것이 무엇인지 이해하는 현재의 능력을 초월하여 미래의 선을 지향한다는 데에 있다"(ibid.). 그는 일부 아메리카 원주민 추장들이 보호구역에서 그들의 새로운 생활방식에 어떤 윤리적 가치가 필요할지 상상해봄으로써 어떻게 "상상력 있는 탁월함imaginative excellence"의 형태를 가졌는지 설명한다. 그는 (자신의 문화를 위하여) '자유냐 죽음이냐'라는 표준적인 대안 외에, 덜 웅장하지만 그만큼 많은 용기가 필요한 또 다른 방식이 있다고 제안한다. '창의적 적응creative adaptation'이라는 방식이다. 창의적으로 구성된 이러한 형태의 희망은 우리가 파괴적인 기후변화에 직면함에 따라 우리의 서구 문명에 적절한 것일 수 있다(Gosling and Case 2013). 오늘날의 원주민들이 그러한 억압에 맞서 싸울 수 있도록 지원되어야 하며, 따라서 같은 방식으로 '급진적인 희망'을 찾도록 강요받지 않아야 한다는 것을 독자에게 분명히 한다. 오히려 산업소비사회의 다가오는 붕괴를 맞이하여 현대 도시 문화 속에 있는 사람들이 그들을 지원하고 또 그들로부터 배워야 함을 의미한다(Whyte, Talley and Gibson 2019).

이러한 숙의는 환경학이나 경영학 어느 분야에서나 드물고 간극도 크다. 이 논문을 쓰게 된 동기도 지속가능성에 대한 질문에 관하여 우리 자신의 공동체에 존재하는 반(反)검열을 깨는 데 도움을 주고자 하는 것이다. 일부 학자의 작업은 이런 부정의 과정을 더 자세히 살펴보았다. 사회학자 스탠리 코헨Stanley Cohen의 논의를 바탕으로 포스터(Foster 2015)는 부정의 두 가지 미묘한 형태인 해석적 부정과 함의적 부정을 구별한다. 우리가 특정 사실을 받아들이지만 그것을 우리 개인의 심리에 '더 안전하게' 만드는 방식으로 해석한다면, 이는 '해석적 부정'의 한 형태다. 우리가 이러한 사실의 문제적 함의를 인식하면서도 상황에 대한 완전한 평가에서 비롯하지 않는 활동들에 몰두하여 대응한다면 그것은 '함의적 부정'이다. 포스터는 함의적 부정이 환경 운동 내에 팽배해 있다고 주장한다. 지역 전환마을Transition Towns 운동에 참여하는 것부터 온라인 청원에 서명하거나 비행을 포기하는 것까지, 사람들이 기후변화의 현실에 심각하게 직면하지 않고 '무언가를 하고' 있을 수 있는 방법은 무궁무진하다.

우리 사회가 가까운 시일 내에 붕괴할 것이라는 점을 부정하도록 전문 환경 운동가들을 고무할 수 있는 세 가지 주요 요인이 있다. 첫 번째는 자연과학 공동체가 작동하는 방식이다. 저명한 기후과학자인 제임스 핸슨James Hansen은 그의 분석과 예측에 있어서 보수적인 합의보다 언제나 앞서 있었다. 그는 해수면 상승에 대한 사례 연구를 활용하여 고용주, 자금 제공자, 정부와 대중에게 혼란을 줄 수 있을 시나리오로 마무리하고 전달하는 것에 대한 '과학적 입조심'으로 이어지는 과정을 조명했다(Hansen 2007). 이슈와 관련 기관들 전반에 걸친 이런 과정에 대한 보다 자세한 연구는 기후변화 과학자들이 "최소 드라마 측면에서 오류를 범함으로써" 영향을 반복하여 과소평가한다는 것을 발견했다(Brysse et al. 2013). 조심스러워 하며 폭탄을 피하는 과학적 분석 및 보고의 규범, 여기에 동료 검토를 거치는 과학적 연구에 자금을 대고, 연구하고, 생산하고 출판하는 데 걸리는 시간이 결합된다는 것은 환경 전문가들이 기후 상태에 관하여 이용할 수 있는 정보가 실제에 비해 그리 공포스럽지 않게 된다는 것을 의미한다. 이 장에서 나는 우리가 현재 기후변화와 영향의 비선형적 상황에 있음을 시사하는 증거를 제공하기 위해, 동료 검토를 거친 논문들의 정보와 개별 과학자 및 그들의 연구 기관의 최근 데이터를 함께 결합해야 했다.

부정에 영향을 미치는 두 번째 요소는 개인적일 수 있다. 조지 마셜 George Marshall은 기후변화에 대해 인식은 하지만 우선순위로 두지 않은 사람들이 보이는 해석적이고 함의적인 부정을 포함하여, 기후 부정에 대하여 심리학에서 얻을 수 있는 통찰력을 요약했다.* 특히, 우리는 사회적 존재이며 정보에 대해 무엇을 해야 하는지에 대한 평가는 우리 문화의 영향을 받는다. 그래서 사람들은 자신을 둘러싼 사회적 규범 그리고/또는 자신의 사회적 정체성에 어긋날 때 특정 생각을 말하는 것을 회피하는 경우가 많다. 특히 무력감이 팽배한 상황에서라면 자신의 견해를 숨기고 현상 유지에 어긋나는 것이라면 아무것도 하지 않는 것이 더 안

---

* 조지 마셜 지음, 이은경 옮김, 《기후변화의 심리학-우리는 왜 기후변화를 외면하는가》, 갈마바람, 2018.- 옮긴이

전하다고 여길 수 있다. 또한 마셜은 죽음에 대한 우리의 전형적인 두려움이 우리가 죽음에 대해 상기시키는 정보에 온전히 주의를 기울이지 않게 만든다는 것을 설명한다. 인류학자 에른스트 베커(Ernest Becker 1973)에 따르면 "죽음에 대한 두려움은 모든 인간 믿음의 중심에 있다." 마셜은 다음과 같이 설명한다.

"죽음에 대한 부정은 우리를 죽음을 넘어선 영속성과 생존이라는 느낌을 얻도록 우리 문화와 사회 집단들에게 노력을 쏟아 붓도록 만드는 '핵심적 거짓말'이다. 그래서 [베커는] 우리가 죽음에 대한 환기(그가 죽음의 현저성death salience이라 부르는 것)를 접하면 우리는 그러한 가치와 문화를 방어하는 것으로 대응한다고 주장했다." 이런 견해는 최근 그린버그 등이 제안한 '공포 관리 이론'의 일부로 설명되었다(Jeff Greenberg, Sheldon Solomon and Tom Pyszczynski 2015).[*] 마셜이 이를 직접적으로 고려하지는 않았지만, 이러한 과정은 기후 부정보다 '붕괴 부정'에 더 많이 적용될 것이다. 죽음은 자신뿐만 아니라 자신이 기여할 수 있는 모든 것과 관련되기 때문이다.

전문가들이 기존 사회 구조에 대해 갖는 전형적인 충성을 고려할 때, 이러한 개인적 과정은 일반 대중보다 지속가능성 전문가에게 더욱 나쁠 수 있다. 연구에 따르면 정규 교육 수준이 높은 사람들은 교육 수준이 낮은 사람들보다 기존 사회·경제 시스템을 더 지지하는 경향이 있다(Schmidt 2000). 기존의 사회 구조 내에서 더 높은 지위로 올라가기 위해 시간과 돈을 투자한 사람들은 그러한 체제의 전복보다는 개혁을 상상하는 게 더 자연스럽다는 주장이다. 우리의 생계, 정체성, 자존감이 지속

---

[*] 셸던 솔로몬, 제프 그린버그, 톰 피진스키 공저, 이은경 옮김, 《슬픈 불멸주의자》, 흐름출판, 2016.- 옮긴이

가능성에 기반한 진보가 가능하고 우리가 그 진보 과정의 일부라고 생각한다면 이러한 상황은 더욱 강화된다.

부정에 영향을 미치는 세 번째 요인은 제도적인 것이다. 나는 비영리·민간·정부 부문에서 지속가능성 의제를 작업하는 조직 내에서 또는 그런 조직들과 함께 20년 넘게 일했다. 이러한 부문 중 어느 곳에서도 사회 붕괴의 가능성이나 불가피성을 명확히 설명하는 것에 관한 확실한 자기 이해가 없다. 자선단체 회원, 제품 소비자, 정당의 유권자, 그 누구에게도 없다. 붕괴 담론에서 이익을 얻을 몇몇 틈새 기업이 있어서 일부 사람들에게 그들의 제품을 구매하여 대비하도록 만들려 한다. 이 분야는 미래에 다양한 규모의 대비로 확장될 수 있으며, 이에 대해서는 아래에서 다시 설명하겠다. 그러나 환경단체의 내부 문화는 수십 년에 걸친 투자와 캠페인이 기후에 객관적으로 긍정적인 결과를 낳지 못했음에도 생태계 또는 여러 특정 생물종에 효과적인 것처럼 보이는 것을 여전히 강력하게 선호한다.

함의적 부정을 조직적으로 추동하게 되는 과정의 사례로 가장 큰 환경단체인 세계자연기금[WWF]을 살펴보자. 영국의 모든 목재 제품을 지속가능한 삼림에서 수입하도록 운동을 펼치던 1995년에 나는 그들을 위해 일하고 있었다. 이 캠페인은 2000년에는 '잘 관리된' 삼림이 목표가 되었다. 그런 다음 이 목표는 조용히 잊혔고, 대신에 혁신적인 파트너십을 통해 삼림 벌채의 문제를 해결한다는 결과 만능주의적[potensiphonic]* 언어가 남았다. 세계 유수의 환경단체 직원들이 성과급을 받았다면, 지금쯤이면 회원과 기부자에게 빚을 지고 있을 형편이다. 일부 독자들은 이런

---

* 권력과 우월성을 강조하는 언어.

말이 무례하고 도움이 되지 않는다고 생각할 수도 있다. 하지만 이렇게 생각할 수 있다는 사실은 예의, 칭찬 그리고 전문가 커뮤니티에 대한 소속감과 관련한 우리의 이해가 기억에 남을 만한 방식으로 불편한 진실을 전달하려는 사람들(〈뉴욕 매거진〉의 기자들 같은)을 검열할 수 있다는 점을 잘 보여준다.

　이러한 개인 및 제도적 요인은 환경 전문가가 최신 기후 정보의 영향을 처리하는 데 가장 느린 사람이 될 수 있음을 의미한다. 2017년에 호주, 브라질, 중국, 독일, 인도, 남아프리카공화국, 영국, 미국 등 8개국의 8,000명이 넘는 사람들을 대상으로 한 설문조사는 응답자에게 지구적 위험들과 관련하여 2년 전과 비교하여 자신이 안전하다고 느끼는 수준을 평가하도록 요청했다. 총 61%가 더 불안하다고 느꼈고 18%만이 더 안전하다고 느꼈다. 기후변화에 대해 응답자의 48%는 이것이 전 지구에 걸친 재앙적 위험이라는 데 강력하게 동의했으며, 36%의 사람들은 대체로 동의했다. 응답자의 14%만이 기후변화가 치명적인 위험을 초래한다는 생각에 대체로 동의하지 않았다(Hill 2017).

　기후에 대한 이러한 관점은 사람들이 기술, 발전, 사회 및 자녀의 미래 전망을 보는 방식에서 현저한 변화를 보이고 있음을 시사하는 다른 조사 데이터를 설명하는 데에도 도움이 된다. 2017년 글로벌 설문 조사에 따르면 대중의 13%만이 세상이 나아지고 있다고 생각했는데, 이는 10년 전과 비교할 때 큰 변화다(Ipsos MORI 2017). 미국의 여론 조사에 따르면 기술이 긍정적 힘이라는 믿음이 사라지고 있다(Asay 2013). 이런 정보는 진보가 항상 좋고 가능하다는 생각에 대한 광범위한 의문을 반영하는 것일 수 있다. 이러한 관점의 변화는 지난 10년 전보다 오늘날 훨씬 적은 수의 사람들이 자녀가 자신보다 더 나은 미래를 맞이할 것이라고 생각한다는 것을 보여주는 여론 조사에 의해 뒷받침된다(Stokes 2017). 사람들이 자신의 미래가 좋을 것이라 예상하는지 여부를 나타내는 또 다른 지표는 그들 사회의 기반을 신뢰하는지 여부다. 연구에 따르면 보다 많은 사람들이 선거 민주주의와 경제 시스템에 대한 신뢰를 잃고 있다는 사실이 일관되게 나타났다(Bendell and Lopatin 2016). 주류적 생활과 진보에 대한 의문은 2010년 이후 전 세계적으로 일어나고 있는, 세속적이고 합리적인 가치에서 전통적인 가치로의 전환에도 반영된다(World Values Survey 2016).

아이들은 미래에 대해 어떻게 느낄까? 나는 미래를 바라보는 어린이의 관점에 대한 대규모 또는 시계열적 연구를 발견하지 못했다. 하지만 한 기자가 6세에서 12세 사이의 어린이에게 50년 후 세상이 어떨지 그려보라고 요청하자 그들이 그린 이미지들은 대부분 묵시록적인 것이었다(Banos Ruiz 2017). 이런 증거는 우리 '전문가들'이 '그들', 즉 '지원받지 못하는 대중'에게 무엇을 말할지 조심해야 한다는 생각이 즉각적인 교정이 필요한 자기애적 망상일 수 있음을 시사한다.

다가오는 비극, 그리고 여러 방식으로 이미 우리에게 닥친 비극을 깨닫는 데 따르는 감정적 어려움은 이해할 만한 것이다. 그러나 이러한 어려움을 극복해야 우리의 일, 삶 그리고 공동체에 갖는 함의가 무엇인지 탐구할 수 있다.

부정 이후의 프레이밍

환경 운동 내에서 재난에 대한 인식이 커지면서, 일부는 우리가 이 비극에 직면하여 무엇을 해야 하는지에 대한 우리의 인식을 제한할 수 있다는 이유에서 '탄소 환원주의'에 초점을 맞추는 것을 반대한다 (Eisenstein 2018). 나는 기후변화가 단지 오염 문제가 아니라 인간의 정신과 문화가 자연이라는 집에서 얼마나 분리되었는지를 나타내는 지표라는 데 동의한다. 그러나 이것이 우리가 더 광범위한 환경 의제를 신경쓰기 위해서 기후 상황의 중요성을 부차화해야 한다는 것을 의미하지는 않는다.

기후로 인한 경제적, 사회적 붕괴가 이제 그럼직하다는 사실을 받아들인다면 우리는 그 붕괴의 성격과 가능성을 탐색하기 시작할 수 있다. 그리고 이때 우리는 다양한 관점을 발견하게 된다. 어떤 사람들은 미래를 지금과 같은 경제·사회 시스템의 붕괴와 관련된 것으로 틀을 설정하지만, 이것이 반드시 법과 질서, 정체성과 가치의 총체적 붕괴를 의미하지는 않는다. 어떤 사람들은 그러한 종류의 붕괴를 인간과 자연 사이의 관계를 더 의식하는 포스트-소비주의적 삶의 방식으로 인류를 인도하는 데 잠재적인 디딤돌을 제공하는 것으로 간주한다(Eisenstein 2013). 어떤 사람들은 자연과의 이러한 재연결이 우리의 곤경에 대해 이제껏 상상할 수 없었던 해결책을 낳을 것이라고 주장하기까지 한다. 때때로 그러한 견해는 인간의 의도에 따라 물질세계에 영향을 미치는 영적 실천의 힘에 대한 믿음을 수반한다. 그러나 자연적 또는 영적 재결합이 우리를 재앙에서 구할 수 있다는 관점은 부정의 한 형태로 분석할 수 있는 심리적 반응이기도 하다.

일부 분석가는 붕괴의 예측할 수 없고 파국적인 특성을 강조하며, 따라서 우리가 아름다운 것은 고사하고 견딜 수 있다고 상상할 정도의 새로운 삶의 양식으로 집단적 또는 소규모 수준에서 이행하는 방식을 계획하는 것이 불가능할 것이라고 본다. 우리가 "가까운 시일 내의 인류 멸종"에 직면해 있다고 생각하는 사람들은 95%의 종이 멸종되었던 지구상의 마지막 생명체 대량 멸종이 메탄에 의해 유발된 급격한 대기 온난화 때문이라는 지질학자들의 발견에서 근거를 발견할 수 있다(Brand et al. 2016; Lee 2014). *피할 수 없는* 인류 멸종과는 거리가 멀지만, 두 명의 저명한 기후과학자들은 현재 인류가 금세기에 멸종할 확률이 20분의 1이라고 계산했다(Xu and Ramanathan 2017).

붕괴, 재앙, 멸종과 같은 이러한 각각의 틀로 사람들은 서로 다른 정도의 확실성을 설명한다. 사람마다 시나리오가 가능하거나, 그럼직하거나, 불가피하다고 말하는 것이다. 지속가능성 분야나 기후 분야 전문가와의 대화 그리고 직접 관련되지 않은 다른 사람들과의 대화 속에서, 나는 사람들이 시나리오와 확률을 선택하는 것이 데이터와 분석이 시사하는 바가 아니라 이 주제와 관련하여 자신이 살고자 하는 스토리에 달려 있다는 것을 발견했다. 이는 우리 누구도 순전히 논리 기계가 아니며 세계가 자신과 관련되는 방식이나 이유와 관련한 정보를 스토리로 병합한다는 심리학의 발견과 유사하다(Marshall 2014). 우리 중 누구도 이런 과정에서 예외일 수 없다. 지금, 나는 정보를 피할 수 없는 붕괴, 가능성 높은 재앙 그리고 가능한 멸종을 나타내는 것으로 해석하기로 선택했다. 나는 이 장에서 사회 붕괴가 불가피하다는 것을 증명하지 않을 것인데, 이는 복잡한 사회적, 경제적, 정치적, 문화적 과정에 대한 더 많은 논의가 필요하겠지만, 내가 아직 발표하지 않은 (그리고 이 문제의 심각성을 감안한다면 독자들과 공유하는 게 마땅할) 그런 요인들에서 얻은 개인적인 결론인 것이다.

인류가 피할 수 없는 멸종에 직면해 있다고 결론 내리고 이런 견해를 바로 지금 우리 삶에서 갖는 함의에 대한 의미 있는 토론의 전제 조건으로 취급하는 사람들의 커뮤니티가 증가하고 있다. 예를 들어, 페이스북

그룹들에는 인류의 멸종이 가깝다고 믿는 수천 명의 사람들이 있다. 나는 그런 집단들에서 멸종이 불가피하거나 곧 도래할 것을 의심하는 사람들이 일부 참가자들로부터 나약하고 미혹되었다고 비난받는 것을 목격했다. 이것은 특히 불확실한 미래가 오늘날과 너무나 달라서 이해하기 어려울 때, 우리 중 일부는 불확실한 이야기보다 확실한 이야기를 믿기가 더 쉽다는 점을 반영하는 것일 수 있다. 시간의 끝에 대한 성찰 또는 종말론적 철학은 인간 경험의 한 중요한 차원이며, 누군가가 기여할 수도 있는 모든 것의 완전한 상실은 많은 사람들에게 극도로 강력한 경험이다. 그런 경험으로부터 어떤 반응이 출현하는지는 여러 요인들에 달려있다. 사랑과 친절, 창의성, 초월, 분노, 우울, 허무주의, 냉담 등 모든 것이 잠재적 반응이 될 수 있다. 인류의 임박한 멸종을 감지함으로써 촉발된 잠재적인 영적 경험을 감안한다면, 멸종의 불가피성에 대한 믿음이 일부 사람들이 함께 모이는 근거가 될 수 있음을 이해할 수 있다.

성숙한 학생들과 함께 작업하면서 나는 붕괴를 피할 수 없는 것으로, 재앙이 그럼직한 것으로, 그리고 멸종이 가능한 것으로 숙고하도록 그들을 초대하는 것이 냉담이나 우울증으로 이어지지 않는다는 사실을 발견했다. 대신에, 그저 이런 정보와 가능한 틀들을 자세히 살펴보기 전에, 우리가 서로 공동체를 만끽하고, 조상을 기념하고, 자연을 즐기는 지지적 환경 속에서 뭔가 긍정적인 일이 일어났다. 현상 유지를 선택하지 않는 것에서 오는 우려를 떨치고 앞으로 집중해야 할 것에 대한 새로운 창의성을 발휘하는 모습을 볼 수 있었다. 그럼에도 그러한 시각이 흔하지 않은 사회에서 앞으로 나아갈 길을 찾으려는 노력 속에서 일정한 혼란이 발생하고 한동안 지속하는 게 사실이다. 우리가 일과 삶을 전환함에 따라 그 함의에 대해 계속 공유하는 것이 가치가 있다.

우리의 상황을 틀 짓는 또 다른 심화 요인은 타이밍과 관련된다. 이것은 지리와도 관련이 있다. 붕괴나 재앙은 어디서 언제 시작될까? 언제 내 생계와 사회에 영향을 미칠까? 이미 시작된 걸까? 예상하기 어렵고 확실하게 예측할 수 없지만, 그렇다고 해서 시도하지 말아야 하는 것은 아니다. 극지방의 기온 상승과 전 세계 기상 패턴에 미치는 영향에 대한 현재 데이터는 우리가 이미 향후 20년 이내에 농업에 막대한 영향을 미칠 극적인 변화의 한가운데에 있음을 시사한다. 그 영향은 이미 현실로 나타나기 시작했다. 가까운 시일 내에 우리 자신과 가족을 먹여 살릴 수 있는 역량 상실, 그리고 범죄와 갈등이 미치는 의미는 내가 언급한 그런 혼란에 또 다른 수준을 추가한다. 지금 모든 것을 내려놓고 자급자족에 더 적합한 곳으로 이주해야 할까? 당신이 이 장의 나머지 부분을 읽는 데 시간을 쓸 필요가 있을까? 나는 이 장을 마쳐야 할까? 우리가 피할 수 없는 멸종에 직면해 있다고 믿는 사람들 중 일부는 북반구 전역에서 수확에 실패하고 이후 12개월 내에 문명의 붕괴를 보게 될 것이기 때문에 아무도 이 장을 읽을 필요가 없다고 생각할 것이다. 그들은 사회 붕괴가 핵발전소의 즉각적인 멜트다운으로 이어지고 인류의 멸종이 지금부터 5년 내에 일어날 단기적인 현상이라고 본다. 그들 메시지의 명확성과 극적인 구성은 "불가피한 가까운 시일 내의 인류 멸종inevitable nearterm human extinction, INTHE"이 기후 붕괴에 관한 온라인 토론에서 널리 사용되는 문구가 된 이유다.

나는 지금은 그들에 동의하지 않지만, 그런 관점에 대해 글을 쓰는 것은 나를 슬프게 한다. 내가 가까운 시일 내의 멸종을 그저 무시하지 않고 적절히 숙고하게 된 지 4년이 지났지만, 이 생각을 하면 나는 여전히 입이 떡 벌어지고 눈가가 축축해지고 공기가 폐에서 빠져나간다. 나는 INTHE에 대한 아이디어가 어떻게 지금의 진실과 사랑, 기쁨에 집중하도록 이끌 수 있는지를 보았는데, 그것은 훌륭한 일이다. 그러나 나는 그게 미래를 위한 계획에 대한 관심을 잃게 만들 수도 있다는 것도 보았다. 하지만 나는 언제나 같은 결론 언저리에 도달한다. 우리는 알지 못한다는 것이다. 중요하지 않을 것 같기 때문에 미래를 무시한다면 역효과가 날 수 있다. 우리 자신의 생태 공동체를 만들기 위한 "언덕으로 대피하기running for the hills"는 역효과를 낳을 수 있다는 것이다.

그러나 우리는 지금까지 우리가 해온 방식으로 계속 작업하는 것은 그저 역효과를 낳는 것이 아니라 우리 자신의 머리에 총을 대고 있는 것이나 다름없다는 것을 분명히 알고 있다. 이를 염두에 두고, 우리는 어떤 간단한 대답을 갖는 대신에 우리가 하는 일을 발전시킬 방법을 탐색할 수 있다. 점점 더 많은 학생과 동료들이 내가 부정 이후의 상태라 일컫는 것을 공유하고 있다. 이 상태 속에서 나는 관련된 질문들을 다루는 데 개념적 지도가 도움이 될 것이라는 점을 깨달았다. 그래서 나는 피할 수 없는 붕괴와 가능한 재앙이라는 관점에서 다르게 행동하기에 대해 사람들이 말하는 주요 내용을 종합하기 시작했다. 그것이 내가 지금 '심층적응 의제'로서 제시하는 것이다.

심층적응 의제

여러 해 동안 환경 운동가들과 정책 입안자들은 기후변화 적응에 관한 논의와 기획들이 탄소 배출 감소에 초점을 맞추는 데에 도움이 되지 않는다고 여겼다. IPCC가 사회와 경제가 기후변화에 적응하는 데 어떻게 도움을 받을 수 있는지에 보다 많은 관심을 기울이고, 지식 공유와 협력을 촉진하기 위해 유엔 글로벌 적응 네트워크가 설립된 2010년에 이러한 관점은 마침내 바뀌었다. 5년 후 파리협정에서 회원국들은 "지구 온난화 억제 목표라는 맥락 속에서 지속가능한 발전에 기여하고 적절한 적응을 위해 확실히 대응한다는 관점에서, 기후변화에 대한 적응 역량을 향상하고 회복력을 강화하며 취약성을 줄인다"(Singh, Harmeling and Rai 2016에서 인용)는 목표를 갖는 "적응에 관한 지구적 목표GGA"를 도출했다. 이에 따라 각국은 국가 적응 계획NAP을 개발하고 이를 유엔에 보고하게 되었다.

그 이후로 기후 적응에 사용할 수 있는 재원도 증가했으며 모든 국제 개발 기관들은 적응 재정 마련에 적극적으로 나서고 있다. 2018년에는 국제농업개발기금IFAD, 아프리카 개발은행AfDB, 아시아 개발은행ADB, 재해저감복구 국제본부GFDRR 및 세계은행이 공동체의 회복력을 증진하려는 정부들을 위해 상당한 재정을 조달하자는 데에 각각 동의했다. 그들의 프로젝트에는 저소득 국가를 지원하기 위해 만들어진 녹색기후기금이 포함된다. 관개 도입을 통해 소농의 기후변화 대응력을 향상시키는 것과 배수 시스템 재설계를 통해 해수면 상승과 극심한 강우 상황에 대응할 수 있도록 도시계획가의 역량을 배양하는 것이 대표적인 프로젝트다(Climate Action Program 2018). 지난 8년 동안 정부들이 한 노력들로는 충분치 못하므로, 적응 재원을 조달하기 위해 민간 채권을 촉진하거나(Bernhardt 2018) 이 의제에 대한 민간 자선 활동을 자극하는(Williams 2018) 등 더 많은 일이 이루어지고 있다.

이러한 노력은 유엔의 자체 국제기구인 유엔 재난위험경감사무국UNDRR을 통한 '재난 위험 경감'을 위한 활동들의 범위 확대와 병행하여 이루어졌다. 이 활동의 목표는 재해에 대한 취약성을 줄이고 재해 발생 시 대응 능력을 높임으로써 지진, 홍수, 가뭄 및 사이클론과 같은 자연

재해로 인한 피해를 감소시키는 것이다. 이렇게 초점을 맞춘다는 것은 도시계획가와 지방 정부의 상당한 참여가 요구됨을 뜻한다. 비즈니스 부문에서 이 재난 위험 감소 의제는 위험 관리와 비즈니스 연속성 관리 같은 잘 정립된 분야를 통해 민간 부문에서 다루어진다. 기업은 그들의 가치 사슬에서 실패 지점이 어디인지 자문하고 이러한 취약성이나 실패할 때의 타격을 줄이기 위해 노력한다.

앞서 논의한 기후과학을 감안할 때, 일부 사람들은 이런 행동은 너무 늦은 것이라고 생각할 수 있다. 그러나 이런 행동이 일시적으로 약간의 피해를 줄인다면, 나와 당신 같은 사람들에게 도움이 될 것일 만큼 폄하되어선 안 된다. 그럼에도 우리는 사람과 조직들이 어떻게 상황을 틀 짓는지 그리고 그런 틀이 어떤 한계를 만들어내는지 보다 비판적으로 바라볼 수 있다. 이런 이니셔티브들은 일반적으로 지속가능성보다는 '회복력'을 촉진하는 것으로 설명된다. 환경 부문에서 회복력에 대한 일부 정의들은 놀라울 정도로 낙관적이다. 예를 들어 스톡홀름 회복력센터 (Stockholm Resilience Centre 2015)는 이렇게 설명한다. "회복력은 개인, 숲, 도시 또는 경제 시스템 등 그 무엇이든 변화에 대처하고 계속 발전할 수 있는 능력이다. 그것은 인간과 자연이 어떻게 재정 위기나 기후변화와 같은 충격과 교란을 활용하여 갱신과 혁신적인 사고를 촉진할 수 있는지에 관한 것이다." 이러한 정의를 제시하면서 그들은 생태계가 교란을 극복하고 자신의 복잡성을 향상하는 모습을 의미하는 생물학의 개념을 사용하고 있다(Brand and Jax 2007).

이 지점에서 두 가지 문제에 주의할 필요가 있다. 첫째, 회복력에 관한 특정 담론들 속에서 '발전'과 '진보'에 대한 낙관적인 기대는 우리가 물질적 '진보'가 불가능할 수 있고 그것을 목표로 하는 것이 역효과를 낼 수 있는 시기에 접어들게 됨에 따라 도움이 되지 않을 수 있다. 둘째, 일부 제한된 소프트 스킬soft skills 개발을 제외하고는, 회복력이라는 깃발 아래의 실천들은 심리적 회복력에 관한 폭넓은 관점을 고려하기보다는 거의 전적으로 기후변화에 대한 물리적 적응에 초점을 맞추고 있다. 심리학에서 "회복력은 가족 및 관계의 문제, 심각한 건강 문제 또는 직장 및 재정적 스트레스 요인과 같은 역경, 트라우마, 비극, 위협 또는 심각한 스트레스 원인에 직면하여 잘 적응하는 과정을 말한다. 그것은 어려운 경험들로부터 '회복하는 것bouncing back'을 의미한다"(American Psychology Association 2018). 어떤 사람이 어려움이나 상실 이후에 '회복하는' 방법은 정체성이나 우선순위에 대한 창의적인 재해석을 통해서일 수도 있다. 따라서 심리학에서 회복력의 개념은 사람들이 이전 상태로 돌아가는 것을 전제하지 않는다. 우리가 지금 직면한 기후 현실을 감안한다면, 회복력에 대한 이런 덜 진보적인 틀 짓기가 심층적응 의제에 더 유용하다.

'심층적응'에 대한 개념적 지도 그리기 작업 속에서, 우리는 인간 사회의 회복력을 가치 있는 규범과 행동을 가지고 생존하기 위해 변화하는 환경에 적응하는 능력으로 생각할 수 있다. 일부 분석가들이 사회 붕괴가 현재 가능성이 있거나 불가피하거나 또는 이미 발생하고 있다는 결론을 내리고 있는 것을 고려할 때 질문은 다음과 같은 것이 된다. 인간 사회들이 생존을 추구하면서 계속 유지하기를 원하는 가치 있는 규범과 행동은 무엇인가? 이는 심층적응이 어떻게 '회복력' 이상의 것을 포함하는지를 잘 보여준다. 그것은 이 의제의 두 번째 영역, 내가 '포기'라고 명명한 것으로 우리를 인도한다. 여기에는 특정한 자산, 행동과 신념을 유지하는 것이 문제를 악화시킬 수 있기 때문에 이것들을 포기해야 하는 사람들과 공동체가 포함된다. 예를 들어 해안선 가까이에서 물러나거나, 취약한 산업 시설을 폐쇄하거나, 특정한 유형의 소비에 대한 기대를 포기하는 것도 해당된다. 세 번째 영역은 '복원'이라고 부를 수 있는 것이다. 여기에는 탄화수소로 움직이는 우리의 문명이 침식했던 삶과 조직에 대한 태도와 접근 방식을 재발견하는 사람들과 공동체가 포함된다. 예를 들어 관리가 덜 필요하도록 경관을 가꾸어서 더 많은 생태학적 이점을 제공하도록 하고, 계절에 순응하여 식단을 다시 짜고, 전기 없이 작동할 수 있는 놀이 기구와 방식을 재발견하고, 공동체 수준의 생산과 지원 활동을 증가시키는 것들이 해당된다. 심층적응을 위한 네 번째 영역은 '타협'이라고 명명할 수 있는 것인데, 왜냐하면 우리의 노력이 변화를 가져올지 여부를 알지 못하는 동시에, 우리의 상황이 우리 모두의 궁극적인 목적지를 앞두고 더 많은 압력을 주고 파괴적일 것이라는 점 또한 알고 있기 때문이다. 우리 서로가 그리고 이제 우리가 더불어 살아야 하는 곤경과 어떻게 타협할 것인가 하는 질문은 억압된 공포에서 발현되는 행동으로 더 많은 피해를 만들지 않도록 하기 위해서도 핵심적인 것이다(Bendell 2019).

나는 이 장에서 심층적응 의제의 보다 구체적인 함의를 지도그리기 할 생각은 없다. 실제로 그렇게 하는 것은 불가능하며, 이를 시도하는 것은 우리가 처한 것이 통제할 수 없는 복잡한 곤경임에도 어떤 계산된 관리를 시도할 수 있는 상황에 있다고 가정하는 것이다. 오히려 나는 회복력과 포기, 복원이라는 심층적응 의제가 기후변화에 직면한 공동체 대화를 위한 유용한 틀이 될 수 있기를 희망한다.

회복력은 우리에게 "우리가 정말로 지키고 싶은 것을 어떻게 지킬 수 있을까?"라고 묻는다. 포기는 우리에게 "상황을 더 악화시키지 않기 위해 무엇을 버려야 할까?"라고 묻는다. 복원은 우리에게 "다가오는 어려움과 비극들에 대해 우리를 돕도록 회복할 수 있는 것은 무엇일까?"라고 묻는다. 타협은 우리에게 "우리가 공유하는 운명으로 다가가면서 우리는 무엇으로 그리고 누구와 평화로울 수 있을까?"라고 묻는다. 이런 심층적응 의제의 일부는 2017년에 피터버러 환경도시 트러스트가 조직한 대안 페스티벌의 틀로 활용되었다. 페스티벌 중 하루는 포기가 포함하는 것이 무엇일지를 탐색하는 데 할애되었다. 그렇게 함으로써 회복력에 대한 더 협소한 초점보다 훨씬 열린 대화와 상상이 가능했다. 영국 전역에서 심화된 이벤트가 계획되어 있다. 그것이 보다 넓은 수준의 정책 의제를 위한 유용한 틀이 될 수 있을지 지켜볼 일이다.

이런 '심층적응 의제'는 지속가능한 발전이라는 광범위한 개념적 틀과 어떤 관계라고 볼 수 있을까? 이는 내가 다른 곳에서 간단히 설명했듯이(Bendell, Sutherland and Little 2017), 명시적으로 포스트-지속가능성 프레임이며, 사회적, 환경적 딜레마에 개입하기 위한 복원 접근 방식의 일부라고 볼 수 있다.

기후 비극에 직면한 미래를 연구하기

앞에서 내가 이 장을 쓰는 이유에 대해 자문하면서 나는 약간은 자조 어린 뜻으로 말했던 거였다. 모든 데이터와 분석이 오인되었던 것으로 드러나고 이 사회가 앞으로 수십 년 동안 별 일이 없다면, 이 장은 내 경력에 도움이 되지 않을 것이다. 만약 예측된 붕괴가 향후 10년 안에 일어난다면 나는 경력을 가질 생각이 없다. 그것은 완벽한 패배임이 분명할 테다.

내가 이런 말을 하는 이유는 조직의 지속가능성 분야에서 학술 연구자 및 교육자로서 앞으로 나아갈 길을 찾아가기가 얼마나 쉽지 않을지 강조하기 위해서다. 학계의 일원으로서 이 장을 읽는 경우라면, 대부분의 사람들은 특정한 내용을 다룰 것으로 예상되는 영역에서 점점 더 많은 교육 부담을 갖게 될 것이다. 나는 당신이 전문성과 중점 영역을 재구축할 시간과 공간이 거의 없을 수 있음을 알고 있다. 연구 주제에 관해 권한을 가진 사람이라면 심층적응 의제가 연구 파트너나 자금 제공자를 찾는 데 쉬운 주제가 아님을 깨달을지도 모른다.

하지만 이러한 제약 상황은 학자들이 언제나 직면하는 현실이 아니었다. 그것은 인류의 복지와 심지어 생존에 대한 위협에 대처하는 데 있어서 인류를 그렇게 빈곤하게 만든 이데올로기의 한 표현인 고등교육의 변화가 불러온 결과다. 우리가 경영학계에서 일했다면 우리 중 다수는 그런 이데올로기를 촉진하는 데 공모한 것이리라. 기후 비극에 직면하여 우리의 연구를 발전시키는 방법을 숙고하기 전에 그런 공모를 먼저 인식하는 것이 중요하다(Bendell 2020).

환경 문제에 대한 서구의 대응은 1970년대 이후로 신자유주의 경제학의 지배력에 의해 제약되었다. 그것은 초(超)개인주의, 시장 근본주의, 점증적이고 원자론적인incremental and atomistic 접근으로 이어졌다. 초개인주의라는 말은 참여적 시민으로서 정치적 행동을 촉진하기보다는 소비자로서 전구를 바꾸거나 지속가능한 가구를 구매하는 개별 행동에 초점을 맞추는 것을 의미한다. 시장 근본주의라는 말은 더 많은 정부 개입이 성취할 수 있는 것을 탐색하기보다는, 복잡하고 비용이 많이 들고 대체로 쓸모없는 배출권 거래제 같은 시장 메커니즘에 초점을 맞추는 것을 의미한다. 점증적이라는 말은 과학이 제시하는 변화의 속도와 규모에 맞도록 설계되는 전략보다는, 지속가능성 보고서를 발행하는 회사와 같은 작은 진전의 가치를 옹호하는 데 중점을 두는 것을 의미한다. 원자론적이라는 말은 어떤 경제 시스템이 지속가능성을 허용하거나 가능하게 할 수 있는지 탐구하기보다는, 기후 행동을 시장, 금융과 은행에 대한 거버넌스와 따로 떨어진 문제로 보는 데 초점을 두는 것을 의미한다(Bendell 2020).

현재 이런 이데올로기가 대부분의 대학에서 학자들의 업무 부하와 우선순위에 영향을 미치고 있으며, 이는 기후 비극에 대처하는 방법을 제약한다. 내 경우에는 무급 안식년을 택했고 이 장을 쓰는 것이 그런 결정의 결과 중 하나다. 우리는 더 이상 일선 관리자에게 깊은 인상을 주기 위해 일류 저널에 게재하거나 취업 시장에 진입할 경우 이력서를 더 낫게 만들기 위한 경력 게임을 할 시간이 없다. 또한 그러한 저널에 게재하는 데 필요한 협소한 전문주의도 필요치 않다. 그렇다, 나는 기후 비극에 대응하여 자신을 진화시키려면 직장을 그만두고 심지어 경력을 그만둬야 할 수도 있다고 제안하고 있다. 그러나 일단 그렇게 할 준비가 되어 있다면, 새로운 확신을 가지고 고용주나 전문가 커뮤니티와 밀고 당길 수 있게 될 것이다.

학계에 남아 있다면, 연구하고 가르치는 모든 것에 대해 몇 가지 질문을 시작하는 것이 어떨까 한다. 다른 사람들의 연구를 읽을 때 다음과 같이 질문해보는 것이다. "사회 붕괴에 직면하여 회복력과 포기, 복원을 더 규모 있고 긴급하게 추구하기 위한 노력에 이러한 발견들이 어떤 도움이나 정보를 제공할 수 있을까?" 당신이 읽은 대부분의 내용이 거의 도움이 되지 않는다고 느낄지도 모르며, 그렇다면 그것과 씨름할 필요가 없을 것이다. 자기 자신의 연구라면, 이렇게 물어보자. "기후 문제를 현재 조직과 시스템에 점증적으로 통합하는 것의 실효성을 믿지 않는다면, 내가 더 알고자 하는 것은 무엇일까?" 이런 질문에 답하면서, 당신이 속한 분야의 사람들뿐 아니라 비전문가와 이야기를 나눔으로써 모든 선택지를 보다 자유로이 이야기하고 숙고할 수 있으면 좋겠다.

내 자신에 대해 말하자면, 나는 기업의 지속가능성에 관한 연구를 그만두었다. 그 대신 리더십과 커뮤니케이션에 대해 공부했고 정치 영역에서 이러한 문제들에 대해 연구하고 가르치고 조언하기 시작했다. 나는 경제의 재지역화와 지역공동체의 발전을 지원하는 시스템, 특히 지역화폐를 사용하는 시스템에 대한 작업을 시작했다. 나는 그 지식을 더 널리 공유하고 싶었고, 그래서 무료 온라인 과정(화폐와 사회 대중공개 온라인 과정)을 개설했다. 나는 기후 비극과 그것을 염두에 두고 내가 무엇을 하거나 중단할지에 대해 읽고 이야기하는 데 더 많은 시간을 보내기 시작했다. 이러한 재고 및 재배치 작업은 여전히 진행 중이지만 이제는 심층 적응과 관련이 없는 주제를 다룰 수는 없겠다. 앞을 내다보면, 여러 수준에서 더 많은 작업이 필요하고 기회가 있을 것이라 생각한다.

사람들은 생계와 생활방식의 변화를 시도하는 방법에 대한 정보와 네트워크에 접근하고 참여하기 위해 더 많은 지원이 필요할 것이다. 의식을 가진 공동체가 전기 그리드 밖에서 생활하는 것에 대한 기존의 접근 방식은 배울 만한 것이지만, 이 의제는 아스피린과 같은 약물의 소규모 생산이 가능한 방법과 같은 질문으로 더 나아가야 한다. 무료 온라인 및 대면 과정뿐 아니라 자급자족 지원 네트워크도 확장해야 한다. 지방 정부는 그들의 지역공동체들이 붕괴 속에서 분열되지 않고 협력하는 데 도움이 될 역량을 개발하는 방법에 대해 유사한 지원을 할 필요가 있다. 예를 들어, 지역에서 발행되는 화폐로 이루어지는 상품과 서비스 교환 플랫폼과 같은 이웃 간의 생산적인 협력 시스템을 적용하고 보급해야 할 것이다. 국제적 수준에서는, 붕괴하는 사회들의 더 광범위한 여파를 책임감 있게 다루는 방법의 마련과 실행이 필요하다(Harrington 2016). 여러 측면이 있겠지만, 난민 지원의 문제와 사회 붕괴의 순간에 위험한 산업 및 핵발전 부지의 보호를 포함해야 할 것이 분명하다.

다른 지적 분과 학문과 전통은 앞으로 이 문제에 대해 관심을 가질 수 있을 것이다. 인간의 멸종과 종말론, 즉 세상의 종말이라는 주제는 당신이 예상하듯 다양한 학문 분야에서 논의되어온 것이다. 신학적으로는 폭넓게 논의되어 왔으며, 문학 이론에서도 창의적 글쓰기의 흥미로운 요소로, 1980년대의 심리학에서는 핵전쟁의 위협과 관련된 현상으로 나타나기도 했다. 심리학 분야는 앞으로 특히 관련이 있을 것으로 보인다.

우리가 미래를 위해 선택한 활동은 무엇이든 간단한 계산으로 되지는 않을 것이다. 그것은 사회 붕괴가 우리 자신의 생애 동안 일어날 가능성이 높다는 새로운 인식이 갖는 감정적 또는 심리학적 함의에 따라 형성될 것이다. 나는 기후 절망이 갖는 영적 의미에 대해 성찰한 논문에서 이러한 감정적 문제와 그것이 나의 활동 선택에 어떻게 영향을 미쳤는지 탐구했다(Bendell 2018). 나는 당신이 연구나 교육 등 새로운 의제에 서둘러 진입하기보다는, 그러한 성찰과 발전을 위한 시간을 스스로에게 부여할 것을 권하고 싶다. 당신이 학생이라면 이 장을 강사에게 보내고, 이러한 아이디어에 관한 강의실 토론의 기회를 마련하는 것도 좋겠다. 기존 시스템에 깊이 연루되지 않은 사람들이 이 의제를 더 잘 이끌 수 있을 것이다.

나는 학자와 학생이 아닌 누구나 논문을 읽는다고 생각하는 것이 학자인 우리가 가진 허영일 수도 있다고 생각한다. 따라서 나는 경영자, 정책 입안자와 일반인을 위한 권고들은 다른 매체들을 활용해서 전달하고자 한다(캠페인 전략, 사회 정의, 재지역화, 탈식민화, 금융 개혁, 심리학과 영성 등의 주제를 포함하는, 심층적응 의제와 공동체의 다양한 측면에 관한 나의 글들은 www.jembendell.com 을 보라).

결론

1850년에 기록이 시작된 이래 가장 더운 18년 중 17년이 모두 2000년 이후에 있었다. 기후 완화와 적응에 대한 중요한 발걸음들이 지난 10년 동안 있었다. 그러나 이제 이러한 발걸음들은 산사태 위를 걷는 것이나 마찬가지일 것이다. 만약 산사태가 아직 시작되지 않았다면 더 빠르고 더 큰 걸음으로 우리가 원하는 정상에 도달할 수 있을 것이다. 슬프게도 최신 기후 데이터와 배출량 데이터, 탄소 집약적인 생활방식의 확산에 대한 데이터는 산사태가 이미 시작되었음을 보여준다. 돌아올 수 없는 지점이 어디인지는 상황이 끝날 때까지 완전히 알 수 없기 때문에, 탄소 배출량을 줄이고 공기에서 (자연적 그리고 화학적으로) 더 많이 뽑아내기 위한 야심찬 작업이 그 어느 때보다 더 중요하다. 이것은 메탄에 관한 새로운 행동의 전선을 포함해야 한다.

기후변화로 인한 파괴적인 영향은 이제 피할 수 없는 것이다. 지구공학은 비효율적이거나 비생산적일 가능성이 높다. 따라서 주류 기후 정책 커뮤니티는 이제 기후변화의 영향에 대한 적응에 훨씬 더 많은 노력을 기울여야 할 필요성을 인식하고 있다. 이러한 변화는 이제 실천가, 연구자, 교육자 등으로서 지속가능한 발전에 참여하는 더 넓은 분야의 이들에게 빠르게 스며들어야 한다. 우리의 접근 방식이 어떻게 발전할 수 있는지 평가할 때도 우리는 어떤 종류의 적응이 가능한지를 평가할 필요가 있다.

최근 연구는 인간 사회는 기후 스트레스로 인해 10년 이내에 기본 기능의 단절을 경험할 것이라 한다. 이러한 단절에는 영양실조, 기아, 질병, 내전과 전쟁의 증가가 포함되며, 부유한 국가들도 예외가 될 수 없을 것이다. 이러한 상황은 다수 전문가들의 접근을 뒷받침해온 지속가능한 발전 및 기업 지속가능성 관련 분야에 대한 개혁주의적 접근을 부질없는 것으로 만든다(Bendell, Sutherland and Little 2017). 그 대신에 피해를 줄이고 상황을 악화시키지 않는 방법을 탐구하는 새로운 접근 방식을 개발하는 것이 중요한 때다. 이러한 도전적인, 그리고 궁극적으로 개인적인 프로세스를 지원하는 데 있어 심층적응 의제를 이해하는 것이 유용할 수 있다.

3

사회 붕괴가 예상되는 이유들

파블로 세르비뉴, 라파엘 스티븐스, 고띠에 샤뻴, 다니엘 로더리

도입

원래의 심층적응 논문이 2018년에 '입소문을 탄' 이후, 붕괴를 예상하는 사람들의 영역이 커지기도 했지만, 그러한 시각이 건전한 과학적 기반이 없다고 비판하는 사람들의 수도 늘어났다(Nicholas, Hall and Schmidt 2020). 일반적으로 비판들은 사회가 받는 압력과 그 결과 어떻게 붕괴할 수 있는지에 관한 광범위한 학문들보다는 기후과학에 초점을 둔다. 따라서 그들은 좁은 범위의 자연과학자들의 목소리에 특권을 부여하고 광범위한 사회과학은 무시하는 경향이 있다. 이 장의 목적은 부분적으로는 급격한 기후변화의 직간접 영향으로 발생하는 사회 붕괴의 가능성에 대한 배경을 추가로 제공하는 것이다. 이 장은 지구적 재앙 위험에 관한 수십 개의 동료 검토 출판물과 기관 보고서들을 검토한 책(Servigne and Stevens 2015)을 기반으로 한다.

그 책에서 우리는 다음과 같이 질문했다. "재앙적 위험이란 무엇인가? 우리는 그런 위험들의 발생을 예측할 수 있을까? 어떤 도구와 방법이 사용되는가? 과거 사회는 그것들에 직면하여 어떻게 했는가? 그것들은 불가피할까? 가까운 시일 내에 닥칠 것인가? 우리는 계획하고 준비해야 할까?" 많은 분과 학문 분야에서 수천 편의 학술 논문을 통해 이러한 질문을 다루었고 이미 많은 책이 출판되었지만, 어느 것도 분과 학문을 넘어서는 접근 방식을 취하지는 않았다. 이것이 우리가 학자, 학계 또는 독립 전문가들, 그리고 대중을 비슷하게 초대하여 이러한 긴급하고 중요한 질문에 대한 의미 있는 대화에 참여하도록 하기 위해 신조어, *붕괴학*을 만든 이유다.

이런 질문들은 매우 중요한 만큼 가능한 한 진지하게 연구되어야 하며 우리는 모든 경우에 대비해야 한다. 실제로, 다른 여러 시나리오 중에서도 너무 갑작스러운 기후변화, 대규모의 멸종, 생물다양성의 붕괴, 여러 달걀바구니의 실패, 큰 감염병 사태, 통제 불능에 빠진 인공 지능이나 지구공학 계획, 핵겨울, 화석연료의 대규모 공급 중단 등은 우리가 기존의 위험 관리 도구와 방법으로 관리할 수 있는 위험이 아니다 (Wagner and Weitzman 2015). 그것들은 전 세계 인구의 최소 10%를 죽일 수 있는 것으로 정의되는 "지구적 재앙 위험GCR"이라는 특별 위험 등급에 속한다(Bostrom and Cirkovic 2011; Ord 2020). 이는 심층적응의 의제와 틀, 공동체를 비판하는 이들이 무시했던 학문 및 연구 분야다.

우리가 여러 수준과 범위에서 그리고 학술적으로 뒷받침되는 여러 리뷰에서 강조한 것은 이러한 붕괴의 측면들이 우리의 일생 동안, 현 *세대*

---

* 우리가 제안하는 신조어는 산업 문명의 붕괴로 이어지고 지구적 수준의 대규모 사망과 재난을 일으킬 수 있는 위험 범주인 GCR(Global Catastrophic Risk)을 연구하는 과학 공동체의 연구 분야를 지칭한다.

에게 발생할 수 있다는 것이다. 이런 의미에서 우리의 연구 결과는 오늘날 세계 곳곳에 살고 있는 사람들이 기후 교란에 취약해지고 있음을 이해하도록 사람들을 초대한 심층적응 분석과 일치하는 것이다. 우리의 목표는 거의 고려되지 않은 이 위험한 시나리오들에 대해 과학자와 기관들이 말하는 바를 되도록 많은 사람들에게 알려서 사회가 이러한 실존적 위험들을 완화하기 위해 스스로 정치적으로 조직할 수 있도록 하는 것이었다.

일부 논평자들은 우리를 '경보론자^{alarmists}' 또는 '종말론자^{doomist}'라고 불렀다. 아마도 가장 좋은 형태의 대응은 위험을 줄이기 위해 최악의 상황에 대비하는 것이 어떻게 정상적인 것인지를 은유를 통해 보여주는 것이 되겠다. 보험사나 소방서에서 당신 집에서 화재가 발생해 가족이 죽을 가능성이 있다고 말할 때, 그들을 경보론자라고 부르며 입을 닫게 만들지는 않을 것이다. 그런 경우 당신은 위험을 심각하게 받아들이고, 보험에 가입하고, 가전제품과 가구를 확인하고, 보호 피복과 탈출 경로를 살펴보고, 동료에게 조언하거나 교육하고, 연기 감지기와 소화기를 설치한다. 아마도 당신은 그밖에 더 걱정되는 문제에 대해서 의논할 것이다. 그리고 화재가 절대로 발생하지 않도록 노력하고 구체적인 방법으로 이러한 가능성에 적응할 것이다.

우리가 보기에, 이 주제를 이해하는 열쇠는 불확실성이라는 개념의 미묘함과 그것이 현재 상황에서 만들어내는 역설에 있다. 우리는 분명히 심대한 불확실성의 시대에 살고 있으며, 우리 책에서 살펴보았듯이 (그리고 많은 다른 저자들이 그랬던 것처럼: Oreskes 2015), 과학은 미래에 대해 결코 절대적인 확실성을 갖지 못할 것이다. 사회 붕괴 가능성에 대해 이야기하는 누구든 비판할 수 있는 과학의 위상을 이용하여 일부 과학자들은 거짓말하기를 조장해왔다. 붕괴가 일어나지 않을 것임을 과학적으로 증명하는 것은 불가능하다. 붕괴 가능성에 대한 논쟁은 결코 해소되지 않을 것이다. 그것은 실존적 위험이기 때문에 일반적인 과학적 접근과는 달리 실제로 그것을 경험할 여유가 없다. 사회가 붕괴할 수 있는지 그리고 어떻게 붕괴할지 확실히 알기 위해 그걸 해보는 것은 분명 불가능하거나 바람직하지 않다. 이러한 시각은 공공정책에 적용되는 과학의 사전예방의 원칙 개념과 공명한다. 이 책의 공동 편집자 루퍼트 리드는 "붕괴가 아마도 너무 두려울 것이므로 그것을 줄이기 위해 준비하지 않는 것은 이제 심각한 무책임이 될 것"이라고 설명한다(Read 2020; Read and Alexander 2019).

이러한 관점을 염두에 둔다면, 일부 과학자들이 두 가지 문제가 있는 이야기를 하고 있다는 것을 알 수 있다. 첫 번째는 그러한 사태에 대비하기 전에 끝없는 과학적 토론에 참여하는 것이고, 두 번째는 과학적 불확실성을 행동하지 않는 핑계로 삼거나 단순히 질문을 무시해버리는 것이다. 루퍼트 리드 교수와 젬 벤델 교수가 1장에서 언급했듯이, 많은 기후과학자들이 예상되는 붕괴와 관련하여 입증할 책임이 이 문제를 토론하기를 원치 않는 사람들이 아니라 경고하고 준비하도록 요청하는 사람들에게 있다고 전제하는 것은 비논리적이다.

그렇지 않다면 우리 사회가 우리가 사는 동안 붕괴할 수 있다는 증거가 늘어가는 마당에 붕괴의 가능성에 어떻게 대응할 수 있을까? 당신의 집에 불이 날 것이 확실하지 않더라도 그런 가능성에 따라 행동하는 것은 당신이 그것을 진지하게 (확실히 일어날 수 있다고) 받아들이기 때문이다. 그리고 행동한다면 일어나지 않을 가능성이 더 많아진다. 다시 말해서, 일어날 수 있는 일이라면, 예를 들어 사상자를 줄이는 것과 같이, 그것을 회피하거나 최악의 경우 발생하더라도 피해를 완화할 수 있는 기회를 가지도록 그것을 당연하게 받아들이는 것이 더 좋다. 철학자 장삐에르 뒤퓌^{Jean-Pierre Dupuy}가 "계몽된 파국주의"라고 불렀던 역설이 이것이며, 그토록 많은 오해를 불러일으키는 "철학적 제자리 맴돌기"도 바로 이것이다. 만약 과학의 규범이 어떤 것이 그저 가능성이 있다고 (따라서 여전히 근본적으로 불확실하다고) 결론 내리고 마는 것을 의미한다면, 이것이 일반 대중의 인식에 주저해야 할 이유로서 옮아가서는 안 된다.

불운하게도 분석과 의사소통의 과학적 방식이 공론장으로 잘 전달되지 않는 것도 이 때문이다. 비과학자들인 대다수 사람들은 불확실성으로 표현되는 것은 관여할 필요가 없다는 의미로 받아들인다. 심층적응 개념의 출현과 함께, 우리는 정상 과학의 분석 방식 내에서 미래에 대한 예측에 완전한 확실성을 가질 수 없음에도 불구하고 결과가 불가피한 것으로 보인다는 시각을 드러내는 학자의 힘을 목격했다.

하지만 여기서 잠깐. 어떤 붕괴인가? 여기에 또 다른 혼란의 원천이 있다. 한편으로, 사회 (과거에 여러 문헌들에서 다루어진 것처럼: 예를 들면, Diamond 2005; Middleton 2017; Tainter 1988; Turchin 2018; Yoffee and Cowgill 1991)와 산업 문명(Brandt and Merico 2013; Brown, Seo and Rounsevell 2019; Capellán-Pérez et al. 2015; Meadows et al. 1972; Motesharrei, Rivas and Kalnay 2014; Yu et al. 2016. 등 다양한 모델로 예측되었다)은 붕괴할 수 있다. 다른 한편으로, 생물권 역시 우리 자신을 포함하여 많은 개체군과 종이 살 수 없는 상태로 비가역적으로 전환될 수 있다(Barnosky et al. 2012; Lenton et al. 2019; Steffen et al. 2018; Xu et al. 2020).

그러나 이 두 가지 역학은 비대칭적으로 연결되어 있다. 만약 우리가 물질과 에너지 소비의 성장을 추구함으로써 산업 문명 '구하기'를 선택한다면(Garrett 2014, 2015), 지구 시스템은 훨씬 더 빨리 가능한 티핑 임계 값에 도달하게 될 것이다. 이는 결국 우리가 아는 바와 같은 생명에 종 말을 고하게 만들 것이다. 반대로, 만약 우리가 생물권을 보존하기로 선 택한다면, 이는 몇 달 안에 우리 문명의 경쟁을 멈춰야 한다는 의미이 며, 그것은 의도적인 사회 및 경제 붕괴가 될 수 있다.[*] 생각해보자, 이 는 코로나-19 봉쇄와 같은 가장 강력한 경제적 효과를 10년 동안 연장 한다는 (심지어 강화한다는) 의미일 수 있다.[**] 무슨 일이 일어나든, 진지하게 생각해본다면, 우리 문명의 미래를 상상하는 것은 어려워진다.

2015년에 프랑스의 정치 지형과 대부분의 미디어에서 '붕괴학'이라 는 합리적이고 과학적 접근은 그럼직하지만 비관적인 것으로 간주되었 다(Gadeau 2019). 그렇지만 일반 대중과 모든 조직들(행정, 노동조합, 기업, 군대 등)의 일부 사람들은 실제로 이 문제를 논의할 준비가 되어 있었다. 우리 는 더 많은 경제 성장으로 우리의 문제를 해결하려고 하면 우리의 죽음 을 앞당길 것이고, 반대로 경제 성장을 멈춘다면 이 역시 우리의 죽음을 앞당길 수 있다는 결론에 도달하는 사람들이 점점 더 많아지는 것을 보 았다. 다시 말해 우리는 곤경에 직면한 것이다.

5년 후, 붕괴론이 프랑스 사전에 등장했고 프랑스 사회·정치 지형 에 중대한 변화를 일으켰을 뿐만 아니라(예를 들어 수상과 장관들은 대중 연설에

---

[*] 실제로, 필요한 완화 노력에 대한 IPCC의 권고를 따르는 것은 열-산업 문명의 종말을 가져오는 것과 같은 방식 일 수 있다. 이러한 강제적 감소라면 세계 경제는 현재 구조에서 살아남을 수 없을 것이다. 1.5°C 미만으로 유지 될 확률 66%를 유지하려면 배출량 감소는 10년 동안 연간 -7.6% 수준이어야 한다(2°C 미만으로 유지될 확률을 66%로 유지하려면 10년 동안 -2.7%) (UNEP 2019).

[**] 코로나-19 효과는 유효한 비교를 제공한다. "2020년 연간 배출량에 미치는 영향은 봉쇄 기간에 따라 다르며, 6월 중순까지 팬데믹 이전 상태가 회복될 경우 -4%(-2에서 -7%)의 낮은 추정치로 나타난다. 2020년 말까지 전 세계적으로 일부 제한이 유지되는 경우에는 -7%(-3에서 -13%)의 높은 추정치로 나타난다."(Le Quéré et al. 2020). 세계은행은 팬데믹으로 인한 2020년 경기 침체를 5.2%로 추정하며(선진국의 경우 7%), 이는 1945년 심지어 1870 년 이후로도 유례가 없는 수준에 해당하는 것이다(World Bank 2020).

서 붕괴를 반복적으로 언급했다: Laurent 2018), 재앙적 변화와 위험들에 관한 과학적 발견들은 불행히도 더욱 견고해졌다. 앞으로 몇 년 안에 전 세계의 사회가 무너질 수 있다는 생각은 이제 널리 퍼졌다. 2020년 2월에 프랑스, 미국, 영국, 이탈리아, 독일의 5,000명을 대상으로 IFOP(Institut français d'opinion publique)가 행한 여론 조사에 따르면, 영국인의 56%와 프랑스인의 65%가 우리가 알고 있는 바의 서구 문명은 곧 붕괴할 것이라 생각하고 있다(영국인의 23%는 20년 이내에, 9%는 2030년 이전에 붕괴할 것으로 예상한다)(Cassely and Fourquet 2020).[*]

이러한 세계 종말에 관한 징후는 도처에서 나타난다. 최근 과학자들의 저작(Cardoso et al. 2020; Cavicchioli et al. 2019; Heleno, Ripple and Traveset 2020; Jenny et al. 2020; Ripple et al. 2017, 2019; Wiedmann et al. 2020), 독립 학자들의 연구 (Ahmed 2017; Alexander 2019; Korowicz and Calantzopoulos 2018) 및 기자들의 저술 (Franzen 2019; Haque 2020; Wallace-Wells 2017), 그레타 툰베리 같은 활동가와 유엔 사무총장 안토니우 구테흐스의 연설들, 세계은행과 군사 보고서들(Brockmann et al. 2010; Burger 2012; Femia and Werrell 2020), 다보스 포럼에서의 대화(Granados Franco et al. 2020), 그리고 호주, 브라질, 시베리아의 산불뿐 아니라 코로나-19 팬데믹과 관련하여 계속되는 언론의 논평을 보라.

이제 점점 더 많은 과학자들이 대기 중 온실 가스 농도가 인간 활동으로 지금처럼 계속 증가할 경우 기후변화의 가장 가능성 있는 결과는 지구적 사회 붕괴라고 생각한다(Future Earth 2020a, 2020b). 이 끔찍한 가능성은 다른 지구 시스템적 위험들, 티핑 포인트 및 연결성을 고려하지도

---

[*] 영문 보도자료는 다음을 보라. https://bit.ly/2XKNWaU

않은 것이다. 수백 명의 과학자와 전문가들은 기후변화, 생물다양성 파괴, 자원 고갈, 금융 위기 및 사회 붕괴와 같은 지구 시스템적 위험을 심각하게 받아들여야 한다는 데 동의하고 있다(Future Earth 2020b). 이것은 막 태어난 학문 분야이며 유별나거나 비과학적인 게 아니다(Ahmed 2019; Bardi, Falsini and Perissi 2019; Barnosky, Ehrlich and Hadly 2016; Cumming and Peterson 2017; Rees 2013; Shackelford et al. 2020).

얼마 전, 행성의 대격변이 임박했음을 상징하는 종말 시계Doomsday Clock 의 바늘이 자정에서 100초를 뺀 시간으로 앞당겨졌다.[*] 기후과학 분야의 저명한 교수이자 티핑 포인트 및 지구 시스템 궤적에 대한 주요 연구들의 공동 저자인 윌 스테픈Will Steffen의 결론처럼, "붕괴는 현재 시스템이 나아가는 지금의 궤적에서 가장 가능성 있는 결과다"(Moses 2020).

이걸로 무엇을 할 것인가?

이러한 위험의 존재와 본질을 충분히 인식하고 가장 가능성 있는 미래인 것처럼 행동해야 할 시점이다. 그 출발점에서 두 가지 질문을 명확히 하는 것이 중요해진다. (1)이러한 거대한 위협에 대한 반복적인 나쁜 소식들과 함께 우리는 어떻게 살아갈 것인가? 그리고 (2)재앙적인 위험과 사건에 대응하기 위해 어떻게 조직할 것인가?

첫 번째 질문은 거의 모든 사람이 분노, 두려움, 슬픔, 비탄과 죄책감을 포함한 감정의 끊임없는 쳇바퀴 위를 달리고 있는 스스로를 발견하

---

[*] 종말 시계는 냉전시대에 만들어졌으며 시카고 대학의 핵과학자협회보(Bulletin of the Atomic Scientists)의 편집자들에 의해 유지 관리된다. 2020년 1월 23일부터 시계는 1953년 이후 처음으로 자정 − 100초(오후 11시 58분 20초)를 표시하고 있다. 세계 지도자들이 현저한 핵전쟁과 기후변화의 위협 그리고 민주주의를 불안케 하는 무기로서 '가짜 뉴스'의 확산을 제대로 다룰 수 없다는 이유다.

기 때문에 나온다. 그러나 윌 스테픈이 보기에, "지구 온난화 과학은 사회의 많은 부분, 특히 가장 강력한 위치에 있는 사람들과 감정적으로 연결하는 데 확연히 실패했으며, 반복적인 경고에도 불구하고 정책가들을 효과적으로 움직이지 못했다"(Jones and Steffen 2019).

우리가 최근에 펴낸 또 한권의 책 《세상의 다른 끝은 가능하다*Another End of the World is Possible*》(Servigne, Stevens and Chapelle 2018)는 이 첫 번째 질문에 대해 심리적, 정서적, 형이상학적, 그리고 영적 답변을 하기 위한 시도다. 그것은 세상과 우리의 관계, 인간들 사이의 그리고 인간과 비인간 사이의 상호 의존성에 관한, 그리고 의미, 내러티브, 비탄, 의식 등에 관한 것이다. 거기에 이 곤경으로부터 얻을 수 있고 꼭 필요한 지혜가 있다.

한 가지 중요한 논쟁은 나쁜 소식이 필연적으로 행동을 취하지 않도록 만드는 것인지 또는 두려움이 항상 마비 효과를 낳는 것인지에 관한 것이다. 붕괴론과 지금의 심층적응 논의를 비판하는 많은 이들은 가정을 뒷받침하기 위해 학문적 통찰력을 사용하지 않으면서 부정적인 영향을 전제하곤 한다. 반대로 우리는 두려움, 절망 또는 분노가 행동 과정의 일부라고 (그리고 언제나 그럴 거라고) 주장한다. 우리는 함께, 이를 헤쳐가야 한다.

많은 연구들은 이른바 '긍정적인' 감정들(희망, 기쁨, 열정과 같은)이 안녕, 성취, 행동, 네트워크와 역량 개발, 다른 사람 및 자연과의 관계를 촉진한다는 것을 보여준다(Salama and Aboukoura 2018). 그런 감정들은 험난한 날씨가 닥칠 때 꼭 필요하다. 반면에 불쾌한 감정들은 그와 그녀가 관심을 갖고 있는 것이 파괴되는 것을 목격할 때 나타나는 인간의 적절하고 건강한 반응이다. 그 감정들은 또한 우리가 경계를 늦추지 않고 정보를 찾는 데에(Yang and Kahlor 2013)(이는 여행을 시작하기 전의 기본 과정이다), 위험에 대한 인식을 제고하는 데에(Leiserowitz 2006; Smith and Leiserowitz 2014) 그리고 무관심을 비상 상황으로 바꾸는 데에(Thomas, McGarty and Mavor 2009) 도움이 된다.

공포에 대한 포괄적인 메타 분석에서 심리학자 멜라니 타넨바움이 이끄는 연구팀은 "(a)공포 호소는 태도와 의도, 행동에 긍정적인 영향을 미치는 데 효과적이며, (b)그것들이 효과적이지 않은 상황은 극히 적으며, (c)그것들이 역효과를 일으켜 바람직하지 않은 결과를 초래하는 것으로 확인된 상황은 없다"고 결론 내렸다(Tannenbaum et al. 2015). 환경 운동가이자 생태심리학자이며 이 책의 필자 중 한 명인 조애나 메이시가 40년 넘게 해온 작업은, 더 이상 사실을 숨기지 않고 더 이상 우리의 진실 표현을 주저하지 않으며 자애로운 집단 속에서 우리가 느끼는 모든 것을 공유하는 것이 즐거움과 행동으로 나아가는 에너지의 복원과 열정의 해방을 촉진한다는 것을 보여주었다. 이는 우리 스스로가 경험한 것이며, 끊임없이 흐르는 '나쁜 소식들'에 대처하고 다른 종류의 희망과 접속하는 데 도움을 준 것이다. 감정은 우리의 적이 아니다. 부정이 적이다. 더욱이 조애나 메이시와 크리스 존스톤이 말하듯이, 희망은 좋은 소식이나 감정을 숨기는 데서 오는 것이 아니라 커뮤니티와 행동에서 오는 것이다(Bendell 2019; Macy and Johnstone 2012).

지난해 프랑스에서 한 심리학자이자 경제학 교수가 '붕괴체험관측소 OBVECO*'를 설립했다. 그들은 조사와 설문, 어휘 분석을 수행했고, 통념과 달리 유한성에 대한 고뇌가 행동의 추동력이라는 결론을 내렸다. "그들을 비관적이고 수동적이게 만들기는커녕, 유한성에 대한 고뇌로 인한

---

* https://obveco.com

진공 상태 이후에, 붕괴의 내러티브는 [사람들을] 낙관적이고 능동적으로 만들었다. 왜냐하면 그들은 구체적이고 조직적인 행동을 함으로써, 죽음밖에는 만날 것이 없는 묵시록보다는 붕괴 이후의 삶을 상상할 수 있는 가능성을 보여주었기 때문이다"(Sutter and Steffan 2020).

이러한 발견들은 심층적응포럼 참가자의 인식에 대한 젬 벤델과 도리언 케이브의 연구와 일치한다. 이 연구는 참여의 결과 훨씬 더 많은 사람들이 오히려 덜 냉담하고 덜 고립감을 느낀다는 것을 발견했다(Bendell and Cave 2020). 많은 사람들이 그들의 공동체가 미래의 혼란에 보다 탄력적으로 회복력 있게 대처할 수 있도록 지도력을 발휘할 수 있다고 말한다. 붕괴의 한가운데에 처한 공동체에 대한 프랑스(Bidet 2019)와 영국(Barker 2019)의 최근 두 연구는 "나쁜 소식을 들을 때 사람들이 잘 반응하지 않는다"는 진부한 표현을 더 이상 당연시해서는 안 된다고 결론지었다. 이 주제를 다루는 과학이 확고하게 자리 잡지 못했고, 더 심화된 연구가 필요할 따름이다.

우리가 재앙적인 위험과 연쇄적 사건들에 더 잘 대응하도록 조직을 구성할 수 있을지 탐구하는 게 중요하다. 사람들이 이 문제에 창의적으로 참여할 수 있도록 돕기 위해, 우리는 회복력, 포기, 복원과 타협이라는 4R을 탐구하자고 제안하며 2018년에 심층적응 운동을 시작했다. 그러한 대화와 적극적 실천에 참여하는 사람들은 반가부장제, 사회 정의, 탈식민화와 불평등에 관심을 기울이는 토론의 공간을 확보해왔다. 붕괴 문제에 대한 토론은 지구상의 모든 살아있는 공동체(그리고 생물종)에 관한 것이기 때문에 서구 중심적이어서는 안 된다. 토착 공동체는 수세기 동안 붕괴를 경험해왔으며, 현대의 중산층은 그들에게 배울 수 있다(6장을 보라). 마찬가지로 붕괴 내러티브가 우리 미래의 유일한 비전이 되어서는 안 된다. 우리는 다양한 관점이, 심지어 의견 불일치가 필요하다.

이 책의 마지막 장에서 저자들이 언급했듯이 정치적인 문제가 앞으로 몇 달과 몇 년 동안의 커다란 과업이다. 앞으로의 과제는 인류세의 예측할 수 없는 롤러코스터에 대처하기 위한 회복력 정책을 고안하고, 거대한 '붕괴들'을 관리하고, '이후에' 올 수 있는 것을 상상하는 일이다.

우리는 어떤 사람들은 계속해서 어떤 기술적 해법을 찾고 있으며 또 일부 억만장자는 일종의 우주 도피주의를 모색한다는 것을 알고 있다(Yu 2017). 또 다른 사람들은 폐쇄된 커뮤니티를 구축하고 있다(Hogg 2015). 그러나 커먼즈와 서로를 보살피고자 하는 대부분의 사람들에게는 첫 번째 기회의 창이 급격히 줄어들더라도 붕괴 완화와 적응 정책 모두가 필요한 때다.[*] 우리는 곤경을 늦추는 동시에 *이미 여기에 와 있는* 결과들에 대비해야 한다.

심층적응은 우리가 2015년부터 따로 나란히 개발해온 분석과 입장에 매우 가까운 것이다. 우리는 주요한 위험과 붕괴 가능성에 대한 과학적 정보를 종합하고, 이러한 위험을 심각하게 받아들이고(그것이 확실한 것이라고 간주하는 것이 그 일부다), 정서적, 심리적, 영적 측면을 돌보고, 자원과 정책 아이디어를 개발하기 위해 우리 스스로를 조직해왔다.

2018년에 심층적응 논문(2장)이 발표되고 입소문을 탔을 때, 우리는 대중의 열정이 높은 것을 보고 기뻤다. 심층적응 운동은 소리 소문 없이 매우 짧은 시간 만에 주의 깊고 세심한 태도로 과학적, 감정적, 영적 문제뿐 아니라 가능한 정치적 제안에 대해 이야기를 나누고, 부정의, 식민

---

* 완화 노력은 반동 효과, 실현 불가능해 보이는 탈동조화, 그리고 사회·기술적, 인지적, 심리적 고착(lock-ins) 같은 일련의 사악한 문제들을 맞닥뜨려야 하기 때문에 단시일의 프레임 속에서는 달성하기가 정말 어렵다는 것을 보여준다(Biewendt, Blaschke and Böhnert 2020; Gifford 2011; Parrique et al 2019; Unruh and Carrillo-Hermosilla 2006; Vadén 외 2020).

주의, 가부장제 등의 주제들까지도 다룰 수 있었다. 이러한 신속성은 (영어권 운동의 경우) 강점이 되었지만, 다루어야 할 문제와 처리해야 할 정보의 양 측면에서는 약점이기도 한 것으로 드러났다. 따라서 더 많은 사람들에게 다가갈 수 있도록 이 운동이 성숙하고 발전하도록 돕는 것이 필요하다. 이 책에 글을 수록하면서 우리는 직면한 사회 붕괴 앞에서 피해를 줄이기 위한 의미 있는 대화와 기획들에 보다 많은 사람들이 함께할 수 있도록 만들기를 희망한다.

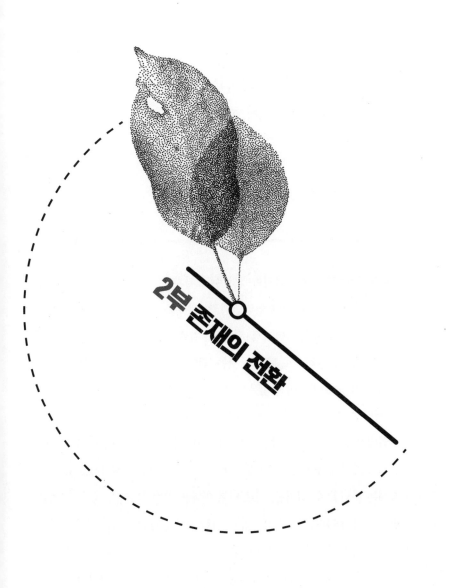

2부 존재의 전환

4

심층적응과 긴밀히 연관되는
기후심리학

에이드리언 테이트

이번 장에서는 기후심리학에서 주로 다루는 심리적, 문화적 문제를 기술한다. 이를 위해 기후심리연맹^{Climate Psychology Alliance, CPA}의 기원을 설명하고, 기후심리학의 이미지적·학술적·치료적 요소를 살펴보고자 한다. 그중에서도 중점적으로 다루는 것은 '깊이 듣기^{deep listening}'라고 알려진 심리치료 접근법이다. 이 방법은 뿌리 깊은 부인^{denial, 否認} 현상, 점점 늘어나는 생태 괴로움 또는 기후 괴로움을 치유하는 데 동일하게 적용된다.

위에서 말한 세 가지 실천적 요소의 바탕에는 인정과 대응이라는 중대한 도전과제가 놓여 있다. 인류가 자신의 거처인 지구에 저지르고 있는 일 자체는 부인할 수 없지만, 이로 인한 여파를 인정하기란 상상할 수 없을 만큼 견디기 어려운 것이 사실이다. 이런 상황에 놓인 우리는 저마다 이런저런 형태의 부인에 사로잡히고 부인하는 분위기 속에 둘러싸이기 쉽다.

이 장은 기후심리학과 심층적응포럼 사이의 중요한 연결고리들을 짚어본다. 여기서 긍정적으로 논하는 고리들은 CPA가 2014년 설립 초기부터 비상사태를 마주하고 완화와 적응을 통해 효과적으로 대응하는 데 필수적이라고 여겨온 것들로서 바람직한 연맹의 예를 보여준다.

왜 기후심리학인가?

기후심리학이 탄생하게 된 것은 기후·생태 비상사태가 지금껏 인류가 직면했던 어려움 중 가장 큰 문제여서가 아니라, 이 비상사태의 규모와 본질이 우리로서는 균형 잡힌 대응책을 찾기에 유난히 까다로웠기 때문이다.

정보가 부족한 것은 아니다. 로즈마리 랜들Rosemary Randall의 소설 《범죄 Transgression》 속 등장인물이 말했듯이, "기후변화에 관해 알아야 할 것은 그것이 실재하고, 우리가 그 원인이며, 너무나도 위험하다는 것이 전부다."(Randall 2020)

이 문제가 지니는 명백함과 심각성은 우리의 행동을 촉구하는 강력한 근거가 되어야 한다. 하지만 '근거case'라는 건조한 용어는 우리를 막다른 골목에 몰아넣을 수도 있다. 이 논리에 따르면 우리 인간이 주로 추론과 분석을 수행하는 뇌 부위를 통해 동기부여를 받는다는 그릇된 가정에 빠지기 쉽기 때문이다.

CPA가 추구하는 목적은 크게 두 가지다.* 하나는 경제적 세력과 문화적 세력을 결합해 기후 교란에 대한 시의적절하고 균형 잡힌 대응을 가로막는 우리 마음의 비합리적이고 냉담한 태도를 제대로 이해하도록 돕는 것이다. 다른 하나는 치료적 측면에 가깝다. 즉, 지속적인 참여를 유도해야 하는 피곤하고 불안하고 고통스러운 과업에 헌신하는 사람들을

---

* Climate Psychology Alliance, https://www.climatepsychologyalliance.org/

위한 지지 체계를 마련하는 것이다.

지지는 꼭 필요한 요소다. 물론 우리가 감각을 통해 경험한 증거를 기후에 관한 과학적 사실들이 뒷받침해주지만, 기후심리학에서 중요시하는 이해의 여정에 과학적 *초연함*detachment이 끼어들어서는 안 된다. 눈앞에서 벌어지고 있는 현상을 보면서도 크나큰 슬픔 속에 괴로워하지 않는 것은 몸과 마음의 문을 걸어 잠그고 현상의 의미를 외면하는 것이다. 그렇다고 슬픔에 빠져 헤어 나오지 못한다면 우리마저 파멸 속에 휘말릴지도 모른다. 지금도 상실은 계속되고 점점 커지고 있으며, 이 때문에 우리는 정상적인 애도 기간이 지난 뒤에도 툭툭 털고 일어서지 못하게 된다. 고통에서 잠시 벗어나 안도할 필요도 있다. 운이 따르는 최상의 상태라면, 아직-심지어 코로나바이러스가 강타한 세상 속에서도-남아있는 일상의 기쁨을 누리며 다시 감사하는 마음을 가질 수 있다. 안도는 우리에게 꼭 필요한 상태지만, 정서적으로는 현실을 외면하여 문제를 일으키는 부인이라는 방어기제와 별다를 것이 없다.

이렇게 볼 때 모든 사람은 하나의 스펙트럼 위에 놓여 있다. 외부 현실을 얼마나 의도적으로 무시하거나 잊어버리느냐에 따라 스펙트럼 상의 위치가 결정된다. 전 CPA 의장 크리스 로버트슨Chris Robertson의 주도 아래 많은 사람들이 *문제와 함께하는* 인간의 역량에 관심을 모았다. 도나 해러웨이는 여기서 영감을 얻어 《트러블과 함께하기Staying with the Trouble》(마농지, 2021)라는 제목의 책을 쓰기도 했다(Haraway 2016). 문제와 함께하는 우리 능력에 한계가 있음을 알고 나면, 누군가에게 비난의 화살을 겨누거나 불화를 심화하기보다는 오히려 공감을 발휘하게 된다. 그렇다고 의도적인 무지나 고의적 기만(현실 부정)에 대한 분노를 없앨 수 있다거나 없애야 한다는 뜻은 아니다.

안정적이었던 홀로세[*]를 벗어나 인류세에 이르게 만든 우리의 집단행동 때문에 지구는 한계에 다다랐다. 그 과정에서 와해된 기후가 일으키는 폭풍우와 걷잡을 수 없이 번지는 화재는 우리 내면의 폭풍우를 그대로 보여준다. 인류의 특성이 지구 시스템에 그대로 반영된 것이다. 이러한 시나리오에 관해서는 클라이브 해밀턴[Clive Hamilton]이 심층적으로 탐구한 바 있다(Hamilton 2017).

우리는 비탄과 분노를 넘어 죄책감과 공포, 어쩌면 우울까지도 감당해야 할 책임이 있다. 이 컴컴한 그림자 속에는 일말의 흥분, 복수심, 심지어 죽음에 대한 소망이 도사리고 있을지도 모른다.

썩 만족스럽지는 않지만 이 모든 감정을 하나로 표현한 말로 '생태 불안[eco-anxiety]', '기후 불안[climate anxiety]'이라는 용어가 있다. CPA 일원인 브레다 킹스턴[Breda Kingston]은 논문(아직 출간되지 않음)을 통해 이러한 꼬리표들을 날카롭게 비판했다. 하지만 간명한 용어들이 필요하긴 하다. 그래야 우리가 느끼는 파괴적인 감정 상태를 가리키는 기표들을 기억할 수 있으니 말이다. 기후 괴로움이나 생태 괴로움은 이와 연관된 다양한 감정을 담아내는 적절한 단어가 존재할 때라야 더 효과적으로 풀어낼 수 있다. 최근 로즈마리 랜들은 기후변화 활동과 관련된 이야기를 담은 짧은 동영상 중 하나에서 '괴로움[distress]'이라는 용어를 옹호하면서 이에 관한 자신의 견해를 상세히 설명하고, 이런 감정들을 더 효과적으로 풀어낼 방법을 제안하기도 했다.[**]

---

[*] 신생대 제4기의 최후 시대로서 1만 년 전부터 현재까지를 가리키는 용어 – 옮긴이

[**] 기후 괴로움에 관한 로즈마리 랜들의 견해는 다음 링크에 게시된 영상에서 확인할 수 있다. https://www.climatepsychologyalliance.org/explorations/blogs/477-coping-with-the-climate-crisis

시바 신의 의미 : 병든 문화 속에서 주목해야 할 것들

철학과 상상력을 발휘하면 인류가 '인간 너머의 세계more-than-human world'
와 나눈 극도로 무질서한 소통을 더 잘 이해할 수 있다. 약탈과 침입을
위주로 한 경제학은 일련의 신화와 가정을 양산했다. 여기에는 비용을
외부로 돌려 지구의 커먼즈에 부담 지워도 괜찮다는 식의 개념도 포함
된다. 이러한 신화와 가정들은 우리 마음속에 차곡차곡 부인의 태도를
쌓아놓았다. 그 결과 우리는 상황을 바로 보지 못하고, 다 어쩔 수 없는
일이라며 체념하기도 한다. 중요한 것은 이러한 신화의 오류 가능성을
알아차리고 올바른 이해를 바탕으로 의사를 결정하는 것이다. 이를테
면, 획득하고 지배하며 소비하려는 쪽으로 에너지를 쏟는 까닭에 문화
적 측면에서 다양한 방식으로 무수히 이바지해온 인간 정신의 창의적이
고 독창적인 능력이 흐려질 위험에 놓여 있다는 끔찍한 사실을 직면해
야 한다.

기후심리학은 합리적인 시도인 동시에 필연적으로 상상을 기반에 둔
시도이기도 하다. 이런 점에서 세상의 창조자이자 파괴자인 힌두교의
신 시바가 우리에게 도움을 줄지도 모른다. 시바 신을 연상하게 된 것은
다음의 논리에서였다. 우리는 화석연료와 기술을 활용해 획득한 능력
을 등에 업고 자신이 전능하다는 인식 속에 신적인 지위에 올랐다고 자
부했다. 하지만 이는 오만과 응보를 보여주는 전형적인 사례다. 그동안
우리는 초인적인 능력을 마음껏 발휘하면서도 이에 따른 결과에는 크게
관심을 두지 않았다. 그 결과를 더는 외면할 수 없게 된 지금, 대다수 사
람은 고개를 돌리고 현실을 외면해버린다. 우리의 독창성과 뛰어난 재
간의 어두운 그림자였던 파괴가 이제 우리를 포위하기 시작했고, 지구

상에 존재하는 아름답고도 복잡한 생명망을 망가뜨리고 있다.

　이론상 우리는 기술적 오만을 얼마든지 돌이킬 능력이 있다. '돌이킨다'는 것은 기술을 거부하는 것이 아니라 E. F. 슈마허가 말했던 '적정기술'을 재검토하는 일에 가깝다(Schumacher 1973). 소비문화와 슈마허 이후의 디지털 세상 속에 흠뻑 빠져있다고 해도, 다른 여러 문화를 살펴보건대, 우리는 놀라운 재생력을 지닌 자연과 더불어 공동 창조자로서 또 다른 정체성을 실현할 능력이 있다(12장 참고). 하지만 경제와 문화를 적극적으로 변화시키려는 시도는-비록 훼손은 줄여주겠지만-확실한 것도 아니며 사회 붕괴를 막을 수 있다고 보장하지도 않는다.

　기후심리학은 고통스럽고 야심적이며 예측 불가능한 시바 신과의 연대를 구현한다고도 말할 수 있다. 지금 우리는 우리를 둘러싸고 벌어지는 파괴와 위협을 똑똑히 목격하고 있다. 심리치료 측면에서 말하자면 우리는 비탄, 분노, 죄책감, 공포 등 수많은 사람을 괴롭히는 감정을 '버텨내면서holding', 눈과 마음을 활짝 열어 우리의 집단행동이 불러일으킨 결과뿐만 아니라 이로 인한 마비 상태도 파악할 수 있다. 때로는 환경을 생각하며 땅을 일구는 재생 활동이나 야생동물을 관찰하는 일처럼 창의적인 활동을 통해 역량을 강화하고 기운을 북돋움으로써 이 어려운 과업을 더 잘 감당할 수 있다. 인간보다 더 큰 지구 전체의 자연은 우리에게 도움의 손길을 내밀며 값을 매길 수 없는 선물을 안겨주곤 한다.

　마지막으로, 아마 이것이 가장 독특하다고 생각되는 점인데, 기후심리학은 파괴와 창조가 만나는 지점을 지도화하고자 한다. 여기서 우리는 인간의 실존적 역설을 마주하게 된다. 인간이라는 종이 분출한 오만한 광란을 우울한 마음으로 목격하노라면, 폴 호젯Paul Hoggett이 W. B. 예이츠의 시 〈재림The Second Coming〉의 한 구절을 빌려 표현했듯이, 우리 문화 속에 도사린 '거친 짐승'의 실체가 드러난다.[*] 샐리 웨인트로브 Sally Weintrobe 는 이를 가리켜 '무관심의 문화 the culture of uncare'라고 일컬었다.[**] 우리는 무관심에 대처하는 자신의 역량을 알고, 이해하고, 인정함으로써 사회 붕괴가 일어나는 시기에 해를 줄이고 재건을 이룰 길을 찾아야 한다. 그러지 않으면 이 창조적 원동력이 순진함과 이상주의가 지닌 치명적인 결함에 빠져들지도 모른다. 이를 가리켜 정신분석학자들은 해리 dissociation 라고 칭하며, 융 학파에서는 우리 본성의 어두운 측면을 직시하지 않으려는 태도라고 규정하기도 한다. 극도로 위험한 지점까지 다다른 지금, 우리는 애타게 빛을 찾는 중에도 어둠 속에서 두 눈을 단련해야만 한다. 궁극적으로 시바 신은 우리 본성의 이중성을 알려주는 표지판과 같다.

기후심리학의 형성 과정

기후심리학 분야는 2009년경 미국에서 형성되기 시작했다. 몇몇 사람이 획기적인 작업을 진행하고 있긴 했지만, 그때만 해도 학문적 연결고리와 자극제, 적극적인 지원과 일관성을 제공하는 '중심'이 제대로 서지 않았다. 중심을 구축할 때가 되었음을 영국을 비롯한 여러 국가의 많은 심리치료사와 학자들이 인정하고 있었다. 이러한 뜻을 중심으로 모인 그룹이 2012년~2013년에 CPA를 탄생시켰다.

심층심리학 depth psychology 분야에서는 인간의 정신 안에 갖가지 모순과 갈

---

[*] Paul Hoggett, 'Slouching Towards the Anthropocene', Ecology, Psychoanalysis and Global Warming - Present and Future Traumas at the Tavistock Clinic, London. 8-9 December 2018, https://www.climatepsychologyalliance.org/events/298-ecology-psychoanalysis-and-global-warming-present-and-future-traumas

[**] Uncare, https://www.climatepsychologyalliance.org/handbook/326-un-care

등, 창의성과 파괴성이 공존한다는 점을 기본 원칙으로 삼는다. 우리는 개인의 신념과 행동을 파악하면 그의 무의식에서 일어나는 현상(쉽게 파악할 수 없는 것들), 나아가 인간 경험에 따라오는 의미, 감정, 정체성의 중대한 역할을 깨달을 수 있다는 것을 기정사실로 받아들인다. 그렇다고 과학을 무시한다는 뜻은 아니다. 다만, 너무도 많은 경우에 정말 중요한 문제는 계산이 불가능하므로 깊이 듣기를 통해 분별할 필요가 있다는 것이다. 폴 호젯은 베리티 샤프Verity Sharp, 캐롤라인 힉맨Caroline Hickman과 함께 진행한 CPA 팟캐스트 프로그램에서, 심리치료의 듣기 양식이 기후심리학의 핵심을 이룬다는 자신의 견해를 설명했다.[*] 깊이 듣기는 까다로운 주제에 대한 개인의 복잡하고 미묘한 관심을 기록하려는 연구 방법으로도 긴요한 요소다. 따라서 기후심리학자들은 사람들이 과학에 귀 기울이지 않는 이유뿐만 아니라, 그들이 실제로 과학에 집중할 때는 *어떠한 방식*으로 경청하는지, 주의를 기울이지 않을 때는 *왜* 그러는지도 고민한다.

다음으로, 기후심리학은 각 개인이 작동시키는 문화적 모형을 고려하는 심리·사회적 연구를 활용한다. 이에 관해서는 잠시 뒤에 부인의 맥락에서 다시 설명할 것이다. 우리의 세 번째 주요 원천은 생태심리학이다. 이 학문적 전통에서는 인간 정신과 그 외 지구를 구성하는 모든 존재, 체계, 요소 사이의 상호 연관성을 인정한다. 생태심리학은 무엇보다도 인간의 오만을 치료할 해법을 제공한다. 이 학문은 인간중심적 관점을 탈피한 상태에서 증상과 원인을 대하게 함으로써, 지구의 온도 상승과 자연계에 대한 인류의 공격이 자연과의 일치성을 잊은 데서 생겨나

---

[*] Deep listening, https://www.climatepsychologyalliance.org/podcasts/406-what-is-climate-psychology-a-way-of-listening

는 증상임을 깨닫게 한다(이 점에 관해서는 5, 6, 7, 8장에서 자세히 살펴본다). 우리는 우리가 정신없이 파괴하고 있는 지구 시스템들이 인간의 영역을 넘어서는 하나의 장엄한 세계일 뿐 아니라 그 자체로 우리의 생명을 지켜주는 시스템임을 망각한다. CPA 안에는 철학적, 지적 측면에서 매우 다양한 목소리들이 존재하지만, CPA 형성에는 지금까지 논한 세 영역이 주된 영향을 끼쳤다.

CPA 설립 초기에는 같은 뜻을 품은 사람들의 네트워크를 구축하는 한편 과학자, 활동가, 정책 입안가 등 주요 그룹 간에 아이디어와 연결고리를 형성하는 데 주력했다. 2018년 이후로 단체 활동이 아웃리치* 연구로 눈에 띄게 기울었는데, 여기에는 심층적응포럼 및 멸종반란과의 연계가 한몫했다. 아웃리치 활동을 준비하면서 '문 밖의 세상으로Through the Door'** 라는 프로그램도 기획했다. 이는 상담실을 벗어나 다양한 실제 상황에서 비상사태를 겪고 이를 극복하고자 애쓰는 사람들과 소통하려는 치료사와 상담가들을 위한 워크숍이었다. '문 밖의 세상으로'는 목표 활동을 수월하게 만들기 위해 세심하고 유연하게 진행하는 프로그램이다. 그 중심에는 참을 수 없다고 느껴지는 것들을 감내하고 이에 관해 생각하는 방법을 찾으려는 심리치료적 목표가 놓여 있다. 이는 기후와 생태 파괴로 인해 점점 더 많은 어려움을 겪는 사회에서 치료 작업이 이루어지는 데 공헌하겠다는 CPA의 목표에도 부합했다.

한편, CPA는 아웃리치 프로그램을 통한 전문 기관들과의 논의, 환경 NGO들과 함께 진행하는 워크숍과 회의, 기후와 관련된 여러 온라인 모

---

* 조직이나 단체(주로 비영리기관이나 시민 조직)의 구성원들이 내부에서 수립한 중심 아이디어를 지역사회 현장에서 직접 실천함으로써 대상이 되는 개인이나 집단을 실질적으로 지원하는 활동- 옮긴이

** Through the Door, https://www.climatepsychologyalliance.org/events/470-through-the-door-a-therapeutic-practice-for-the-commons-18th-july-2020

임, 언론 활동, 그 외 학교나 지역사회 단체와의 협업도 진행한다. 청소년, 청년과의 대화는 CPA가 변함없이 힘을 쏟아온 부문이다. 이렇게 판단하게 된 것은 그동안 발생한 비상사태가 엄청난 규모의 세대 간 격차를 불러왔을 뿐 아니라, 청소년이 지닌 취약성과 리더십을 인정하고 고려해야 한다는 것을 깨닫게 했기 때문이다. 캐롤라인 힉맨이 청소년을 대상으로 연구를 진행하고 내놓은 설명, 그리고 이 연구와 '깊이 듣기' 사이의 연관성을 밝힌 자료가 하나의 해법을 제시한다(Hickman 2019).

CPA는 아웃리치 활동의 일환으로 언론에서 말하는 아동 학대의 내러티브를 살펴보기도 했다. 기후 운동에 참여하는 성인들이 잠재적 위험에 관해 과장되고 우려스러운 견해를 퍼뜨려 청소년들 사이에 불필요한 트라우마를 일으킨다는 의혹이 일었다. 진실의 냉소적 반전이 드러나는 지점이다. 하지만 우리는 굳건하게 우리 관점을 주장하는 동시에 열린 자세로 배우려는 자세도 가져야 한다. 예를 들어, 학교에서 이런저런 정보를 듣고 불안한 마음으로 귀가한 아이들에게 부모가 제대로 대응하지 못할 때, 우리는 어떻게 도울 수 있을까? 이처럼 체계적인 세대 간 갈등이 일어날 수도 있는 위험에 대비해 바짝 경계하고 있어야 한다.*

우리에게 필요한 굳건함이란, 폭넓게 말해 기후 괴로움은 병리적인 것도 아니고 애써 없애야 할 것도 아니며, 전 지구적 차원의 위험과 유해에 대한 상식적인 반응이라는 지식에 근거해 중심을 지키는 것을 말한다. 이러한 주장과 더불어 CPA 내부에는, 경각심을 갖는 것이 합리적이고 이를 주변에 알리는 것도 윤리적으로 필요한 일이지만 유의미한 행동 양식의 발견 가능성을 일축하는 것은 도움이 되지 않는다는 시각

---

* 이 문제를 제기해준 동료 폴 질(Paul Zeal)에게 감사의 뜻을 전한다.

도 존재한다.

지금까지 간략히 제시한 CPA의 설립 목적, 방법론, 활동 범위에 비춰볼 때, 우리와 심층적응은 공동의 가치관과 이해력을 가지고 있다. 우리의 단체명에 포함된 '연맹alliance'은 심층심리학을 이루는 상이한 전통들이 공동의 목적을 추구해야 한다는 것만을 의미하지 않는다. 여기서 말하는 연맹은 돌이킬 수 없는 해악의 결과를 직시하고, 한계를 인정하며, 과거에 저지른 실수에서 교훈을 얻어 새로운 미래를 상상하는 데 더욱 폭넓은 연합을 이룬다는 뜻이기도 하다. 이러한 경제적, 정치적 사고의 혁명과 포부들이 성공하려면 광범위한 사람들과 운동 사이에 동맹을 이루는 것이 필수다. 멸종반란의 공동 설립자 게일 브래드브룩은 2020년 1월 9일 BBC 프로그램 〈중대한 질문The Big Questions〉에 출연해 이러한 인식에 관해 논하기도 했다.* '전환' 운동 역시 롭 홉킨스의 독창적인 핸드북(Hopkins 2008)에서 공동체의 특질을 활용하는 것에 관해 매우 유사한 논점을 제시했다. 다양한 종류의 협의와 참여가 절실하다. 멸종반란이 요청하는 것 중 하나인 시민의회citizens' assemblies는 대화의 폭을 넓히고 더 현명한 논의를 펼치는 길로 나아가는 유망한 단계다. 물론 소비자의 권한을 대폭 내려놓는 것에 관해서는 시민의회도 만능 해결책이 되지 못한다.

다양한 연합이 필요한 이유는 다음과 같은 질문들에 답하기 위해서다. '점점 다가오고 있으며 우리가 적응해야만 할 미래를 머릿속에 그려보려면 어떻게 해야 할까?', '이러한 상상력을 바탕으로 적극적인 노력을 꾀한다면 앞으로 벌어질 일을 우리가 함께 조성하거나 완화할 수 있을까?', '감당하기 힘들어지는 기후 시스템, 자연 세계가 파괴된 지구에

---

* Gail Bradbrook, https://www.youtube.com/watch?v=B4Y-mRznK2w&feature=youtu.be

서 살아간다는 것 등의 본질적인 불확실성에는 어떻게 대처할까?', '이 시점에서 우리 삶을 어떻게 조정하는 것이 합당할까?', '우리는 서로를 어떻게 지지할 수 있을까? 각자 내면의 여정에도 서로의 도움이 필요하지만, 권한 파괴는 물론이고 사소한 권한 축소조차 생각할 수 없다며 회피와 적대감을 보이는 이들도 상대해야 한다.' '우리를 다스리는 이들, 그리고 공익에 맞서 알게 모르게 영향력을 행사하는 사람들 앞에서 우리가 진정으로 발휘해야 할 힘은 무엇일까?' '앞으로 지구와 인류가 밟아나갈 시나리오들이 안고 있는 수많은 불확실성을 고려할 때, 우리의 회복력을 증진하려면 어떤 선택지들로 향해야 할까?'

이 질문들에 대한 대답은 논쟁의 여지가 있을뿐더러 우리의 이해를 넘어서는 것인지도 모른다. 하지만 이런 의문을 궁리한다는 것 자체가 우리의 노력에 유용한 토대를 제공하며, 수많은 불확실성과 격변에 따르는 불안을 진정시키는 데 도움이 될 수 있다. 미래가 불확실하다는 사실은 창의적, 정서적 측면에서 어느 정도 우리에게 도전이 된다. 생태 괴로움 안에는 붕괴 전망에 대한 다양한 인식과 반응이 담겨 있다. 이러한 반응은 붕괴가 일어날 수 있다, 붕괴가 일어날 개연성이 있다, 붕괴는 불가피하다, 이미 붕괴가 일어나고 있다 등의 다양한 관점에 따라 달라진다. 사람들이 말하는 감정 중에는 자녀 출산에 대한 고민과 갈등, 끈질긴 불안 등이 포함되어 있는데, 결국 이런 감정들은 모든 것이 잘될 거라고 믿고 싶은 마음속 깊은 곳의 욕구와 자리 경쟁을 벌인다. 이때 감당해야 할 불확실성, 모호함을 견딜 수 있어야 한다. 이 분야에서 활동하는 심리치료사들은 자신의 입장을 조정하며 내담자와 같은 곤경에 대해 나누는 한편, 이런 상황에 놓이는 사람들의 입장을 (동일시할 것이 아니라) 적절히 다룰 수 있어야 한다(Lacan 1981).

악마가 지휘하는 현란한 곡조

대상을 어떻게 표현하느냐에 따라 의미가 크게 달라진다. '생물다양성 손실'과 '자연 파괴'는 같은 뜻을 담고 있음에도 매우 다른 느낌을 준다. 정밀성을 준수해야 하는 과학적, 학문적 텍스트는 감정보다는 이성에 호소한다. 하지만 수십 년간 정확성을 더 추구해온 기후과학은 일반 대중에게 기후변화의 위험을 설명하는 데 그리 효과적이지 않았다. 다행히 오늘날 대중을 상대로 한 논평들은 전보다 나아지고 있으며, 영국의 기후 행동 단체 '기후 아웃리치Climate Outreach*를 선두로 기후 인식을 높이고 있는 주체들은 일반 사회와 동떨어진 과학적 용어를 버리고 기후 위기에 관해 청중에게 더 친화적인 방식으로 소통하는 쪽으로 진화하고 있다.

여기서 주의 사항을 하나 일러둘 필요가 있다. 기후심리학은 탄탄한 정보를 근거로 한 통찰을 제공한다. 하지만 다른 분야들과 지적 문화에서도 중요한 지식이 나온다는 사실을 인정하는 것도 동맹의 윤리에 포함된다. 이에 관해 두 가지 요점을 논할 수 있는데 이 둘은 서로 연관되어 있다. 첫째, 메시지를 자주 반복해서 전해야 한다. 2015년에 앤서니 레이세로위츠Anthony Leiserowitz는 미국 대중이 과학자들 사이에 널리 합의된 기본 사실조차 파악하지 못하고 있다는 점을 논하면서 이를 강조했다.**

이와 연관된 둘째 요점은 상당수의 문제가 탄탄한 후원 속에 매우 효과적으로 진행되는 허위 정보 유포 캠페인에서 비롯된다는 것이다. 이 캠페인은 1988년 제임스 핸슨이 의회에서 증언하기 전부터 이미 수십 년

---

* Climate Outreach, https://climateoutreach.org
** Leiserowitz interview, https://www.youtube.com/watch?v=398tGbFcqOs

간 진행되어 왔다. 이에 관해서는 《의혹을 팝니다*Merchants of Doubt*》(미지 북스, 2012)라는 책에 자세히 소개되어 있다. 나는 이러한 점들을 본 글의 후반부에서 '부인주의*Denialism*', '부인의 결합'이라는 제목 아래 통합해두 었다. 기후 운동에는 기후에 관한 허위 정보의 심각성과 영향력을 인정 하지 않으려는 분위기가 있을 것이다. 이것이 사실이라면 아마 지구를 염려하며 진실한 태도로 활동하는 사람들이 이런 식으로 생각할 가능성 이 크다. 부인 사업*denial industry*이 드러내는 (단기적인) 자기 이익, 냉소주의, 공익에 대한 비뚤어진 외면의 깊이는 쉽사리 믿어지지 않으니 말이다.

지난날 기후에 관해 소통하려는 노력은 부인하는 폭로자들에게 패배 할 때도 많았다. 폭로자들은 말도 안 되는 것들을 논한다. 하지만 그들 은 차분하고 주의 깊게 사실 정보를 제시하는 것보다 부인의 전략을 쓰 는 것이 많은 사람에게 정서적으로 확신과 호소력을 전해주며 더 높은 설득력을 발휘한다는 것을 직관적으로 알고 있었다. 최근까지도 기후 소통가들과 활동가들은 도무지 그들을 이길 수 없겠다는 느낌이 들기도 했다. 메시지를 단순화하여 경종을 울리려고 노력해도 히스테리적이라 느니, 파멸의 예언자들이라느니, 진보의 반대자라느니 하는 비난을 받 았기 때문이다.

하지만 다양한 노력이 효과를 거두면서 모든 것이 달라졌다. 첫째, 2018년에 발표된 IPCC 보고서(까다로운 검토 과정의 정치적 검열과 보수주의 속 에서도 이 보고서의 내용은 놀랄 만한 것이었다), 데이비드 월러스 웰즈와 젬 벤델 등의 논평(2장), 데이비드 애튼버러의 점점 강도가 높아지는 경고들이 등 장하면서 분석 내용이 변했다. 둘째, 호주와 미국 서부에서 발생한 역대 가장 파괴적인 화재, 2020년 7월 방글라데시 대다수 지역에서 일어난 범람, 2015~2016년 영국에서 벌어진 기록적인 홍수 등 극단적인 기후 현상들이 갈수록 심해졌다. 셋째, 멸종반란과 등교 거부 학생들과 같이 새로운 종류의 대규모 기후 활동이 나타났다. 이러한 변화는 점점 더 많은 사람이 분열, 상실, 파괴를 목격하거나 예견하는 과정에서 생태 괴로움을 경험할 가능성이 높아졌다는 사실을 보여준다. 기후심리학의 발전이 더더욱 중요하다고 판단되는 지점이다.

부인

기후 곤경에 대한 인식이 날로 높아지고 있음에도 여전히 노골적으로 무시하는 사람들이 많다. 부인의 가장 기본적인 형태는 부정否定, Negation이다. 부정 상태에 놓인 사람들은 "사실일 리 없어." "그 말은 믿지 않겠어." "나와는 관계없는 일이야."라는 식으로 말하곤 한다. 우리 모두는 충격적인 뉴스를 접할 때 나타나는 이러한 자연스러운 정서 반응에 익숙하다. 이런 사람들은 (기후 관련 뉴스의 경우) 집단의 행위가 치명적인 결과를 불러올 때조차 개인적 수준에서 자신을 보호하려 한다. 덩달아 미디어도 (기후 활동가들이) 쓸데없이 걱정을 부추긴다는 비난 글을 여기저기 게재해 사람들의 부정적인 반응을 부추긴다. 정치 지도자들 역시 그릇된 안도감에 쉽게 의존하는 사람들의 성향을 교묘히 이용한다. 시스템(개인과 정치적 공동체)에 대한 위협적인 충격은 너무 급진적이어서 개인의 권리뿐 아니라 자기 신념과 안전감마저 약화시키기 때문이다.

기후심리학이 감정, 의미, 정체성의 문제에 초점을 둔다는 점을 고려할 때, 부인denial은 특히 우리가 이바지할 부분이 있는 문제다. 그러나 부인의 정체를 파악하면 이에 대항할 가능성이 커지긴 하지만 완전히 그럴 수는 없다. 소통의 문제가 만만치 않기 때문이다. '부인'이라는 단어 자체가, 지극히 정확한 의미일 수도 있지만, 적개심, 정치적 양극화, 그리고 기후변화라는 주제를 극도로 더럽힌 문화 전쟁을 자극할 수도 있다.

　우선은 대상을 제대로 이해하고 나서 소통 전략을 고민해야 한다. 하지만 이 두 가지 과업은 서로 연결되어 있다. 부인의 문제를 주의 깊게 탐구하다 보면 앞서 언급한 스펙트럼[*]이 드러나며, 이 스펙트럼에서 (전부는 아니어도) 대다수 사람은 집단적 파괴의 공포와 스스로 불러일으킨 위협에 대항해 자신을 방어할 묘책을 가지고 있기 때문이다. 올바른 자기인식은 범죄 소명을 용이하게 하고, 일상 담화에서 이 주제를 다르게 바라보는 타인들과 공통 기반을 닦을 기회를 더 많이 갖게 한다. 이것이 '탄소 대화Carbon Conversations'^{**} 프로젝트의 토대가 되는 요점 중 하나다. 자기인식은 사회적으로 조성된 침묵을 강화하는 사회적 거절에 대한 공포를 낮추는 데도 유용하다.

부인의 형태

　깊이 듣기는 기후 괴로움을 마주하는 데만큼이나 부인을 이해하는 데도 적절한 방법이다. 모든 사람은 나름의 방어 요령과 의사소통 방식을 가지고 있다. 하지만 듣는 사람은 '지금 여기서 실제로 부인되고 있는 것은 무엇인가?', '부인하는 내용과는 별개로 화자의 감정에서 느껴지는 어조는 어떤가?'와 같은 배경 질문을 고려함으로써 화자의 말을 올바로 이해할 수 있다. 배경 질문 중에서도 가장 중요한 것은 '이 대화에서 나는 어떤 감정을 느끼고 있으며 어떻게 대응해야 하는가?'일 것이다. 이

---

* 부정 상태에 놓인 사람들의 반응 – 옮긴이

** Carbon Conversations, http://www.carbonconversations.co.uk/p/materials.html

렇게 즉석에서 평가함으로써 알게 되는 것도 많지만, 사실 많은 것은 (화자 자신과 타인들에게) 가려져 있다. 이 지점에서 심층심리학은 가려진 블록들을 드러냄으로써 현실을 직면하고 헤쳐 나가도록 돕는다.

이렇게 실체를 가리는 요인 중 하나는 의존에 대한 두려움이다. 모든 사람은 자신의 필요 사항에 주목하고 이를 충족시키고자 헌신하는 보호자에게 완전히 의존하는 상태로 태어난다. 모든 것이 원만하게 흘러갈 경우, 개인은 평생 책임과 취약성을 안고 서로 의존해 살아간다는 사실을 받아들이는 성숙한 인간으로 성장한다. 이 과정이 잘못되면 안전한 손(사람)에 맡겨져 있지 않다는 불쾌한 경험에 대항해 정신적 방어기제를 만들게 된다(Winnicott 1990). 이때 개인은 무적의 환상을 만들어내는 물질세계와 가상세계에 의존해 안정감을 느끼려 한다. 그 대가로 '내가 아닌' 저 바깥세상의 모든 것과의 연결고리가 끊어진다. 정신분석적 용어로 말해, 심리학에 정통한 광고업계의 부추김 속에, 자기도취와 무소불위의 상태 속으로 들어와 있는 것이다.

의존성의 부인은 두 가지 통로를 모두 끊어놓는다. 우리의 필요를 고려하지 않는 어떤 환경에 의존해 있다는 느낌도 불안하지만, 우리의 행동 방식에 따라 저 바깥세상의 건강이 좌우된다는 개념도 이에 못지않은 불안감을 안겨준다.

자신에 대해 좋은 감정을 가지려면 어느 정도 건전한 자기도취는 필요할지도 모른다. 하지만 이것이 어느 선을 넘어서면, 우리가 생태계와 우리 자신을 파괴하는 시스템의 일부라는 말에 저항감이 들 것이다. 벤델(5장)과 탈식민 학자들(6장)이 지적한 대로, '내가 부유한 세계에 속해있다는 우월 의식이 나보다 불운한 수백만 명과 이 행성을 학대하는 결과를 낳는다'는 말은 혐오감을 느끼게 하는 까닭에 듣는 사람에게 분개심을 일으킬 수도 있다. 간단히 말해, 이 말을 인정하면 잃을 것이 너무 많다. 이를 인정하지 *않으면* 모든 것을 잃는 데도 말이다. 여기에 모순과 역설과 비극이 한데 뭉쳐 있다.

부인주의

부인주의Denialism란 이데올로기나 상업적 이기심 또는 이 둘 모두를 바탕으로 냉소적 부인을 조장하는 것을 가리킨다. 이러한 행동의 목적은 의심의 씨앗을 뿌려 대중을 혼란에 빠뜨리고, 로비나 뇌물 그 외 정치인들을 움직일 만한 수단을 동원해 현명한 기후 정책 수립을 가로막거나 지연시키는 것이다. 이런 의도가 가장 분명하게 드러나는 두드러진 예로, 지금껏 그런 행동을 해왔다는 것이 기록으로 잘 남아 있는 미국의 화석연료업계를 들 수 있다(Oreskes and Conway 2012). 이 기업들은 기후변화로 인한 위험을 줄이기 위해 자사의 운영 방식을 조정할 때조차 그런 행동을 일삼았다.

부인주의는 "그래서 어쩌라고?"라는 식의 허무주의로 변형될 수 있다. 이는 러시아, 미국 양국의 정치적 리더십에서 명백히 드러난다. 영국에서도 보리스 존슨 정부의 모순된 메시지 속에 새로운 형태의 부인이 녹아 있다는 관찰이 나오고 있다. 기후과학에 대놓고 이의를 제기하던 방식은 이제 녹색 정책과 탈탄소화 조치를, 그 필요성은 인정하면서, 은근히 해치는 방식으로 바뀌고 있다.

거부

다시 개인으로 초점을 옮겨보면, 실제 뉴스를 완전히 피할 수는 없는 (주로 소셜 미디어에서 정보를 얻는) 사람들은 기후 혼돈과 생태적 붕괴 혹은 이로 인해 우리 자신에게 미칠 영향을 부인하기가 점점 더 어려워지고 있다. 거부disavowal는 더 미묘하고 회복력 있는 방어 유형이다. 거부는 알고 싶은 것과 모르면 좋을 것을 분리하고, 사실을 외면하고, 진실을 인정하기도 하면서 우리가 어떤 삶을 살아야 할 것인가에 관한 개인적 의미와 시사점을 최소화하는 것을 가리킨다. 이러한 부인 유형을 가리켜 '일상 속의 부인everyday denial'이라고 부른다.[*]

부인의 결합

위 개요를 통해 지금까지 논한 방어기제들이 한데 섞이고 서로를 뒷받침한다는 것을 분명히 알 수 있다. 이는 현실을 외면하려는 사람들 또는 행동에 동참하겠다는 어려운 선택을 내렸을 때 많은 것을 잃게 되는 사람들에게 강력한 방어막을 제공한다. 이 결론에서 *부인의 결합*이라는 개념을 도출할 수 있다.

호주는 이에 관한 충격적인 사례를 제공한다. 호주의 보수 여당은 매우 지지부진한 모습을 보여주었음에도 2019년 5월 총선에서 승리했다. 사회·환경 이슈들에 대한 정부 대처에 불만 어린 목소리가 높았음에도 고액 기부자들과 언론 재벌은 경제적 안정, 그리고 국가의 안보와 안녕

---

[*] 거부(일상 속의 부인)에 관한 로 랜들(Ro Randall)의 설명
   https://www.youtube.com/watch?v=xMH3SgO4rKY&feature=youtu.be

을 건 무모하고 이상주의적인 도박 사이에서 현 정부가 제멋대로 선택을 내리도록 도와주었다. 호주는 오랫동안 기후 대응의 최전선에서 노력해왔으나, 전령을 쏘는shoot-the-messenger(실제로 책임이 있는 사람이 아니라 나쁜 소식을 전달한 사람을 비난하는) 전략은 '익숙한 곤경이 낫다'는 주장을 뒷받침해주었다. 야당인 노동당은 막대한 권력을 행사하는 석탄 로비 세력에 맞서 설득력 있는 창의적 국가 전망을 제시할 용기가 부족했다.

그 후 호주에서는 최악의 산불이 발생해 역사상 최대 규모의 헥타르가 불탔고 가장 많은 동물이 숨졌다. 이 산불로 시드니와 캔버라 변두리 지역이 화마의 피해를 입었다. 이번에도 정부는 미디어의 비호 속에 사람들의 시선을 방화에 대한 루머와 비생산적 녹색 정책에 쏠리게 했다. 기후 담화에 관한 정부의 비협조적인 태도는 2020년 2월에 여실히 드러났다. 당시 신임 자원부 장관이 석탄, 석유, 우라늄 수출 확대를 촉구하고 나선 것이다. 호주는 이 산불로 인해 그해에 온실가스 배출량이 두 배로 늘었다. 전형적인 악순환이다. 이후 석유에 대한 우호적 태도로 인해 재생에너지와 관련된 재원은 고갈되고 말았다. 사실상 모든 부서가 이에 반하는 권고를 냈으나, 화석연료업계 임원들로 가득한 경제회복위원회만은 같은 입장을 보이지 않았다.

이러한 관찰은 호주 동료들과 나눈 일련의 대화에서 알게 된 것이다. 맨부커상을 수상한 작가 리처드 플래너건은 〈뉴욕타임스〉에 "한 국가가 자가 살인에 적응하는 방법은 무엇인가? How Does a Nation Adapt to its Own Murder?"라는 제목의 기고를 써서 이와 비슷한 점을 지적했다(Flanagan 2020).

위에서 언급한 정치적 책략과 언론의 괴상한 행동이 성공하는 이유는 이들이 기존의 문화적 규준-또는 싱어와 킴블스의 개념(Singer and Kimbles 2004)을 바탕으로 크리스 로버트슨Chris Robertson이 말한 문화적 콤플렉스-을 확대하고 이용하기 때문이다. 기후심리학의 맥락에서 내가 바라보는 문화적 콤플렉스는 신화와 유사한 것으로서, 동료 인간 그리고 인간 너머의 세계와 우리 사이의 왜곡된 관계를 외면하게 만든다. (신화의 문화적 역할을 자세히 살펴보려면, 샐리 길레스피의 《기후 위기와 의식*Climate Crisis and Consciousness*》을 참고하라.) 아래는 문화적 콤플렉스의 일곱 가지 예다.

(1) 금전적 부와 만물의 화폐화가 가치를 결정한다는 가정

(2) 소비주의적 웰빙 패러다임: 이 패러다임은 섹스, 지위 그리고 안전의 판타지와 관련된 욕구를 마음껏 충족하도록 유도한다. 일례로 현재 유행하는 스포츠 유틸리티 차량SUV의 수요 증가는 전기 차량 전환에 따른 온실가스 배출 감축분을 상쇄하는 결과를 가져오고 있다.

(3) '사회 같은 건 없다'는 식의 수사: 이 논리는 우리가 집단의 구성원이 아니라 각기 분리된 개인이라고 정의한다. 이러한 신화는 자유와 자발성을 내세우지만 결과적으로는 비인간화를 초래한다.

(4) 협력보다 경쟁이 인간의 자연스러운 상태이자 진보의 주된 동력이라는 통념: (늘 그런 것은 아니지만) 상대방과 기량을 겨루는 스포츠가 종종 이런 신념을 강화한다.

(5) 샐리 웨인트로브가 논한 '무관심의 문화'

(6) 자격entitlement: 우리는 특별한 존재일 뿐 아니라 완전한 자유를 행사하면서 지배하고 착취하고 파괴할 수 있다는 개념. 이 신화의 근저에는 일부 종교적 의미도 놓여 있다. 또한 식민주의와도 가까운 개념이다. 그리고 자격에는 확장과 침해도 포함된다. 이것들은 코로나19와 같은 인수공통전염병 발생의 주요 원인이기도 하다.

(7) 종의 자율성에 대한 망상: 인간은 뛰어난 지력과 창의력, 기술과

건조환경built environment을 통해 세상을 만들어냈다는 믿음. 나아가 인간은 수많은 측면에서 자연 세계에 의존하는 것이 아니라 광범위한 자연보다 위에 존재한다는 착각.

이 간략한 분석은 포기relinquishment라는 아이디어를 어느 정도 부각시킨다는 점에서 심층적응과 강한 연관성을 드러낸다. 기후적·생태적 퇴화는 이미 (우리 자신과 다른 종들에) 막대한 고통과 손실을 일으키고 있다. 하지만 문화적 콤플렉스를 고찰해보면 우리가 어떻게 지금의 상황에 이르렀는지 깨닫고 생태적으로 더 현명한 선택을 내릴 수 있는 역량을 키울 수 있다. 비록 심리학에서 출발했으나 이는 사회학적 비평(5장에서 벤델이 제시한 '탈-출e-s-c-a-p-e 이데올로기')과도 맞닿는 점이 있다.

또 다른 연구 대상: 심리치료 현장

심층심리학과 심리치료는 분명 기후심리학 연구에 풍부한 재료를 제공한다. 하지만 그렇다고 심리치료사들이 심오한 변화가 벌어지고 있는 이 세상에 더 쉽게 적응한다는 뜻은 아니다. 이는 생태 괴로움을 직면하는 상황에서 실질적으로 여러 의미를 지닌다. 내면의 문제를 외부에 투영하는 개인의 문제를 해결하고자 부지런히 훈련받는 사람들도 특수한 문제와 마주할 수 있다. 인간 너머의 세계가 총체적으로 파괴되는 것을 보면서 괴로워하는 것이 타당하다고 받아들이게 하기까지 고군분투해야 하기 때문이다.

훌륭한 심리치료는 늘 개인의 이력, 현재 삶의 문제, 상담실에서 드러나는 지금 여기의 문제를 두루 참조한다(Malan 1995). 이를 고려할 때, 전 지구적 문제로 인한 마음의 동요를 무시해도 좋다고 해석하는 것은 바람직한 심리치료의 태도가 아니다.

우리가 속한 분야는 보건 부문에서도 다른 전문가들보다 뒤처져 있다. 주디스 앤더슨Judith Anderson과 트리 스턴튼Tree Staunton(둘 다 CPA 일원)은 기후변화와 지속가능성 정책을 도입해야 한다고 영국의 주요 규제기관에 오랫동안 로비해왔고, 트리는 지속가능성과 환경 인식을 교과 과정에 포함하도록 훈련기관에 요구하는 새로운 틀을 소개하기도 했다. '몽유병에 걸린 듯 인류세를 거쳐 가다Sleepwalking through the Anthropocene'라는 주제로 개최된 2019년 영국 심리치료위원회 콘퍼런스에서는 이 분야에 중대한 질문을 던졌다. 하지만 이것만으로는 부족하다.

상담실에서 생태 괴로움을 대할 때 환원주의적 방식으로 틀에 박힌 태도를 보이는 심리치료사들과 그들의 관리자에 관한 불편한 사례들은 앞으로 점차 줄어들 거라고 예상할 수도 있다. 하지만 이런 감정을 표현하고 들어줄 최적의 장소가 반드시 상담실일 필요는 없다. 앞서 CPA의 '문 밖의 세상으로'라는 프로그램을 언급하기도 했다. 또한 〈영국 게슈탈트 저널British Gestalt Journal〉에 글을 게재한 스테피 베드나렉의 관찰과 같이, "집단적인 상처는 집단적인 치유를 요구할 수도 있다." CPA 동료 기젤라 로키Gisela Lockie와 협력해 집단 상담을 진행했던 내 경험에 비추어 볼 때 베드나렉의 관점은 지지할 만하다.

베드나렉은 강력한 논증을 바탕으로 한 열의 넘치는 논문에서 사회 심리학적 관점을 동원해 악성 정상성malignant normality을 효과적으로 설명하고, 힉맨이 했던 것처럼 생태 괴로움의 증상들을 건강상의 징후로 설명했다. 그는 세계의 상태를 주제로 삼아 적극적으로 대처할 수 있는 공간을 시급히 마련해야 한다고 촉구하면서 다음과 같이 경고한다. "지나치게 오래 기다리면서 지금껏 하던 대로 기업들과 결탁하다가 때를 놓친다면, 머지않아 전 지구적 규모의 정신건강 위기를 책임져야 할 수도 있다. 이를 맞닥뜨려야 할 치료사들과 내담자 모두 그러한 위기의 여파를 감당할 준비가 전혀 안 되어 있을 것이다."(Bednarek 2019)

물론 심리치료가 쉬운 일이라고는 말할 수 없지만, 익숙한 개념과 치료 환경, 다양한 치료 방법과 기술 측면에서는 현직 치료사들을 위한 보호 수단과 재량이 존재한다. 상담실에서 나타나는 권력 불균형에 관해 치료사가 아무리 세심하게 반응한다고 해도, 우리 모두 한배를 타고 있는 상황을 인정하기란 어려울 것이다. "나도 그래요"라는 반응을 보이지 않도록 훈련받고 상담에 임하는 치료사들은 생태 불안에 유용하게 대처하기가 상당히 어렵다고 느낄 것이다.

지금까지 심층심리학을 이루는 이론과 실천 부문을 간략히 소개했다. 이로써 현재 인간과 지구상의 다른 생명체들이 맞닥뜨린 실존적 위기에 직면하고 대처하기가 그토록 어려운 이유가 잘 설명되었길 바란다. 전문 임상 분야로서 이 영역이 용기와 상상력을 발휘해, 현재 너무도 많은 것을 좌우하는 전문적 치유 부문에서 온전히 제 역할을 해낼지는 앞으로 지켜볼 문제다.

5

사회 붕괴가 지닌 보다 깊은 함의

: 탈-출(e-s-c-a-p-e) 이데올로기로부터의 공동해방

젬 벤델

현대 인류는 지구에 깃들어 살아가는 생명을 억압하고 파괴해왔다. 여기에는 이론의 여지가 없다(Ceballos, Ehrlich and Dirzo 2017). 전 세계의 더 많은 사람들이 불안과 우울을 점점 더 많이 경험하고 있다. 이 또한 전 세계적인 사실이다(Menzies and Menzies 2019). 이러한 현실 앞에서 우리는 이토록 억압적이고 파괴적인 현대 문화에 대해 깊이 성찰하지 않을 수 없다. 그러나 정치인, 기업인, 과학자 등은 이러한 피해와 위험에 대해 알고 있으면서도 무시하거나 지금껏 변화를 이끌어내지 못한 노력을 고집스럽게 추진해왔다. 이를 통해 매우 강력한 무언가가 그들의 마음을 사로잡고 있다는 사실을 짐작해볼 수 있다. 이러한 결함이 민족주의, 소비주의, 자본주의 또는 신자유주의에 동반되는 것이라고 평가하는 분석가도 있을 것이다. 그러나 나는 우리가 직면한 곤경의 원인이 문화의 보다 깊은 곳에 자리 잡고 있다고 파악하는 페미니즘 전통, 탈식민 전통, 영적이고 생태중심적인 전통을 따르는 학자와 활동가들과 의견을 같이 한다(Servigne, Stevens and Chapelle 2020). 인간의 본성이 본질적으로 착취적이라는 의미가 아니다. 우리가 성장해온 문화가, 우리가 생활하는 문화가, 그리고 우리가 감정을 느끼고 사고하는 매 순간마다 우리가 재생산(또는 폐기)하는 문화가 '선하게' 행동할 잠재력과 '악하게' 행동할 잠재력을 형성한다는 의미다.

이 장에서는 인간이 유발한 기후 혼돈의 근원에 자리 잡은 이데올로기를 설명하고 기후 위기가 확산되는 한 가지 체계적인 이유를 설명할 것이다. 또 창조적이고 의미 있는 삶을 영위할 방법을 제안할 것이다. 그 방법은 바로 우리 스스로 그리고 서로가 이러한 이데올로기에서 의식적으로 자유로워지는 것이다. 더 많은 사람이 이러한 '절멸' 이데올로기에 대해 그리고 그 이데올로기를 유지하는 정신적 습관에 대해 더 잘 알게 되기를 바란다. 그럼으로써 격동의 미래가 펼쳐졌을 때 서로가 서로를 도와 최악의 상황을 피할 수 있기를 바란다. 이러한 이데올로기는 그것을 구성하는 여섯 가지 가정 또는 신념의 머리글자를 따서 탈-출(e-s-c-a-p-e) 이데올로기라고 부를 수 있을 것이다. 그 가정 또는 신념은 바로 **자격**Entitlement, **보증**Surety(확실성으로 대체 가능), **통제**Control, **자율성**Autonomy, **진보**Progress, **예외주의**Exceptionalism이다.

'탈-출 이데올로기'는 인간을 비롯한 모든 생명에 대한 친밀감을 제한하는 과정에서 발생하여 그 제한을 유지하는 데 기여하는 정신적 습관을 한데 모은 것이다. 머리글자로 이루어진 단어 탈-출(e-s-c-a-p-e)은 의미를 전달하기 편리하도록 의도적으로 구성한 것이다. 이러한 정신적 습관은 현실에 존재하는 피할 수 없는 측면(덧없음과 죽음)에서 도피하고자 하는 바람과 이러한 현실에 대한 혐오에서 발생한다. 그리고 혐오는 인간 실존이 필멸必滅하는 별개의 개체라는 경험에서 비롯한다(Jenkinson

2016). 탈-출이라는 정신적 습관은 식민주의, 자본주의, 신자유주의와 같은 시스템뿐만 아니라 개인주의, 민족주의, 근본주의 종교와 이기적인 영성과 같은 태도를 불러온다. 또한 탈-출이라는 정신적 습관은 무의식적인 편향 과정에 관여하여 다양한 종류의 편견과 억압을 재생산하는 데 기여한다.

탈-출 이데올로기를 여섯 가지 구성요소로 분해함으로써 이와 관련된 사회학, 심리학, 철학의 통찰을 간단하게 종합하고자 한다. 페미니즘 비판 이론(Stanley and Wise 1993), 비판적 사회 이론(Adorno and Horkheimer 1997), 비판적 담론 이론(Fairclough 2014), 실존주의(Bakewell 2016), 탈식민주의(Andreotti 2014), 불교(Hagen 1998), 기독교, 그 밖의 전통에 속하는 여러 신비주의(Abhayananda 2002)와 같은 많은 다양한 사상이 제시하는 사고를 결합하고 조정하려 한다. 탈-출 개념은 반가부장주의, 탈식민주의, 반제국주의, 공동해방, 급진적 탈근대주의의 분석과 그들이 기울이는 노력을 보완할 수 있는 개념이다.

기후변화의 철학적 함의를 다루는 학술 문헌의 수가 늘어나고 있다 (Budolfson, McPherson and Plunkett 출간 예정). 이러한 대부분의 학술 문서와 다르게 이 장에서는 특정한 철학적 전통이나 특정한 철학 이론이 우리가 직면한 곤경을 이해하는 데 도움을 줄 수 있는지에 대해 논의하지 않을 것이다. 그 이유는 특정 문헌에 대해 내가 알고 있는 것을 전달하는 데 관심이 없기 때문이다. 오히려 나는 이 장을 통해 틀을 제시하고자 한다. 그리고 이러한 틀이 우리가 직면한 곤경에 관여할 자신만의 방법을 찾는 데 도움이 되기를 바란다.

이 장에서는 탈-출 이데올로기를 영속시키는 사람과 조직의 사례도 제공하지 않는다. 그 이유는 탈-출 이데올로기가 우리 외부에 존재하는 것이라거나 잘못이 '타인'에게 있다는 인상을 주고 싶지 않기 때문이다.
오히려 탈-출 이데올로기는 나를 비롯한 우리 모두의 내부에 존재하면
서 이 글을 쓰고 있는 지금 이 순간에도 내가 나의 삶에 접근하는 방식
을 형성하고 있다. 따라서 이 장에서는 자문화기술지 연구방법론을 활
용하여 나 자신의 삶에 존재하는 탈-출 이데올로기의 구성요소를 밝히
고자 한다(Hughes and Pennington 2017). 내 경험에 따르면 이 장에서 묘사
한 사고를 제대로 이해하려면 경험과 대화가 촉진되어야 한다. 그러나
이 장에서 묘사한 사고방식에 대한 고민이 각자의 의식을 형성하는 유
용한 기회가 되어주기를 희망해본다.

탈-출 이데올로기의 구성요소 : 자격

　우리에게 감정적 고통과 괴로움을 느끼지 않을 자격이 있다는 가정,
우리에게 우리 내면세계를 드러내고 인정받을 자격이 있다는 가정, 우
리에게 우리의 기본적인 욕구를 넘어서는 것까지 충족할 자격이 있다는
가정이 광범위하게 퍼져 있다. 이러한 가정이 내 마음에 드는 것은 확실
하다. 그러나 나에게 정말 그런 자격이 있는 걸까? 세계의 이토록 많은
사람들이 괴로움에 시달리는 상황에서, 그리고 상처, 고통, 상실, 죽음
이 그 반대되는 감정과 마찬가지로 삶의 일부인 것이 엄연한 상황에서,
내가 지닌 물질에 대한 욕구나 자아 표현의 욕구가 언제나 그것들보다
우선해야 한다고 가정해야 하는 이유는 무엇일까?
　자신에게 자격이 있다고 여기는 의식 덕분에 사람들은 자신의 견해와
욕구를 타인과 세계에 표현할 수 있다. 이러한 자격 의식이 사회적으로
조건화된 것이 아니라면, 그러므로 이러한 자격 의식이 '백인' 남성과

부유한 '백인' 사이에 보다 만연해있는 것이 아니라면 더할 나위 없이 좋을 것이다. 그러나 현실에서는 '백인' 남성과 부유한 '백인'의 목소리를 훨씬 더 많이 듣게 된다. 나를 예로 들어보자. 내가 몸담고 있는 문화가 나의 내면에 자격 의식을 심어주었기 때문에 내가 이 장을 집필할 수 있고 독자들이 이 장을 접하게 될 것이라고 기대할 수 있다고 생각한다. 아무튼 나는 나에게 자격이 있다는 자격 의식을 바탕으로 이 장을 집필했다. 이러한 역설은 뒤에서 다시 만나게 될 것이다.

때로 '자격이 문제가 되는 이유'를 묻는 사람들이 있다. 첫 번째 이유는 자격이 사회의 불평등에 발맞춘 사회적 조건화에 따라 불균등하게 분배되어 있기 때문이다. 따라서 자격은 불평등 체계를 대인관계 속에서 재생산하는 메커니즘이다. 예를 들어, 여성은 '적극적으로 행동'해서는 안 되고 우리 남성은 중역 의자 등받이에 깊이 기대어 앉아야 한다. 남성, 부자, '백인', 자신감의 문화는 권력 격차를 강화함으로써 '정상'으로 간주되는 것을 정의하는 데 큰 영향을 미친다. 그리고 오늘날 '정상'으로 간주되는 것은 지구에 깃들어 살아가는 생명을 가장 악랄한 방식으로 파괴한다.

아! 이 장을 계속 집필하는 역설이라니! 그러나 이 역설을 딛고 두 번째 문제가 존재한다는 사실을 설명해야 한다. 즉, 자격의 민주화가 문제의 해답이 아니라는 사실이다. 우리는 긍정적인 감정을 경험해야 한다고 기대하고 감정적인 어려움을 해결할 수 있을 것이라고 기대한다. 즉, 우리는 내면의 감정 세계에 대한 외부의 지원을 기대할 수 있다. 외부의 지원을 활용할 수 있고 서로에게 외부의 지원을 제공할 수 있다는 것은 근사한 일이다. 그러나 우리에게 나쁜 감정을 느끼지 않을 자격이 있다고 의식하는 상태에서 나쁜 감정을 느끼지 않기를 기대하는 것은 문제가 아닐 수 없다. 새로운 경험을 갈구하고 흥분을 유발하는 오락을 추구하게 되기 때문인데, 이러한 욕구는 결코 충족될 수 없기 때문이다. 이러한 욕구는 아무리 추구해도 지속적인 '행복'을 성취할 수 없다. 우리에게 행복할 자격이 있다는 의식은 우리가 끊임없는 소비를 통해 지구를 파괴하는 데 기여하게 만든다. 우리는 나쁜 감정을 느끼게 만들 수 있는 정보의 차단을 정당화해야 한다고 본능적으로 느낀다. 이러한 정보로는 우리가 타인을 억압하고 있다는 정보, 지구에 깃들어 살아가는 생명을 파괴하고 있다는 정보, 사회 붕괴를 피하기 위해 적극적으로 나서지 않는 데 공모하고 있다는 정보 등을 꼽을 수 있다.

자격이라는 가정과 신념이 지닌 문제를 인지했다고 해서 우리 자신의 욕구와 타인의 욕구 충족을 위해 애써서는 안 된다는 말은 아니다. 오히려 자격이라는 이데올로기적 가정을 인식함으로써 우리는 자신이 지닌 자격 의식에 의문을 품을 수 있다. 그러면 우리의 느낌이나 생각을 타인보다 우선적으로 알거나 해결해야 한다는 기대를 낮출 수 있다. 자격에 대한 의문은 인권에 대한 신념 또는 인간관계의 개방성에 대한 신념에 위배되지 않는다. 오히려 자격에 대한 의문은 참여와 경청과 권력에 대한 불균등한 기대에 주목하게 만든다. 1960년대에 '백인', 남성, 부자가 지닌 자격 의식에 의문이 제기되었고 이 의문은 점점 더 커져왔다. 그러나 자격 그 자체에 대한 가정에는 의문이 제기되지 않았다. 어쩌면 우리 사회가 붕괴되었을 때 펼쳐질 고통스러운 상황에 대한 마음의 준비가 되어 있지 않기 때문일 것이다.

'호흡요법' 강좌에 참여한 적이 있다. 거기에서 나는 한 가지 사실을 알게 되었다. 바로 타인이 겪는 감정적인 고통을 접하고도 고통을 느끼지 않을 자격 의식을 내가 지니고 있다는 사실이었다. '호흡요법'은 참석한 사람들이 누워있는 상태에서 과호흡함으로써 자신의 의식을 변화시키는 요법이다. 다소 이상하게 들릴 수 있을 것이다. 그러나 '호흡요법'이 효과를 보이기 시작하면서 나는 따사로운 의식과 연결되었고 새로운 통찰을 얻을 수 있었다. 앞서 진행된 몇 차례의 강좌에서는 내 옆에 누워 있는 사람들이 몇 분에 걸쳐 울거나 소리를 지르면서 고통스러운 감정을 표현하면 나는 집중력을 잃고 짜증을 냈다. 그때 어느 현명한 참석자가 타인의 감정적 고통을 접할 때 내가 느끼는 감정적 어려움을 회피하는 것은 아닌지 생각해보라고 조언해주었다. 그 뒤 참여한 어느 호흡요법 강좌에서 나와 매우 가까운 위치에 누워있던 여성 두 명이 울음을 터뜨렸다. 나는 내가 짜증을 내고 있다는 사실을 인지했다. 그래서 보다 따스한 반응을 끌어내기 시작했다. 일어나서 책상다리를 하고 앉은 뒤 두 여성이 고통스럽게 울부짖는 모습을 조용히 지켜보았다. 나는 두 여성이 우는 이유가 무엇이었든 두 여성이 자신의 느낌을 울음으로 표현하고 있다는 사실을 받아들였다. 아무런 판단도 하지 않은 채 두 여성의 감정을 온전히 바라보다보니 어느새 나도 함께 울고 있었다.

세계 곳곳이 괴로움에 시달리고 우리가 취약하다는 사실을 느끼고 있지만 되도록 평정심을 잃지 않기를 바란다. 그러나 지금 이 순간 우리에게 이러한 목표를 우선시할 자격이 있는 걸까? 이 질문에 답하기란 쉽지 않다. 나는 여러 이유로 평정심을 잃지 않는 것이 중요하다고 생각한다. 그러나 혼란의 시대에 일부 사례에서 그 목표를 우선시하려면 우리가 직면한 곤경에 대응하는 일에 걸맞은 것이어야 한다고 생각한다. 모한다스 간디의 어록 가운데 내가 특히 좋아하는 내용이 있다. 모한다스 간디는 자신이 추구할 수 있는 내면의 작업이 훨씬 방대하다는 사실을 알고 있었다. 그러나 인도의 해방과 인도 민중의 비폭력이라는 당면 과제에 비하면 자신의 내면세계는 그리 중요한 것이 아니라고 느꼈다고 설명했다(Gandhi 1993). 그렇다고 해서 영적 탐구와 마음을 여는 활동이 중요하지 않다는 말은 아니다. 다만 이러한 작업은 절대로 완성될 수 없는 것인 반면 우리가 살아가는 세계에는 해결해야 할 다른 문제가 있다는 의미다.

탈-출 이데올로기의 구성요소: 보증

'보증'이라는 단어를 활용하여 묘사하고 싶은 것은 3중 가정이다. 바로 현실을 확신할 수 있다는 가정인데, 확실성은 선이라는 가정, 보편적 기준을 통해 모두가 동의할 수 있는 현실의 정의 및 현실 인식 방법을 도출할 수 있다는 가정이다. 이러한 가정은 '합리성'이라는 사고와 관련하여 모습을 드러낸다.

우선, 합리성이라는 사고는 인간이 합리적인 지성을 사용하여 현실을 확신할 수 있다고 상정한다. 나아가 합리적인 지성의 보다 많은 사용과 합리적인 지성이 창조한 인공물(예: 컴퓨터 모델링)의 보다 많은 사용이 언제나 지식 추구에 긍정적으로 작용한다고 상정한다. 합리성이라는 사고의 세 번째 측면은 지식이 더 중요하다는 사고다. 지식은 주관적인 편향에 영향을 받지 않는 관계로 보편적이라고 여겨지는 '객관성'이라는 상상의 관념과 관련되어 있기 때문이다.

그러나 지난 수십 년 동안 논리적 실증주의와 과학적 경험주의에 대한 비판이 이루어졌다. 그리고 그 과정에서 이러한 신화는 모두 틀린 것이라는 사실이 밝혀졌다(Doucet and Mauthner 2006). 처음에는 합리적이고 과학적인 방법을 촉진하는 새로운 제도의 권력이 광범위하게 환영 받았다. 종교 및 미신과 대립했기 때문이다. 오늘날 이러한 접근법은 대부분의 문화에서 지속되고 있다. 즉, 사람과 조직이 이해의 깊이보다 이해의 측정에 특권을 부여한다는 의미다. 이러한 접근법이 지속되는 이유는 일부 사람들의 권력 유지에 이 접근법을 편리하게 활용할 수 있기 때문이다. 특히 의료, 경제, 공학, 계획 같은 분야에서 유효한 것으로 간주되는 지식을 생산하기 위해서는 막대한 자원이 필요하기 때문이다 (Atkinson 2002).

한편 현실 확신에 관한 한 합리성과 종교는 별다르지 않다. 왜냐하면 제도화된 종교 역시 보통 자신만의 억압적인 '보증'과 관련되기 때문이다. 제도화된 종교는 우리가 인간의 개념과 언어를 이용하여 보편적이고 초월적인 현실의 본성을 구체적으로 이해할 수 있다고 제안한다. 종교든, 민족주의든, 어떤 정치적 입장이든 관계없이 이렇게 단순한 현실 이야기를 받아들이라고 요구하는 것은 곧 경험, 복잡성, 모호성, 불가지성과 더불어 살아가지 말라고 요구하는 것과 같다. 안타깝게도 종교는 영성을 내세워 말로 표현할 수 없는 것을 말로 표현할 수 있다고 주장한다.

인간 본성에 대한 논쟁의 바탕에는 확실성에 집중하는 태도가 자리잡고 있다. 하지만 이러한 태도는 별 도움이 안 된다. 어떤 사람들이 가정하는 인간 본성은 사회의 붕괴 또는 사회의 존속을 예견하는 일과 결부된다. 우리가 태어날 때부터 악한 존재이므로 우리를 악으로부터 보호하거나 구할 필요가 있다거나 우리가 근본적으로 선한 존재이므로 선에 이르지 못하도록 가로막는 장벽을 제거할 필요가 있다고 주장하는 종교철학과 정치철학이 모두 존재한다. 이러한 접근법은 모두 각기 인간 본성이 한 가지 종류이고 그것을 알 수 있다고 가정하며 또 인간 본성을 객관적이고 유용하게 선 또는 악으로 묘사할 수 있다고 가정한다.

이러한 가정은 복잡성을 가시화하려는 바람에서 그리고 현실을 지배하고 소유할 수 있는 방식으로 정의하려는 바람에서 생겨난다. 그러나 우리는 하나의 인간 본성이 존재한다고 가정하는 대신 인간 본성과 가능성들이 인간 개개인 내면에 자리 잡고 있다고 확실히 생각할 수 있다. 왜냐하면 세계에는 선한 행동과 악한 행동이 공존할 뿐 아니라 선악에 대한 수십억 가지에 달하는 관점이 존재하기 때문이다.

여러 '보증이라는 망상'들에 공통으로 깔린 주제는 이것들이 안정적인 형태에 대한 애착 그리고 유동성에 대한 혐오에서 생겨난다는 점이다. 보증이라는 이데올로기의 핵심에는 다음과 같은 가정이 자리 잡고 있다. 바로 단어를 이용하여 현실을 묘사하는 개념을 표현할 수 있기 때문에 현실의 '진실'을 포착할 수 있다는 가정이다. 이러한 가정에서 단어는 조건에 따라 달라지는 도구, 오류가 있을 수 있는 도구, 언어를 통해 온전히 이해하지 못하는 사물의 본성에 대한 우리의 의사소통을 지원하는 잠정적인 도구가 아니다. 유한하지만 복잡하고 모호한 인간 존재는 우리의 제한적인 의식과 인지 능력, 언어를 통한 우리의 제한적인 개념화 방식과 의사소통 방식을 통해서만 드러난다. 그리고 우리는 그러한 인간 실존의 모호성으로부터 도망치는 탈출구로서 과학 공식과 종교 신조를 너무나도 쉽게 이용한다(Rorty 1989).

우리는 보증을 바란다. 덕분에 우리는 현실에 대해 호기심을 가지는 대신 현실에 대한 이야기를 고착하고 거기에 새로운 정보를 추가한다. 보증에 대한 바람 덕분에 우리는 감각 정보 중에서 현실에 대한 이야기에 확신을 더하는 정보는 취하고 확신을 더하지 않는 정보는 무시한다(Lakoff 2002). 그렇기 때문에 우리는 우리 주변에서 일어날 수 있는 일보다는 선과 악에 대한 이야기에 더 많은 관심을 기울일 수 있다. 또 그러한 이야기가 우리의 느낌을 형성하거나 부정하도록 내버려두었을 때 어떤 마음이 들지에 대해서도 관심을 덜 기울일 수 있다.

보증을 강조하는 태도는 합리적인 사고의 영역에서 나타난다. 그러한 태도는 세계에서 일어날 수 있는 일에 관심을 갖는 것이 아니라 이미 구축된 규범에 따라 신뢰할 수 있는 지식이라고 간주되는 것에 주목한다. 1장은 기후학자 사이에 나타난 이러한 과정을 묘사한다. 다음 사례를 통해 이러한 과정을 가장 잘 드러낼 수 있을 것이다. 몇 년 전 기후과학자들은 기하급수적으로 이루어지는 탄소배출을 '하키스틱' 곡선으로 표현해 세간의 이목을 끌었다. 그러나 기후과학자들은 이 곡선을 혐오의 시선으로 바라보는 것 같다. 왜냐하면 기후과학자들은 하키스틱 곡선이 인류의 미래에 대한 가능성 또는 심지어는 필연성을 의미한다고 생각하지 않기 때문이다. 대신 그들은 이러한 결과들을 지속적으로 측정하고 의사소통한다. 하지만 이 데이터들이 지닌 함의를 온전히 받아들이지 않는 방식으로 행동을 요구한다(그 사례는 Mann(발간 예정)을 참고하라).

불안이 증가하고 있다. 이것은 사람들이 자신이 지닌 특정한 세계관에 보다 집요하게 매달리고 실제로 일어나는 일에는 관심을 덜 기울인다는 사실을 의미할 수 있다(Doppelt 2016). 사람들은 자신들의 현실에 대한 이야기에 새로운 보증을 더하기 위해 막대한 시간, 노력, 금전을 낭비할 수 있다. 과학자들은 창 밖에서 실제로 일어나고 있는 일에 대한 관심을 떨쳐버리기 위해 자신들이 선호하는 방법론을 더 완강하게 고집할 수 있다. 과거에 지어낸 미래에 대한 이야기가 더 이상 유효하지 않다고 느낀 사람들은 민족주의에 의존할 수 있다. 경제학자들은 제대로 작동하지 않는 것이 분명한 이론과 그 이론에 연관된 정책에 더 집착할 수 있다. 한편 생태 재앙에서 인류를 구원할 대안 이야기를 지지하는 사람들은 대안 이야기에 대해 보다 확고한 믿음을 가진다면 그것이 현실이 될 것이라고 주장한다. 이러한 주장을 받아들인다면 사람들은 주류 담론을 거부하고 생태 재앙에서 인류를 구원할 대안 이야기에 영감을 받게 될 것이다.

보증을 열망하는 문제에 대해 가장 선명하게 인식하게 된 것은 2002년 박사과정 마지막 학기였다. 박사과정을 밟는 동안 나는 영향력의 도덕적 또는 윤리적 활용을 설명하는 데 도움이 될 것 같은 개념의 틀을 개발했다. 마지막 장을 쓰기 위해 내가 개발한 틀이 지닐 가능성이 있는 모든 제한점을 탐구해보기로 했다. 그러자 갑자기 모든 체계가 무너지기 시작했다. 4년에 걸쳐 작업한 끝에 얻은 깨달음은 다소 충격적인 것이었다. 그래서 마지막 장을 새로 썼다. 항상 맥락과 의도가 중요하기 때문에 개념을 통해서는 사랑의 실천love-in-action을 묘사할 수 없다는 내용이었다. 마지막 장을 읽어본 친구는 그 내용이 불교의 기본 철학에 가까운 것 같다고 평가했다(Hagen 1998).

거기까지 생각이 미치자 이 장을 쓰면서 내가 무엇을 하고 있는 것인지 의문이 들었다. 나는 탈-출 이데올로기에 대한 나의 관점을 체계화하고 싶었다. 이러한 나의 바람은 탈-출 이데올로기를 체계화하는 것이 중요한 일이라는 느낌에서 비롯된 것이다. 즉, 탈-출 이데올로기의 체계화가 세계와 세계에서 인류의 위상을 표시한 지도를 확보하거나 세계와 인류의 위상을 이해하는 데 도움이 되는 모델을 확보함으로써 논의와 미래의 행동을 활성화하는 데 중요하다고 생각했기 때문이다.

세계 속에서 앎을 추구하고 존재하는 방식은 다양하다. 그리고 지금까지 나는 이러한 방식 중에서 개념과 언어를 선택하여 보증을 추구하는 것에 중심을 두었다. 나는 탈-출 같은 모델을 제공하는 것이 사람들을 납득시키거나 그들에게서 변화를 이끌어내는 데 도움이 되지 않는다는 사실을 점점 더 많이 인식하게 되었다. 그럼에도 나는 개념과 언어를 선택하여 보증을 추구하는 이데올로기에 굴복했다. 다른 방식으로 경험을 해석할 수 있다는 사실을 깨닫는 데 도움이 된 것은 지배적인 탈-출 이데올로기가 아니라 상실, 고통, 이례적인 의식 상태의 경험이었다. 만일 내가 우리가 직면한 곤경에 대한 가장 중요한 대응은 우리가 공유하고 있는 문화적 경험에서 잘못된 것을 찾아내어 그것을 개념적으로 더 분명하게 밝히는 것이라고 제안한다면 나는 보증에 대한 잘못된 관심에 굴복하고 만 것일 테다. 하지만 그보다는 오류가 있을 수 있는 제한적인 도구에 불과한 틀로서 이 장을 통해 있는 그대로 제공하려고 한다.

'보증'이라는 이데올로기적 구성요소를 넘어서 나아가기 전에 먼저 내가 동의를 표하는 몇 가지 관련된 사상을 짚어보려 한다. 프랑스 실존주의 철학자들은 세계를 이해하거나 의미를 찾아내는 특정한 틀에 대해 확신을 갖는 것의 어려움을 매우 명확하게 밝혀왔다. 내가 볼 때 우리의 윤리적 틀이 항상 모호할 것이고 그렇기 때문에 만일 거기에 의문을 제기하지 않는다면 끔찍한 폭력이 발생할 수 있다는 사실을 가장 잘 보여준 사상가는 시몬 드 보부아르다. 다른 실존주의자들과 마찬가지로 그녀는 의미의 기초로 삼을 수 있는 것으로 개인의 자유를 선택했다 (Beauvoir 2015). 그럼으로써 그녀는 자신과 당대의 다른 사상가들이 지닌 성향에 걸맞은 보증의 형태를 정하고 있었다.

테오도르 아도르노와 독일 비판 이론가들은 우리의 개념이 사회적으로 구성되는 방식을 올바르게 지적했다. 즉, 우리의 개념은 사회의 권력 관계를 반영하고 재생산하는 방식으로 구성된다. 그들은 또한 계몽주의와 그 뒤를 이어 나타난 과학적 합리성에 대한 강조 탓에 어떻게 실존적 불안이 타인과 세계를 폭력적으로 파괴하는 수준까지 증가하게 했는지 보여주었다(Adorno and Horkheimer 1997). 그러나 그들은 보증에 대한 인간의 애착을 비판한 것이 아니라 주로 관료제와 자본주의를 중심으로 계몽주의를 비판했다.

보다 최근 들어 철학자 찰스 아이젠스타인은 우리가 분리의 시대를 살아간다고 주장하면서 비슷한 비판을 제기했다(Charles Eisenstein, 2018). 그러나 그는 보증 일반에 대해 비판하지 않는다. 현실에 대한 우리의 이야기가 현실 자체라고 제안하기 때문이다. 찰스 아이젠스타인에 앞서 철학자 리처드 로티는 현실을 묘사하거나 드러내는 인간 사상의 역량에 대해 보다 신중하게 접근했다(Richard Rorty, 1989). 그리하여 그는 다양한 사고뿐 아니라 복잡성과 역설을 환영하는 대화 방식에 대해서도 고려할 것을 요청했다.

나는 부처라고도 알려진 고타마 싯다르타의 사상이 위에서 언급한 모든 사상을 뛰어넘는다고 생각한다. 고타마 싯다르타는 별개의 실재로서의 존재에 대한 우리의 의식을 덧없음과 죽음에 대한 우리의 혐오와 연결한다. 바로 그것이 우리가 안정감(예: 보증)을 제공하는 것처럼 보이는 사고, 정보, 사람에게 매력을 느끼는 이유다(Hagen 1998).

탈-출 이데올로기의 구성요소:통제

서구를 비롯한 세계의 지배적인 근대 문화는 인간 개인과 집단이 환경과 타자를 통제할 수 있고 이러한 통제가 바람직하다는 사고를 받아들인다(Greer 2015). 환경과 타자를 통제할 수 있고 그로부터 이익을 누리는 것처럼 보일 수 있다. 그러나 그 이익은 어디까지나 금전적인 상황에만 적용되는 것이다. 우리는 지구의 온도를 더 높이는 피드백을 우리 스스로 강화하고 있다. 이러한 상황에서 우리는 다음을 깨달아야 한다. 바로 우리의 행동이 자연에 영향을 미치고 있는 것은 사실이지만 그렇더라도 예나 지금이나 우리가 자연을 통제하고 있는 것은 아니다. 그러나 통제라는 가정 때문에 인류는 상호의존적인 복잡한 환경에 대해 충분한 주의를 기울이지 않아왔다.

통제라는 가정은 세계와 타인에 대한 우리의 주관적인 경험이 실제와 얼마나 일치하는지에 대한 관심 부족에서 생겨난다. 우리의 경험은 외부 세계의 실제 존재를 좌우하지 않는다. 우리는 보통 사과와 구름 그리고 사람 등 우리가 경험하는 것에 이름을 부여한다. 그러나 우리가 부여한 이름이 임의적이고 잠정적인 것이라는 사실을 잊는다면 복잡한 세계는 우리 자신만의 주관적인 무대에 배치된 단순한 '대상'으로 전락하고 만다. 그러면 우리는 우리 자신만의 목적을 위해 복잡한 세계를 통제할 방법을 찾게 된다. 따라서 우리가 마음속으로 특정인에게 부여한 이름 덕분에 우리는 특정인이 타인에 비해서 주목받을 가치가 더 적고 권력이 더 적다고 가정한다. 예를 들어 사람을 너와 나 같은 방식으로 구분하는 것이 아니라 쓰레기, 무리, 무정부주의자, 파시스트, 군중으로 뭉뚱그리거나 그저 '아군', '중립' 또는 '적군'으로 뭉뚱그린다. 한편 이렇게 구분 짓는 과정은 인종과 젠더 같은 범주에서 무의식적인 편향 속에서 진행되기도 한다(Irigaray 1993). 우리 자신 또는 우리가 동일시하는 집단 안에서 일어나는 이러한 타자화와 소외는 비인간화로 이어진다. 타자화와 소외 탓에 우리는 타인이 경험하는 역경을 무시하거나 학대를 영속화할 수 있다. 타자는 적극적인 방식으로 또는 배제를 통해 통제받는 사람으로 전락한다.

또한 '타자화' 과정은 재귀적이다. 우리는 우리가 느끼고 생각하고 행동해야 하는 방식에 대한 사고를 문화를 통해 받아들이기 때문이다. 그러므로 우리 내면세계는 자신을 수용하거나 좋아하기 어렵다고 인식하게 만드는 양상이 존재한다. 이는 특정 맥락과 인간 '유형'에 따라 특히 더 그러하다. 따라서 지배적인 문화를 대변하는 우리는 우리 자신의 감정을 통제할 방법과 적절한 것으로 여겨지는 우리의 모습을 세계에 제시할 방법을 찾는다. 이러한 타자화 과정은 개인 및 그와 관계된 사람들에게 큰 문제가 된다(Bailey 2019).

그러나 집합적인 수준에서 볼 때 타자화 과정은 문화적 자살이 될 수 있다. 우리가 직면한 상황과 해결해야 하는 문제에 대해 우리가 집합적으로 형성하는 의식의 일부로서 우리 감정이 지닌 지혜를 받아들이지 않기 때문이다. 여러 세기 동안 사람들은 우리가 살아가는 방식과 세계의 상태에 대해 느끼는 감정적 고통을 억제해왔다. 그러면서 이렇게 억제하는 것이 책임성 있는 행동이라고 서로에게 이야기해왔다. 타자화 과정에는 신성함을 비롯한 실존의 모든 측면에서 여성과 여성 원리의 총체적인 종속도 포함된다(Vaughan-Lee 2017).

나도 그랬다. 여러 해 동안 가짜로 적극적인 척하고 확신을 가진 척하면서 감정적 고통을 숨겨왔다. 그 이유는 인생의 대부분에서 나 자신의 안전을 염려했기 때문이다. 그럼에도 내가 지위, 재정 상황 또는 개인적 삶보다 사회 정의와 환경 보호에 보다 많은 관심을 가지고 있다고 스스로 말하면서 위안을 삼았다. 시간을 내어 WWF, 유엔, 영국 노동당, 여러 기업 같은 조직과 함께 일하기도 했다. 나의 재정 상황을 통제해보려는 노력도 기울였다.

2017년 말 최신 기후과학을 평가하기 시작했을 때 내가 필멸하는 존재라는 사실이 보다 현실감 있게 다가왔다. 정말 중요하게도 내가 진실한 삶을 살기를 원하고 있고 나의 약점, 불안, 의심을 숨기지 않는 가운데 사람들과 함께하기를 원하고 있다는 사실을 깨달았다. 바로 그것이 심층적응 논문을 작성하고 내가 몸담고 있는 연구소[*]를 통해 PDF 형태로 발표한 이유이다. 학술지에 걸맞은 방식으로 재작성하여 발표했다면 나의 경력이 보다 공고해졌을 터였지만 그렇게 하지 않았다. 흥미로운 사실은 이러한 무모함이 지금까지 내가 겪어본 그 어떤 경험보다 나에게 더 큰 영향을 미쳤다는 것이다.

우리가 우리 스스로에게 그리고 '타자'에게 적용하는 범주는 미지의 어딘가에서 홀연히 나타난 것이 아니다. 이러한 범주는 특정한 권력 관계와 그것을 유지하는 과정에서 발생한 것으로, 우리 문화가 우리에게 제공한 것이다(Foucault 1984). 이러한 사실을 통해 우리가 우리 스스로를 통제할 수 없는 존재일 수 있다는 사실을 깨닫게 된다. 이 문제는 보다 정교하게 발전시켜 봄직하다.

탈-출 이데올로기의 구성요소 : 자율성

여기에서 내가 묘사하고 있는 지배적인 문화가 가정하는 또 다른 사고는 다음과 같다. 바로 우리 각자는 별개의 자율적인 존재로서 인식, 가치, 결정의 근원이라는 사고와 보다 자율적인 존재가 되는 것이 바람직하다는 사고다. 하지만 이러한 가정은 잘못된 것이다. 오히려 우리는 문화와 훈육을 통해 사회적으로 구성되고 조건화된다(Fairclough 2014).

---

[*] 컴브리아 대학의 IFLAS- 옮긴이

그리고 이러한 조건화는 자극을 감지하는 능력에 영향을 미친다(Lakoff 2002). 그렇다고 해서 우리에게 자유 의지가 없다는 것이 아니다. 우리의 의지가 사회적으로 조건화된다는 의미다. 사회적 조건화를 제외하고 나면 우리 존재의 본성에 영향을 미치는 것은 우리의 생물학적 신체와 두 뇌이다.

한때 나는 내가 누구인지 안다고 생각했다. 그리고 내가 나의 삶의 방식을 의식적으로 선택한다고 생각했다. 그러다가 누군가와 친밀한 관계를 가지게 되었고 그 관계를 맺은 상대 덕분에 다음을 인지하게 되었다. 바로 상황에 대한 나의 반응이 감정적 상처와 어린 시절의 행동양식에서 비롯된 것이고 이러한 경험이 우리의 지배적인 문화 안에서 그동안 무시되어왔을 뿐이라는 사실이다. 내가 얻은 교훈은 내 정체성 의식을 만들어내고 내 선택에 영향을 미친 조건화가 무엇인지 절대로 확신할 수 없으리라는 사실이다. 즉, 이제 나는 자아 구성이라는 것이 내가 살아가는 동안 끊임없이 던져야 하는 질문이자 완전히 확신할 수 있는 답이 절대로 나올 수 없는 질문이라는 사실을 인식하게 되었다.

그러나 자율성이라는 개념은 문화 속 깊은 곳에서 작용한다. 최근 들어 자율성이라는 개념이 다시 활성화되고 있다. 이러한 현상은 양자물리학, 뉴에이지 영성주의, 긍정심리학의 통찰을 잘못 해석하면서 일어난 현상으로, 이들 해석은 우리가 어떤 실체에 대해 그런 상태라고 생각한다면 그 실체에 대해 명확히 드러내 보일 수 있다고 제안한다(Woodstock 2007). 우리의 느낌, 사고, 맥락에 대해 더 많이 의식한다는 것은 더 많은 정보를 가지고 선택할 수 있다는 점에서 중요하다. 이 과정에서, 문화가 우리의 사고를 형성한다는 사실을 인식하는 것이 중요한 단계가 된다.

자율성이라는 망상은 우리의 눈을 가려서 우리가 통제와 착취를 당하는 방식을 보이지 않게 만들 때 문제가 된다. 강력한 이해관계가 쉼 없이 작용하면서 우리가 원하는 것과 원하지 않는 것을 제시하고 우리를 설득하고 있다(Fairclough 2014; Foucault 1984). 바로 이러한 방식으로 우리는 무의식적으로 사고와 행동의 규범을 따르는 경향을 갖게 된다. 심지어 이러한 규범이 인류를 집합적인 광기로 몰고 가더라도 이를 따르는 경향을 보이는데, 이것이 바로 오늘날의 상황이다. 스스로를 자율적이라고 생각하는 사람들은 사회가 실패하고 그에 따라 창조적인 대화에 참여할 가능성이 줄어드는데도 규범에 의문을 던지지 않는 경향을 보인다.

우리 각자가 그리고 세계에 대한 우리의 경험이 우리의 자연적 맥락과 문화적 맥락에 의해 공동 생산된 것이라는 사실을 인식해야 한다. 그리하여 그러한 맥락에 참여하여 보다 많은 사람이 자신의 가치와 행동을 되돌아보도록 돕고 타인과의 협력과 연대를 통해 우리의 역량을 발전시켜나갈 수 있다는 사실을 인식할 수 있게 된다. 즉, 우리는 피해를 줄이고, 즐거움을 촉진하고, 의미를 북돋는 방법에 대한 논의를 보다 의식적으로 진행할 수 있다. 그렇지만 이러한 의지는 언제나 관계적이고 잠정적인 것이며 도전에 부딪힐 수 있는 것이라는 점을 결코 잊어서는 안 된다.

탈-출 이데올로기의 구성요소 : 진보

동굴 생활에서 출발한 인류가 문명 과정을 통해 끊임없이 발전하여 드디어 우주로 진출하기에 이르렀다는 사고는 우리 사회 전반에 널리 퍼져있다(Greer 2015). 기술의 발전은 눈부시다. 그리고 나는 기술의 혜택을 누리고 있다는 사실에 감사한다. 그러나 물질적 진보가 가능하고 바람직하다는 가정은 우리가 신기술과 새로운 사고를 의심의 여지없이 받아들이고 있다는 사실을 보여준다. 또한 신기술과 새로운 사고 이면에 숨어 있거나 보이지 않는 비용을 과소평가하거나 제대로 검증하지 않은 상태에서 맹목적으로 확신하고 있다는 사실을 보여준다(ibid.). 일부 긍정적인 예외가 존재함에도 불구하고 새로운 것 그리고 보다 많은 것을 추구하는 일은 보통 자연 세계를 보다 많이 소비하고 보다 많은 오염을 유발하는 일과 연관된다(Dietz and O'Neill 2013). 진보라는 가정 덕분에 우리는 거대한 위험을 감수하면서 자연의 존재양식을 교란하는 기술을 선보일 수 있고 또 부의 원천인 자연 세계의 보존을 뒷전으로 미룰 수 있다. 또한 진보라는 가정은 식민 권력과 제국의 권력에게 세계 곳곳에 자리 잡은 공동체와 거기에 깃들어 살아가는 사람들의 삶을 침해하고 파괴하라고 부추기거나 그러한 행동을 정당화하는 이야기를 제공한다.

진보 담론에 완전히 사로잡힌 사람들이 있다. 이런 사람들은 진보 담론을 뒷받침하지 않는 정보를 무조건 거부한다. 이 탓에 모든 것을 재고해야 할 필요가 있을 때마다 우리의 공적 담론이 큰 피해를 입고 있다. 게다가 진보라는 가정은 우리의 도덕적 상상력을 사로잡고 있다. 이 탓에 대부분의 사람들은 진보라는 가정을 배제한 채 가치와 올바른 행동에 대해 사고하는 것을 어색해하거나 심지어 불가능한 것으로 여기게 되었다. 이러한 관점은 대규모 붕괴가 일어나는 시기에 우리를 무기력하게 만들어 쇠퇴와 상실의 속도를 높인다. 예를 들어 어떤 사람들은 사람과 지구가 경험하게 될 디스토피아의 수준을 낮추려는 노력을 기울이기 위해 창의력을 발휘할 동기조차 찾지 못하고 있는 실정이다.

오늘날 물질적 진보에 대한 믿음이 세계를 지배하고 있다. 덕분에 스페이스-X 발사에 환호하지 않는 사람을 보면 이상하게 느껴진다. 그러나 스페이스-X 발사에 환호하지 않는 행위는 매우 합리적인 행위일 수 있다. 지구가 겪고 있는 문제를 해결하기 위해 모든 자원과 지성을 긴급하게 집결해야 할 필요성이 있는 오늘날, 거기에 관심이 쏠리지 못하도록 방해하는 스페이스-X 발사 같은 유치한 행위에 대한 본능적인 거부 반응이기 때문이다. 진보를 불가피하고 바람직한 것이라고 가정해서는 안 된다. 대신 우리 인간 조건의 틀을 형성하는 대안적인 방법을 고려할 수 있다. 예를 들어 다음 시대는 인류가 의식적으로 후퇴하는 시대가 되어야 할 것이다.

탈-출 이데올로기의 구성요소: 예외주의

두 가지 종류의 예외주의를 고려해볼 수 있다. 우선 우리 및 우리와 가까운 사람들은 타인 및 타인과 가까운 사람들과 다를 뿐 아니라 더 낫다는 생각이다. 또는 적어도 타인 및 타인과 가까운 사람들보다 더 많은 자격이 있다는 생각이다. 두 번째 예외주의는 자연사에서 인간이 예외적인 생물종이라는 생각이다.

역사를 통틀어 볼 때 사람들이 자기와 자기 가족의 생명, 공동체, 국가, 인종 또는 종교를 타인의 것보다 중요하다고 생각하는 것은 지극히 당연한 것처럼 보인다. 예나 지금이나 이러한 가정은 갈등으로 이어졌다. 그러나 이러한 가정에는 또 다른 측면이 존재한다. 이러한 가정 덕분에 사람들은 억압 체계에 참여하는 일을 보다 쉽게 받아들일 뿐 아니라 자신들이 창조한 억압 체계나 자신들이 자아낸 끔찍한 괴로움에 공모하고 있다는 사실을 느끼지 못한다. 지구는 하나의 전체로서 나눌 수 없는 존재다. 이러한 지구에서 예외주의라는 의식과 '타자'의 중요성에 대한 부정은 쇠퇴와 파괴가 유지되도록 지원한다. 이런 면에서 과거의

식민주의는 오늘날의 파괴와 맞닿아 있다(Andreotti 2014).

사람들은 자신이 다르다고 생각한다. 따라서 인류가 기후 재난에 직면해 있더라도 자신만은 대부분의 사람이 맞이할 운명을 피해갈 수 있다고 생각한다. 바로 이 순간 예외주의가 모습을 드러낸다. 벙커를 짓거나 뉴질랜드로 이주하거나 태양광 설비를 이용해 채소를 재배하는 등의 방법을 실행에 옮겨보려는 사람들이 있다. 이런 생각을 하는 사람들은 다른 수십억 명의 생명이 파괴되는 상황에서도 자신만은 벗어날 수 있다는 자신감을 보일 것이다. 따라서 자신이 다르다고 생각하는 사람들은 '평범한' 인간과 연대하여 공동 행동에 나서는 것에 대해서는 큰 관심을 갖지 않을 가능성이 높다.

그렇다고 해서 자기 자신이나 자신이 속한 집단에 유리한 예외적인 상황을 고려해볼 만한 여지가 전혀 없다는 말은 아니다. 그러나 예외적인 존재가 되거나 예외 상황을 조성하는 일은 맥락에 달려 있는 잠정적인 일일 뿐 반드시 정당한 일은 아니다. 그러므로 예외 상황에 대한 관점은 여러 이해관계자들이 끊임없이 제기하는 질문에 열려 있어야 한다. 예를 들어 특별한 몇몇 사람을 구해야 한다면 누가 그 특별한 몇몇 사람을 결정해야 할까? 소수의 사람이 나머지 사람들에게 가장 바람직한 것이 무엇인지 알고 있다고 생각하는 상황에서, 그 소수가 내리는 결정을 거부하거나 결정을 내리지 못하도록 저지할 필요가 있다. 그러기 위해 우리에게 필요한 권력은 무엇일까?

사회 변화와 조직 변화의 영역에서 우리는 수많은 예외주의를 확인할 수 있다. 바로 그것이 특별한 지도자의 중요성을 부각하고 영웅이 필요하다고 여기며 도덕적 심판관의 타당성을 신뢰하고 부유한 기업인의 인격을 강조하거나 더 젊은 세대에게 구원자 역할을 부여해야 한다는 등의 근거 없는 신화의 근원이다(Bendell, Sutherland and Little 2017). 이러한 예외주의는 사회 변화를 일으킬 방법을 제시할 때 잘못된 방향을 선택하게 만든다는 문제가 있다. 분명 누구나 자기애적 태도와 행동을 보일 가능성이 있다. 그러나 탈-출 이데올로기의 문제는 문화가 이런 태도와 행동을 칭찬하고 자원을 제공하는 방식으로 이런 태도와 행동을 장려해왔다는 점이다.

가장 거대한 예외주의는 인류가 자연 세계와 완전히 다른 존재이자 거기서 분리된 별개 존재라는 이야기다. 이런 이야기는 몇몇 종교에서 신봉할 뿐 아니라 세속 문화에도 깃들어 있다. 심지어 일부 뉴에이지 영성주의에서도 인간을 지구와 우주를 통틀어 의식의 정점에 있는 존재라고 강조하는 모습을 볼 수 있다. 이런 이야기를 흥미롭게 받아들이는 것을 넘어 진실이라고 가정하는 태도는 특정 상황에 직면하면 인간은 다른 형태의 생명과 자연 세계를 무시하고 훼손하며 파괴할 수도 있음을 뜻한다(Eisenstein 2011).

우리 대부분이 지닌 예외주의 의식은 앞서 설명한 자율성, 자격, 통제에 대한 믿음에서 비롯한다. 또한 그것은 보증이라는 자신의 이야기가 잘못된 것이라는 사실을 마음속 깊이 새긴 사람들이 내면의 불안을 떨쳐버리려고 애쓰는 과정에서 발생할 수 있다. 자신이 예외적인 존재라는 믿음을 바탕으로 행동하는 사람들은 자신의 세계관과 개인 정체성이 경직되어 있을지 모른다는 공포를 마음속 깊이 품고 있을 가능성이 있다.

몇 년 전 나는 내가 품고 있는 예외주의를 인식하게 되었다. 당시 나는 내가 특별한 존재라고 생각할 필요가 있었다. 그래야만 삶에서 느끼는 불안과 결핍을 보상할 수 있었기 때문이다. 재미는 없지만 사회적, 환경적 결과에 영향을 미칠 수 있을 것으로 보이는 활동에 열심히 참여하면서 나를 살아 있는 영웅이라고 느낄 수 있었다. 나는 화면 속 텍스트를 보면서 평생을 보냈고 그 결과 건강을 해쳤다. 과거에 내가 한 희생은 현재 내가 하는 일에 몰두하는 이유를 더욱 정당화하게 될 것이다.

예를 들어, 이 장에서 나는 포괄적인 비판을 하고 있는데 그렇다면 이 비판을 누가 읽을 것이라고 생각하면서 이 장을 집필하는 걸까? 이 질문에 대해 성찰하면서 나는 예외주의라는 감각이 반대로 작용하여 우리가 직면한 곤경의 원인에 대한 나의 관점을 사람들에게 공유하는 일을 중단하게 만들 수도 있겠다는 의문을 갖게 되었다. 새롭게 등장하고 있는

5.1 탈-출 이데올로기

- **자격**은 다음 사고와 관련된다. '나는 내가 원하는 것 이상을 기대한다. 그리고 긍정적인 느낌을 가질 수 있게 되기를 바란다.'
- **보증**은 다음 사고와 관련된다. '나는 내 경험을 토대로 당신을 비롯한 모든 것을 정의할 것이다. 그럼으로써 더 평온함을 느낀다.'
- **통제**는 다음 사고와 관련된다. '나는 내 의견을 당신에게 강요하고 나 자신을 비롯한 모든 것에게 강요하려고 애쓸 것이다. 그럼으로써 더 안전함을 느낀다.'
- **자율성**은 다음 사고와 느낌과 관련된다. '나는 완전히 별개의 정신, 완전히 별개의 존재가 되어야만 한다. 그렇지 않으면 나는 존재할 수 없을 것이다.'
- **진보**는 다음 사고와 느낌과 관련된다. '미래는 나로부터 시작된 유산이나 현재 나에게 의미 있는 유산을 포함하고 있어야만 한다. 그러면 죽음을 맞이하는 순간 내 죽음이 한층 더 깊은 의미를 가질 것이기 때문이다.'
- **예외주의**는 다음과 같은 가정을 의미한다. '이 세계가 나를 귀찮게 한다. 세계의 대부분이 내 심사를 뒤틀어놓기 때문이다. 따라서 나는 내가 더 나은 존재이고/거나 필요한 존재라고 생각한다.'

심층적응 공동체 내에서 분란을 유발하고 싶지 않았다. 이런 염려를 하게 된 것은 결국 내가 특별한 존재일 수 있다는 가정이 바탕에 깔려 있기 때문이다. 따라서 나는 심층적응 분야에서 활동하는 사람들이 탈-출에 관한 나의 견해를 읽어본 뒤 별 의미 없는 내용이라고 생각할 수도 있다는 사실을 깨달았다! 중요한 것은 모든 사람에게는 성찰하고 표현할 수 있는 능력이 있다는 것이다. 그러므로 나는 여러분이 다음 질문에 대한 해답을 찾기 위해 진심으로 노력하기를 바란다. '도대체 인류는 무슨 이유로 지구상의 생명을 그토록 많이 파괴했을까?' 이 질문에 대한 해답은 다른 누구도 아닌 여러분 자신에게 있다. 따라서 여러분 자신만의 방식으로 표현하기를 바란다. 산문, 시, 그림, 춤, 기도, 노래, 논문 등 표현하는 방법은 다양할 것이다. 여러분이 예외적인 존재라서 이 문제에 대한 해답을 찾으라고 제안하는 것이 아니다. 지구에 깃들어 사는 사람이라면 누구나 곧 받게 될 질문이기 때문에 그러는 것이다.

기후변화 영역에서의 탈-출 습관

인류가 보다 거대한 격동의 시대, 보다 거대한 실패의 시대로 이행함에 따라 탈-출 이데올로기가 남긴 상처는 앞으로도 계속 우리를 괴롭힐 것이다. 따라서 상황이 보다 악화될 위험이 있다. 당연하게도 탈-출 이데올로기는 기후변화를 다루는 공동체 내에서도 모습을 드러낸다. 이러한 공동체 안의 탈-출 이데올로기를 식별하여 문제를 제기하지 못하면 수많은 역효과를 낳을 것이다. 역효과를 피하려는 기후 전문가들에게는 탈식민화를 다루는 사람들의 경험이 남긴 수많은 교훈이 도움이 될 것이다. 원주민 학자, 원주민 활동가, 그들의 동료들이 활동하는 단체는 이러한 내용을 잘 설명한다.

우리 대부분은 사회화를 통해 근대적 체계와 제도 내에 종속된 존재가
되었다. 이러한 존재의 습관 때문에 식민화/탈식민화의 지적 측면뿐 아
니라 정서적이고 관계적인 측면에도 주의를 기울여야 한다. (…) 따라서
탈식민화를 실현하기 위해 노력하는 집단 내부를 비롯한 여러 곳에서 식
민주의가 재생산된다. 그 이유로는 정보 부족과 더불어 식민주의가 제시
하는 약속과 식민주의가 제공하는 즐거움이 지속되기를 바라는 정서적
[예: 감정적] 몰두와 바람을 꼽을 수 있다.(Stein et al. 2020)

이 단체의 이름은 '탈식민화된 미래를 향한 몸짓(Gesturing Towards
Decolonial Futures, 이하 GTDF)'이다. GTDF는 변화를 이끌기 위해 노력하
면서도 한편으로는 다양한 자격과 바람을 유지 또는 복원하려고 애쓰는
사람들의 습관을 식별했다.

이러한 바람이나 인지된 자격이 충족되지 못하면 실망감, 절망감, 배신
감을 느낄 수 있다. 이런 감정들은 다양한 형태의 취약성으로 드러날 수
있는데, 거기에는 폭력도 포함된다. 여기에서 얻을 수 있는 교훈을 생각
해보자. 이런 바람이 식별되어 중단되지 않고 '썩어 없어지지' 않는다면
그 바람은 보다 생성력이 있는 다른 무언가로 변모할 것이다. 그러면 탈
식민화 자체가 전면적인 저항에 부딪힐 것이다. 또는 탈식민화 자체가
이런 바람을 충족하는 방식으로 쉽게 소비될 수 있는 과정, 경험, 또는
표현의 집합소로 전락할 것이다. 식민 권력 관계에 대한 '정보'를 더 많
이 수집한다고 해서 식민 관계를 통해 스스로를 끊임없이 (재)생산하는

식견, 존재, 희망, 바람이라는 지배적인 틀에 곧바로 차질이 생기는 것은 아니다.(ibid.)

이 문제에 대한 해결을 지원하기 위해 GTDF는 식민성과 근대성 안에 자리 잡은 습관의 순-환(c-i-r-c-u-l-a-r) 모델을 개발했다. 습관의 순-환 모델은 사회에 긍정적인 변화를 촉진하려고 애쓰는 사람들의 공동체에서도 발생한다. 순-환 모델을 탈-출 모델에 겹쳐 보면 상당한 유사성이 드러난다. 그러나 순-환 모델은 사회 변화에 관여하는 사람들의 습관에 자리 잡은 어려움을 식별하는 데 그치지 않는다. 이 내용은 박스 5.2에서 확인할 수 있다.

탈식민화 분야에서 얻은 통찰을 요약하는 이유는 이러한 통찰이 기후학과 환경주의 안에 새롭게 등장한 '붕괴 부정론'을 이해하는 데 큰 의미가 있을 것으로 보이기 때문이다. 일부 환경주의자와 기후학자는 기후변화로 대부분의 사회가 파괴될 상황에 놓여있고 이를 막을 수 있는 시점이 지나갔다는 관점을 거부한다.

붕괴 부정론자들은 우리의 상황에 탈-출 이데올로기를 적용하고 있는 것일 수 있다. 그들은 **자격**의 습관을 지니고 있을 수 있다. 그럼으로써 절망 같은 감정적 고통을 피하고 긍정적 변화를 이끄는 윤리적 주체라는 자신의 정체성을 보존하려 할 수 있다. 예를 들면, 붕괴 부정론자들은 주제별 학문과 통계 규범의 바탕이 되는 사회적으로 구성된 매우 임의적인 관습을 인정하기보다는 그저 자연과학의 기획에 단순 집착하는 것일 수 있다. 한편 붕괴 부정론자들의 태도에서 **보증**의 필요성을 확인할 수 있는데, 그 수준은 어리석은 행동으로 이어질 수 있을 정도다. 격동하는 환경에서도 인류가 자신의 운명을 통제할 수 있는 존재라거나, 우리의 이야기에 귀를 기울이는 사람들의 감정과 우리 자신의 감정을 어떻게든 **통제**해야 한다고 명시하거나 암시하는 이야기가 속속 등장하고 있다. 또한 개인은 현재 우리의 시스템 안에서 투표를 통해, 차별화된 소비를 통해, 행동주의를 통해 변화를 일으키는 **자율성**을 지닌 존재라는 사고도 찾아볼 수 있다. 그러면서 마치 지불해야 할 청구서와 세금고지서를 받지 못했다는 듯, 채권자들이 우리의 숨통을 조이지 않는다는 듯, 먹이고 입혀야 할 아이들이 없다는 듯, 완고한 정치인과 안보기관이 행동에 나선 운동가들 속에 스며들지 않았다는 듯, 인식하지 못한 이데올로기가 마치 세이렌처럼 우리를 집합적인 파괴로 유인하고 있지 않다는 듯 행동한다. 물질적 **진보**라는 사고를 신봉하는 유사 종교도 등장한다. 따라서 물질적인 개선이 보장되지 않으면 용감하고 창조적인 행동에 대해 상상할 능력을 상실한다(Greer 2015). 이미 많은 사람들이 기후가 유발하는 붕괴나 재난을 경험하고 있다. 그러나 일부 활동가들은 기후가 유발하는 붕괴나 재난을 피할 수 있는 시점이 지나갔다는 사실을 부정하고 있다. 이런 현실에서 **예외주의** 가정을 만난다. 또 다른 예외주의로는 특별한 사람들을 모아 모든 것을 바꿀 수 있는 집단을 구성할 수 있다는 주장이나 우리가 직면한 환경적 곤경이 인권과 민주적 책임을 비롯한 그 밖의 다른 고려사항을 무시해도 될 만큼 중요한 것이라는 주장을 꼽을 수 있다.

지난 몇 년 사이 붕괴를 예견한 주요 과학자와 학자들에 관련된 허위 사실이 유포되었다. 이런 사람들 개인에 대한 공격과 도덕적 비난도 끊임없이 이어졌다. 사회 붕괴에 대한 논의를 억제하려는 의도였다(그 사례는 Mann(발간 예정)을 참고하라). 이러한 현상은 학문의 취약성을 보여준다. 기후 혼돈이 일부 과학자와 학자들의 세계관, 정체성, 지위, 지식 틀에 문

5.2 탈-출 모델과 순-환 모델 비교

- 기존 체계의 **지속**Continuity. (예: "나에게 약속되었던 것을 원한다.") 탈-출 모델의 구성요소 중 진보와 자격에 해당한다.

- 피해 유발로부터의 **결백**Innocence. (예: "폭력적인 체계에 대항하고 있다. 즉, 폭력적인 체계에 더 이상 공모하지 않는다는 의미다.") 탈-출 모델의 구성요소 중 자격에 관련된다. 그러나 결백은 더 나아가 피해 공모에 대한 추가적인 성찰을 요구한다.

- 자아 또는 주요 집단/국가 등에 **재집중**Recentring. (예: "변화를 통해 나는 어떤 이익을 누릴 수 있을까?") 탈-출 모델의 구성요소 중 자격과 진보에 관련된다.

- 고착된 지식, 예정된 결과, 보장된 해결책의 **확실성**Certainty. (예: "앞으로 무슨 일이 언제 어디에서 일어날지 정확히 알아야 할 필요가 있다.") 탈-출 모델의 구성요소 중 보증과 관련된다.

- 독립성과 책임성을 선택할 수 있는 상황에서 **제한 없는 자율성**Unrestricted autonomy. (예: "모든 사람에 대해 책임을 지겠다고 선택하지 않는 한 나 자신을 제외하고는 아무에게도 책임을 질 필요가 없다.") 탈-출 모델의 구성요소 중 자율성과 관련된다. 또한 자신의 문화가 자신을 형성한 것이 아니라고 가정하고 개별적인 방식으로 문제를 살피고 해결책을 찾는 사람들의 태도와도 관련된다.

- 지적, 정치적 및/또는 도덕적 **지도력**Leadership. (예: "나 또는 내가 지명한 사람이야말로 변화의 성격을 결정하고 지도하는 데 특히 적합하다.") 탈-출 모델의 구성요소 중 예외주의와 통제와 관련된다. 단, 탈-출 모델의 예외주의에는 우리가 타인에게 기대하거나 바라지 않는 모든 유형의 행동에 대한 정당화가 포함된다는 점이 다르다.

- 정의를 중재할 **권위**Authority. (예: "나는 가치 있는 사람과 가치 있는 것을 결정하고 그들이 받아야 할 권리, 특권, 처벌을 결정하는 사람이 되어야 한다.") 탈-출 모델의 구성요소 중 보증, 통제, 예외주의와 관련된다. 내가 '당신들보다 더 나은' 존재라고 생각하고 훈계하는 사람들에게 주목하는 데 유용하다.

- 공정과 배상의 **인식**Recognition. (예: "내가 '선한' 사람들 가운데 하나라는 사실을 이해하지 못합니까?") 탈-출 모델의 구성요소 중 자격, 자율성, 보증, 예외주의와 관련된다. 그러나 공정과 배상의 인식은 더 나아가 이런 습관을 부추기는 자기 확증의 필요성을 갖는다.

제를 제기하기 때문이다. 이 책의 몇 쪽을 이 현상을 성찰하는 데 할애하는 이유는 기후변화에 대한 공포에 질려 무분별하게 행동하면 피해가 발생할 가능성이 있다고 생각하기 때문이다. 예를 들어 기후와 관련된 의사소통에서 '기후 전쟁'(Mann(발간 예정))에 대한 이야기가 점점 더 관심을 모으고 있다. 그 결과 환경 파괴를 유발한 체계적인 억압을 타파하기 위한 행동을 촉진하는 것이 아니라 국가의 권위적인 활동을 부추기고 세대 간 비난을 유발한다.

오늘날 많은 환경주의자들의 입에 오르내리는 '희망'은 탈-출 이데올로기에 물든 희망이다. 희망을 이야기하는 환경주의자들은 희망이 필요하다고 생각할 수 있다. 사람들에게 동기를 부여해 의미 있는 행동에 나서도록 만드는 데 유용하기 때문이다. 그러나 이런 생각조차도 그들의 사고를 형성한 탈-출 이데올로기의 결과다. 만일 희망이 우리 시대의 지배적인 문화에서 등장한 것이라면, 그러므로 그 희망이 심도 깊은 문화적 변화를 위한 의미 있는 대화를 요구하지 않는다면 이 희망은 지옥 그 자체와 다름없다. 오히려 파괴적인 탈-출 이데올로기가 확산하는 방식에 대해 고려하고 파괴적인 탈-출 이데올로기와 관련해 미래에 해야 할 일이 무엇인지에 대해 고려하는 것이 혼돈의 한복판에서 인류의 미래를 염려하는 모든 사람에게 도움이 될 것이다. 바로 이것이 이제부터 살펴볼 내용이다.

탈-출 이데올로기의 경제적 재생산

오늘날 공적 담론에서는 탈-출 이데올로기를 거부하는 경우를 거의 찾아볼 수 없다. 이는 우연이 아니다. 탈-출 이데올로기는 자본주의와 모든 정치 시스템에 뿌리 내린 특정 권력 관계의 발흥에 유리한 환경을 조성해왔기 때문이다. 이러한 경제와 정치 시스템은 탈-출 이데올로기를 재생산하고 확산한다. 물질적 맥락은 깊게 뿌리박은 규칙 또는 모든 사회·경제의 '운영 체계'와 관계를 맺고 있을 뿐 아니라 앞으로 확산될 이데올로기와도 관계를 맺는다. 상품과 서비스의 '생산양식'이 스스로에 대해, 세계에 대해, 사회에 대해 이해하는 특정한 방식을 장려한다는 칼 마르크스의 언급을 떠올릴 수 있을 것이다(Cole 2007).

우리가 우리 자신과 세계를 이해하는 방식에 영향을 미친다는 측면에서 볼 때 '거래 및 소비 양식'은 생산양식만큼이나 중요하다. 물질적 맥락과 자신과 사회에 대한 사고는 반복적인 관계를 형성한다. 특히 자기와 사회에 대한 사고가 물질적 원천으로 여겨지는 것(또는 물질적 원천으로 경험될 가능성이 있는 것)을 재형성하는 경우 더욱 그러하다. 그러나 내가 말하고 싶은 것은 세계에 무슨 일이 일어나든, 그 일에 대해 우리가 어떻게 느끼든 관계없이 우리 사회의 가장 깊은 곳에 자리 잡은 규칙이나 관례 가운데 일부가 이러한 탈-출 이데올로기를 유지하는 데 필요하다는 점이다. 이때 깊은 곳에 자리 잡은 관례란 바로 화폐를 창조하는 우리의 시스템이다. 일부 역사가들이 부정확하게 전달한 사례가 있음에도 불구하고 화폐는 절대로 물리적인 실체가 아니다. 화폐는 언제나 우리가 서로 거래하는 방식에 대한 합의로서 존재해왔다. 그 합의란 시간이 흐르면서 관습을 통해 가치가 거래되는 방식과 '화폐'의 정의에 대한 가정으로 정착한 것이다. 이러한 과정을 촉진하기 위해 우리는 때로 가치를 이전할 수 있는 물질적 대상에 대한 이야기를 만들어냈다. 이런 이야기가 널리 퍼지고 행동에 영향을 미치면서 사람들은 금속 같은 한 유형의 대상이 사회적 관습에 따라 가치를 부여받은 것이 아니라 본질적으로 가치를 지녔다고 가정하기 시작한다(Graeber 2011).

최근 시장의 물화物化는 우리가 화폐 또는 경제를 통제하지 않는다는 담론을 이끌어냈다. 그러나 근대적 화폐를 바라보는 더 나은 관점은 화폐가 상업을 지원하는 일련의 제도(예: 다양한 법률, 은행, 법원, 집행인, 시장, 군대, 관계, 사회 풍습 등) 가운데 하나라는 것이다. 예를 들어 화폐는 우리 통제의 외부에 존재하면서 부자는 더 부유해지고 빈민은 더 가난해지도록 만드는 힘이 아니다. 오히려 부와 자원의 재분배는 절대적으로 우리의 집합적인 통제 아래 놓여있다.

오늘날 거의 모든 국가의 통화 시스템은 은행의 고객(개인, 조직 또는 정부)이 (채권 판매를 포함한) 대출계약에 서명하면 은행이 새로운 전자 화폐를 발행하고 현재 계좌에 예치하는 체계다. 세계 대부분의 국가에서 부채 계약의 대가로 발행된 전자 화폐가 유통되는 거의 대부분의 화폐를 구성한다(Bendell and Greco 2013). 부채-화폐 시스템은 다양한 방식으로 탈-출이데올로기를 부채질한다.

자격: 부채-화폐 시스템은 채무자가 채권자에게 이자를 지불하는 방식을 통해 불평등을 야기한다. 복리 이자로 인해 부채 상환이 더 어려워질 경우 이 시스템은 불평등을 유지하는 기능을 한다. 따라서 이 시스템은 경제적 사다리의 위치에 따라 뚜렷하게 구별되는 소비문화를 부추긴다. 그럼으로써 경제적 사다리에 놓인 위치에 따라 뚜렷하게 구별되는 별개의 정체성을 형성하게 한다.

보증: 부채-화폐 시스템은 지도화 mapping, 계획, 계산 같은 사고방식을 채택하는 사람들에게 새로운 신용으로 보상을 제공한다.

통제: 부채-화폐 시스템은 시간이나 공간의 제약을 받지 않는 권력을 경

험하게 한다. 은행 계좌에 존재하는 전자 화폐는 녹슬지 않고 썩지 않으며 분실되지도 않기 때문이다. 이러한 화폐의 본성은 현실에 대한 우리의 인식에 영향을 미친다. 화폐를 지닌 사람은 타인에게 종속되지 않고 자신의 삶을 스스로 통제할 수 있다. 화폐를 통해 물질적 상품과 서비스를 구입할 수 있을 뿐 아니라 지위, 언론의 주목, 면책도 구입할 수 있다. 심지어 투표와 법률도 구입할 수 있는 것으로 보인다.

자율성: 모든 사람에게는 화폐가 필요하다. 살아야 하기 때문이다. 따라서 단순 거래 같은 경우에는 연대 같은 사회관계에 의존하지 않고도 언제든 거래에 나설 사람을 찾을 수 있다. 화폐를 개인의 자산으로 취급함으로써 우리가 서로에게 책임이 있는 존재라는 생각보다 각 개인이 자기 스스로를 책임져야 한다는 사고가 강화된다. 타인과 독립적인 존재가 되기 위해 모든 사람은 시장에서 판매할 것을 갖고 있어야만 한다. 그러나 이러한 자율성은 가식에 불과하다. 화폐는 가족, 친구, 이웃에 대한 의존을 시장, 즉 기업과 낯선 사람에 대한 의존으로 바꿀 뿐이다. 시장에 대한 의존은 이중적이다. 우선 화폐를 얻기 위해 시장에 가야만 한다. 그리고 화폐를 지출하기 위해 다시 시장에 가야만 한다.

진보: 부채-화폐 시스템이 작동하기 위해서는 경제 활동이 확장되어야 한다. 그렇지 않으면 경제가 붕괴할 수 있다. 이 문제는 경제학자들 사이에서 논란의 대상이었다. 그러나 나는 곧 발간될 논문을 통해 다음을 밝힐 것이다. 즉, 은행이 발행하는 부채-화폐는 성장을 강요하는데, 이에 맞서기 위해 제기된 반론에 결함이 있다는 사실이다. 거래 확장의 필요성은 물질적 확장으로서의 진보를 경험해왔다는

의미이고 그것을 정상적이고 바람직한 것으로 인식해왔다는 취지
다.

예외주의: 부채-화폐 시스템이 작동하기 위해서는 자연 세계를 제품으
로 전환하는 일을 멈춰서는 안 된다. 이 시스템에서는 사람을 도구화
하여 이윤 추구를 위한 대상으로 전환하는 일을 멈춰서는 안 된다.

이 과정에서 현금 배당을 통해 이익을 누리는 사람도 있을 것이다. 그
러나 우리가 지출하는 화폐의 양을 감안할 때 순이익을 얻을 가능성은
낮다. 기업이 기업 부채에 대한 이자를 상환하도록 우리가 지원하고 있
는 셈이기 때문이다(서구 경제의 경우 이자 지불 비용이 상품과 서비스 가격의 약 40%
를 차지한다고 추산하는 사람도 있다(Bendell and Greco 2013)). 부동산을 매각한 뒤
더 저렴한 주택을 매입하여 현금을 확보함으로써 이익을 누릴 수도 있
을 것이다. 그러나 자금을 확보하기 위해 기존 주택을 매각한 뒤 주택
규모를 축소하여 매입함으로써 이익을 실현하기 전에 주택 가격만 보고
이익이라고 생각하는 우를 범하면 안 된다. 결국 주택의 시장 가격은 주
택을 매각하여 현금화하지 않는 이상 가치에 대한 이야기에 불과하다.

나와 같이 오늘날을 살아가는 사람들은 탈-출 이데올로기에 홀려서
거기에 순응할 뿐 아니라 노동자와 소비자로서 서로를 자발적으로 감시
한다. 그럼으로써 우리의 고향인 지구를 체계적으로 파괴하고 우리가
알지 못하는 사람에게 부와 권력을 넘긴다. 그러므로 탈-출 이데올로기
는 착취를 위한 억압의 이데올로기로서 절멸을 야기한다. 따라서 우리
가 직면한 기후 비극은 우리가 자행하는 억압의 결과다. 이러한 억압 체
계는 우리가 우리 자신과 우리 가족의 생명을 떠받치는 시스템을 파괴
하는 일에 동참하는 어리석은 짓을 저지르도록 강요한다. 의미 있는 환

경주의라면 우선 그리고 무엇보다 이러한 억압 체계에서 공동해방을 지향하는 운동이 되어야 한다.

그러나 환경주의자들은 탈-출 이데올로기에 사로잡혀 있다. 그렇기 때문에 환경주의자들은 환경 문제를 더 나은 관리와 통제가 필요한 부작용이나 사고 정도로 치부한다. 또는 소비자의 자기표현과 영웅주의를 실현할 기회로 삼는다. 환경주의자들이 환경 문제를 다루는 틀은 탈-출 이데올로기가 환경 문제를 유발하는 방식을 인식하도록 지원하는 틀이 아니다. 기본적으로 탈-출 이데올로기에 부합할 수 있는 틀이다. 진정한 환경주의라면 인간을 더 자유로운 존재, 환경과 연결되고 환경을 존중하며 환경을 지탱할 수 있는 존재로 만들겠다는 목표를 달성하기 위해 노력해야 한다. 이러한 목표를 달성하기 위해 노력하지 않는 환경주의는 모두 거짓이다. 그리고 그것은 2020년 대기 중 CO_2가 417ppm에 달했다는 사실을 통해 입증되었다.[*]

아마 많은 환경 운동가와 환경 전문가들이 탈-출 사고에 사로잡혀 있을 것이다. 그렇기 때문에 지금까지도 생명을 파괴하는 현상이 제대로 파악되지 않고 있는 것이다. 사람들은 식민주의, 가부장주의, 산업주의 또는 인간중심주의에 책임을 돌린다. 그러나 나는 우리 스스로를, 타인과 자연을 파괴하는 개념과 관행을 지칭할 만한 용어를 아직 찾지 못했다. 앞서 우리 스스로 체계 안에 유폐되는 과정은 다른 생명을 유폐하는 과정으로 이어진다는 점을 강조한 바 있다. 이러한 유폐 과정은 예나 지금이나 많은 사람들의 죽음과 자연 세계 대부분의 죽음으로 이어진다.

포스트 계몽주의post-Enlightenment 시대는 거대한 유폐의 시대로 간주될 수

---

[*] https://research.noaa.gov/article/ArtMID/587/ArticleID/2636/Rise-of-carbon-dioxide-unabated

있다. 나에게는 이러한 유폐 과정이 우리의 삶을 형성하는 데 있어 근대성과 식민성만큼이나 중요한 구성요소인 것으로 보인다. 따라서 이름을 붙일 만한 가치가 있다고 생각하여 '유폐' 패러다임이라고 명명해본다. 생명의 탈유폐de-incarceration를 목표로 삼았을 때 우리는 무엇을 얻을 수 있을까? 생명의 탈유폐를 목표로 삼을 경우 분리의 극복을 추구할 때보다 더 많은 도전에 직면하는 동시에 더 많은 지침을 얻을 수 있을 것이다. 따지고 보면 우리는 별개의 존재로 분리된 적이 없었다. 단지 우리를 분리된 존재로 경험함으로써 생명을 유폐하는 기획에 동참하여 우리 스스로 우리 존재의 양상을 유폐해왔을 뿐이다(Thich Nhat Hanh 1987).

탈-출을 넘어 우-주(c-o-s-m-o-s) 이데올로기로

그러면 탈-출 이데올로기를 넘어서 나아갈 방법은 무엇일까? 다음을 인식하는 일에서 출발하는 것이 유용할 것이다. 우선 탈-출 이데올로기의 존재를 인식해야 한다. 또한 이 이데올로기가 특정한 태도와 행동을 촉진하고 퍼뜨리는 일에 관련되어 있다는 사실을 인식해야 한다. 바로 우리 인간 종의 삶의 경험과 미래의 가능성에 그리고 지구의 생명에 회복 불가능한 방식으로 피해를 입히는 태도와 행동이다. 탈-출 습관에 반대되는 습관이나 정신적 특성을 알려주는 단순한 지침을 만들 수 있다면 탈-출 이데올로기를 인식하는 데 그치지 않고 더 나아갈 수 있도록 도울 수 있을 것으로 생각했다. 이러한 성찰을 꾸준히 이어간 끝에 탈-출 이데올로기를 넘어 나아갈 수 있는 잠정적인 지침을 개발했다. 각 단어의 머리글자를 따서 우-주(c-o-s-m-o-s)라는 이름을 붙였다. 여기서는 단순한 진술을 활용하여 우-주 지침의 관점을 소개하고 그 구성요소가 탈-출 이데올로기의 구성요소에 반대되는 방식을 설명할 것이다.

나는 탈-출 이데올로기에 대처하는 우-주 지침을 나의 진로를 설계하고 세계를 분석하고 글로 드러내는 방식을 설계하며 세계 속에 내가 존재하는 방식을 설계하는 일을 뒷받침하는 데 사용하기 시작했다. 우-주 지침을 사용하기 시작한 지 얼마 되지 않았으므로 그 지침에 대한 '사전 검증'을 거치지 못했고 그 지침이 미치는 영향에 대한 정보도 없는 상태임을 알려두고자 한다.

- 자격이라는 습관은 다음 사고와 관련된다. '나는 내가 원하는 것 이상을 기대한다. 그리고 긍정적인 느낌을 가질 수 있게 되기를 바란다.' 반면 이러한 맥락에서 **연민**Compassion은 다음에 대한 감각을 포함한다. '나는 당신이 겪는 괴로움에 내가 기여한 부분에 대해 절실한 책임감을 느낀다. 좋든 싫든 관계없이 정당하다고 느끼기를 기대하지 않는다.'
- 보증이라는 습관은 다음 사고와 관련된다. '나는 내 경험을 토대로 당신을 비롯한 모든 것을 정의할 것이다. 그럼으로써 더 평온함을 느낀다.' 반면 **개방성**Openness은 다음을 바란다. '아무리 불안하더라도 나는 되도록 호기심을 잃지 않을 것이다.'
- 통제라는 습관은 다음 사고와 관련된다. '나는 내 의견을 당신에게 강요하고 나 자신을 비롯한 모든 것에게 강요하려고 애쓸 것이다. 그럼으로써 더 안전함을 느낀다.' 반면 **평정**Serenity은 다음을 느끼도록 허용하는 일과 관련된다. '아무리 불안한 상황처럼 보이더라도 나는 나 자신과 당신의 존엄 및 모든 생명의 존엄을 존중한다.'
- 자율성이라는 습관은 다음 사고와 느낌과 관련된다. '나는 완전히 별

개의 정신, 완전히 별개의 존재가 되어야만 한다. 그렇지 않으면 나는 존재할 수 없을 것이다.'

반면 **상호성**Mutuality은 다음을 기억하는 일과 관련된다. '이 세계가 나를 만들었고 사회는 나를 형성했다. 따라서 나는 내가 이해하는 모든 것과 타인과 관계를 맺는 모든 방식에 대해 의문을 품을 것이다.'

- 진보라는 습관은 다음 사고와 느낌과 관련된다. '미래는 나로부터 시작된 유산이나 현재 나에게 의미 있는 유산을 포함하고 있어야만 한다. 그러면 죽음을 맞이하는 순간 내 죽음이 한층 더 깊은 의미를 가질 것이기 때문이다.'

반면 **동일성의 인식**Oneness awareness은 다음 감각과 관련된다. '중요한 것은 지금 여기에서 내가 보다 성실하게 살아가는 것이다. 나를 중요하게 여기거나 내가 개선되고 있다고 생각할 필요는 없다.'

- 예외주의라는 습관은 다음과 같은 가정을 의미한다. '이 세계가 나를 귀찮게 한다. 세계의 대부분이 내 심사를 뒤틀어놓기 때문이다. 따라서 나는 내가 더 나은 존재이고/거나 필요한 존재라고 생각한다.'

반면 **연대**Solidarity는 다음을 인지한 상태에서 마음에서 우러나오는 행동과 관련된다. '우리 공동의 슬픔과 실망은 모든 생명에 대한 우리의 상호 애정에서 생겨난다. 그리고 우리에게 동기를 부여해 공정, 정의, 치유를 추구하도록 만든다.'

머리글자로 이루어진 단어 우-주(c-o-s-m-o-s)를 선택했다고 해서 '저 너머' 공간에 '자리 잡은' 우주의 이미지를 연상하기를 바라는 것은 아니다. 오히려 우-주를 통해 모든 것, 모든 장소, '모든 시간'을 연상하기를 바란다. 스스로를 우주의 한 측면으로 경험하는 것은 더없이 행복한 경험인 동시에 고통스러운 경험이 될 수 있다. 우리가 느끼는 선과 악, 고통과 기쁨이 모두 우주 안에 존재하기 때문이다(Macy 2020).

근대에 탈-출 이데올로기가 강화되었음에도 불구하고 탈-출 이데올로기의 대처법으로서의 우-주 지침은 '반反근대' 또는 근대성을 완전히 부정하는 것이 아니다(Versluis 2006). 탈-출 패러다임의 각 구성요소 안에 자리 잡은 사고와 느낌 가운데 일부는 유용할 뿐 아니라 앞으로도 계속 유용하게 사용될 수 있을 것이다. 문제는 탈-출 패러다임을 구성하는 요소에 그리고 인간이 구축한 경제, 정치, 교육, 문화 시스템을 통해 이러한 구성요소를 보다 널리 퍼뜨리는 일에 맹목적으로 충성하고 집착하는 것이다. 나는 우-주 지침을 통해 탈-출 이데올로기를 해체하고 우리 스스로와 모든 생명을 유폐하는 시대를 해체하고자 했다. 그러나 이러한 해체를 반근대주의라고 생각하지 않는다. 오히려 이 해체가 근대성의 뿌리 깊은 가정(예: 단선적인 진보와, 경험적으로 실증되지 않은 가설은 무시하는 권력)을 비판하는 급진적 탈근대주의postmodernism와 공명할 수 있다고 생각한다(Atkinson 2002). 또한 이러한 해체가 '초超근대주의transmodernism'라는 새롭게 등장하는 다양한 기획에 관련된 사람들의 관심사와 가장 밀접하게 공명할 수 있다고 생각한다(Cole 2007). 보통 반제국주의적 관점에서 근대성 비판을 지지하는 사람들은 탈근대주의적 입장이 일관성 있는 정치적 기획을 도출하지 못하고 있는 상황에 대해 안타까움을 표시한다. 그러면서 근대 이전의 문화를 비롯한 다양한 문화에서 출발한 사고와 접근법을 혼합하라고 고무한다.

나는 내가 엘리트 교육을 받은 백인, 중산층, 중년의 서구 남성이라는 사실을 인식한다. 나는 반인종차별주의, 반가부장주의, 탈식민화 분야에서 수많은 비백인(흑인·원주민·유색인종BIPOC) 여성 학자, 활동가, 전문가와 함께 작업하면서 많은 교훈을 얻었다. 그럼에도 우리가 직면한 붕괴에 대해 사고하는 더 나은 방식으로서 내가 제안하는 모든 것은 특권으로서 부여받은 정체성 속에서 생활한 내 삶의 경험에서 영향을 받는다. 그러므로 탈-출 이데올로기가 내가 미처 인식하지 못한 방식으로 내가 제안하는 것들에 영향을 미쳤을 가능성이 있다. 그러므로 우-주 지침뿐 아니라 탈-출(또는 우리가 직면한 곤경의 원인이라고 이해한 것)을 넘어서 나아갈 수 있는 방법을 제시한 다른 사람의 사고도 함께 고려하면 유용할 것이다. 특히 GTDF가 제시하는 조언과 도구를 고려하기를 적극 추천한다. GTDF는 순-환 이데올로기와 탈-출 이데올로기에 속하는 여러 습관을 줄일 수 있는 지침을 제안했다. GTDF는 이러한 지침을 거-름(c-o-m-p-o-s-t)이라고 부른다.

GTDF는 자신을 포함한 기후 분야 활동가를 비롯한 사회 활동가들에게서 찾아볼 수 있는 탈-출 이데올로기에 속하는 여러 습관에 대해 통찰한 끝에 거-름 지침을 개발했다. 그러므로 GTDF가 제시하는 거-름 모델은 사회 활동 및 사회 정책 작업 또는 환경 활동 및 환경 정책 작업에 관여하고 있는 사람들에게 강한 어조로 호소할 수 있을 것이다. 물론 이러한 작업들에 관여하고 있는 사람들의 심기는 다소 불편할 것이다 (GTDF 2020).

자격에 반대되는 구성요소는 **수용능력**Capacity이다. 즉, 고통스러운 일과 어려운 일을 담아둘 여지를 갖는 능력이다. 그럼으로써 짜증을 내거나 감정에 압도당하거나 무기력해지지 않을 수 있다. 또한 애정을 갈구하거나 구조되기를 바라지 않을 수 있다. 자격에 반대되는 또 다른 구성요소는 피해 유발 및 공모에 대한 **인정**Owning up이다. (피해는 폭력과 지속불가능성으로 인해 유발된다. '우리가 알고 있는 세계', 즉 우리가 즐거움, 확실성, 안전을 누리면서 생활하는 세계를 구축하고 유지하기 위해서는 이러한 피해를 피할 수 없다.) 보증에 반대되는 구성요소는 **성숙**^{Maturity}이다. 성숙해지지 못하면 개인이나 집단이 싸놓은 **똥**^{shit}(GTDF의 표현 그대로다. 물론 이 표현을 비판할 생각은 없다!)을 부정하거나 타인에게 떠넘기거나 주위에 퍼뜨린다. 성숙해짐으로써 이러한 똥에 직면하고 해결하기 위한 노력을 기울일 수 있다. 통제와 진보에 반대되는 구성요소는 **중단**^{Pasue}이다. 자기애적이고 쾌락적이며 '고착된' 충동을 중단하여 피해를 유발하는 바람, 자격, 투사, 공상, 이상화를 식별하고 중단하며 관심을 거두는 것이다. 자율성에 반대되는 구성요소는 자아 이미지와 자기 서사를 **객체화**^{Othering}하는 것이다. 그럼으로써 '자아 너머의 자아'에 직면할 수 있다. 자아 너머의 자아는 모든 것/모든 사람의 내면에 자리 잡은 아름답고, 추하며, 불완전하고, 개떡 같은 측면^{fucked up}(이번에도 GTDF의 표현 그대로다.)을 모두 아우른다. 예외주의에 반대되는 구성요소는 **강건함**^{Stamina}과 냉철함이다. 만족감을 주고 손쉬우며 편안하고 소모적이며 편리한 것이 아니라 필요한 것을 다른 방식으로 표현하고 행동에 옮기는 것이다. 마지막 구성요소는 겸손, 연민, 평정, 개방성, 연대, 상호성에 대한 무제한적 책임으로의 **전환**^{Turning}이다. 이렇게 전환함으로써 순수성, 주목받음, 진보, 인기에 몰두하지 않게 된다. GTDF가 제시하는 통찰에 대해서는 6장에서 더 자세하게 설명할 것이다.

이 장에서는 탈-출 이데올로기를 비판하고 우-주 대처법을 제안했다. 이 장을 통해 탈-출 이데올로기 비판과 우-주 대처법 제안이 어떤 방식으로 억압에 반대하는 노력과 발맞추는지 이해하게 되었기를 바란다. 이때 억압에 반대하는 노력이 이해되고 추구되는 관점은 반가부장주의일 수도 있고 반제국주의일 수도 있고 반인종차별주의일 수도 있고 탈식민주의일 수도 있지만 그것은 그리 중요하지 않다.

더불어 이 장을 통해 나는 억압에 반대하는 과정에 기울이는 노력은 성찰적인 방식으로 추구하는 것이 가장 바람직하다는 사실을 분명하게 보여주고자 했다. 성찰적인 방식을 통해 우리는 모두 억압받는 존재인 동시에 억압하는 존재라는 사실을 인식하고, 나아가 변화에 동참하겠다고 나설 수 있기 때문이다. 그러므로 나는 기후 혼돈에 대한 심층적응과 관련된 미래의 작업에서 공동해방이라는 개념이 유용하게 사용될 수 있을 것이라 생각한다. 나는 공동해방이라는 개념을 통해 시스템에서 서로 공동으로 자유로워지려는 사람들의 열망을 묘사하려고 했다. 그 시스템은 사회의 지배 집단과 주변화된 집단 모두에서 각 집단에 속한 사람들을 차별적으로 억압한다. 그러므로 공동해방이라는 개념에는 시스템의 억압을 피하려는 공동체에 속한 사람들이 누리는 공동 자유를 공동 창조하는 일이 포함된다.

파괴적인 이데올로기에서 벗어나 공동해방으로

앞서 설명한 내용이 납득되었다면 탈-출 습관을 줄이기 위해 무엇을 해야 하고, 억압하고 파괴하는 시스템에서 공동해방되는 일에 어떻게 참여할 수 있는지 궁금해질 것이다. 우선 탈-출 습관의 뿌리에 덧없음과 죽음에 대한 공포가 자리 잡고 있는 방식에 대해 인식하는 것이 유용할 것이다. 또한 그 공포들이 상호작용하여 우리 스스로와 세계를 단절적으로 경험하고 이해하는 방식을 서로 통합함으로써 모든 생명에 대한 친밀감을 줄어들게 만드는 방식을 인식하는 것이 유용할 것이다 (Jenkinson 2016). 이러한 이해가 생기고 나면 탈-출 습관에 대한 가장 강력한 대처법을 어디에서 찾을 수 있는지 확인할 수 있을 것이다. 우리가 지닌 두려움이라는 감정을 더 많이 인식하고 더 적게 반응하도록 도와주는 모든 것, 우리가 모든 생명과 별개의 존재가 아니라는 사실을 더욱 깊이 경험하도록 도와주는 모든 것, 우리가 시간적으로 무한하고 공간적으로 제한이 없는 의식의 일부라는 점을 경험하도록 도와주는 모든 것은 우리가 탈-출 습관에서 벗어나고 탈-출 습관이 생산한 억압하고 파괴하는 시스템을 줄일 수 있도록 지원할 것이다. 내 생각에는 통찰명상insight meditation, 호흡요법, 심층 관계 맺기deep relating 같은 활동이 유용할 것으로 보인다(7장).

나는 기후 위기의 사회 정의 측면에 점점 더 많이 관여해왔는데, 그것 역시 유용할 것으로 보인다. 기후 위기의 사회 정의 측면은 세계에 대해 느끼는 감정적 고통을 받아들이는 과정에서 나타나는 나의 감정적 대처에 초점을 맞추는 일을 넘어선다. 지금부터는 기후 위기의 사회 정의 측면에 참여하는 일이 나의 삶에 피할 수 없는 측면으로 자리 잡을 것이다. 이 측면은 나보다 더 고통 받는 사람들과의 연대감을 느끼고 그 사람들과 연대하여 행동하는 일과 관련된다. 바로 이것이 우리가 직면한 곤경에 대한 내 반응의 핵심이다. 이러한 연대는 억압을 유지하고 탈-출 사고를 장려하는 경제 시스템을 교란하고 그것에서 벗어나려는 노력을 지원하는 일과 관련된다. 공모와 고통에서 해방되는 일은 매우 매력적일 것이다.

그러나 선하다고 느끼고 공정하다고 느끼는 것은 탈-출의 구성요소 가운데 자격이라는 습관에 관련된다. 대신 어떤 유형이든 관계없이 감정적 고통에 대한 혐오에서 자유로워지려면 일어나고 있는 일에 효과 있게 반응하는 데 보다 적극적으로 나서야 한다. 이런 의미에서 공동해방은 결백함, 적합함, 정의로움을 인정받거나 면책 받기를 기대하거나 바라는 감정에서 해방되는 일과 관련된다. 자신의 마음을 열어두는 가운데 평정을 더 많이 유지하는 일이 더욱 많은 고통을 안기는 동시에 더욱 큰 기쁨을 주는 일이라는 사실을 이해해야 한다. 열린 마음으로 평정을 유지하도록 장려하는 일이야말로 공동해방에 이르는 진정 유일한 길이자 영적 삶에 참여하는 일의 일환이 된다(Rothberg 2006).

탈-출로부터 공동해방되려는 노력을 기울이다가 무언가에 특권을 부여하여 또 다른 것을 억압하는 데 초점을 맞추게 되는 일은 없어야 할 것이다. 특히 해결하기 어려운 과제는 경제 정의 문제를 활동가 집단 및 공동체 구성원과 함께 작업하도록 연결하는 방식과 관련된다. 예를 들어 사람들은 젠더와 인종에 대해 무의식적 편향을 지니고 있다는 사실을 더 많이 인식하는 법을 터득할 수 있다. 그러나 경제 불평등 문제는 해결하기 더욱 어려운 과제가 될 수 있다. 왜냐하면 일반적으로 사람들은 자신이 누리는 경제적 특권을 유지하려고 하고 경제적 격차에 담긴 의미에 대해서는 고려하지 않으려 하기 때문이다. 그러나 경제적 계급과 관련된 편견과 억압 문제를 해결하지 못하면 공동해방을 추구하는 노력을 기울이더라도 경제적 약자에 속하는 많은 사람들을 소외시키게 될 가능성이 높다.

어쩌면 이러한 탈-출 이데올로기를 넘어서는 이행에서 스스로를 지탱하는 유일한 방법은 다른 생활방식을 실천하는 공동체에 참여하는 일일 것이다. 이런 공동체는 지역적일 수도 있고 아닐 수도 있다. 물론 가장 바람직한 것은 앞으로는 지역적이지 않은 공동체에는 되도록 의존하지 않는 것이다(12장에서 다루는 재지역화). 또한 이런 공동체가 사회 정의와 경제 정의를 추구하면서 기울이는 노력에 참여하는 일도 유용할 것이다. 그럼으로써 공동체 안에만 초점을 맞추는 일을 피할 수 있다.

가장 많은 피해를 경험하고 있는 지역에서 그 피해를 줄이기 위해 노력하는 '기후 정의' 활동에 관여하는 일도 심층적응과 공동해방의 핵심이 될 수 있다(Reyes Mason and Rigg 2019). 기후 정의를 실현하려는 노력에 참여해야 하는 또 다른 이유는 우리가 직면한 곤경의 본성이 전 세계적이라는 현실에 있다. 탈-출 이데올로기에서 벗어난 소수의 사람들이 모인 소규모 집단은 특히 자신들을 위해 적극적으로 행동할 것이다. 그러나 이러한 활동은 파괴되어가고 있는 지구에 지속적인 영향을 미치지 못할 가능성이 높다. 지구를 파괴하는 것은 광범위하게 파괴적인 이데올로기와 그 이데올로기가 공동으로 유지하고 있는 경제 시스템에서 등장한 행동이기 때문이다.

대안 패러다임을 위한 사고를 탐구하는 일이 중요함에도 불구하고 그 과정이 더욱 너른 사회에 큰 영향을 미칠 것이라는 생각은 착각에 불과하다고 생각한다. 왜냐하면 지금까지 이런 이야기를 하는 사람을 많이 만나보지 못했기 때문이다. 소수의 사람들은 이 장에서 종합한 것과 같은 비판적 사회 이론을 접할 기회를 얻었을지 모른다. 소수의 사람들은 이러한 사고를 대중에게 알리는 코미디언이자 사회평론가인 러셀 브랜드 같은 대중적인 인물을 접하는 행운을 누렸을지 모른다. 그러나 현재의 통화 시스템이 바뀌지 않는다면, 그 시스템은 앞으로 다가올 사회 붕괴의 순간에도 탈-출 이데올로기를 지속적으로 부추길 것이고 우리는 별 볼 일 없는 구경꾼으로 남고 말 것이다. 공동해방의 방법은 타인과 상호작용하는 모든 순간에 대한 관심과 관련되어 있다. 그럼에도 중요한 것은 그렇다고 해서 지역 수준, 국가 수준, 국제 수준에서 정부 정책을 변화시킬 필요가 없는 것은 아니라는 사실이다. 개인을 여러 규모의 정치와 연결하는 일은 반드시 필요하다(11장).

그러므로 다음과 같은 질문을 던져야 한다. 탈-출 이데올로기를 대규모로 무너뜨려서 사람들이 피해를 줄이는 일과 즐거움과 의미를 찾는 일에 발 벗고 나서도록 지원하고 싶은가? 또한 지구상의 생명과 인간 종을 위한 가능성을 보다 더 많이 창출하고 싶은가? 만일 그렇다면 우리의 통화 시스템을 무너뜨리고 그것이 안고 있는 문제를 되풀이하지 않을 수 있는 다른 형태의 통화 시스템으로 대체할 방법을 고려해야만 한다. 이 목적을 달성하기 위해 탈-출 이데올로기를 부추기는 경제적인 동력을 무너뜨리는 일을 지원하려는 노력을 기울일 수 있을까? 틈새로만 존재하는 소규모 대안을 창조하는 것이 아니라 다른 방식으로 이러한 노력을 기울여야 할까? 심지어 지정학적 수준에 이르는 대규모의 노력을 기울일 수 있을까? 진보의 종말에 반대하는 '인기영합론자'가 대중을 타락의 길로 이끌어가기 전에 먼저 '인기영합론자'의 반격을 저지하고 그들을 따랐던 사람들을 진정한 이데올로기의 변형을 이루는 일에 나서도록 이끌기 위해 노력할 수 있을까? 이 책의 공동 저자인 루퍼트 리드가 11장에서 시도하는 것처럼, 앞으로 더욱 많은 사람들이 이러한 대화에 참여하기를 바란다.

이처럼 더욱 심도 깊은 철학 비판과 실현 가능한 개선책에 대해 일반 대중과 의사소통할 때 어떤 틀과 용어를 사용하는 것이 유용할지에 대해서는 아직 고려해보지 않았다. 이 장에서 제공한 틀은 이론적 차원에서 문제를 제기하는 일에 관여하려는 사람들 사이에서 이루어지는 논의에 유용한 것일 뿐 다른 용도로는 유용하지 않다. 이 장에서 제시한 사고에 대해 다른 사람과 논의하는 데 관심이 있는 사람에게는 꽤 어려운 일이 되리라 생각한다! 그래서 이 장에서 제시한 틀보다는 7장에서 설명할 예정인 촉진 같은 틀을 활용하는 것이 훨씬 유용하리라 생각한다.

이러한 철학적 사고는 기후 의제에 좌파적 견해를 추가하는 것에 불과하다는 반응을 보이는 사람도 있을 것이다. 다음과 같은 질문을 던짐으로써 그러한 반응에 대응할 수 있을 것이다.

나머지 세계에서 생활하는 사람들과 비교했을 때 비교적 훌륭한 보상을 받고 있는 개인이지 않나요? 그렇다면 커다란 소행성이 지구의 생명을 파괴하는 것과 같은 수준으로 지구의 생명을 파괴해왔을 것입니다. 그리고 그 결과 우리 종 자체가 대규모 죽음에 직면하게 되었습니다. 이제 이러한 상황을 알게 되었으니 기존의 지식 습득 방식 또는 기존의 세계관과 정체성이 조금이나마 흔들리고 있지는 않을까요? 혹시 다루기 까다로운 감정을 느끼게 된 것은 아닌가요? 그 감정이 무엇을 말하는지 생각해보고 계신가요?

생물학적 절멸이라는 전제를 수용하지 않는 사람이 있다. 이러한 사람들에게는 배움이 필요하다. 그럴 때는 위와 같은 질문을 던져야 한다. 이러한 대화를 통해 실망감을 느끼게 될지도 모른다. 하지만 좀 더 넓은 맥락을 상기한다면 약간은 위안으로 삼을 수 있을 것이다. 즉, 탈-출 이데올로기는 현실과 괴리되어 있기 때문에 결국 붕괴하고 말 것이라는 점이다. 잠시 멈춰서 이러한 너른 맥락을 떠올리면서 숨을 고른 뒤에는 현재 진행형인 문제를 해결하기 위해 다시 나서야 할 것이다. 그것이 바로 '세계를 격하게 사랑하는' 방식이기 때문이다(Macy 2020).

무의식적인 중독

:기후변화와 잠재적 기후 붕괴에 대한 반응 유형 분류

**르네 수사, 샤론 스테인, 바네사 안드레오티, 테레자 차이코바,
디노 시웰, 탈식민화된 미래를 향한 몸짓(GTDF) 공동체***

서론

이 장의 저자들은 GTDF 공동체의 구성원이다. GTDF는 전 세계의
연구자, 예술가, 교육자, 학생, 사회 정의 활동가와 환경 활동가, 조상/
원주민 지식 수호자들이 모여 있는 단체다. GTDF에서 하는 일은 다방
면에 걸쳐있다. 이 단체가 추구하는 핵심 임무 가운데 하나는 애착, 몰
두, 인지된 자격, 특권, 안전에 결부되어 있는 여러 겹의 의식적, 무의식
적 층을 탐구하는 일이다. 바로 그것들이 근대 사회의 구성원으로서의
인간 실존의 조건을 규정하고 틀 안에 가두며 *다른 방식으로* 상상할 수
있는 인간의 역량을 제한하기 때문이다.

　기후변화로 인해 또는 전 세계적으로 전염병이 유행하거나 사회의 안

* 이 작업은 미탁스(Mitacs)가 운영하는 미탁스 촉진 프로그램(Mitacs Accelerate Program)의 지원을 받아 이루어
졌다.

정을 해치는 여러 요인이 복합적으로 작용함으로써 사회 붕괴가 임박했을 가능성이 존재한다. 이러한 우려를 바탕으로 이 장에서는 부정(否定)을 구성하는 4가지 구성요소에 초점을 맞추어 분석을 진행할 것이다. 부정의 4가지 구성요소 탓에 우리가 직면한 다중적인 위기에 보다 심도 깊고 현명하며 냉철하게 관여할 수 없게 된 상태이다. 부정의 4가지 구성요소는 구체적으로 체계적 폭력에 대한 부정, 지속불가능성에 대한 부정, 연관성에 대한 부정, 우리가 직면한 문제의 규모/복잡성에 대한 부정이다.

이 장에서는 '근대성이 지은 집'이라는 은유를 활용하여 다음과 같은 사실에 대한 관심을 이끌어낼 것이다. 우리는 (근대성이 지은 집에 내재하는 인간 및 인간이 아닌 존재에 대한 폭력이) 체계적으로 재생산하는 피해에, 그리고 체계적인 폭력을 지속하여 확장한 결과 체계적으로 재생산되어 (근대성이 지은 집에 거주하는) 우리에게 누적되는 직간접적인 다양한 이익에 다양한 수준으로 공모하고 있다. 이 장의 저자들은 다양한 사회 정의 운동, 지속가능성 단체, 정책 입안가, 옹호자 및 활동가와 함께 일하면서 경험을 쌓아왔다. 이 장에서는 여러 저자들의 경험을 토대로 지배적인 반응 유형을 5가지로 구체화할 것이다. 바로 낭만적 반응, 혁명적 반응, 합리적 반응, 반동적 반응, '중독 치료적' 관점에서의 반응이다.

기후 붕괴에 대한 부정

최근 몇 년 사이에 다양한 집단에서 기후변화 부정이라는 주제와 기후변화 부정을 (가시적 또는 비가시적으로) 드러내는 다양한 유형과 표현이라는 주제에 상당히 주목해왔다. 기후변화 부정이 보다 가시적인 형태로 나타난 사례로 2019년에 일어난 일을 꼽을 수 있다. 바로 도널드 트럼프 대통령이 파리 기후변화 협약에서 미국의 탈퇴를 공식 선언한 일이다(Pompeo 2019). 또한 평소에도 기온이 섭씨 40도를 넘나들면서 발생한 산불이 몇 달 간 지속되어 주위가 모두 황폐화되는 사태를 경험했음에도 호주 정부는 석탄 발전에 대한 지속적인 투자를 약속했고 카마이클 탄광 개발을 승인했다(《이코노미스트 Economist》 2019).

때로 기후변화에 대한 부정은 거의 비현실적인 방식으로 그 모습을 드러낸다. 예를 들면 스콧 모리슨 호주 총리는 숨쉬기조차 불편한 시드니에서 신년사를 발표하면서 "아이를 키우기에 이보다 더 좋은 장소는 지구상 어디에서도 찾아볼 수 없다"고 주장했다(Remeikis 2019). 2019년 9월 유엔총회에서 자이르 보우소나루 브라질 대통령이 연설한 내용 역시 기가 막히기는 마찬가지다. 그 연설에서 보우소나루 대통령은 (수십 년 동안 자행된 삼림 파괴는 아랑곳 하지 않은 채) 아마존 열대우림이 "사실상 사람의 손을 타지 않은 자연 상태"라고 주장했을 뿐 아니라(Anderson 2019) 2019년 아마존 열대우림에서 발생한 화재는 "브라질에 문제를 일으키고 자신들에게 이목을 집중시키기 위해서 환경주의자 또는 '녹색 운동가'들이 벌인 자작극이라고 주장했기 때문이다(Anderson 2019).

널리 알려진 대로 트럼프 대통령, 모리슨 총리, 보우소나루 대통령은 모두 자신이 기후변화 부정론자라는 사실을 스스럼없이 밝혀왔다. 따라서 이 세 사람이 이러한 발언을 하고 이렇게 행동하는 것은 그리 놀라운 일이 아니다. 이 세 사람이 존중하는 틀과 신념 체계에 부합하는 일관성 있는 발언과 행동이기 때문이다.

캐나다 사례를 추가로 보면, 기후변화 부정이라는 주제가 생각보다 더 복잡한 주제라는 사실을 확인할 수 있다. 2019년 6월 캐나다 의회는 기후변화가 인간 활동으로 유발된 '실질적이고 시급한 위기'일 뿐 아니라 환경, 생물다양성, 캐나다인의 건강, 캐나다 경제에 영향을 미친다고 인정하면서 국가 기후 비상사태를 선언했다(Jackson 2019). 캐나다 의회가 국가 기후 비상사태를 선언하기 1년 전 쥐스탱 트뤼도 캐나다 총리는 트랜스 마운틴 파이프라인 국유화에 45억 캐나다 달러(35억 미국 달러)를 투입하기로 결정했다(Chase, Cryderman and Lewis 2018). 그럼으로써 앨버타 주의 타르샌드에서 생산되는 석유의 양을 크게 증대할 수 있을 터였기 때문이다. 이에 따라 캐나다의 탄소발자국 역시 크게 증가하게 될 터였다. 트랜스 마운틴 파이프라인 국유화를 승인한 2018년, 트뤼도 총리는 기후변화가 '인간 활동으로 유발된 실질적이고 시급한 위기'라는 사실과 캐나다가 '국가 기후 비상사태'를 경험하고 있다는 사실을 분명히 인식하고 있었다(Jackson 2019). 그럼에도 트뤼도 총리는 "자국 영토에 1,730억 배럴에 달하는 석유가 매장되어 있는데도 개발하지 않고 내버려둘 국가는 단 한 곳도 없다."는 입장을 분명히 밝혔다(CBC 2017).

호주, 브라질, 미국의 사례에서 확인할 수 있는 각국 지도자의 기후변화 부정 수준은 불편하기 그지없다. 그러나 그럼에도 이 세 나라 지도자들은 일관성 있게 기후변화를 부정할 뿐 아니라 지구 대기에 인간이 미친 영향을 부정하는 매우 중요한 담론을 옹호한다는 차원에서 볼 때 내적 논리에 일관성도 갖추고 있다. 이와 대조를 보이는 캐나다 사례는 기후변화 부정의 또 다른 유형을 나타낸다. 호주, 브라질, 미국의 사례를 그저 모든 기후 논쟁을 싸잡아 묵살하는 사례로 볼 수 있다면 트뤼도 캐나다 총리의 반응은 전략적 선택에 따른 의도적인 무시 사례로 볼 수 있다.

다른 저술가들도 '의도적인 무시'라는 용어를 사용하는데(Alcoff 2007; Maldonado-Torres 2004; Tuana 2006) 이 저술가들은 보통 의도적인 무시가 무의식적인 억제를 통해 보다 심도 깊은 수준에서 작동한다고 언급한다. (예: 우리는 우리가 모르는 것에 대해 궁금해 하지 않는다.) 그러나 기후 비상사태에 대해 인식하고 있으면서도 기후변화를 의도적으로 무시하는 행동은 사실 대부분 매우 신중한 심사숙고를 통해 나오는 행동이다. 인정하기가 너무 어렵거나 너무 불편하거나 너무 거북하거나 너무 괴로운 지식 또는 정보를 발견하게 되면 의도적인 무시라는 형태의 반응이나 또 다른 형태의 의식적이고 무의식적인 부정 전략 같은 반응이 나타나기 마련이다(Pitt and Britzman 2003; Taylor 2013; Zembylas 2014). 따라서 일반적으로 우리의 행동은 합리적인 선택에서 도출되는 것이 아니다. 우리의 행동은 보통 편안하고 확실하며 통제된 것을 추구하는 바람을 무의식적으로 구조화함으로써 도출된다(Andreotti et al. 2018).

　기후변화를 부정하는 태도와 매우 높은 확률로 임박한 기후 붕괴의 가능성을 부정하는 태도는 사실상 서로 다른 두 가지 태도라는 사실을 강조하는 것이 중요할 것으로 보인다. 인간이 유발한 기후변화가 서서히 그리고 직선적인 방식으로 진행되어 예측할 수 있는 것이라는 담론이 존재한다. 사실 비교적 편안하게 느껴지도록 정제된 이와 같은 특정한 담론을 받아들이는 일이야말로 사람들이 자신을 보호하기 위해 활용할 수 있는 사실상 최초의 전략이자 가장 광범위하게 퍼져 있는 전략일 가능성이 있다는 점을 진지하게 고려해야 한다. 이러한 담론을 받아들여야만 기후 붕괴(기후 재난)가 통제할 수 없는 방식으로 빠르게 펼쳐질 것이라는 가능성을 고려하지 않을 수 있기 때문이다. 기후 붕괴의 가능성을 진지하게 고려하는 사람은 일반적인 의미의 기후변화를 인정하는 사람에 비해 지극히 일부에 불과하다. 그리고 근대성의 잘못된 약속과 근대성을 구성하는 폭력, 불평등, (자기) 파괴적인 경향을 전부 (또는 적어도 일부라도) 고려하는 사람은 그보다도 더 적은 형편이다.

다음 절에서는 근대성이 지은 집이라는 은유를 소개하고 우리 근대인의 실존의 매개변수를 구성하는 부정의 실존적 차원을 탐구할 것이다.

근대성이 지은 집과 부정의 4가지 구성요소

보다 광범위한 (비판적) 대화에서 기후변화와 기후 붕괴에 대한 논의가 차지하고 있는 위치를 파악할 수 있는 방법 가운데 하나는 다음과 같은 관점에서 기후변화와 기후 붕괴에 대한 논의를 고려하는 것이다. 바로 사회적, 정치적, 경제적, 정서적, 인지적, 관계적 구조의 관점이다. 이러한 구조는 안드레오티 등(Andreotti et al. 2018)이 '근대성이 지은 집'이라고 언급한 것을 구성한다.

여기에서 사용하는 '근대성'이라는 용어는 일반적으로 '근대 사회'와 대체로 유사한 개념으로 받아들여지고 있지만, 사실은 '근대 사회'라는 개념보다 광범위하다. 근대성이 지은 집은 우리가 보통 '시스템'이라고 부르는 것, 즉 현존하는 사회적, 정치적, 법적, 경제적 구조와 근대성이 지은 집에 거주하는 사람들(근대적(데카르트적) 주체)이 지닌 정서적, 관계적, 인지적 틀을 모두 포함한다.(현존하는 사회적, 정치적, 법적, 경제적 구조는 서로 다른 국가적, 문화적 변주(근대성이 지은 집의 정면(facade)에 해당한다)를 통해 구체화된다.)

대중적인 담론에서 '시스템'이라는 단어는 근대성이 지은 집에서 선택된 특정 측면만을 의미하는 경우가 많다. 선택은 보통 특정한 사회적, 정치적, 경제적 구성, 예를 들면 (전 지구적) 자본주의 같은 구성과 관련하여 이루어진다. (비판적인) 관심의 대부분을 한 몸에 받고 있지만 사실 자본주의는 근대성이 지은 집을 구성하는 하나의 부분에 불과하다. 스테인 등(Stein et al. 2017)과 안드레오티 등(2018)은 '근대성이 지은 집'이라는 은유를 사용하여 근대성을 존재 방식, 인식 방식, 바람의 방식, 세계와 관계를 맺는 방식으로 제시한다.

근대성이 지은 집의 바탕에는 (인간과 자연의) 분리 가능성이라는 기초가 자리 잡고 있다. 그 위에 민족국가와 계몽주의(인본주의)라는 두 개의 벽이 세워지고 그 위에는 전 세계적 자본주의라는 지붕이 얹혀 있다. 물론 근대성에는 이 외에도 중요한 특징이 많다. 구체적으로는 독보적이고 진화적인 진보와 발전을 근간으로 하여 (백인, 서양/북반구, 정상적인 젠더, 남성 등이 내세우는) 인간 예외주의라는 위계적 메타-담론을 꼽을 수 있다. 그러나 근대성이 지은 집이라는 은유를 가시적으로 보여주는 그림에는 우리가 주목할 만한 가치가 있는 근대성의 주요 구성요소만 수록되어 있다.

근대성의 문제적 측면에 대해 분석하는 (탈식민) 분석은 원주민의 분석과 실천에 많은 영향을 받았다. 원주민의 분석과 실천은 우리가 현재 직

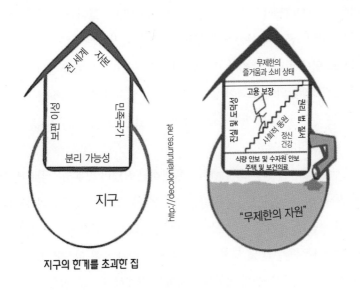

그림 6.1 근대성이 지은 집(저자의 허락하에 Andreotti et al. 2018에서 수정)

면한 전 세계적 문제가 지식의 부족 때문에 발생한 것이 아니라 근대성에 내재한 폭력적이고 식민적인 존재의 습관 때문에 발생한 것이라고 확언한다. (기후변화 문제와 기후 붕괴 문제는 우리가 현재 직면한 전 세계적 문제 가운데 하나이자 중요한 문제다.) 이 분석은 다른 비판적 분석(예: 나중에 다루게 될 낭만적, 혁명적, 합리적 접근이 제시하는 분석)과 다소 다르다. 다른 비판적 분석은 보통 (필요한) 변화와 변형을 이루지 못하게 가로막은 장애물로 지식의 부족 및/또는 기존 권력 구조와 권력 관계의 영향을 지목하기 때문이다. 이러한 분석은 보통 우리의 사회화된 바람, 인지된 자격, 투사, 애착이 보다 깊은 곳에서 근본적으로 영향을 미치는 방식에 대해 고려하지 않는다.

한편 최근에는 우리에게 기후 붕괴의 가능성을 다룰 의지도 없고 역량도 없다는 사실에 대한 논의가 이루어졌다. 이 논의에서 여러 학자들이(Bendell 2018; Foster 2015; Marshall 2015) 부정을 기반으로 하는 반응의 심리학적 (감정적 및/또는 정서적) 측면에 대해 고려했다. 그러나 이러한 작업의 대부분은 근대적 실존을 진화의 정점으로 가정하는 진화심리학을 바탕으로 이루어졌을 뿐이다. 그 때문에 신경생물학적으로 조건화되고 문화적으로 제한되어 효력이 없는, 그러나 근대적 실존의 특징인 것으로 보이는 장기 위험 평가 반응을 검토할 수 있는 분석용 도구가 몇 개 남지 않게 되었다.

우리가 (연구자와 교육자로서 수행하는) 일상적인 작업의 대부분은 글로벌 북반구에 속하는 국가에서 낮은 강도로 투쟁하는 공동체 및 운동과 관계되어 있는 반면, 우리가 제시하는 비판과 분석의 대부분은 강도 높은 투쟁을 진행해온 원주민 및 그 밖의 공동체의 작업과 생활 현실에 힘입은 것이다. 강도 높은 투쟁을 이어온 공동체는 근대성이 지은 집을 지탱하는 데 필요한 폭력에 노출되어 구성원 개개인의 안전과 안녕, 지속적인 실존이 직접적으로 위협받고 있는 공동체다. 이러한 위협은 착취와 차별에서 노골적인 대량 학살에 이르는 광범위한 영역으로 확장될 가능성이 높다. 반면 낮은 강도로 투쟁해온 공동체와 운동은 개인의 안녕과 안전이 직접적으로 위협받을 만큼 심하게 체계적인 폭력에 노출된 상황은 아니다. 물론 그 과정에서 부정적인 영향을 경험할 가능성을 배제할 수는 없다.

　다양한 공동체, 그중에서도 특히 낮은 강도로 투쟁해온 공동체가 근대성에 내재한 다중적인 구조적 폭력의 문제적 측면에 관여하거나 관여하지 않는 과정에서 선택하는 서로 다른 전략과 접근법을 검토한 결과 부정을 구성하는 4가지 (유형의) 주요 구성요소를 확인하게 되었다. 부정을 구성하는 4가지 구성요소는 보편적으로 확산되어 있을 뿐 아니라 깊이 뿌리내리고 있다. 이러한 사실은 부정을 구성하는 4가지 구성요소를 근대적/식민적 존재의 습관을 구성하는 구조적 요소 가운데 하나로 생각해볼 여지가 있다는 점을 시사한다. 부정을 구성하는 4가지 요소는 구체적으로 다음과 같다.

- 체계적 폭력과 피해 공모에 대한 부정 (즉, 우리가 누리는 편안함, 안보, 즐거움은 다른 곳에서 이루어지는 수탈과 착취 덕분이라는 사실에 대한 부정)
- 지구의 한계에 대한 부정 (지구가 기하급수적 성장과 소비를 지탱할 수 없다는 사실에 대한 부정)
- 연관성에 대한 부정 (우리를 보다 너른 살아 있는 물질대사, 즉 생물-지능bio-intelligent 안에 '연관되어 있는' 존재로 인식하지 않고 우리를 다른 존재 및 토지와 분리된 존재라고 인식하는 태도)
- 우리가 직면한 문제의 깊이와 규모에 대한 부정. (Andreotti et al. 2018; Stein 2019)

이러한 4가지 유형의 부정은 각각 여러 다른 맥락에서 다양한 수준으로 나타난다. 하지만 낮은 강도로 투쟁해온 단체 가운데 이 4가지 유형의 부정 모두에 대해 진지하게 다루는 것으로 보이는 단체는 (대중적인 단체든 아니든) 단 하나도 접해보지 못했다. 기후변화와 기후 붕괴 가능성에 대한 논의라는 맥락에서 검토할 때 이 4가지 유형의 부정 가운데 한두 가지를 염두에 두고 있는 단체나 논의는 접할 수 있었어도 이 4가지 유형의 부정을 모두 염두에 두는 단체나 논의는 접할 수 없었다.

이 4가지 유형의 부정 가운데 집중적인 관심을 받는 것은 보통 지구의 수용능력과 관련된 부정이다. 이따금 (아주 약한 수준으로) 체계적 폭력과 피해 공모를 인정하는 태도가 나타나기도 한다. 나아가 문제의 규모를 진지하게 받아들이는 단체라고 해도 보통은 이러한 문제의 규모를 임박한 기후 붕괴가 일으킬 수 있는 파국적 결과라는 틀 안에만 한정지어 생각한다. 이러한 단체는 기후에 관련된 위협이 인간 실존의 지속성을 위협한다는 사실을 인정한다. 그럼에도 대체로 역사적으로 물려받았고 사회적으로 용인되고 장려되어 지속되어 온 다면적인(예: 인지적, 정서적, 관계적, 경제적, 환경적) 폭력의 규모에는 침묵한다. 이러한 폭력은 '보이지 않아서 신경조차 쓰지 않는' 장소에서 매우 오랫동안 자행되면서 인간(및 인간이 아닌 존재)의 지속적인 삶을 (비교적) 대규모로 위협해왔다.

특히 큰 문제는 우리에게 분리 가능성에 대한 부정에 생산적으로 대응할 (근대적/시민적) 역량이 없어 보인다는 것이다. 이것은 유럽 계몽주의를 바탕으로 한 (원자적, 개별적) 분리 가능성이라는 사고가 인간과 (나머지) 자연 사이뿐 아니라 인간과 다른 인간 사이에 존재하는 근대적 존재의 습관에 깔린 기초라고 간주할 수 있는 상황임을 고려할 때 충분히 예측할 수 있는 사실이다.

분리 가능성이라는 관념이 불러오는 파괴적인 결과만큼이나 우려되는 문제는 또 있다. 이 문제는 지구에서 이루어지는 보다 거대한 물질대사와의 연관성(연결성)을 다시 감지하려는 우리의 시도가 가져올 결과와 관련 된다. 즉, 다양한 형태의 명상, 최면 유도, 열광과 황홀경을 유도하는 행위 같은 체화된 실천(인간의 경험을 (일시적으로) 개인의 자아 안에 가두는 실천)은 대개 영적 도피 또는 영적 우회라는 형태를 띠기 마련이다. 그 결과 체화된 실천을 통해 해결하려고 했던 습관, 즉 (자기중심적인 자아를 강화하는) 문제 있는 습관이 그대로 유지되고 만다.

현실 도피 경향과 피해 공모를 인정하지 않는 태도는 다양한 영적 실천과 그 밖의 관련된 실천에서 특별한 것이 아니다. 젬 벤델은 이 책의 5장에서 '탈-출' 이데올로기의 만연을 문제로 지적하고 있다. 여기서 '탈-출'은 자격, 보증, 통제, 자율성, 진보, 예외주의의 머리글자를 따서 만든 단어로, 이러한 여섯 가지 가정 또는 신념에 지속적으로 몰두하는 현상을 표현한다. 다른 문헌(GTDF 2020)에서 GTDF 공동체는 '탈-출'을 이데올로기가 아니라 존재의 습관이라고 제안했다. 우리의 사고를 중요한 것으로 내세우는 이러한 존재의 습관은 해로울 뿐 아니라 심지어 폭력적이다. 이 존재의 습관은 보다 깊은 곳에 자리 잡은 정서적, 관계적, 신경생물학적 차원을 아우른다. 거기에는 지성 하나만으로는 중단시킬 수 없는 희망, 바람, 무의식적 애착, 충동, 투사가 포함된다. 이러한 몰두와 우리가 지닌 긍정적인 자기 이미지가 위협을 받으면 사회화를 통해 체득한 취약성이 발동한다. 그리고 사회화를 통해 체득한 취약성은 이러한 몰두에 대한 도전과 비판을 방어적인 방식이 아니라 생산적인 방식으로 처리하는 데 필요한 강건함과 냉철함을 끌어 모으지 못하도록 방해하는 경향을 보인다. 이미 인지된 (자애로운) 자기 이미지를 위협하는 것처럼 보이는 비판이 쏟아지면 감정적 동요와 정서적, 합리적, 심지어 신체적 위험이 생겨난다. 이러한 현상은 인종차별에 노출된 단체와 주변화된 공동체에게 근대적-식민적 자격을 비판받는 상황에서 특히 일반적으로 발생한다.

체계적인 폭력은 여러 겹의 층으로 복잡하게 가해진다. 그리고 기후변화(또는 기후 붕괴)와 거기에 대한 우리의 반응은 체계적인 폭력과 관련된 여러 측면 가운데 단 하나일 뿐이다. 여러 겹의 층을 관통하는 한 가지 사실은 원주민, 흑인, 인종차별에 노출된 그 밖의 사람들이 체계적으로 자행되는 식민적, 인종차별적 폭력에 대해 다른 사람에게 알리려고 할 때 그들이 감당해야 하는 고통의 규모가 불균등하게 커진다는 사실이다.

아래에 발췌 수록한 시는 원주민 예술가 엘우드 지미(Elwood Jimmy, 2019)와 인종차별에 노출된 GTDF 공동체 구성원들이 지은 시다. 이 시에는 원주민, 흑인, 인종차별에 노출된 사람들이 다른 사람들에게 그들이 체계적인 피해에 공모하고 있다는 사실을 알리기 위해 노력할 때 정서적, 신체적 부담을 지게 되는 이유가 나열되어 있다. 또한 이 시는 비판을 약화시켜 다양한 취약성을 달래는 일이 이러한 공동체 구성원들에게 보다 감정적인 노동으로 전환되는 이유를 설명하고자 한다.

이 시를 읽은 독자들이 비판에 대한 정서적 반응을 다스릴 책임을 다른 사람에게 외부화해서는 안 되는 이유를 보다 잘 이해하게 되기를 바란다. 비판에 대한 정서적 반응을 다스릴 책임에 대해서는 다음 절에서 다룰 것이다. 시를 한 차례 읽고 난 뒤 이 시가 유발하는 여러 유형의 감정적 반응에 주목해보기를 바란다. 또 이 시를 읽고 나서 (부정적인) 반응을 매우 강하게 경험한 독자라면 이 책을 잠시 내려놓고 감정을 가다듬을 것을 권한다. 아니면 이 장은 여기까지만 읽고 다음 장으로 넘어가기를 권한다. 반대로 이 시를 읽고 보다 심도 깊은 방식으로 대처하고자 하는 마음이 생긴 독자라면 GTDF 웹사이트에서 실천에 관련된 정보를 얻을 수 있을 것이다(Jimmy 2019).

정말 알고 싶나요,
내가 더 이상 당신을 위한 공간을 마련할 수 없는 이유를?

왜냐하면
당신은 내 몸을 당신이 지닌 자격의 확장으로 이해하기 때문입니다.

왜냐하면
과거에 당신을 위한 공간을 마련해 두었더니
매 번 똑같은 일이 일어났기 때문입니다.
당신은 모든 공간을 차지하고
나의 시간과 에너지와 감정을
당신의 바람을 충족하는 데 사용하기를 바랍니다. 당신의 바람이란, 내가
당신이 선하고 결백한 사람이라는 사실을 인정하고, 내가
당신의 자기표현을 감탄하며 경청하는 청중이 되며, 나에게
왜곡된 학습 경험을 제공하고,
나의 정신적 고통을 자극하며, 내가
당신의 결백을 선언하고, 내가
당신의 자아 이미지를 찬양하며, 내가
당신의 느낌을 중심에 두고, 내가
당신의 죄를 용서하며, 내가

항상 관대하고 너그러운 존재가 되어

당신이 불편함을 느낄 만한 말은 걸러내며, 나를 통해

당신이 사랑받는 존재, 특별한 존재, 안전한 존재임을 느끼는 것입니다.

그러나 당신은 자신이 이런 바람을 품고 있다는 것을 인식하지 못하고 있죠.

왜냐하면 당신의 지원에는 항상 조건이 붙기 때문입니다.

당신의 의제와 부합하는지 여부

조심스럽게 요구하는지 여부

당신에게 편리한 정치를 펼치는지 여부

당신의 개인적 취향에 부합하는지 여부

당신이 남긴 유산에 기여하는지 여부

그럼으로써 당신이 보상받을 수 있는지 여부

좋은 느낌이 드는지 여부

또는 당신을 좋은 사람으로 보이게 만드는지 여부

또는 '전진하고' 있다는 감정을 느끼게 만드는지 여부 같은 것 말입니다.

왜냐하면 당신이 나에게 발언할 공간을 '제공'할 때마다

조건을 붙이기 때문입니다.

바로 내가 말할 수 있는 것과 없는 것을 가르고

말하는 방식마저 제한하기 때문입니다.

당신은 수월하게 빠져 나가기를 원합니다.

확인 목록을 작성하거나 하루짜리 강좌를 통해

비판을 피할 방법을 배우고

하던 대로 해나가려고 합니다.

심지어 내가 발언하고 싶다고 말하더라도
당신은 들은 척도 하지 않습니다.
그렇지 않으면 듣고 싶은 것만 골라서 듣습니다.
당신은 듣고 있다고 생각하지만
듣는 척할 뿐입니다.
당신은 이렇게 말할 궁리만 합니다.
'그것은 내가 아니야.'
'나는 좋은 사람이야.'
그리고 내가 한 말을 다른 사람을 비판하는 데 이용합니다.

당신의 학식
당신의 자기실현
당신의 신용
당신의 안전
당신의 '자애심'에는
언제나 나의 희생이 따릅니다.
바로 이것이 내가 더는 당신을 위한 공간을 마련할 수 없는 이유입니다.

다음 절에서는 기후변화와 기후 붕괴의 가능성에 대한 여러 유형의
반응을 보다 구체적으로 살펴볼 것이다. 그런 뒤 이러한 반응에서 어떤
종류의 창의적인 가능성과 부정의 구성요소가 드러나는지 살펴볼 것이
다. 그런 다음 이 절에서 식별한 부정의 네 가지 구성요소가 앞서 살펴

본 근대성이 지은 집과 어떻게 관련되는지에 대해서도 살펴볼 것이다.

기후 붕괴의 가능성에 대한 반응

이 절에서는 기후변화와 기후 붕괴의 가능성에 대한 가시적인 반응을 4가지 집단 또는 4가지 유형으로 분류하여 소개한다. 바로 낭만적 반응, 혁명적 반응, 합리적 반응, 반동적 반응이다. 주로 북반구에 속하는 국가에서 다양한 환경 관련 공동체 및 단체, 다양한 사회 관련 공동체 및 단체와 함께 일하면서 여러 유형의 반응이 존재한다는 것을 알게 되었고 사회적 분류법을 활용하여 유형을 분류하게 되었다(Andreotti et al. 2016; Paulston and Liebman 1994; Suša and Andreotti 2019).

사회적 분류법이란 다양한 공동체에 퍼져 있는 지적, 정서적, 실존적 지향을 식별하여 유형을 분류하는 방법론이다. 사회적 분류법을 활용하여 4가지 유형의 반응을 파악했지만, 여기에서 제시한 4가지 유형 분류가 실제로 존재할 수 있는 모든 입장을 완벽하게 포괄하고 있다고 주장하려는 것은 아니다. 또 이러한 분류가 폭넓은 범위에 걸쳐 있는 기후변화와 기후 붕괴의 가능성에 대한 모든 반응을 완벽하게 표현할 수 있다고 주장하려는 것도 아니다. 다만, 이 4가지 유형의 반응에서 관찰되는 지배적인 (문제적) 양식을 소개하고자 한다. 아울러 이 4가지 유형의 반응에서 찾아볼 수 없는 것(이 4가지 유형의 반응이 부정하는 것)이 무엇인지 식별하고 더 많은 대화와 성찰을 이끌어내고자 한다.[*]

---

[*] 지속가능한 개발에 대해 알리는 일의 어려움과 역설을 해결하기 위해 다른 곳(Stein et al. 발간 예정)에서는 낭만적 반응, 혁명적 반응, 합리적 반응, 반동적 반응, '중독 치료적' 관점에서의 반응으로 수정하여 분류되어 있다.

낭만적 반응

낭만적 반응은 개인의 자기실현과 자기표현의 역할과 중요성을 강조한다. 낭만적 반응의 바탕에는 내적 선, 도덕성, 단순한 인류애, 의도적인 공동체 형성, 미리 마련한 해결책이라는 이상적인 관념이 자리 잡고 있다. 낭만적 접근법은 지역을 지향하는 지속가능한 실천 방법을 개발하고 육성해야 한다는 강한 신념을 지닌 단체와 공동체에 가장 널리 퍼져 있는 접근법이다. 이러한 단체와 공동체는 소규모 유토피아를 창조하려고 노력한다. 대체로 과거에 존재했던 '목가적 전원'을 현대에 구현하기 위한 다양한 방식의 시도가 이루어지고 있다.

낭만적 상상에는 주로 단순하고 스트레스가 적은 생활방식, 개인적으로 충족감을 느끼는 생활방식에 대한 바람이 깃들어 있다는 사실을 확인할 수 있다. 낭만적 반응을 보이는 단체와 공동체는 과거의 사회를 이상적인 사회로 인식하는 경향을 보인다. 따라서 이들 단체의 대부분은 전 지구적 자본주의가 개인의 삶(안녕 감소)이나 (지역) 공동체의 삶에 미치는 부정적인 영향을 외면하면서 체계적 폭력에 (관여하지 않고) 의도적으로 무시한다. 또한 낭만적 반응을 보이는 단체와 공동체는 (개인의) 결백에 대한 바람을 바탕으로 운영된다. 그리고 (개인의) 결백은 개인적 소비를 줄이고 보다 지속가능한 소비를 함으로써 달성할 수 있다고 생각한다. 낭만적 접근법을 택하는 대부분의 단체는 기후변화를 (주요) 관심사로 삼고 있다. 그러나 원칙적으로 이러한 운동은 기후 붕괴가 현실화될 가능성은 완강하게 (또는 완전히) 거부한다. 기후 붕괴의 가능성을 인정한다면 자신들이 실천하고 있는 지속가능한 대안이 무색해질 것이기 때문이다.

'근대성이 지은 집' 은유의 관점에서 볼 때 낭만적 접근법은 전 지구적 자본주의의 부정적 측면 가운데 일부를 염두에 두고 있는 것처럼 보인다. 그러나 낭만적 접근법은 대체로 기존 사회관계를 중재하고 (보증하는) 국가의 역할에 문제를 제기하지 않는다. 다만 계몽주의적 인본주의(와 데카르트적 합리성)의 역할과 분리 가능성에 문제를 제기한다. 그러나 그 대부분은 다양한 방식의 동양적인 명상과 그 밖의 영적 실천에 대한 개인의 관심을 통해 표현된다. 동양적인 명상과 영적 실천은 보통 역사적으로 허가된 폭력과 체계적인 피해에 대한 개인과 공동체의 몰두 및 공모를 보다 깊이 탐구하는 방향으로 향하지 않는다. 오히려 동양적인 명상과 실천은 아름다움, 더 없는 행복, 공동체의 일부가 됨으로써 느낄 수 있는 활력을 경험하는 데 집중함으로써 그리고 공동체가 느끼는 고통, 죽음, 질병의 감각을 억제하는 데 집중함으로써 개인과 공동체의 몰두 및 공모를 개인적으로 극복하는 방향으로 나아간다.

혁명적 반응

소규모의 개인적 변화 또는 지역적 변화를 지향하는 낭만적 운동과 다르게 혁명의 잠재력과 추진력을 주장하는 단체가 존재한다. 이러한 단체는 자신을 억압받는 다양한 집단이나 '민중'이라는 보편적 관념의 적법한 대표자라고 인식한다. 이 운동은 기존 정치 구조나 대규모 오염을 유발하는 특정 집단(대기업) 또는 이 둘 모두를 겨냥한다. 또 이런 운동은 결백과 미덕에 대한 바람을 바탕으로 운영되는데, 책임을 타인에게 (배타적으로) 투사하여 외부화하는 방식으로 이 바람을 충족하려 한다. 특히 권력을 지닌 사람이나 충분히 '깨어 있지 않은' 것으로 간주되는 사람이 투사의 대상이 되는 경우가 많다. 일반적으로 비판의 수준은 낭만적 반응에 비해 더 깊고 복잡하다. 그리고 혁명적 운동이 낭만적 운동에 비해 기후 붕괴의 가능성을 더 진지하게 받아들이는 경향이 있다.

혁명적 접근법은 보통 전 지구적 자본주의를, 그리고 근대 민족국가의 역기능적 측면을 매우 강하게 비판한다. 그 밖의 구성적 틀(예: 기존 법 체계와 그것이 낳은 개인 관계, 제도 관계, 재산 관계)에 대해 도전하는지 여부는 혁명적 접근법이 높은 강도의 투쟁에서 등장했는지 아니면 낮은 강도의 투쟁에서 등장했는지에 따라 달라진다. 대체로 혁명적 접근법은 계몽주의적 인본주의/데카르트적 합리성과 분리 가능성이라는 관념에 도전하지 않는다. 사실 혁명적 접근법은 그 밖의 실존적 가능성을 탐구하는 데 관심을 보이는 접근법(예: 낭만적 접근법)을 관조적인 실천으로 간주할 뿐 아니라 긴급한 문제와 정치적인 활동에서 주의를 멀어지게 하는 데 집중하는 실천으로 간주한다.

합리적 반응

합리적 반응은 비판적 사고를 강조하고 더 많은 분석과 더 나은 분석을 활용해 더 나은 정보를 바탕으로 의사결정을 내릴 필요가 있다고 강조한다. 합리적 반응은 (개인적, 집단적 또는 인류 일반이 수행하는) 합리적 숙고의 힘을 신뢰한다. 합리적 반응은 합리적 숙고를 통해 임박한 붕괴에 (적절하게) 대비하거나 피하는 데 필요한 도구를 확보할 수 있다고 생각한다. 이 접근법에는 적어도 두 가지 (주요) 흐름이 존재하는 것으로 보인다. 두 가지 흐름 모두 실용적인 집합적 조치를 개발하는 데 있어 정보 기반 분석과 과학적 데이터가 중요하다고 강조한다. 합리적 접근법의 두 가지 흐름은 많은 공통점을 지니고 있다. 그렇지만 이 두 가지 흐름은 매우 중요하게 추구하는 목표에서 상당한 차이를 보인다.

첫 번째 (주요) 흐름은 기후변화의 영향을 완화하거나 누그러뜨리는 데 초점을 맞춘다. 이를 위해 활용하려는 조치는 기후 붕괴의 가능성을 회피하거나 (무시하려고) 애쓰는 낭만적 접근법과 비슷한데 규모가 더 크고 국가와 기업의 지원을 받는다는 점에서 차이를 보인다. 이 책의 주제를 고려할 때 첫 번째 흐름에 비해 눈에 잘 띄지 않을 뿐 아니라 수도 더 적은 두 번째 흐름에 더 집중할 필요가 있다. 두 번째 흐름은 기후 붕괴를 피할 수 없다는 가정을 바탕으로 붕괴 이후의 세계에 적응할 조치를 개발하고자 한다. 합리적 반응의 두 가지 접근법, 그 중에서도 특히 두 번째 접근법은 낭만적 접근법과 혁명적 접근법에 모여드는 에너지를 (낭비라고 생각하면서) 신뢰하지 않는다. 문제의 긴급성과 체계적인 관성에 대해 더 많이 인식하고 있는 합리적 접근법은 기후 붕괴의 가능성을 매우 현실적인 것으로 받아들일 뿐 아니라 기정사실에 가까운 것으로 받아들인다. 또한 합리적 접근법은 미덕과 결백에 대한 개인의 바람을 바탕으로 삼지 않고 개인의 공모도 무시하는 경향이 있다.

그러나 환경과 기후 관련 문제에 대해 깊이 있게 성찰한다고 해서 근대성을 구성하는 폭력에 대한 비판적 (자기) 성찰까지 덩달아 깊어지는 것은 아니다. 합리적 반응은 지식과 식견을 성찰과 행동을 지도하는 메커니즘으로 삼고 강도 높게 몰두한다. 따라서 합리적 반응은 계몽주의를 기반으로 하는 데카르트적 합리성이라는 지배적인 원칙과 분리 가능성이라는 기반에 대한 도전에 저항하는 경향을 보인다. 합리적 반응은 합리성과 분리 가능성에 도전하는 주장과 논거를 아무런 관련도 없고 주의만 분산시키는 견해라고 치부한다. 그러한 주장과 논거가 통제 상실에 대한 두려움 및 세계를 감지하고 추론하는 다른 유형의 방식을 통해 도출되는 지향에서 비롯된 것일 가능성이 높기 때문이다.

합리적 접근법의 두 번째 흐름과 낭만적 접근법 및 혁명적 접근법의 차이는 무엇보다 (기후변화와 관련된) 희망을 가지는지 여부와 (기후변화를) 수용하는지 여부에서 찾아볼 수 있다. 합리적 접근법은 붕괴 가능성을 피하려는 (또는 무시하려는) 조치를 취하기 위해 에너지를 투입하는 일에 큰 관심을 보이지 않는다. 대신 현재 존재하는 위협과 앞으로 도래할 위협에 적응할 수 있는 방법을 탐구하는 데 더 많은 관심을 보인다.

반동적 반응

반동적 반응은 기후 붕괴 가능성을 자신들의 생계와 개인의 안전을 당장 심각하게 위협하는 것으로 인지한다. 이 반응은 낭만적 반응과 비슷하게 보통 소규모 (개인적) 생존 기법에 집중한다. 예를 들면 폐쇄되고 (맥락에 따라 조금씩 다르겠지만) 육중하게 보호되는 장소, 심지어는 군사화된 장소에서 사람들이 다가오는 붕괴를 '견디도록' 하는 데 집중한다. 또 이 반응은 개인 자산의 안전한 보호를 강조한다는 점에서 낭만적 반응과 차이가 있지만 앞으로는 낭만적 반응과 수렴할 가능성이 높다. 부족에 대한 공포, 지속성과 통제에 대한 바람을 원동력으로 삼는 반동적 반응은 공포를 조장하는 경향이 있고 개인의 재산, 안전, 자격을 무슨 수를 써서라도 보호해야 한다는 논리를 합리화하는 경향이 있다.

모든 사전 대비책이 반드시 폭력적이거나 폭력성을 내재하고 있는 것은 아니다. 그러나 반동적 반응은 개인의 재산과 기존에 확보한 자격을 안전하게 보호하는 일을 앞세우면서 집합적 안녕을 희생시킨다. 따라서 피해를 유발하기 가장 쉬운 성향을 보인다. 반동적 반응은 개인이 처한 환경에 따라 그리고 활용할 수 있는 자원(및 적법한 틀)의 수준에 따라 달라진다. 작게는 소규모 가족이 식량과 그 밖의 생필품을 비축하는 수준에서 크게는 공동체 차원의 프로젝트를 가동해 육중한 군사적 보호를 받는 가운데 폐쇄형 식량 생산 체계를 구축하고 보건의료, 교육, 오락을 자체적으로 제공하는 수준에 이른다(Koenig 2017; Stamp 2019).

반동적 반응의 범위는 매우 광범위하다. 현재 안전을 추구하는 반동적 반응이 기후 관련 논의와 활동 분야에서 주변부에 위치해 있다. 그러나 이 유형의 반응은 곧 훨씬 더 큰 규모로 성장할 것으로 보인다. 국가 개입에 의해서일 수도 있고 다양한 집단의 이해관계에 의해서일 수도 있다. 어느 쪽이든 그 바탕에는 계급 특권, 민족, 종교, 정치 또는 그 밖의 유형의 정체성 기반 차별화가 자리 잡게 될 것이다.

'중독 치료적' 관점에서의 반응

'중독 치료적' 관점 또는 재활 접근법에 대해 소개하고 이 장을 마무리할 것이다. '중독 치료적' 관점은 불완전하게나마 우리 시대가 직면한 전례 없는 도전을 직시하고 우리의 현재 실존을 떠받치는 폭력과 파괴성을 인정할 새로운 가능성을 발전시키려는 접근법이다. 이 접근법은 앞서 소개한 4가지 접근법과 매우 다르다. 즉, (근대적/식민적인) 현재의 지속 불가능한 존재의 습관에 대한 신경생리학적(신경화학적) 중독과 애착에서 벗어날 방법을 탐구한다.

이 접근법의 바탕에 자리 잡은 폭넓고 다양한 원주민 우주론은 분리 가능성이라는 근대성의 존재론적 기초를 공유하지 않는다. 그리고 우리 바람의 지향을 재설정하고 재구조화함으로써 우리가 과거에서 물려받은 문제 있고 해로운 양식에서 벗어나게 할 방법을 모색한다. 우리의 바람은 우리의 신경망과 거기에 상응하는 신경화학적 보상 메커니즘에 내장된 것으로 간주될 수 있다. 따라서 '중독 치료적' 접근법은 (우리의 생각과 행동에 해당하는) '소프트웨어'를 바꿀 뿐 아니라 (우리가 생각하고 행동할 수 있도록 지원하는 우리 몸의 방식을 의미하는) '하드웨어'도 바꿔야 한다고 제안한다. 다른 곳에서는(Andreotti 2019) '중독 치료적' 접근법을 신경발생 또는 존재발생에 대한 시도라고 표현한다. 즉, 생각, 행동, 희망, 관계 맺기, 존재의 가능성과 습관을 새롭게 또는 되살려 (재)생성한다는 의미다.

신경생물학의 관점에서 우리에 대해 설명하는 것은 상당한 문제와 논란을 불러일으킨다. 특히 과거 이 담론이 다양한 차별 정책과 차별 행위를 정당화하는 데 이용되어왔다는 점을 고려하면 더욱 그러하다. 그러나 이러한 신경과학의 언어를 이론적인 방식과 은유적인 방식으로 사용한다면 기후 붕괴가 유발한 공포와 우리가 직면하고 있는 다중적인 위기의 다른 측면이 유발한 공포와 관련하여 새로운 사실에 주목할 수 있을 것이다. 즉, 이런 공포에 대해 우리가 서로 다르게 반응하는 이유는 이데올로기적 입장의 갈등에서 비롯된 것도 아니고 우리를 우리 세계의 (일부로) 감지하는 방식의 차이에서 비롯된 것도 아니라는 사실이다. 이러한 점을 살펴보기 위해 이 장에서는 세로토닌, 도파민, 옥시토신, 엔도르핀, 아드레날린을 은유적이고 비유적인 방식으로 사용할 것이다.

(주로 우리가 상호연결성과 안녕을 감지하도록 지원하는 데 관여하는 신경 전달 물질인) 세로토닌은 세계와의 연관성과 세계에 대한 물질대사적 책임을 감지하도록 지원하는 신경화학적 물질을 의미한다. 반면 도파민, 옥시토신, 엔도르핀, 아드레날린은 우리와 지구가 분리될 수 있는 존재라고 감지하여 지구를 끝없이 소비하도록 지원하는 신경생물학적 물질을 의미한다. 각각의 물질은 서로 다른 유형의 신경 기능과 신경가소성을 촉진한다. 이에 따라 세계에 대한 바람과 세계와 연관되는 방식의 측면에서 다양한 수용능력과 가능성이 창출된다.

비유적으로 말해 '중독 치료' 과정, 즉 해로운 바람의 지향을 재설정하는 과정은 또 다른 세로토닌의 원천을 찾아내어 고갈된 세로토닌을 보충하는 과정으로 이어진다. 우리를 둘러싼 세계에 연결되어 있다는 감각이 끊어지고 개인화, 개인주의, 자기몰두 감각이 증가하면 세로토닌 양이 줄어들어 우울감, 절망감, 방향성 및 목적 상실감을 불러올 수 있다. 최근 발행된 문헌(Kraus et al. 2017; Liu et al. 2017)에서 세로토닌은 신경가소성의 주요 조절자 가운데 하나로 표현된다. 신경가소성이란 우리 뇌가 변화하는 외부 환경 맥락에 대응하는 과정에서 새로운 신경망을 생성하고 적응하는 능력을 의미한다. 우리가 직면한 불편한 현실을 수용하고 적응하는 수용능력이 낮아질수록 이미 구축되어 있는 (해로운) 행동 양식과 그것을 떠받치는 문제 있는 바람에 의존하는 정도는 더 높아진다. 전 지구적 정신 건강 상태가 특히 젊은이들을 중심으로 점점 더 불안정해지고 있다는 사실을 감안할 때 기후변화 및/또는 기후 붕괴에 대한 다양한 반응에서 확인할 수 있는 대부분의 집합적 행동과 개인적 행동은 부족한 세로토닌을 일시적으로 효과를 보이는 다른 물질로 대체하려는 방향으로 향하고 있다는 사실을 알 수 있다.

이런 의미에서 볼 때 우리가 관여하는 일 대부분의 바탕에는 도파민, 엔도르핀, 옥시토신 또는 아드레날린 양의 꾸준한 증가가 자리 잡고 있다. 도파민은 보상을 바탕으로 하는 행동(예: 페이스북의 '좋아요'나 유튜브 구독), 엔도르핀은 고통을 줄이는 행동(예: 타인을 비난하고 모욕하며 타인에게 책임을 떠넘김), 옥시토신 또는 아드레날린은 특권을 바탕으로 한 사회적 유대(예: 특정 공동체와 운동에 참여하거나 저항에 참여 또는 체포 이력 만들기)와 관련된다. 이런 유형의 행동에 중독되면 가장 나쁜 예측 가운데 일부가 현실화되었을 때 꼭 필요한 냉철한 결정과 근거에 입각한 결정을 내리기 어려워진다.

이런 의미에서 '중독 치료적' 접근법은 해독 프로그램을 거친 뒤 보통 상태 또는 정상 상태로 복귀하는 것을 의미하는 것이 아니다. 그것은 우리의 '옛 집'인 '근대성이 지은 집'으로의 복귀를 의미하기 때문이다. 오히려 '중독 치료적' 접근법은 사전에 정의된 정상성의 필요성을 제거하려고 애쓴다. 특히 주목해야 할 제거 대상은 특권을 누리고 편안함을 경험하는 데 소요되는 비용을 타인에게 지속적으로 외부화하는 일을 바탕으로 형성된 정상성이다. 체계적으로 비판하는 사고와 자기 성찰적인 작업은 유쾌한 경험은 아니지만 '중독 치료' 과정에 꼭 필요한 요소다.

그러나 안타깝게도 그 자체만으로는 충분하지 않다. 우리는 해로운 양식 안에서 활동하고 있지만 그것을 인식조차 못하는 경우가 많다. 이러한 해로운 양식을 깨뜨리기 위해서는 우리 정신의 무의식적인 수준에서 훨씬 더 깊은 작업이 이루어져야 한다. 그리고 이러한 작업은 대체로 접근하기 어려울 뿐 아니라 코드를 다시 입력하는 일보다 더 어렵다. 또한 이 과정에서 우리가 가질 수 있는 의도 가운데 최상의 의도를 품고 노력한다고 하더라도 재발되지 않으리라는 보장도 없다. 이 과정을 헤쳐 나가기 위해서는 용기와 강건함이 모두 필요하다. 그리고 죽어가고 있는 실존의 양식 끄트머리에서 고통스럽지만 편안히 앉아 있어야 할 것이다. 이토록 서글픈 과정을 통해 교훈을 얻을 수 있다면, 아마 우리는 우리의 투사로 인해 숨이 막힐 위험을 무릅쓰고 싹을 틔우려는 씨앗을 발견할 수 있을 것이다. 죽음과 탄생 사이 그리고 죽음을 앞둔 환자를 돌보는 일과 산파를 돕는 일 사이에는 공간이 존재한다. 바로 그 공간을 통해 개인과 공동체의 똥을 퇴비로 만들고 새로운 토양을 창조해야 할 것이다.

7

심층적응 촉진

:우리가 직면한 궁지에 대한 보다 따뜻한 대화 활성화

케이티 카, 젬 벤델

붕괴에 직면한 상황에서 집단 촉진의 중요성

처음 발표한 논문의 부제목에는 심층적응을 '기후 비극을 헤쳐 나가는 데 도움이 되는 지도'라고 표현했다. 그러나 생각해보면 심층적응은 '기후 비극을 헤쳐 나가는 데 도움이 되는 지도'가 아니다. 또 그 논문에서는 심층적응을 일련의 질문이라는 틀로 제시했다(Bendell 2018). 그러나 생각해보면 심층적응은 전 지구적 대화에 참여하라는 요청이라 할 수 있다. 심층적응은 지도를 제공하지 않는다. 대신 우리를 *지도 없는 세계* maplessness로 인도한다. 지도 없는 세계에서는 기존에 의존했던 주요 지형지물이 신기루였다는 사실을 확인할 수 있다. 그러한 지형지물로는 주류 과학, 진보라는 가정, 지구상에서 인류의 우월성을 꼽을 수 있다. 지도 없는 세계에서는 과학적 확실성을 찾아볼 수 없다. 그 세계에서는 확실한 것이 하나도 없기 때문이다.

계몽주의 시대로 접어들면서 과학적 경험주의 담론은 유럽에 뿌리를 내리고 있던 그 밖의 모든 앎을 추구하는 방식과 존재하는 방식을 누르고 승리를 거머쥐었다. 그 이후 과학적 경험주의 담론은 거의 보편화되었지만 그 세계에 속해 있는 사람들에게 지향을 제시하는 힘을 상실하기 시작했다(Rabkin and Minakov 2018). 오늘보다 더 나은 내일이 진보라고 제시하는 진보 이야기 역시 지배력을 잃어가고 있다(Greer 2015). (라틴어로 '현명한 인간'을 뜻하는 호모 사피엔스라는 꼬리표를 자기 스스로 붙였다는 데서 확인할 수 있듯이) 인류가 다른 모든 생명보다 우월하다는 생각마저 자기애적 추측인 것으로 보인다(Diaz et al. 2019). 그러나 바로 이러한 추측 탓에 우리는 우리가 지구 위 생명의 대규모 멸종을 이끌고 있을 뿐 아니라 우리 종마저 멸종할 위험이 높아지고 있다는 사실을 무시할 수 있다(Xu and Ramanathan 2017).

*지도 없는 세계*를 통해 이미 '인지된 확실성'에 의존할 수 없다는 사실을 확인할 수 있다. '인지된 확실성'에는 진보 이야기, 의미, 목적, 정체성이 포함된다. 지도는 유용한 도구일 수 있다. 그러나 지도는 어떤 경관의 복잡성을 그대로 전달하는 도구가 아니다. 또한 경관에 개입하려는 우리 의도를 전혀 반영하지 않는 것도 아니다. 지도는 '공인된 영토'에 존재하고 있다는 감각을 통해 안전하다는 착각을 불러올 수 있다. 지도는 우리가 어떤 특징은 인식하고 그 밖의 특징은 무시하도록 우리를 조건화한다. 도로, 오솔길, 하천, 경계는 지도에 포함된다. 그러나 냄새, 소리, 경관에 대한 감정적 반응은 지도에 포함되지 않는다. 지도는 경관의 변하지 않는 특징에 주목한다. 그러나 철새의 이동, 색상의 변화, 생명이 거주하는 공간이라면 어디에서나 일어나는 삶과 죽음에는 주목하지 않는다. 지도는 영토가 아니고 모델은 현실이 아니다. 그렇지만 지도

와 모델에는 그것을 만듦으로써 측정하고 이름을 부여해 지식을 습득할 수 있고 지식을 습득함으로써 통제할 수 있다는 암시가 내포되어 있다.

계몽주의 시대 이후로 무한하게 복잡하고 끊임없이 변화하는 세계를 상세히 측정하여 더 많은 지도를 작성하려는 경향이 굳게 자리 잡아 왔다. 이러한 경향에는 이해할 수 없는 것으로부터 안전하다는 감각을 획득하려는 목적이 반영되어 있다. 따라서 지도 작성 충동은 보증, 통제, 진보라는 착각에 애착을 가지는 탈-출 이데올로기의 표현이다. (탈-출 이데올로기에 대해서는 5장을 참고하라.)

2020년대로 접어들면서 생태계 실패와 사회 실패가 모두 증가하는 현상을 목격하고 있다. 따라서 지도 작성과 모델링 과정이 도전을 받게 되었다. 그 이유는 비단 생태계 실패와 사회 실패가 우리가 '안전'하지도 않고 통제도 못하고 있다는 사실을 드러내기 때문만은 아니다. 몇 세기에 걸쳐 충분히 많은 사람들이 생명의 지도를 작성하는 힘을 이용해 파괴적인 힘을 행사한 탓에 생태계 실패와 사회 실패가 일어났기 때문이다. 게다가 살아 있는 세계를 이해하지 못한 탓에 이러한 파괴를 피하지도 못하고 있는 형편이기 때문이다. 따라서 사회 붕괴를 예견한다는 것은 인식론의 위기를 인정하는 것이자 세계에 대한 지식 추구를 지배해온 기존 방식의 붕괴를 인정하는 것이다.

사회 붕괴가 예견되는 상황에서 우리는 생명을 이해하고 생명 속에서 우리의 위치를 이해하는 다른 방식을 탐구해야 한다. 쓸모없고 유해한 정신 '지도', 즉 우리가 무엇이고 무엇이 아닌지 그리고 세계가 어떤 방식으로 존재하는지를 표현한 지도에 대한 의존을 포기하고 이제는 잊힌 앎을 추구하는 방식과 존재하는 방식을 재발견하고 복원하는 데 관심을 가져야 한다. 아울러 혼신의 힘과 온 마음을 다하고 관계로 맺어지는 공동체의 지혜를 모아 우리가 현재의 곤경에 직면하게 된 과정에 주목해야 한다.

기본적으로 심층적응은 대화를 담는 그릇이다. 그 대화는 학습한 것을 잊고, 세계에 대한 지도와 모델을 떠나보내며, 새로운 것을 조급하게 붙잡지 않도록 권하는 것으로 시작되는 대화다. 물론 쉬운 일은 아닐 것이다. 사실, 확실성, 정답을 요구하는 습관을 들였다는 말은 불확실성, '알지 못하는 상태'를 사람들이 불편해한다는 의미이기 때문이다. 그렇기 때문에 우리가 직면한 곤경의 모든 측면에서 집단과 관계를 맺는 대안적인 방식을 모색하는 것이 중요하다. 그리고 바로 이러한 이유로 심층적응은 집단 과정 촉진을 핵심으로 삼는다.

안타깝게도 후기 자본주의로 접어들면서 더 많은 사람들이 왜곡된 시장에서 경쟁의 압력에 시달리는 어려움에 봉착해 있다. 현재 세계가 격동하고 있을 뿐 아니라 앞으로도 격동이 이어질 것이라는 사실을 인식하는 사람들이 늘어나고 있다. 이에 따라 전 세계 곳곳의 다양한 연령대의 사람들 사이에서 불안이 감돌고 있다(4장).

이러한 과정은 많은 나라의 차세대 교육 접근법이 점점 더 훼손되어 가고 있는 현실에서 확인할 수 있다. 케이티는 여러 해 동안 학교와 함께 작업하면서 측정 가능한 지식을 추구하는 경향이 증가하고 있다는 사실을 직접 확인했다. 케이티는 교사가 아동에게 정답이 없는 개방형 질문을 했을 때 아동이 반응하는 방식에 변화가 나타나고 있다는 사실을 확인했다. 과거에는 질문을 받은 아동이 다양한 사고를 창의적으로 표현했다. 그러나 오늘날에는 질문을 받은 아동이 질문에 대해 답하기를 점점 더 주저하는 경향이 나타나고 있다. 어떤 질문이든 암기할 수 있거나 논리적으로 계산할 수 있는 정답이 있어야 한다고 생각하기 때문이다. 이런 변화가 일어나는 이유 가운데 하나로 정답으로 둘러싼 벽을 세운 교실의 영향, 특히 아주 낮은 연령의 아동을 대상으로 매주 시험을 보는 체제의 영향을 꼽을 수 있다(Carr and Bindewald 2019).

근대 문화 안에서 생활하는 성인인 우리 역시 학교에서 교육을 받을 때 알지 못한다는 점에 공포감을 느끼도록 교육받았다. 개인의 환경이 점점 더 불안정해지고 있고 세계가 점점 더 격동하고 있다는 사실을 인지함에 따라 취약하다는 느낌이 점점 더 커지고 있다. 그러면 우리는 점점 더 '알지 못하는 것', '지도가 없어지는 세계'로 나아가는 것을 용인하기보다는 '옳은' 답을 붙잡으려고 애쓸 수 있다. 따라서 단순한 답을 빠르게 붙잡는 것이 아니라 불확실성과 관련된 공포 같은 어려운 감정을 경험했을 때 회복력을 구축할 수 있는 여지를 서로에게 제공하는 일이야말로 중요한 활동이라고 할 수 있다.

심층적응에 관여하는 사람들의 목적은 사회 붕괴에 직면했을 때 발생할 수 있는 피해를 줄이는 것이다. 이러한 목적을 달성하기 위해서는 다음에 대해 반드시 이해해야 한다. 하나는 인류가 자신이 속해 있는 지구상에 존재하는 더 너른 생명 시스템과 조화롭게 살아가는 방법을 터득하지 못하도록 만든 사회문화적 메커니즘이다. 다른 하나는 이러한 메커니즘이 '외부가 아니라 바로 이곳'에 존재하는 방식이다. 오히려 우리는 사회적으로 구성된 구조인 문화의 일부로서 존재한다. 우리는 문화의 산물이다. 우리는 우리의 행동을 통해 끊임없이 문화를 재생산한다. 5장에서 설명한대로 바로 이러한 문화와 이 문화 안에 존재하는 이데올로기가 피해를 줄이지 못하도록 방해할 것이다. 문화와 이데올로기를 구성하는 핵심 요소 가운데 하나는 소외라고 할 수 있다. 소외는 우리 자신(또는 우리 자신의 대부분)이 서로에게서 그리고 더 너른 생명의 그물

망에서 분리되었다고 믿는 것이다.

지난 몇 년 동안 우리는 이러한 쟁점에 대해 대화를 촉진해왔다. 그리고 우리가 살아 있는 동안 사회 붕괴가 일어날 것이라고 예견되는 상황에서 이러한 쟁점에 대한 진지한 반응을 경험해왔다. 이 경험을 통해 우리는 심층적응을 촉진함으로써 참가자들이 위에서 설명한 무의식적인 상태를 인식할 수 있는 방법을 경험하도록 도울 수 있다는 점을 확인했다. 집단 과정은 어려운 정보, 어려운 감정을 접하거나 서로 관계를 맺는 방식을 경험하는 기회가 될 수 있다. 우리는 어려운 감정을 억제함으로써 안도감을 주거나 기분전환을 할 수 있는 습관화된 생각이나 이야기를 무의식적으로 붙잡는 방식으로 반응하는 것이 아니라 어려운 감정과 함께 생활하는 방법을 터득할 수 있도록 서로를 지원할 수 있다. 우리는 단순한 비난 담론이나 구원 담론을 채택하지 않는 사람이 늘어나기를 바란다. 그리고 그럼으로써 그러한 담론들이 불러올 수 있는 유용하지 않은 행동이 줄어들기를 바란다. 우리는 불안이라는 느낌에 대해 대응하는 대안적 방식을 발견하는 사람이 늘어나기를 바란다. 그럼으로써 중국이 코로나바이러스의 원인이라고 지목하면서 비난하거나, 파시즘을 표방하는 정부를 세우거나, 시골 텃밭에 울타리를 치는 일이 없기를 바란다.

이러한 과정을 지원하기 위해 심층적응 촉진은 근본적인 불확실성을 담을 그릇을 효과적으로 제공해야 한다. 즉, '경계 공간liminal space*'을 제공하여 사람들이 자기 규제와 공동 규제의 기술을 발전시킬 수 있도록 지원해야 한다. 그럼으로써 해결할 수 없는 딜레마와 우리를 에워싸고 있

---

* 시간적 변화나 공간적 변화에 맞물려 있는 경계 지점. 대안을 찾아가는 과도적 영역이라 할 수 있다.-옮긴이

는 어려운 감정과 함께 살아가는 데 필요한 강건함을 구축할 수 있을 것이다. 그러기 위해서는 스스로에게 질문을 던질 수 있는 용기와 연민, 수용, 용서, 겸손, (나와 타인의) 실수를 용인하는 태도를 아우르는 더 너른 그릇을 가질 수 있는 의지가 필요하다.

'타자화'의 이해 및 심층적응 촉진을 통한 타자화의 교정

사람들이 앞서 살펴본 억압과 파괴의 이유에 대해 질문을 던지고 대화를 나누는 사이 우리는 가장 깊은 이유를 고려하고 그것을 실질적으로 해소할 수 있는 방법을 찾기 위한 여정에 나섰다. 우리는 이러한 곤경이 등장하게 된 이유를 설명하는 다양한 이론이 존재한다는 사실을 알고 있다. 또 우리는 사회 붕괴에 대한 예견이나 경험이 퍼져나감에 따라 사람들이 이미 존재하는 세계관에 부합하는 설명을 제공하거나 미래의 행동을 정당화할 방법을 찾아 나설 것이라는 사실을 인지하고 있다. 우리는 원인과 교훈을 탐구하기 위한 질문을 던질 때 전략적이거나 방어적이지 않을 수 있는 방법을 강구하기 위해 애썼다. 덕분에 우리 자신의 정신적 습관과 관계적 습관이 우리 자신, 타인, 자연을 억압하고 파괴하는 이데올로기를 유지하는 방법을 탐구하게 되었다(5장). 이러한 습관을 더 면밀히 탐구한 결과 이 모든 것이 소외를 상상하는 선천적인 과정과 결부된 것처럼 보인다는 결론을 내리게 되었다.

'타자화'는 철학적 개념이자 심리학적 현상이다. 18세기 헤겔은 '자아'의 반대 이미지를 묘사하기 위해 '타자화'를 처음으로 도입했다. 자아의 감각sense of self을 유지하기 위해 우리는 반드시 '[개인적 또는 집합적] 타자라는 요소'를 구성해야 한다. 그러고 나서 우리는 타자를 우리나 우리가 속해 있다고 생각하는 집단과는 다른 존재, 또는 우리보다 '못한' 존재나 '열등한' 존재로 정의한다. 타자화는 온갖 유형(인종, 젠더, 계급, 연령 등)의 차별이 연루되어 있는 심리-사회적 과정이다. 타자화는 마르크스의 '소외' 개념과 밀접하게 연결된다. ('노동자'는 자본주의에 봉사하는 경제적 존재로 환원되어 자신의 인간성으로부터 소외된다.) 타자화는 페미니즘 이론, 종속 이론, 비판적 인종 연구의 발전 과정에 영향을 미쳤다.

'타자화' 과정은 사람이나 집단의 비인간화를 더욱 수월하게 만든다. 타자화된 사람이나 집단은 '타자화' 과정을 통해 존중받을 가치가 없는 존재로 치부되거나 존엄을 인정받지 못한다. 학자들은 '타자화' 분석을 대량 학살과 민족주의 이데올로기 이론화 작업에 점점 더 많이 결부시키고 있다(Murray 2015). 또한 '타자화'는 인간과 비인간 생명이 분리되었다는 상상과 자연 세속화desacralization of nature의 근원에 자리 잡고 있다. '심층 생태학'은 '인간'과 자연의 관계를 탈인간중심주의적 관점에서 바라볼 것을 요청한다(Naess 1977). 인류가 모든 비인간 생명보다 우월하다는 문화적 가정, 따라서 인류에게는 관리하고 소비할 자격이 있다는 문화적 가정은 서구 세계관의 핵심이다. 그 뿌리는 유대-그리스도교 전통과 인간에게 지구의 지배권을 부여한 성경 구절로 거슬러 올라간다.

인간과 비인간을 포함한 모든 생명의 가치가 우리 자신의 가치와 동등하다고 생각한다면 또는 인간과 비인간을 포함한 모든 생명을 우리 자신의 생명과 동일하다고 생각한다면 억압하고 파괴하는 체계에 참여할 수 있을까? 우리는 '타자화'라는 내부적 과정에 깊이 잠겨 있다. 그렇기에 억압하고 파괴하는 체계에 참여하고 있으면서도 그 사실을 알지 못하는 것이다.

'타자화'가 일어나는 이유는 우리가 우리 자신이 아닌 것을 식별하는 방식으로 자아를 구성하기 때문이다. 우리 자신이 아닌 것에는 다른 견해, 다른 행동, 타인, 심지어 다른 생명 전체가 포함된다. 근본적으로 '타자화'는 대상화 과정이다. 사물, 사람, 사람으로 구성된 집단에게 이름을 부여하고 정의함으로써 우리는 주체적 행위자^{agentic subject}인 우리를 우리 행위의 수동적인 대상인 타자로부터 분리한다. 근대적 세계관은 사람을 '그^{he}'가 마주한 모든 것을 관찰하는 주체로 간주한다. 그리고 그렇게 마주한 모든 것은 대상화된다. (합리적 객관성은 본질적으로 가부장적인 성격을 지니고 있다는 페미니즘의 비판을 참고하여(예를 들어 Beauvoir 2011을 참고하라.) 이 장에서는 의도적으로 남성 대명사를 사용한다.) 마사 누스바움은 대상화의 특징을 7가지로 구분한다(Martha Nussbaum, 1995). 바로 도구성, 자율성의 부정, 수동성, 대체 가능성, 침해 가능성, 소유권, 주체성의 부정이다. 이러한 세계관은 우리가 의사소통하는 방식의 기본 구조(대상에 대해 행동하는 주체의 언어)에 뿌리내리고 있기 때문에 우리는 이러한 세계관을 '존재의 문법'이라고 부를 수 있다. '존재의 문법'은 '타자화'를 반영하고 '타자화'를 가능하게 만든다.

유동적이고 불확실한 현상이 아니라 고정된 자아, 변하지 않는 자아를 가정하거나 그런 자아를 바란다면 '타자화'를 요구하는 자기 구성 과정이 강조된다. 자아를 복잡한 관계의 표현이 아니라 남에게 의존하지 않고 우리 삶을 스스로 써내려가는 작가라고 가정하거나 그러기를 바란다면 이때도 그러한 자기 구성 과정이 강조된다. 나아가 우리의 자아가 타인의 자아보다 선하고 더 낫다고 가정하거나 그러기를 바라는 경우에도 마찬가지다. 따라서 우리가 온전하고 독립적이며 선한 자아라는 생각에 애착을 품게 되면 '타자화'의 강도는 더 높아진다. 즉, 역설적이지만 자기실현에 성공하여 선한 인간 존재가 될 수 있다는 생각이 억압과 폭력을 더욱 부추길 수 있다는 의미다.

근대에 등장한 탈-출 이데올로기(5장)는 우리 내면에서 진행되는 '타자화' 과정에 근거를 두고 있을 뿐 아니라 그 과정을 더욱 공고하게 만든다. 자격이라는 정신적 습관을 가지려면 우리는 우리를 좋은 경험을 해도 될 만큼 차별화된 가치를 지닌 존재라고 인식해야만 한다. (확실성으로 대체 가능한) 보증이라는 정신적 습관을 가지려면 우리는 오직 우리에게 중요한 것으로 선택될 때만 나머지 생명의 존재가 의미 있다고 인식해야만 한다. 통제를 추구하는 정신적 습관의 경우 우리가 통제하려고 하는 대상의 주체성을 대상화하고 축소해야만 한다. 자율성이라는 정신적 습관의 경우 우리의 존재를 빚어내고 그 존재에 영향을 미치는 모든 것의 중요성을 축소해야만 한다. 진보라는 정신적 습관의 경우 우리는 세계가 기본적으로 물질이고 무슨 형태로든 빚어질 수 있는 것이라고 인식해야만 한다. 예외주의라는 정신적 습관의 경우 우리는 스스로를 다른 사람보다 더 나은 존재라고 인식해야만 한다. 따라서 탈-출 이데올로기가 우리의 무의식에 미치는 억압을 줄이기를 바란다면 그리고 사회에서 탈-출 이데올로기를 재생산하는 일에 더 적게 관여하기를 바란다면 우리 내면에서 진행되는 '타자화' 과정에 대해 더 많이 인식하는 것이

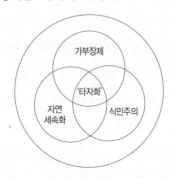

그림 7.1 상호연관된 형태 및 타자화의 원동력

유용할 것이다.

앞의 그림을 통해 보통 근대 서구 문화가 자행한 파괴 과정에서 사용된 도구로 언급될 뿐 아니라 지구가 제 기능을 하지 못하도록 마비시키는 여러 이데올로기를 제도화된 '타자화'라는 교묘하면서도 파국적인 과정의 문화적 표현으로 인식하는 방식을 확인할 수 있다.

'타자화'의 뿌리에 억압과 파괴가 자리 잡고 있는 방식을 인식하게 되면서 교육자이자 촉진자인 우리 작업에 그러한 인식이 어떤 유용성을 가지는지 의문을 갖게 되었다. 우리는 '타자화'가 사람들이 상호작용하는 과정에서 관계적으로 구성된다는 사실을 파악했다(Frosh 2018). 따라서 이러한 광범위한 현상이 사람들 사이에 등장할 때 사람들이 그것을 '인식하도록' 만드는 접근법을 채택해야 한다. 그리고 타자화 충동에서 비롯되는 선택을 줄일 수 있는 방법을 찾아야 한다. 그것이 미래에 발생할 수 있는 피해를 줄이려는 대의를 달성하는 데 필수이기 때문이다. 우리는 비판 이론과 불교에서 통찰을 얻었다. 그리고 이 두 가지 통찰을 연결하면(Hattam 2004) 유난히 투명하고 취약한 사상과 감정을 공유하려는 목적으로 둥글게 둘러앉는 경험과 함께 특히 유용하게 사용할 수 있다는 것을 발견했다.

비판 이론은 유용하다. '타자화' 과정과 탈-출 이데올로기가 불평등한 권력 관계를 확고하게 만드는 방식으로 언어와 문화를 통해 표현되는 방식에 주목하기 때문이다. 사회 철학과 정치 철학에서 비판 이론은 하나의 운동이다. '타자화' 과정을 이해하려고 애쓸 뿐 아니라 해체하려고 애씀으로써 불평등과 억압을 줄이려고 하기 때문이다(Sim and van Loon 2004).

비판 이론은 우리가 사용하고 우리를 둘러싸고 있는 언어, 상징, 행동에 대한 인식을 강화할 것을 요구한다. 또한 언어, 상징, 행동이 모두 권력 관계를 재생산하는 데 관여하는 방식에 대한 인식을 강화할 것을 요구한다. 예를 들어 신문 머리기사, 광고, 연설 또는 의상 착용 방식은 모두 규범적 측면이나 권력 부여의 측면에서 의미를 실어 나르는 자극이 될 수 있다(Fairclough 2001). 이 과정에 대해 더 많이 인식하게 됨으로써 우리는 비판적 의식 또는 비판성이라고 묘사되는 것을 발전시킬 수 있다(Freire 2005). 바로 그것이 세계와 우리 스스로를 해석하는 방식이다. 이때 모든 자극이 의도한 의미 또는 모든 자극으로부터 전달받은 의미가 가질 수 있는 규범적 측면이나 권력 부여의 측면에 주목해야 한다. 그럼으로써 우리는 거기에 관여하지 않거나 그것을 방해하는 것을 선택할 수 있다. 교실 상황에 적합한 실천 방안(예: 텍스트의 '비판적 읽기')은 이미 존재한다. 그럼에도 우리가 직면한 기후 곤경을 감안할 때 특히 집단의 상황에서 매일 비판적 사고를 할 수 있도록 지원하는 특별한 실천 방안을 개발해야 한다. 따라서 우리는 주로 언어로 표현되는 문화적 규범에 대해 비판적으로 성찰하는 노력을 포함하는 것이 심층적응 촉진에 유용할 것이라는 결론을 내렸다.

심층적응 과정의 촉진을 통해 '타자화' 과정에 주목하고 나아가 그 과정을 극복할 수 있도록 통찰력을 제공하는 또 다른 원천은 불교의 철학과 실천이다. 불교의 가르침에 담긴 기본 신조 가운데 하나는 덧없음을 깨닫는 것이다. 불교는 자아가 변하지 않고 독립적이며 일관성 있는 현상이라는 관점을 수용하지 않는다. 대신 우리는 자아를 느낌, 감정, 사상으로 구성된 움직이는 존재라고 인식하고 이러한 사실을 통찰 명상을 통해 경험해야 한다(Hagen 1998). 이러한 방식으로 자아를 경험할 경우 앞에서 언급한 것과 같은 자기 구성 과정에 대한 애착이 줄어들 것이다. 이에 따라 무의식적인 '타자화'에 관여하는 일도 줄어들 것이다. 통찰

명상을 통해 특정한 사상과 감정에 반대하거나 반대로 그것들을 바라는 방식에 대해 인식할 수 있을 것이다. 그럼으로써 특정한 사상과 감정이 우리가 무엇에 주목할지 또는 무엇을 진실이라고 생각할지에 대한 우리의 결정에 영향을 미치는 방식에 대해 인식할 수 있게 될 것이다. 우리 내면의 사상과 감정에 이렇게 세밀하게 주목하면 어떤 순간에 자극을 식별하고 판단하는지 그리고 어떤 사고를 받아들이거나 받아들이지 않는지 드러내는 데 도움이 될 것이다. 사람들이 서로 상호작용하는 순간에 대해 더 많은 주의를 기울일 수 있다면, 타인과의 관계에서 상호 주체성에 대한 지향을 유지할 수 있다면(Irigaray 1985), 나날이 경험하는 문화를 더욱 '비판적으로' 해석할 수 있다면, 억압과 파괴의 체계에 관여하지 않을 또는 그 체계를 방해할 더 많은 기회를 얻을 수 있을 것이다.

심층적응 촉진의 측면

촉진자의 역할은 개인이 집단 속에서 협력과 경험을 통해 학습할 수 있는 환경을 지원하는 것이다. 촉진자가 담당하는 역할의 정당성은 집단 구성원들의 자발적인 동의를 통해 확보할 수 있다(Heron 1999). (위에서 설명한) 심층적응 촉진을 위한 구체적인 맥락은 모든 유형의 집단과 관련된다. '내면의' 심층적응(붕괴 인식을 통합하는 심리-사회적 측면, 감정적 측면 또는 영적 측면)을 추구하는 집단이든 '외면의' 심층적응(공동체나 국가 수준에서 식량 안보를 보장하기 위해 현실적인 조치를 탐구하거나 실행에 옮기는 등의 실천적 측면)을 추구하는 집단이든 관계없다. 이렇게 만사를 아우르는 것처럼 보이는 주제를 가지고 여러 집단의 여러 사람과 몇 년에 걸쳐 작업해온 결과 사람들이 긴급성에 대한 대화나 생산성의 필요성 또는 유용성의 필요성에 대한 대화에서 얼마나 쉽게 실천적 대화로 이행하는지 확인할 수 있었다.

현대 서구 문화 속에서 사회화된 사람들은 연결과 과정보다 생산성과 결과에 더 높은 가치를 부여하기 때문에 '바삐 움직여야 한다'고 격려하거나 그런 충동을 자극하기 위한 활동이 필요 없다는 것을 차츰 깨달았다. 그리고 '바삐 움직여야 한다'는 충동은 오락이나 도피 수단으로 쉽게 전환될 수 있다는 사실도 깨달았다. 다행히도 보다 민주적이고, 참여적이며, 실천적인 협력이 가능하도록 지원하는 여러 접근법이 존재한다다. 예를 들어 소시오크라시sociocracy[*], 마이크로연대microsolidarity[**], 해방적 구조liberating structures[***]의 구성요소와 실천은 모두 심층적응포럼 구성원들이 수행하는 협력 작업을 지원하는 데 활용되고 있다.

그러나 심층적응포럼의 주최자와 참석자들이 지배적인 문화적 사고가 산만하게 전파되고 확산하는 방식에 대해 적절한 관심을 보이지 않는다면 이러한 접근법 자체만으로는 피해를 유발하는 가정의 재생산이 활성화되지 못하도록 방지하는 면역으로 기능할 수 없을 것이다. 공간은 여전히 기존과 동일한 확신에 찬 목소리가 지배할 수 있다. 심지어는 '민첩성', '더 나은 결과 도출', '사회적 이익' 같은 언어를 통해 가부장제의 가정, 식민주의의 가정, 인간중심주의의 가정을 교묘하게 전파할 수 있다. 바로 이것이 다음 2개의 절을 통해 '우리가 무엇을 하는가'보다 '우리가 어떻게 존재하는가'에 대한 비판적 인식을 함양하는 방법을 집중적으로 다루려는 이유다. 그 바탕에는 의미 있는 협력 활동은 우리가 직면한 곤경을 수용함으로써 등장할 수 있다는 생각이 깔려 있다.

---

[*] 예를 들어 https://sociocracy30.org를 참고하라.

[**] https://www.microsolidarity.cc

[***] http://www.liberatingstructures.com

이제 심층적응 촉진의 핵심적 측면 몇 가지를 간단하게 소개할 것이다. 이것들은 심층적응 촉진자 공동체의 적극적인 실천에서 확인한 것이다. 심층적응 촉진자들은 심리치료와 상담에서 소마틱스^{somatics}*, 명상, 사회사업, 공동체 개발, 심리-영성 개발, 분산되고 협력적인 지도력, 참여적 의사결정에 이르는 폭넓은 경험들을 연결하여 한데 묶는 작업을 하고 있다.

억제^{containment}

집단 촉진의 근본 요소는 억제하는 것이다. 마틴 링어는 억제를 '의식적 및 무의식적 존재의 감각을 지니고 있는 구성원을 집단과 그 과제에서 이탈하지 않도록 공고히 유지하는 일'이라고 묘사했다(Ringer 1998). 심층적응의 맥락에서 억제는 공간(과 조건)을 창조하는 것이다. 그 공간 안에서 사람들은 충분히 안전하다고 느끼는 가운데 붕괴와 관련된 가장 어려운 감정의 느낌을 표현한다. 또는 '타자화'라는 미시적인 폭력의 담론적 기초가 내면화되고 다른 사람과 상호작용하는 과정에서 무의식적으로 작용하는 방식을 드러낸다. 억제는 심층적응 촉진 실천의 근본 측면이자 심층적응 촉진에서 가장 중요한 요소다.

헬렌 스미트는 억제의 두 가지 측면을 제시한다(Smit 2014). 하나는 외부적('단단한') 억제(또는 촉진이 일어나는 맥락을 형성하는 구조)이고 다른 하나는 내부적('부드러운') 억제(또는 촉진자를 각자의 역할로 이끄는 자질)이다. 외부적 억제는 모임을 구성하기 전에 시작된다. 명백한 '요청'이나 초대(경험하고자

---

* 근육의 움직임을 의식하고 자기 뜻대로 통제함으로써 몸을 회복하는 운동법. '몸학'이라고 번역하기도 한다.- 옮긴이

기대하는 것을 경험할 것인가?)가 필요하고 참석을 위한 행정 절차와 참여 지침이 마련되어야 한다. 또한 (대면 모임의 경우) 의도에 맞는 공간을 활용해야 하고, 접근성과 편안함도 고려해야 하며 참석자와 촉진자의 신체적 필요를 충족해야 한다. 내부적 억제에는 촉진자의 자질 같은 것이 포함된다. 구체적으로는 판단하지 않는 태도, 신뢰성, 지지 능력, 공감, 일관성, 그리고 이러한 자질을 구현할 수 있는 실행 능력을 꼽을 수 있다.

심층생태학(Naess 1977)의 영향에 따라 우리는 억제의 감각을 창출하는 자질에 탈인간중심주의적, 비서구적 경험주의 패러다임을 포함시키고자 한다. 어떤 사람들은 이것을 (인간과 비인간) 조상에 대한 감사를 표현하라는 요청으로 받아들이거나 자신이 지구에게 지탱의 도움을 받는 존재 그리고 지구 덕분에 존재하는 존재라는 느낌을 일깨우라는 요청으로 받아들일 수 있다. 또 다른 사람들은 (암시적 또는 명시적으로) 더 높은 힘과의 연결을 의미하는 것으로 받아들일 수 있다. 즉, 교사와의 연결이나, 개인적 접근이 아닌 집합적 지혜를 존중하는 일 등을 의미하는 것으로 받아들일 수 있다.

억제를, 촉진자가 '안전한 공간'을 창조하는 일로 이해하는 경우가 많다. 그러나 이러한 이해는 여러 이유에서 문제가 된다. 우선 (안전, 의식주, 의미 상실의 함의를 고려할 때, Bendell 2018) 심층적응 촉진이라는 맥락은 본질적으로 안전하지 않을 뿐 아니라 역사를 통틀어 우리가 실행해온 피해 유발 활동 대부분이 안전과 보안의 필요성을 느끼거나 인지하는 데서 출발한다는 사실에 바탕을 두고 있기 때문이다. 둘째, 안전의 감각은 주관적인 경험이기 때문이다. 예를 들어 백인 남성 참석자가 안전한 공간이라고 느끼더라도 유색 여성 참석자 또는 지배적인 문화에서 체계적으로 주변화되어 온 집단의 구성원은 누구라도 매우 안전하지 못한 공간으로 경험할 수 있기 때문이다. 셋째, 촉진자 역시 관찰하는 대상에 영향을 받기 때문이다. 따라서 자기 자신 및 참석자에게 감정적으로 관여할 수 있다는 사실을 명확하게 인정하는 것이 적절하다.

이러한 이유로 우리는 두 명 이상의 사람들이 공간의 공동 주최자로 나설 것을 권한다. 그리고 공동 촉진자 사이의 관계에 주의 깊고 진실한 관심을 보일 것을 권한다. 집단이라는 상황에서는 촉진자 역할을 유지하는 경계가 무너질 수 있다. 촉진자 각자는 자신만의 무의식적인 양식과 생각을 지니고 있다. 촉진자가 지닌 무의식적인 양식과 생각이 발동되면 진실성이라는 감각을 상실하기 시작할 수 있다. 그 결과 효과적으로 '공간을 유지하는' 촉진자의 능력이 훼손될 수 있다. 심리치료에서 동반이라는 개념은 유용한 은유를 제공한다. 자아 이야기를 붕괴시키고 기존에 구축한 의미 구조를 붕괴시키려면 경계 공간으로 흘러갈 수 있는 상황을 조성할 필요가 있다.

강은 흐른다. 흐르는 강은 예측할 수 없다. 집단에 속한 사람들이 강에 서 있을 것이다. 그리고 그 사람들이 강을 탐구할 수 있도록 여러분이 의도적으로 환경을 조성했을 것이다. 이제 여러분은 한 발은 강에 담그고 다른 발은 강둑에 딛고 있어야 한다. 공동 촉진자와 함께 작업한다는 것의 의미는 한 사람은 언제나 두 발을 강둑에 딛고 있다는 것이다.

사회 붕괴에 대한 심층적응은 사회 붕괴가 근본적으로 안전하지 않다는 것을 경험하는 것이다. 또한 안전은 상대적인 것이고 주관적으로 경험된다는 사실을 경험하는 것이다. 그럼으로써 억제와 경계에 대한 관심을 갖게 만들고 안전한 공간을 창조할 가능성이라는 신화에 의문을 품게 만들어야 한다. 그러나 오히려 우리는 *충분히 안전한 공간*을 유지하는 데 관심을 가진다. 그 과정은 근본적으로 자기 규제와 공동 규제 능력을 증가시킨다. 심층적응을 촉진하는 일은 어려운 감정을 인내할 수 있는 강건함을 구축함으로써 더 많은 회복력을 갖추는 일이다. 심층적응을 촉진하는 일은 보다 유쾌하거나 쉽거나 편안하게 느껴지는 것으로 눈을 돌리는 것이 아니라 생성적인 행동을 고려할 수 있는 냉철함을 기르는 일이다. 충분히 안전한 공간을 창조하더라도 그 공간 안에서 일어나는 일 자체가 보다 편안해지는 것은 아니다. 대신 충분히 안전한 공간을 창조함으로써 우리 자신과 서로가 불편함을 유지할 가능성을 높일 수 있을 것이다. (6장을 참고하라.).

부정과 근본적인 불확실성

지금은 자아, 안전, 주체^{agency}에 대한 사람들의 감각이 도전받고 사회 붕괴의 두려움, 나아가 인간 멸종의 두려움이 공포 반응을 촉발하는(4장) 역사적으로 유례가 없는 시기다. 기후학자와 정책 입안가를 비롯한 각계각층의 사람들이 불안을 느끼고 있다. 사람들이 느끼는 불안은 습관적 반응을 촉진할 수 있다. 그 탓에 현명한 행동에 나서는 데 아무런 도움이 되지 않는 실정이다. 여기서 특히 주목할 것은 그 어느 때보다 세부적으로 수행한 측정을 과도하게 강조하는 일이다. 그 때문에 앎을 추구하는 다양한 방식과 총체적인 분석을 혐오하게 되고, 그 결과 모호함 속에서 현명하게 식별하는 안목이 억제되고 있다.

인간이 유발한 탄소 배출이 급격히 증가하고 있다. 이것을 지표로 삼는다면 수십 년 동안 이루어진 기후과학 연구는 사회의 지속 불가능성을 줄이는 데 아무런 영향을 미치지 못했다고 할 수 있다(1장). 측정 기술이 발전하면서 더 많은 측정값이 도출되고 있다. 특정 연구자들과 그들의 연구에서 한 발 물러나 생각해보면 우리 사회가 측정을 강조하는 것은 불확실한 상태로 살아가는 것에 대한 현대의 불편을 표현하는 것이라고 생각할 수 있다. 바로 거기에 과학 혁명 이후 수백 년 동안 발전해온 근대 문화가 반영되어 있다. 근대성의 문화 내에서 '인간은 알지 못하는 것이 더 이상 없을 때 자신을 공포에서 해방된 존재라고 생각한다.'(Adorno and Horkheimer 1997: 16).

인지된 위협에 대한 실증주의적-과학적 반응을 강조하는 것은 아무런 도움이 되지 않는다. 실증주의적-과학적 접근법은 더 다양한 형태의 통찰력을 무시하고 알지 못하는 상태를 무시하기 때문이다. 이러한 이데올로기가 가장 나쁘게 표현되는 경우 사람들은 보다 총체적인 분석을 비난하면서 불확실하고 위협적인 모든 것을 억압할 수 있다. 게다가 불확실한 상태로 남아 있기보다는 가장 단순한 비난과 안전 이야기를 수용하기를 무의식적으로 선택할 수 있다. 예를 들면 인종차별주의, 민족주의, 권위주의를 특징으로 하는 정치 담론을 무의식적으로 수용할 수도 있다.(5장과 6장).

비판 이론은 세계에 대한 앎을 추구하는 방식을 사회적으로 구성해야한다고 강조한다. 그럼으로써 비판 이론은 우리에게 확실성은 착각이라는 사실을 일깨운다(Rorty 1989). 이러한 관점은 여러 영적 전통과 공명한다. 도교, 불교, 힌두교, 원주민의 세계관은 인간 주체를 중심에 두지 않는다. 오히려 인간은 인간이 완전히 이해할 수 없는 현실 속에 존재하는 다른 힘과의 *관계* 속에서 이해된다. 도교, 불교, 힌두교, 원주민의 세계관 같은 지혜의 원천은 인간이 상호 존재에 대한 감각을 느끼고, 겸손한 자세로 인간의 상호의존성을 받아들이며, 앎을 추구하는 다양한 방법을 통해 얻은 우리 세계에 대한 통찰력을 통합하는 개방성을 지닐 가능성이 있는 존재라고 인식한다(Abhayananda 2002).

우리 모두에게서 나타나는 문화적으로 생산된 저항을 줄이면서 세계가 확실하다는 과거의 가정을 떠나보내고 나면 지식과 개인의 정체성이 심층적응 촉진의 중심에 자리 잡게 될 것이다. 따라서 취약성 증가와 끊임없는 변화를 인지함으로써 불확실성과 모호함을 느끼는 사람들이 보다 평정심을 느끼도록 지원하는 일은 심층적응을 위한 공간을 유지하는 핵심 목적이 될 것이다.

비탄

근대 서구의 세계관에서는 경험의 정서적인 차원을 무시하거나 여성적인 영역이자 집안일의 영역으로 치부해 지배적인 담론의 영역 밖으로 밀어내왔다. 이 지배적인 담론은 모든 종류의 감정을 억압한다. 그 가운데서도 공포, 특히 죽음에 대한 공포는 위험한 기후변화와 관련하여 우리가 직면한 곤경을 부정하는 데 핵심 요인으로 작용해왔다. 기후변화와 관련하여 우리가 직면한 곤경의 함의가 보다 광범위하게 인정을 받으면서 심리학 분야는 '생태 괴로움' 현상에 대해 탐구해왔다(4장).

심리학이라는 전문 분야 안에서 일반적으로 합의된 내용은 서구 문화에 비탄 혐오grief phobic가 팽배하다는 사실이다. 즉, 비탄과 결부된 유쾌하지 않은 감정을 완화하고 극복해야 할 문제라는 틀 안에 가둔다는 의미다. 비탄 혐오라는 현상을 비판 이론적 관점에서 볼 때 '비탄에 대한 표현, 애착의 역할, 사회적 고통, 부끄러움을 지배하는 사회적 규칙[은 사회적 규칙의 준수를 촉진할 잠재력이 있는 힘'이다(Harris 2010: 241). 비탄의 서로 다른 여러 측면을 억압한 결과 부정에 사로잡힐 수 있게 된다(Kübler-Ross 1969). 우리가 직면한 곤경을 집합적으로 수용하는 것은 모든 어려운 감정적 경험을 헤쳐 나갈 수 있게 됨으로써 붕괴 속에서 따스한 평정을 찾는 하나의 방법이다(Cunsolo and Landman 2017).

전문가 분석에 대해 논의하는 방식으로 비탄이라는 감정에 대해 설명할 수도 있을 것이다. 그러나 그러면 지금까지 이 장을 통해 비판해온 무감각한 방식을 반복할 위험이 있다. 따라서 다른 방식으로 비탄과 관련된 내용을 공유하고자 한다. 우리는 비탄이 우리를 크게 약화시키고 죽음에 이르게 한다는 사실을 알고 있다. 비탄에 빠지면 우리는 자아에 대한 감각, 세계와 관련해 확실하다고 여겼던 모든 것에 대한 감각, 자기 자신, 타인과의 관계, 사회적 맥락에서 익숙했던 사건에 대한 감각과의 연관성을 상실한다. 우리는 도저히 참을 수 없다고 느낀다. 사실 비탄에 직면한 자아는 비탄을 참을 수 없다. 자아의 크기가 비탄을 이해할 만큼 충분히 크지 않기 때문이다. 따라서 우리 자아의 경계가 깨지고 확장된다. 그럼으로써 상실의 경험을 통합할 수 있을 만큼 자아의 크기가 (또는 자아의 수용능력이) 커지게 된다. 거기에서 새로운 자아가 등장한다. 즉, 이해할 수 없는 것을 통합하는 여정에서 자아가 새롭게 창조되는 것이다.

비탄에 빠지면 모든 것을 상실한다. 지향할 수 있는 안정적인 토대도 사라진다. 우리 자신의 위치를 확인하고 방향을 잡으며 나아가기 위해서는 적어도 이미 알려진 2가지 좌표가 필요하다. 하나는 우리가 있는 곳의 위치이고 다른 하나는 지평선의 다른 한 위치를 기준점으로 활용하는 것이다. 이 2가지 좌표가 없다면 우리는 끊임없이 변화하는 경관

속에서 길을 잃고 말 것이다.

우리 문화는 '죽음을 부정하는' 문화다. 따라서 죽음에 관련된 의례가 부족하다(Thieleman 2015). 이러한 문화에서는 비탄과 관련된 복잡하고 다루기 어려운 감정을 공유하고 집합적으로 경험할 수 있는 공간이 거의 없다. 따라서 그러한 공간을 제공하는 것이 중요한 역할을 할 수 있다. 비탄과 상실을 경험하고 표현하는 것은 개인적인 일이 아니다. 공동체의 집합적 경험의 중요한 일부를 형성하는 일이다. 비탄 관리grief tending, 죽음 카페death cafes, 재연결 작업(8장) 같은 실천 사례를 통해 당장 수행할 수 있는 활동이 무엇인지 통찰력을 얻을 수 있다.

심층적응의 실천 방안과 심층적응 촉진 사례

심층적응포럼은 사람들을 온라인 및 대면 방식으로 연결하는 국제적인 공간이다. 심층적응포럼은 사회 붕괴에 직면하는 과정에서 상호 지원, 협력, 전문적 개발을 장려한다. 2018년 7월 처음 발표한 '심층적응' 논문의 파장이 예상 외로 커지면서 심층적응포럼은 2019년 초 온라인 공동체로 모습을 드러냈다. 심층적응포럼은 촉진자들이 자발적으로 구성한 실천 공동체다. 촉진자들은 집단 촉진, 생태 치료, 명상, 소마틱스, 심층적응과 관련된 여러 분야에서 활동하는 전문가들이다. 촉진자들은 심층적응포럼 회원을 위한 온라인 정기 모임을 만들어 모임을 개최해왔다. 이제 앞서 설명한 맥락을 통해 등장한 3가지 '실천 방안' 또는 촉진 과정을 소개하고자 한다.[*]

---

[*] 이 과정을 조직하고 촉진하는 방법에 대한 세부적인 조언이 필요한 경우 http://jembendell.com/facilitate에서 관련 지침을 참고할 수 있다.

소집단 모임에서는 현재 펼쳐지고 있는 기후 비극의 함의를 해결하기 위해 애쓰는 동안 참석자들이 느낀 것과 경험한 것을 솔직하고 개방적인 태도로 공유하게 된다. 핵심은 대화에 그치지 않는다는 것이다. 참석자들은 4개에서 6개의 소집단에 참여하는데, 참석자 누구에게나 자신이 느낀 것과 경험한 것을 공유할 시간이 주어진다. 다른 참석자들은 판단하거나 의견을 제시하지 않고 경청한다. (이러한 관점에서 볼 때 이 공간은 단주 모임AA meeting이 설정한 확고한 경계와 공통점이 있다.) 경청자로 참석한 참석자들은 자기를 기준으로 감각을 형성하거나 판단하는 일을 보류하는 대신 적극적으로 경청하고 관심을 표현하며 공감을 실천해야 한다. 판단하지 않으면서 적극적으로 주의 깊게 듣는 활동은 치료 활동의 한 측면임에도 불구하고 이 공간을 마련한 목적은 치료에 있지 않다. 그러나 이 공간은 견디기 어려운 감정이나 (특히 자신의 세계관에서 고립감을 느껴서 심층적응포럼에 참석하게 된 경우) 이루 말할 수 없는 감정을 공유하기 위해 마련된 공간이다. 따라서 이 공간을 통해 강력한 치료 경험을 제공할 수 있다.

깊이 듣기라는 실천 방안은 심층적응의 핵심이다. 이 실천 방안은 경험의 정서적인 측면을 특히 중요하게 여길 뿐 아니라 부정적인 감정이나 어려운 감정을 해결해야 할 문제의 틀 안에 가두지 않기 때문이다. 많은 참석자는 비탄의 경험을 공유한다. 참석자들이 느낀 비탄은 이미 파괴되었거나 황폐화된 자연계에 대한 것일 수도 있고 미래를 바라보면서 가졌을지 모르는 희망의 포기에 대한 것일 수도 있다. 비탄을 집합적으로 공유할 의례가 부족한 근대 사회에서 비탄을 공유하는 활동은 중요한 역할을 할 수 있다.

심층 관계Deep relating

심층 관계는 관계적 명상의 실천이다. 심층 관계는 지금 이 순간에 대한 심층적이고 세부적인 인식을 바탕으로 다른 사람이나 집단과 관계를 맺는 접근법이다. 참석자들은 '지금 여기에서' 일어나고 있는 일에 대해서만 이야기해야 한다. 거기에는 (보고 듣는 것을 비롯한) 신체 감각, 감정, 사고가 포함된다. 참석자들은 경험하고 있는 것을 최대한 명확하게 표현하려고 노력하면서 다른 사람을 자신의 세계로 초대하여 보다 깊은 연결을 추구해야 한다. 참석자들에게는 과거나 미래를 참고하여, 또는 의미에 대한 기존 가정이나 틀을 참고하여 '지금 여기에서' 일어나고 있는 일을 설명하거나 정당화하거나 평가하고 싶은 충동이 있다. 참석자들이 이것들에 대해 언제 '이야기하고 싶은' 충동이 생기는지 주의 깊게 살펴야 한다.

이러한 관점에서 볼 때 심층 관계는 존재의 '경험적' 양식과 관련성을 가진다. 이때 존재의 '경험적' 양식이란 존재의 '서사적' 양식에 대비되는 개념으로서 사용한 것이다.(예를 들어 Farb et al. 2007을 참고하라). 심층 관계가 진행될수록 인식의 탐지기에 걸리지 않고 지나가버렸을 수 있는 충동과 판단의 보다 세부적인 사항에 더 많은 주의를 기울이게 된다.

일반적인 지침은 존재하지 않는다. 그러나 대화를 시작할 때 참고할 수 있는 몇 가지 원칙은 존재한다.

- 우리 스스로, 서로, 지금 이 순간에 등장하고 있는 모든 것과 **연결하겠다는 약속**
- 감각의 유지 – 지금 이 순간에 신체에서 생겨난 감각과 감정을 인식하고 인정하며 표현하기

- 모든 것을 환영 - 상호작용을 통해 촉발되고 있는 모든 감각과 감정이 우리와 집단을 보다 높은 인식과 수용으로 이끈다는 사실을 신뢰
- 특히 다른 사람에 의해 촉발된 경험의 원천을 면밀히 검토하는 독립적인 관찰자로 돌아와 **경험을 음미**
- **다른 사람의 세계에서 다른 사람과 함께하기** - 다른 사람이 자신의 경험을 공유하는 사이 우리는 그 사람이 어떤 사람인지, 그 사람의 말을 들을 때 어떤 감각, 감정, 생각이 떠오르는지 탐구하고 그 사람이 겪는 현재의 경험을 더 잘 이해하기 위한 질문을 던짐

심층 관계의 실천은 진실한 관계authentic relating[*], 둥글게 둘러앉기circling[**], 심리치료의 '집중', 근대 불교의 실천으로 알려진 통찰 대화 등의 실천 방안에서 진화했기 때문에 그것들과 유사한 측면이 있다(Kramer 2007). 또한 심층 관계의 실천은 봄의 대화법Bohmian dialogue에서도 영향을 받았다. 따라서 목적 지향적 대화가 아니라 다음을 요구하는 대화가 되어야 한다. "우리를 통해 그리고 우리 사이에서 흘러 다니는 의미의 흐름은 (…) 집단 전체에 의미가 흐르게 [만든다]. 집단 전체에 흐르는 의미를 통해 새로운 이해가 생겨날 것이다. (…) 이렇게 의미를 공유하면 '접착제' 또는 '시멘트'로 작용하여 사람과 사회를 하나로 묶어낼 것이다."(Bohm 1996).

이러한 여러 실천에서 심층 관계가 구별될 수 있는 요인은 촉진자들이 '붕괴 인식'을 명백하게 제시하고 확인해준다는 것이다. 그 의도는 장벽을 제거하여 참석자들이 '붕괴 인식'이라는 주제와 관련된 의견을 온전하게 표현할 수 있도록 지원하는 것일 뿐 '붕괴 인식'이라는 주제를

---

[*] https://authenticrelating.co/

[**] https://www.circlingeurope.com/

등장시키려는 의도는 아니다.

심층 관계의 원칙과 실천을 활용하면 서구 담론을 지배하는 무의식적인 양식을 탐구하여 표면에 드러낼 수 있을 것이다. 앞서 설명한 대로 서구 담론을 지배하는 무의식적인 양식은 타자화, 부정, 도피라는 결과로 이어질 수 있는데(5장), 심층 관계의 원칙과 실천은 그러한 정신적 습관에 대처하는 데 중요하다. 따라서 심층 관계의 실천은 심층적응에 소중한 접근법이 될 수 있다.

한편 신체적 측면과 정서적 측면을 인식이나 담론만큼 중요하다고 강조하는 주장이 있다. 대화를 하지만 반드시 결과를 도출해야 하는 것은 아니다. (적어도 표면상으로는) 모든 것이 환영받는다. 참여에 적용되는 별다른 규칙이 없기 때문이다. 그러나 이러한 방식들만으로는 비판적이고 의식적인 참여를 충분히 보장할 수 없다. 우리는 '진실한' 자아를 드러내는 방법이라고 내세우는 유사한 방식들을 접해왔다. 예를 들어 예외주의와 자격이라는 의식을 줄이는 것이 아니라 증폭할 수 있는 담론이다. 대표적인 예로는 푸코(1984)가 캘리포니아 사람들의 자아 문화^{California Cult of the Self}*라고 언급한 문화를 꼽을 수 있다. 이 문화는 개인의 필멸을 예상하는 사람들과 붕괴에 직면하여 과거의 정체성을 상실한 사람들에게 특히 매력적이다. 왜냐하면 이런 사람들은 가장 단순한 (또는 가장 즐길 수 있는) 방식으로 자신들을 뒷받침해주는 담론, 경험, 공동체를 선택하기 때문이다. 사회에 부합하려는 의지를 낮추는 '영적 우회' 반응이 사람들의 반응을 이끌어낸다면 공모와 연대라는 문제에 대한 관심을 억제할 수

---

* 자신의 진정한 자아를 발견하고, 자신의 진정한 자아를 모호하게 만들거나 소외시킬 수 있는 것과 자신의 진정한 자아를 분리하며, 진정한 자아가 무엇인지 말해줄 수 있다고 여겨지는 심리학 또는 정신분석학에 힘입어 자신의 진정한 자아의 진실을 해독할 수 있다고 여기는 문화— 옮긴이

도 있을 것이다. 이러한 담론은 불필요한 피해에 대해 기여하고 있다는 사실을 학습할 기회, 피해를 줄이기 위해 관여할 기회, 피해에 대한 기여도를 낮출 수 있는 기회를 사람들에게서 빼앗음으로써 여러 나라에서 일어나고 있는 억압적인 정책 경향에 발맞출 수 있는 배제의 담론이다.

과거에도 유사한 과정은 많이 있었다. 권력 부여 담론의 교묘한 실행을 체화, 활성화, 정당화하는 과정이었다. 따라서 촉진자가 앞서 설명한 '비판적 의식'을 동반하는 공간을 유지하지 않으면 권력, 지배, 자격, 진보에 대한 지배적인 담론을 허용하거나 무심코 강화하는 위험에 빠지게 된다. 그러면 심층적응 과정에 방해가 될 것이다. 따라서 촉진자인 우리는 탈-출 이데올로기를 더 잘 피할 수 있는 방법에 주의를 기울이는 것이 유용할 것이다. 촉진자 개인이든 집단 내의 촉진자이든 다음과 같은 질문을 던짐으로써 유용한 성찰의 시간을 가질 수 있을 것이다. '문화가 지금 당장 우리를 통해 생산할 수 있는 것 또는 줄일 수 있는 것은 무엇인가?' 이러한 심층 관계의 측면을 발전시켜 '문화 성찰'이라는 추가 원칙을 개발할 수 있을지 여부는 심층 관계 실천을 통해 우리가 탐구해야 할 문제다.

죽음 카페

죽음 카페는 2011년 존 언더우드Jon Underwood가 설립했다. 죽음 카페는 비밀이 보장되는 안전한 공간을 제공한다. 이 공간에 모인 사람들은 죽음과 죽어가는 것에 대해 이야기를 나눌 수 있다. 그럼으로써 '죽음이 사람들의 (유한한) 삶 대부분을 잘 가꿔나갈 수 있도록 지원한다는 관점으로 죽음에 대한 인식을 높인다.'* 존 언더우드는 사회학자이자 인류학자

---

* https://deathcafe.com/

인 버나드 크레타즈의 작업에서 영감을 얻었다. 버나드 크레타즈는 일반적으로 죽음을 혐오하는 문화에는 사람들이 죽음 및 필멸과의 관계를 탐구할 수 있는 공간이 필요하다고 인식했다(Crettaz 2010).

2020년 온라인에 '심층적응 죽음 카페'를 개설했다. 이 카페는 기후가 격변하는 오늘날의 사람들이 죽음 및 필멸에 관여할 기회를 제공한다. 사람들은 이곳에서 전 지구적 곤경, 멸종, 사회 붕괴의 가능성을 받아들이는 과정에서 자신이 겪은 경험을 공유하고 탐구할 수 있다. 분명한 것은 사람들이 자신의 경험을 공유하고 타인의 경험을 깊이 경청하는 사이에 편안함을 느끼고 힘을 얻는다는 것이다. 아울러 사람들은 이 엄청난 도전이 자신들에게 무슨 의미가 있는지에 대해 대화할 의지를 갖게 된다.

인간의 필멸을 인정하기를 꺼려하는 현상은 (2장에서 논의한) 기후 부정의 암시적이거나 명시적인 형태 그리고 (5장에서 설명한) 탈-출 이데올로기에 연루되어 있을 것으로 보인다.

결론

심층적응 촉진에 대한 논의를 마치면서 다음을 지적하고 싶다. 여기서 제시한 이론적 틀, 사고, 실천 방안은 학술 문서 작성 관례를 따라 제시된 것이다. 따라서 이 주제에 대한 반향을 불러일으키기에 적절한 형태가 아닐 수 있다. 이 장에서는 심층적응을 위한 집단 촉진의 원칙과 맥락에 대해 자세히 설명했다. 이러한 원칙과 맥락에 발맞추면서 현재 다가오고 있는 기후 혼돈의 영향에 심층적응하기 위한 집단 촉진에 나서는 일은 중대하고 도전적이며 보람을 느낄 수 있는 목표다. 사람들이 개인적으로 그리고 집합적으로 포기하는 고통스러운 과정에 대한 자신의 경험을 공유하고 함께 회복력을 구축하도록 지원하는 영예를 누릴 수 있다. 바로 이것이 서서히 모습을 드러내고 있는 위기에 관련된 불확실성, 방향 상실, 또는 공포 같은 압도적인 느낌에 용기를 내서 직면하는 데 필요한 것이다. 아울러 사람들을 지원하는 기쁨도 누릴 수 있다. 사람들이 서로 보다 깊이 연결되는 새로운 경험을 하도록 지원하고 삶에 대해 새롭게 이해하도록 지원할 수 있다. 또한 사람들이 연대를 바탕으로 활발하게 창조할 동기를 회복하도록 지원하고 '더 길게 활공하면서 추락의 충격을 줄일 수 있는' 결정을 내릴 역량을 회복하도록 지원할 수 있다(Bendell 2019).

이 장에서 소개한 집단 촉진 경험과 심층적응 분야에서 일어나고 있는 다른 경험의 지원을 받아 상호존재에 대한 감각을 되찾고 모든 생명과 적극적으로 연대할 수 있게 되기를 바란다. 희망도 있겠지만 분명 어렵고 고통스러운 과정이 이어질 것이다(6장).

비판 이론가이자 철학자인 리처드 로티의 견해(Rorty 1989)에 동의한다. 배제와 억압을 제거할 유일한 기회는 '우리'라는 개념을 확장하여 아무도 배제되지 않는 상황을 조성하는 것이다. 심층적응을 지원하는 집단이 이러한 상황을 조성할 가능성은 매우 크다. 사람들이 불확실성과 취약성이 더 커지고 있다고 느낄수록 심층적응을 지원하는 집단은 주류 문화에서 가부장적이거나 배제적이거나 민족주의적인 담론이 지속적으로 등장하지 못하도록 막을 방법을 찾아낼 수 있기 때문이다.

8

거대한 전환

: 붕괴 속에서 확립하는 재연결

션 켈리, 조애나 메이시

자연스러운 동맹

심층적응 운동의 근본 전제들((문명의) 붕괴가 가능하다거나, 불가피하다거나, 이미 벌어지고 있다는 것, (생태적) 재앙이 일어날 수 있다는 것, 인류가 멸종할 수도 있다는 것)을 처음 접하고는 기운을 되찾았다. 진실을 말하는 것 자체가 활력을 전해준 것이다.

우리 시대에 일어나는 중대한 고통은 진실을 말하지 못해 더 커지고 있다. 전반적으로 사람들의 감정이 무뎌지고 정신적으로도 무감각해지고 있다. 나아가 이러한 무감각은 우리에게 꼭 필요한 인지 능력을 망가뜨린다. 점점 가속화되는 지구의 비상사태를 인지하고 제대로 파악하여 현명하게 대응하려면 불안을 비롯해 이에 따르는 다양한 정서적 괴로움을 의식적으로 알아차려야 한다.

사실 치명적인 위협 앞에서 이런 감정을 느끼는 것은 지극히 정상적이고 건강한 반응이다.[*] 그런데 간접적이든 무의식적이든 개인이 느끼는 이 감정을 말로 표현-이런 자각에 대항해 어마어마한 방어기제가 작동할지라도-하지 않는다면 인식 자체가 이루어질 수 없다. 이런 점에서 우리는 심층적응 운동의 발전 과정을 고마운 마음으로 지켜보았다. 심층적응 운동은 생명 그리고 더 광범위한 지구 공동체를 위해 우리를 비롯한 많은 사람이 관여하는 강력한 동맹이라고 생각한다.

최근 들어 '기후 슬픔'과 '생태 불안'이라는 개념이 주류에 진입했다 (Mendosa 2019). 그동안 많은 사람이 느껴온 감정에 이름을 붙인다는 것은 고무적인 일이므로 환영할 만하다. 이제껏 보건 전문가들이 내놓은 권고 사항은 대체로 상식 수준의 전략에 그쳤다. 이를테면, 유용한 정보를 지속적으로 접하되 휘몰아치는 나쁜 소식에 매몰되지 않도록 때를 잘 가리라는 것, 마음 맞는 사람들과 만나 다양한 정보와 우려 사항을 놓고 의견을 나누라는 것, 규칙적인 운동과 건강한 식생활을 지킴으로써 신체적 건강을 유지하라는 것, 자연 속에서 시간을 보내라는 것, 일상에서 올바른 선택을 내리고 자연 세계가 맞닥뜨린 위협을 해결하려는 단체들의 활동에 관여하는 등 구체적인 행동으로 변화를 일구라는 것 등이다.

물론 뜻이 맞는 사람들과의 관계가 지닌 가치는 인정하지만, 생태 불안이나 기후 슬픔을 다루는 대다수 권고 사항은 개인 중심의 대처 전략

---

[*] 이에 관해서는 인류학자 사임과 하겐이 쓴 다학제적 종합 논문을 참고하라. 이 논문은 다음과 같이 주장한다. 불안, 우울, 외상 후 스트레스장애(PTSD) 등의 장애들은 유전 가능성이 적고, 역경에 부딪힐 때 일어나며, 그러한 역경에 적응하려는 반응으로 다양한 증상을 일으킨다. 이 장애들은 성인기 내내 흔히 나타나는 까닭에 정신질환으로 인한 질병 부담의 상당 부분을 차지한다. 그러나 이런 증상들은 장애가 아니라 부적절하게나마 역경에 대처하려는 적응 행동일지도 모른다. 이것이 사실이라면 몇 가지 중요한 시사점이 있다. 첫째, 이런 증상들은 대체로 의학적 문제가 아니라 사회적 문제를 가리킬 테고, 따라서 의학적 해법이 아닌 사회적 해법이 필요할 것이다. (Syme and Hagen 2019)

을 강조하곤 한다. 이와 대조적으로 재연결 작업^{Work that Reconnects}은 사람들이 차단된 감정을 표현할 뿐만 아니라, 우리를 비롯한 다수가 말하는 이른바 생명지속사회로의 거대한 전환^{Great Turning}에 적극 동참하는 사람으로서 정체성을 더 확고히 하도록 함께 노력하는 데 이바지하고자 개발되었다. 이 작업에 포함된 일련의 실습 활동은 지난 수십 년에 걸쳐 개발되었고, 현재 세계 곳곳의 지지자 수백 명으로 구성된 네트워크가 점점 성장하고 있다(workthatreconects.org; Macy and Young Brown 2014).

거대한 전환이라는 개념은 재연결 작업의 방향을 규정하는 뼈대로서 세 가지 차원이 있으며, 이들 각각은 행동주의의 한 형태로 볼 수 있다. 물론 대다수 사람이 행동주의라는 개념과 연관 짓는 것은 첫째 차원인 더 큰 지구 공동체를 수호하기 위한 '행동의 실현^{Holding Actions}'이다. 이 행동들은 '현상태의 지속^{Business as Usual}*'을 강조하는 정치경제학이 초래하는 훼손을 저지하고 늦추는 것을 목표로 하며, 직접 행동과 더불어 정치적, 입법적, 법률적 형태를 띨 수도 있다. 이런 종류의 행동주의를 보여주는 대표적인 예로는 대규모 기후 행진, 청소년이 주도하는 기후 파업, 멸종반란의 다양한 행동을 떠올릴 수 있다.

둘째 차원인 '생명을 지속하는 체계와 관행'에는 서로 보완하는 비판적 측면과 건설적 측면 두 가지가 있다. 비판적 측면은 지구가 처한 곤경의 구조적 원인을 살펴보며 분석하고 산업성장사회와 이에 따른 재앙(생태권 파괴, 사회적 불의, 심리사회적 및 영적 문제들) 사이의 역학을 밝힌다. 건설적 측면은 지금의 사회적, 경제적, 정치적, 법적, 교육적 방식의 대안(재

---

* 메이시의 《생명으로 돌아가기》(모과나무, 2020)에서는 Business as Usual을 '통상적 삶'으로 옮겼으나 문맥상의 취지를 충분히 나타내지 못한다고 판단하여 현상태의 지속으로 옮겼다. 이 용어는 경제 불황, 극단적인 기상 현상 등은 일시적 어려움으로서 언젠가는 회복된다고 보고 지금의 삶의 방식을 유지해도 좋다는 입장을 표현한다.—옮긴이

생에너지, 재생설계, 퍼머컬처, 지구법earth law, 내국 통화, 협동조합 등)을 모색한다. 사실 이러한 대안은 다 늘어놓을 수 없을 만큼 무수히 많다.

셋째 차원인 '의식의 전환'은 대개 앞의 두 차원에 내재하지만, 이들을 완전히 일관되고 지속성 있게 실현하려면 따로 분리해서 명백히 드러낼 필요가 있다. 우리는 우리 자신을 진화의 대모험에 참여하는 사람들이자 새롭게 나타나는(또는 가이아적인) 지구 의식의 담지자로 인식하게 되었다. 이 인식은 다양한 앎의 방식-전체론적이고 체계적이며 복잡한 방식, 비유적이며 시적인 방식, 정서적이며 체화된 방식-을 포용한다. 우리는 이러한 인식을 받아들임으로써 우리의 근본적인 상호의존성에 눈 뜨고 이를 기쁘게 여길 수 있다. 또한 신성한 생명망에서 우리를 떼어놓을 수 없다는 점도 반갑게 자각하고, 우리와 지구 공동체의 모든 구성원 간의 연대를 확인하고 공고히 할 수 있다. 재연결 작업은 이러한 의식의 전환을 촉진하는 일에 모든 노력을 기울인다.

붕괴를 직면하기

심층적응의 근본 전제 중 '재앙의 개연성'이 보여주듯이, 거대한 전환이라는 아이디어도 생명망이 속도를 높여가며 거대한 붕괴를 겪는 단계에 와있다는 자각과 함께 늘 존재했다. 심층적응은 문명 붕괴의 가능성을 강조함으로써 거대한 전환을 다루는 우리 작업에 중요한 요소를 더해주었다. 비교적 최근까지도 거대한 전환이라는 아이디어를 제시하고 재연결 작업을 실천할 때, 대다수 사람은 붕괴 단계를 거치지 않고 거대한 붕괴를 저지하고 생명지속사회로 넘어갈 가능성이 여전히 존재한다고 가정했다. 그러한 평가들이 지닌 필연적인 불확실함도 인정하지만, 우리는 붕괴가 불가피하다고 예상하게 되었다. 그 근거는 우리를 생태적 재앙의 문턱으로 이끈 산업성장사회가 본질적으로 유지되기 어려운 데다 갈수록 무너지기 쉬운 징조를 보인다는 사실에 있다. 그 한계가 임박했다는 표지로서 행성의 한계치라고 밝혀진 9대 기준 중 적어도 네 가지(기후변화, 생물권의 완전성 상실, 지표 환경의 변화, 생물지구화학적 순환의 변화(질소와 인))를 이미 넘어섰다는 점을 지적할 수 있다(해양 산성화도 곧 이 기준에 포함될 것이다).

이미 우리는 기후변화가 촉발하는 전쟁과 기후 난민 물결, 사망률 증가, 기상 이변으로 인한 혼란과 괴로움, 게다가 이제는 세계적인 유행병이 초래하는 치명적인 결과까지 겪고 있다. 우리는 코로나19 바이러스의 급격한 확산이 불러일으킨 세계적 유행병이 어느 정도까지 안정을 깨뜨릴 수 있는지 똑똑히 인식하게 되었다. 코로나19는 인체 감염의 70%를 유발하는 이른바 인수공통전염병(동물과 사람 사이에 상호 전파되는 질병) 중 하나다. 유엔 환경계획은 코로나19 바이러스와 환경 악화 사이의 관계를 다음과 같이 지적했다. "인수공통전염병 발생을 막으려면, 상호작용하면서 생태계와 야생동물을 위협하는 갖가지 요인을 해결하는 것도 중요하다. 이를테면 서식지 파괴와 단편화, 불법 무역, 오염, 침입종, 나날이 심각해지는 기후변화 등을 해결해야 한다." 젬 벤델 역시 더 광범위한 붕괴를 촉발하는 요인으로 식량 부족과 공급망 교란 등 구체적 위험 요소에 관해 경고했다(Bendell 2019b).

이런 현실에 아랑곳하지 않고 망상적 확신에 빠져 현상태가 지속하기를 옹호하는 사람들이 있지만, 정치적 경제political economy의 안정성은 우리의 가이아 시스템이 무난히 제 역할을 하느냐와 긴밀히 연관된다. 붕괴사회학자 파블로 세르비뉴와 라파엘 스티븐스는 다음의 관찰을 통해 지구가 처한 곤경을 요약했다. (1)열-산업 문명(에너지-금융의 발전기)은 폐쇄 직전에 와있다. 한계점에 다다른 것이다. (2)현대 문명의 기하급수적인 물질적 팽창은 이를 떠받치는 복잡한 자연 세계를 돌이킬 수 없을 정도로 교란하고 있다. (3)식량과 물과 에너지를 제공하고, 정치와 금융과 가상 영역이 기능하도록 이끄는 더 복잡한 시스템들을 유지하려면 에너지 투입량을 계속 늘려야 한다. 이를 토대로 두 학자가 내린 결론은 다음과 같다. "이 세 가지 상태(한계점 도달, 경계 초과, 복잡성 증가)는 되돌릴 수 없으며, 이들의 결합에서 나오는 결과는 하나뿐이다."(Servigne and Stevens 2020: 178~179)

물론, 이미 지구 곳곳에서 각기 다른 정도로 붕괴가 일어나고 있다. 붕괴가 심화하고 더 광범위하게 나타남에 따라 인간의 고통도 커질 거라고 예상할 수 있다. 기아, 거처 상실, 이상 기후로 인한 재앙, 더 만연하는 인수공통전염병뿐만 아니라, 불교에서 말하는 '삼독三毒', 즉 탐욕, 성냄, 어리석음도 그런 고통을 일으킬 것이다. 이 세 가지 독은 늘 우리와 함께 존재해왔다. 충분히 '심층적인' 적응 전략이라면 붕괴와 재앙에 대응하는 전통적인 해독제-관용, 연민, 지혜-로 삼독에 저항할 방법을 담고 있을 것이다. 현재 상황에서 지혜를 발휘하려면 산업성장사회의 붕괴가 가능하거나 불가피할 뿐만 아니라 어떤 면에서는 필요하다는 점도 인정해야 한다.

산업성장사회는 기후 혼돈과 대붕괴를 추동하는 주요인이라는 점에서 마땅히 붕괴되어야 한다. 지속가능한 문명 형태로 순조롭게 넘어갈 거라고 내다보는 사람이 아직도 많다는 것은 잘 알고 있다. 그러나 우리는 그런 가능성을 믿지 않는다. 날이 갈수록 붕괴의 가능성이나 불가피성이 커진다는 우리의 예상은 합리적 계산에서만 나오는 것이 아니다.

마음과 정신을 모두 동원해 다양한 요인들을 복합적으로 '느껴보는' 직관적 차원에서도 같은 결론이 나온다. 세르비뉴와 스티븐스가 일깨워주듯이, 순수하게 실용적인 차원에서 보더라도 이렇게 예상하고 있으면 앞으로 다가올 일에 적응할 최적의 준비 상태를 갖출 수 있다. 재앙적 결과의 정도와 발생 속도를 최소화하고, 갖가지 역경 속에서도 예상되는 붕괴를 모면할 기회를 최대한 잡으려고 노력할 테니 말이다(Servigne and Stevens 2020: 99~100; 직관에 관한 부분은 8쪽과 98쪽을 참고하라). 어떻게 예상하느냐와 관계없이 우리는 모든 상황에서 안전한 이행을 보장하기 위해 최선을 다하고, 고통을 최소화하며, 보존할 수 있는 모든 것을 보존하며, 붕괴 상황에서도 생존할 뿐 아니라 번성할 수도 있는 생명지속사회의 가능성만이라도 확보할 토대를 준비해야 하는 윤리적 의무가 있다고 단언한다.

재연결 작업의 실제

젬 벤델은 붕괴 전망에 대한 (심층)적응의 대응 지침으로 '4R'(회복력, 포기, 복원, 타협)을 제안했다. 여기서 타협을 제외한 나머지 항목들은 재연결 작업 나선형의 1~3단계(*고마움으로 시작하기, 세상을 위해 고통을 기꺼이 받아들이기, 새로운 눈으로 보기*)와 통하는 부분이 있다. '4R' 항목 하나하나가 재연결 작업 나선형의 마지막 단계인 앞으로 *나아가기*로 들어가는 데 중요한 가치들이다

첫 번째 단계인 고마움으로 *시작하기*는 '다른 모든 것보다 앞서는 말(言)'을 확실히 함으로써 원주민 공동체(그리고 대다수 종교 전통을 공유하는 공동체)가 실천하는 보편적 관행을 존중하는 것이다. 이 말들은 우리와 모

든 존재 사이의 상호의존성, 대가 없이 주어지는 존재 자체의 선물, 그리고 우리를 지탱하며 의미 있는 삶을 만들어주는 모든 것을 인정하는 내용을 담고 있다. 고마움으로 시작하는 것 자체가 '현상태 지속'의 핵심에 놓인 결핍감과 경쟁심에 저항하는 강력한 방식이다.

이로써 안정되고 비옥한 토대를 확인한 후에 다음 단계인 *세상을 위해 고통을 기꺼이 받아들이기*로 이행한다. 비록 현상태의 지속을 옹호하는 태도가 다양한 방식으로 주의를 흩뜨리더라도, 이 단계에서는 지구 공동체의 고통, 대붕괴, 그리고 이미 우리가 몸과 마음과 정신으로 인지하고 느끼고 있는 붕괴의 징조에 귀 기울인다. 이 단계 및 재연결 작업 나선형 전체에서 실천할 만한 간단하고 효과적인 활동이 있다. 먼저 참가자들은 둘씩 짝을 지어 마주 앉는다. 그러면 안내자는 일련의 *열린 문장*을 제시하고, 각 사람은 이 문장을 반복한 뒤에 자기만의 언어로 문장의 뒷부분을 완성하며 자유롭게 2~3분간 발언을 이어나간다. 이때 파트너는 침묵 속에서 주의 깊게 이야기를 들어준다. 여기서 사용되는 열린 문장의 예는 다음과 같다. "우리 아이들에게 남겨줄 세상을 상상할 때면, …하다고 느껴집니다." 위에서 논했듯이, 세상에 대해 느끼는 고통을 열린 자세로 대하는 것은 심리적, 사회적, 영적 건강의 지표다. 이는 생명망과 우리 사이의 긴밀한 연결성, 그리고 우리와 더 넓은 지구 공동체 사이의 결속력을 말로 표현하는 것이다. 이러한 실천을 통해 의식을 높이고, 살아 있는 지구의 살아 있는 구성원으로서 자신의 더 깊은 정체성을 확고히 할 수 있다.

재연결 작업의 나선형 순환 중 이 단계에서 실천할 가장 강력한 활동 하나는 *진실 만다라*Truth Mandala이다. 참가자들은 성스러운 원 모양으로 둘러앉는다. 이 원을 사분면으로 나눈 뒤에 각 영역에 상징적인 물건(슬픔을 상징하는 메마른 낙엽, 두려움을 나타내는 돌, 분노를 상징하는 막대, 결핍감과 공허함을 의미하는 빈 그릇)을 가져다 놓는다. 각 참가자는 마음이 이끌리는 곳으로 가서 자리를 잡은 뒤, 세상에 대해 느끼는 자신의 고통을 말로 표현한다. 이 활동에서는 기본적인 의례(원으로 둘러앉기, 특정 음조로 말하기, 삼배하기)와 재연결 작업의 여러 수행법을 활용해 참가자들이 자신, 나아가 지구의 현 상황 속에서 생명 자체를 대변해 발언하도록 돕는다. 이 의식은 카타르시스만 안겨주는 것이 아니다. 활동을 마무리할 무렵에는 이러한 고통이 우리를 품고 있는 더 큰 생명에 대한 더 깊은 사랑과 결속력을 나타내는 것임을 깨닫게 된다.

세 번째 단계인 *새로운 눈으로 보기*에서는 거대한 전환의 이야기를 더 직접적으로 탐색하면서 1, 2단계에서 암시하고 규정했던 것을 분명히 드러낸다. 현상태의 지속을 옹호하는 입장이 부추기는 소외적 개인주의와는 대조적으로, 여기서 우리는 더 넓고 깊은 자아의 감각sense of self을 경험한다. 이때 자아의 감각은 관계, 연결성, 상호의존, 시너지와 같은 용어들로 정의된다. 이는 더 넓은 의미에서 살아 있는 지구 전체를 포함하는 더 유기적이고 활기찬 연대감kinship과도 맞물려 있다.

이러한 연대감을 확립하기에 특히 유용한 활동은 온생명회의Council of all Beings라고 알려진 그룹 의식이다. 참가자들은 다른 생명체를 본뜬 가면을 쓰고 그 생명체를 대신해 발언한다. 이로써 그 생명체의 고통에 귀 기울이고, 그 생명체가 곤경에 처한 지구를 바라보는 관점을 이해해본다. 온생명회의 활동은 왜곡되고 왜곡시키는 인간중심주의의 치명적인 지배에서 풀려나 자유롭게 상상할 기회를 선사한다. 이를 통해 더 깊고 복잡하고 생태적이며, 달리 표현해 ('지구학자' 토머스 베리가 논했듯 단순히 '객체의 집합'이 아니라) '여러 주체의 교감'으로서 가이아적인 자아를 몸소 느껴본다

(Swimme and Berry 1992: 243 참고). 생태적 또는 가이아적 자아는 인간을 초월하는 동시에 인간을 포함한다. 이러한 포용성이 온생명회의 의식 말미에 구체적으로 나타난다. 다른 생명체를 대신해 발언한 참가자는 가면을 내려놓고 원의 중앙으로 들어간다. 그러면 더 넓은 지구 공동체의 일원들이 그들을 직접 상대하고, 진정한 가이아적 정체성을 재확인하는 의미로 그에게 선물을 건넨다.

확장된 유대감은 수직적으로도 뻗어 나간다. 이제 우리가 알거니와 지구는 46억 년간 지속된 진화적 여정의 표현이다. 우리 몸속 세포 하나하나에 그 이야기를 담고 있고, 그 여정의 굵직굵직한 단계들을 엄마의 자궁에서 연습하기 때문이다. 또한 우리는 현재 우리의 행동들이 앞으로 수세대에 걸쳐 지구 공동체의 운명을 좌우한다는 것도 알고 있다. 산업성장사회를 주도하는 압축적이고 평면화된 시간 감각과 달리, 재연결 작업의 나선형 순환 중 이 단계에서 실시하는 활동(이를테면 *조상의 선물 받기 또는 7대 후손과의 대화*)들은 참가자들이 *심층적* 시간을 경험하도록 이끈다. 우리는 윤리적 상상력을 발휘함으로써 이 경험에 들어가는데, 이로써 앞서 존재한 모든 선조(인간, 인간 외 생명체, 그리고 우주)와 미래 존재들과의 결속력을 공고히 한다. 우리는 어려움이 닥칠 때 이 존재들이 선사하는 오묘한 지지에 기댈 수 있다. 이러한 확장된 자아 감각과 공동체를 알아차리고 느끼면서 심층적 시간 감각을 경험하는 법을 배우는 것은 지금껏 감춰져 있던 힘과 용기의 근원을 드러냄으로써 붕괴의 전망을 직면하고 거대한 전환의 이야기가 펼쳐질 때 창의적인 자세로 동참하도록 돕는다.

거대한 전환은 새로운 이야기일 뿐 아니라 행동주의의 한 형태이기도 하다. 사실 이 이야기 자체가 현상태를 지속하려는 태도에 저항하고 이를 변화시키길 꾀하는 가치, 관점, 선택을 규명하고 확대하는 것과 관계되므로 이미 일종의 행동주의라고 할 수 있다. 나선형 순환의 마지막 단계인 앞으로 *나아가기*에서 참가자들은 1~3단계를 거치며 얻은 결실을 자신의 일상과 미래 전망에 적용하기 위해 노력한다. 특히 붕괴의 그림자가 드리운 지금의 상태에서는 자신이 바라는 미래 비전을 그려볼 때도, 거대한 전환 이야기에 동참한다고 반드시 성공 가능성을 믿는 것은 아니라는 점을 강조한다. 어떠한 결과를 예상하든지 이 이야기의 근본 가치들은 본질적으로 선하다고 인정하는 것이다. 생명을 선택하고, 분해할 수 없는 우리의 내면-존재를 확언하며, 지구 공동체의 모든 구성원과 연대하는 가운데 생각하고 느끼고 행동하는 것은 수단이 아니라 그 자체가 목적이다. 산업성장사회를 벗어나 생명지속사회로 들어가기 위해 내리는 모든 선택은 분명 이러한 가치를 표현하는 것에 달려 있다. 하지만 이를 표현하면 재연결 작업 시작 단계에서 가졌던 감사의 마음과 재연결되므로 지금 여기에서 보상을 얻기도 한다.

붕괴의 시대에 추구하는 의미와 희망

붕괴, 재앙, 멸종에 대한 전망은 필연적으로 근본적 불안과 실존적 공포를 불러일으킨다. 물론 몇몇 사람은 심리치료를 동원해 스트레스를 낮추기도 하고, 어떤 사람들은 단순히 효과적으로 주의를 돌리며 최악의 상황을 모면할 실용적 전략에 집중하기도 한다. 하지만 인류 역사를 통틀어 고통과 죽음의 불가피성에 대응하는 역할은 종교와 영적 전통이 도맡아왔다. 재연결 작업도 애초에 형성 단계부터 불교의 가르침과 특별한 관계를 맺었다. 특히 자연, 고통의 원인, 지혜와 연민, 보편적 해방을 추구하는 보살의 이상 등이 재연결 작업과 긴밀히 연결된다. 이밖에 아브라함의 종교에 속하는 요소들과 여러 원주민 영성도 재연결 작업에 영향을 끼쳤다. 그러나 재연결 작업은 각 종교의 구체적인 가르침이 아니라, 종교와 영성 차원의 몇몇 핵심 원리를 적용해 효과적으로 그룹 활동을 진행함으로써 강렬한 정서를 다루고 심층적인 의미의 실존 문제를 다룬다.

우선 심층심리학자였던 C. G. 융이 논한 대로, 거대한 전환이라는 핵심 틀은 우리 시대에 살아 있는 강력한 상징으로 작용한다. 살아 있는 상징들은 개인의식과 집단 무의식 원형의 신비한 영역 사이의 중요한 연결을 촉진함으로써 실존적 의미의 담지체이자 촉매제 역할을 한다. 거대한 전환이라는 이미지-개념은 보편적인 만다라* 상징뿐만 아니라 변형transformation의 원형적 여정도 나타낸다. 융은 전체성과 통합성을 상징하는 성스러운 원 모양의 만다라 기호가 진정한 자기Self를 나타내는 보편적 상징이라고 보았다. 재연결 작업의 나선형 순환도 이와 동일한 원형적 상징을 띤다. 재연결 작업의 일부 활동이 명시적으로 하나의 의례(*진실 만다라, 온생명회의*)를 이행하는 형식을 띤다는 점은 이미 살펴보았다. 일반적으로, 재연결 작업을 진행하는 안내자들은 안전하고 성스러운 테두리 안에서 작업한다는 느낌을 주기 위해 최선을 다해야 한다. 좀 더 종합적인 차원에서 나선형 순환의 모든 단계는 여러 통과의례와 같은 근본 구조를 재생산한다. 조지프 캠벨 역시 이 구조가 의미 찾기와 관련해 가장 널리 퍼져 있는 신화적 모티프('영웅의 여정')라고 논한 바 있다. 명시적으로 드러나지는 않더라도, 적절한 안내 속에 재연결 작업에 참여하는 사

---

* 만다라(曼陀羅, mandala)는 산스크리트어로 둥근 원을 뜻하는 용어로, 어떤 대상이 모자란 부분 없이 온전히 이루어진 상태를 뜻한다. 힌두교, 불교 등 여러 문화에서 만다라를 표현한 원형 모양의 의례용 도안을 사용한다.—옮긴이

람들은 오래된 심리-영적 경로를 따라 여행하는 것이나 다름없다.

재연결 작업의 활동들은 가이아의 살아 있는 몸체, 나아가 가이아를 낳은 더 큰 우주와 연결된 우리의 더 깊은 자기를 다시금 경험하도록 도와준다. 이로써 우리는 몸과 마음과 정신을 열어 미지의 기원과 운명을 둘러싼 거대한 신비를 접하고, 우주로 하여금 생명, 의식, 지혜, 연민, 사랑을 낳게 한 창조적인 힘들을 접하게 된다. 이러한 재연결의 정신은 심층적응에서 말하는 4R을 보완하고 강화하지만, 재연결 작업이 지닌 자연스럽고 강력한 심리-영적 차원들은 타협의 길을 탐색하려는 사람들에게 더더욱 든든한 동맹으로서 이 정신을 권한다.

젬 벤델은 네 번째 R(타협)을 제안하면서, 사람들에게 더 널리 알려진 '수동적' 또는 '마술적' 형태의 희망(붕괴를 피할 수 있는 우리 능력을 꾸준히 믿고 긍정적인 미래 비전을 키우는 것을 중요시하는 관념)의 대안으로 '급진적radical 희망'이라는 관념을 제안한다. 젬 벤델은 일반적인 생각과는 대조적으로 "더는 우리가 교란적인 기후변화를 멈출 수 없다"는 것을 일깨워준다.

속도를 늦출 수는 있을 것이다. 교란적인 기후변화의 해악을 줄이려고 노력할 수도 있다. 이런 상황을 염두에 두고 어떻게 하면 애정 어린 자세로 살고 죽을지 탐색할 수도 있다. 그러나 이 모든 것을 시도하는 것은 실제로 그 효과를 기대해서가 아니라 이것이 올바른 삶의 방법이라는 믿음 혹은 감각 때문이다. 희망을 품어야 한다는 세간의 이야기들은 대개 죽음을 인식한 채 살아가야 한다는 두려움에서 비롯된다. … 이제 비영구성과 통제 불가능성을 받아들이지 못하는 데서 생겨나는 모든 희망과 비전은 거둬들일 때다. 그 대신 이러한 시대에 우리가 어떻게 반응할지를 고민하며 급진적인 희망을 논해야 한다. 서로 물음을 던지고 지지해준다면, 우리 내면과 외부 세계에 존재하는 모든 수완을 동원해 붕괴에 대한 두려움과 신념, 확신을 충분히 평화롭게 소화할 수 있고 또 그래야만 한다. 우리가 사는 이 시대는 필멸성과 자연과도 화해를 이루고, 사람들 서로 간에도 화해를 이뤄야 하는 때다(Bendell 2019a).

비슷한 맥락에서 조애나와 크리스 존스톤Chris Johnstone은 능동적 희망이라는 관념과 활동을 제안했다. 능동적인 희망을 품으면 생명지속사회 또는 '생태적 문명'으로의 성공적인 전환을 기대하면서, 평소대로 움직이기보다는 해방감을 주는 의도의 힘을 믿고 현재와 가까운 장래에 언제든 성취할 만한 것(지혜, 연민, 관용이 이끄는 삶)을 택하게 된다. 그러나 션Sean은 급진적이든 능동적이든 희망의 관념에는 더 이상 호소력을 느끼지 못하는 사람들을 위해 이와 관련된 색다른 종류의 *믿음*을 탐색했다. 내세의 구원이라든지 무한한 '진보'의 전망을 믿는 것이 아니라, 지구에 살아가는 혹은 가이아적 존재로서 우리의 상호 연대와 공동 운명을 믿고 이를 조건 없이 긍정한다는 의미의 믿음이다(Kelly 2020).

맺음말: 새로운 단계로 들어서는 인류

붕괴는 불가피해 보이며 이미 몇몇 곳에서는 실제로 일어나고 있다. 하지만 그 너머로는 (문명까지는 아니어도) 어떤 형태의 인간 문화가 존재할 가능성이 남아 있다. 이와 더불어, 대붕괴를 늦추고 제한하는 동시에 붕괴에 적응하려면 가장 연민 어린 태도로 우리가 사는 세계와 효과적으로 교류해야 한다. 생명지속문화로의 거대한 전환은 이러한 교류에 대한 비전과 방향을 제공한다. 거대한 전환은 붕괴의 대안이 아니라 붕괴를 *헤쳐 나가는* 통로다. 거대한 전환은 진화하는 비전이자 의지로서, 산업성장사회의 잔해를 헤치고 나아가는 동안 우리를 적응시키고 성숙시킨다. 이 통로는 지구의 새로운 시작이며, 우리 존재를 품고 있는 더 큰 가이아 생명과 조화를 이루는 인간 문화를 이루게 하는 집단적 통과의 례로서 행성적 입문점planetary initiation이라고 할 수 있다.

우리는 자신이 얼마나 훌륭하게 붕괴 상황을 헤쳐 나갈지, 과연 성공적으로 대붕괴를 멈추거나 늦추거나 완화할 수 있을지 알지 못하며 알 수도 없다. 복잡성과 생명시스템 이론은 창발성emergent properties이 지니는 창의적 잠재력에 관해 일깨워주는데, 대개 창발성은 극심한 스트레스 상황 속에서 발현된다. 여기서 우리는 개인의식이 처한 운명과 지구상에 존재하는 생명의 미래를 둘러싼 불가피한 불확실성을 받아들이고 소화해야만 한다는 사실을 배울 수 있다. 우리는 자신 있게 다음과 같이 말할 수 있을 뿐이다. 인간 집단으로서 하나의 통과점을 넘어선 우리는, 천 년 전 피오레의 요아킴Joachim of Fiore의 표현대로 "예전의 우리가 아니라, 다른 존재가 되기 시작할 것이다."

이 거대한 전환의 시기에 요구되는 지혜, 연민, 관용은 우리 마음과 정신을 소생시키고, 우리 앞을 지나간 모든 선조가 물려준 선물을 펼쳐내고, 이미 우리에게 다가와 있는 미래 생명(태어나길 기다리며 간절히 바라고 있는 생명)을 일깨우는 데 중요한 요소들이다. 이 새로운 생명은 지금 우리가 지닌 생명과 따로 떨어진 존재가 아니다. 그 생명은 사랑을 요구하지만 결국 사랑을 보답으로 베풀어준다. 이 사랑은 보장된 내일 또는 내일의 가능성을 조건으로 내걸지 않고, 맥박치고 있는 지금 여기의 신비 속에 존재하는 진실과 선과 아름다움을 믿는다. 이 생명과 사랑만이 붕괴의 시대에 의지할 단단한 땅이며, 이것만이 새로운 단계로 들어서는 우리 인간들을 위한 확실한 길이다.

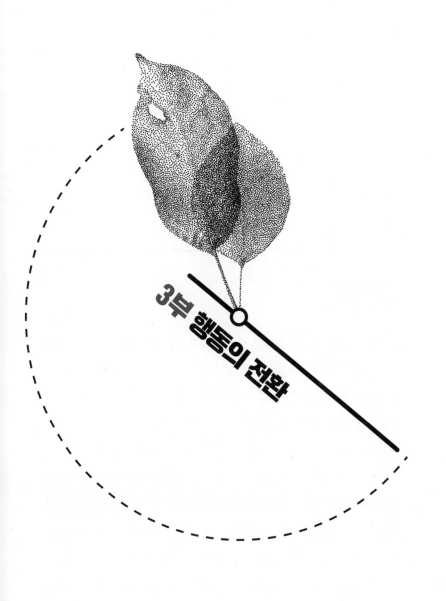

3부 행동의 전환

9

심층적응의 맥락에서
리더십과 매니지먼트

조나단 고슬링

들어가는 말

이 장에서 내 주요한 관심은 효과적이면서도 사회에서 합법적이라 여겨지는 방식으로, 그리고 온건하고 포용적인 방식으로 조직화를 할 리더십 능력을 북돋울 방법이다. 리더십과 매니지먼트는 전통적으로 한 사람이나 소수 사람들의 권위를 특별히 강조해온 '조직' 방식이다. 다른 조직 과정들은 주로 생산적인 노동과 건전한 공동체 생활(협력이나 동료들의 압력, 자기권위화와 강제: Alvesson and Blom 2019)을 요구한다. 그리고 이 모두가 상황이 어려워지기 시작하면 압력을 받는다. 이 압력은 개인과 집단, 사회 전체의 불안을 깊이 자극한다. 사회구조가 붕괴하는 시기에 심층적응을 주도하는 것은 이런 불안을 견디고 억누르며 건설적인 방식으로 '전환'할 것을 요구한다. 전환은 개인의 주도권만이 아니라 많은 사람들의 리더십을 (구성원들의 다른 기여와 함께) 가능하게 하는 행동과 구조를 통해 이루어질 수 있다.

붕괴의 시기에 우리가 리더십에 대해 알고 있는 것

사회와 생활방식이 붕괴하고 있고 많은 사람들이 자신들의 세계가 무너지는 것을 보고 있다. 갑작스럽게 공격을 받고 질병 또는 서서히 줄어드는 자원으로 고통받거나 내부 갈등으로 분열되는 경우가 많다(Cohn 1957). 이런 도전들에 직면하게 되면 책임을 맡은 사람들은 기존의 지도와 관리방식에 더욱더 헌신하면서 '같은 방식으로 더 열심히' 하려는 성향을 가질 수 있다(Diamond 2005).

이런 책임자들이 이미 수립된 제도에 따라 운영하고 그 문화에서 존경받는 가치에 따라, 그리고 보통 기존의 권력관계를 지키기 위해 선택하기 때문에 이런 성향이 그리 놀라운 일은 아니다. 엘리트들이 자신들의 특권을 약화시키는 일은 드물고, 보통 지도자들의 존경받는 덕목들에는 '우리의 생활방식을 포기하려는 의지'가 포함되지 않는다. 조나단 리어는 이렇게 썼다.

대체로 문화는 청년들에게 다음과 같은 것들을 가르치지 않을 것이다. '이것이 여러분이 성공할 수 있는 방법들이다, 그리고 이것이 실패할 방법들이다. 이것은 여러분이 만날 수 있는 위험이자 기회다, 이런 행동들은 부끄러운 짓이고 이런 행동들은 존경받을 만한 가치가 있다. 그리고 오, 그래 하나 더, 세상을 평가하는 이 구조 전체가 더 이상 이치에 맞지 않을 수도 있다.'(Lear 2006: 83)

적응의 어떤 지점들은 우리 생활방식의 회복 불가능한 측면들을 포기하는 것에 관한 것이고, 다른 지점들은 새로운 방법을 발견하거나 오래된 방법을 회복하는 것에 관한 것이다. 적응은 한 사람 또는 소수 사람들의 행동과 영향력으로만 이루어지지 않는다(Bendell, Sutherland and Little 2017). 리더십은 권위를 상상력과 신념의 바탕 위에 두게 하는 복잡하고 사회심리학적인 결과물이다. 그리고 리더십은 일을 성사시키고 싶은 사람들이나 자신들이 역사를 만들고 있다고 느끼도록 정체성을 강화하려는 사람들(개인이나 집단)의 능수능란한 전술에 기반하기도 한다. 따라서 영웅적인 지도자라는 낭만적인 이미지가 리더십을 설명하기에 충분하다고 가정하지 말자. 합의하는 공동체라는 이상도 낭만적이기는 마찬가지이다.

기후변화의 영향과 생물다양성의 감소, 코로나19와 같은 전 세계적인 전염병 유행이 불러온 혼란은 경제를 다시 설정할 기회가 될 수도 있었다. 하지만 대부분의 경우 안전과 연속성의 혼란만 있었다. 이것은 엄중하고 중요한 진실을 드러낸다. 우리는 지도자를 변화를 가져오는 자로 설명할 수 있지만 지도자들은 대부분 연속성을 보장해 달라고 요청받는다. 기후변화는 연속성을 위협하는 여러 묶음이어서 기성 지도자들이 유권자들의 불안한 예상들을 주시하는 것은 놀랄 만한 일이 아니다.

시스템 전체가 충격을 받을 때, 충격을 견디며 최소한의 개혁에도 저항하는 것은 (어쩌면 고압적인 우두머리가 다른 우두머리로 바뀌며) 동요가 계속될 경우 실제로 효과를 볼 수도 있다. 그렇지만 적응하고 변화하는 능력은 유연성과 열린 마음으로, 즉 관점의 다양성으로 강해진다. 이것은 너무나 명백하다. 그러나 충격이 너무 커서 전체 구조를 흔든다면, 기후와 관련된 재앙이 주요 작물들을 쓸어버리고 처음 보는 태풍을 일으키고 거주지의 대부분을 불태워버릴 경우 어떤 일이 일어날까?

그런 혼란은 한때는 자명했던 합법적인 권위의 기반을 뒤흔든다. 어떤 사회는 다양한 반응들을 더 많이 끌어낼 수 있고, 위기가 모든 것을 파괴하지는 않는다. 그런 반응들은 보통 존경과 지위에 관한 다양한 기준들을 수용할 만큼 이미 충분히 다원적이다. 문화를 새롭게 구성하기 위한 정치 행동주의와 공동체 행동주의를 포함하는 모든 종류의 활동에서 누구든 리더십을 받아들인다.

사회정체성 이론이 증명하듯이 지도자들은 공유된 정체성에서 가장 두드러지는 특징들, 즉 가치 있는 '우리'를 가장 잘 대변하는 사람이 되려는 성향을 가진다(Haslam, Reicher and Platow 2011). 더욱 다원적이고 '우리-들'이 더욱더 다양할수록 한 사회의 리더십도 다양해진다. 이런 종류의 다원성을 수용하는 문화들은, 예를 들어, 인도를 포함한 남아시아 국가들은 전쟁과 식민화, 기아, 질병 같은 생존에 대한 위협을 맞이해서도 잘 버텼다. 사회들이 다양한 조직 방식들을 이미 가지고 있다면 그 사회는 실존적인 위기에서도 회복력을 발휘한다. 위계질서, 집단주의, 진취적인 개인, 그리고 권력이나 영향력에 대한 야망이 없는 다수는 실제로 '사회'를 구성하는 사랑과 헌신의 결속에 크게 기여한다. 말하자면 문화와 제도의 독특한 패턴들을 짜는 날실인 것이다(Taylor 2019; Thompson 1997; Thompson, Ellis and Wildavsky 1990).

그럼에도 임박한 붕괴의 불확실성은 감정적인 반응을 불러일으킨다. 이런 반응들 중 어떤 것들은 친절함과 이타심의 경향을 가지는 반면에 어떤 것들은 타인을 신뢰하고 차이를 관용하며 새로운 현실을 인식하고 가치를 재평가하며 행동을 변화시키는 능력을 갉아먹는다(Stein 2004). 사람들이 자신들의 지도자에게 요구하는 것이 사태의 실상을 부정하거나 그 현실에서 자신들을 구하는 일이라면, 리더십은 유익하지 않은 반응들을 쉽게 자극할 수 있다. 관심을 가지고 깊이 고민하면 (이 책의 목적 중 하나인) 제3의 리더십, 즉 적응의 리더십이 등장할 수 있다. 리더십의 유형은 다음과 같이 요약할 수 있다.

부인의 리더십

부인은 '그렇게 되지 않을 것이다'라는 깊은 소망을 나타낸다. 이 리더십은 의도적이고 명시적일 수 있지만 다가오는 도전적인 현실에 직면하기를 피하려는 무의식적인 행동에서 나타날 수 있다. 석유회사와 석탄회사들은 적극적이고 의식적으로 기후변화를 부정해왔다. 그리고 다수는 거리낄 것 없는 소비주의를 무의식적으로 찬양한다.

부인은 문제를 인정하는 사람들 사이에서도 끈질기게 되풀이될 수 있는데, 문제가 자극하는 강력한 감정을 표현하지 않으려고 한다. 기후변화의 심각성과 그것이 생존과 살림에 미칠 것 같은 영향을 알아가면서, 아마도 혼란스런 감정들의 소용돌이를 직관하면서 대다수 사람들은 낙관주의와 절망 사이에서 선택해야 할 것처럼 단순화된 인식에 빠지게 된다. 지도자들은 '우리는 낙관해야만 한다'고 주장하려는 유혹에 빠질수 있다. 반면에 너무 서두르며 통제하려 든다면 모든 감정을 부정하고 창조적이고 매개하는 반응을 제한하게 된다.

여전히 아주 모호하게도 많은 사람들은 자신의 슬프고 두려운 감정을 깨닫지 못하고 감정 에너지를 증오와 절망으로 승화시킨다(Eisenstein 2020). 따라서 '다른 사람들'이 억지로 문제들을 만든다고 비난하는 악랄한 음모 이론들이 등장한다. 이런 음모 이론들을 이용하는 리더십 도구들은 석유산업이 촉진하는 목적의식적이고 전술적이며 치밀하게 관리되는 부인의 도구들과 그리 다르지 않을 수 있다. 그렇지만 더욱더 본능적인 동기에 호소하는 것은 (적대적인) 분쟁과 (절망적인) 도피를 바로 불러온다.

구원의 리더십

많은 사람들은 처한 상황에서 (또는 적어도 자신들의 공동체가) 구원받기를 원하기 때문에 리더십을 받아들일 준비가 되어 있다. 구원에의 욕망은 탄소포집과 수소연료 전지, 우주 이주, 명상과 기도의 기적적인 효과 같은 해결책들에 희망을 거는 방식으로 나타난다.

우리가 구원받기를 바라는 것은 우리도 주변의 위협과 위기에 한 몫을 했다고 느끼는 죄책감에서 구원받으려는 깊은 열망을 표현한다. 구원의 리더십은 그 에너지가 이 현실보다 덜 복잡하고 덜 위태로운, 오해와 무지의 베일에 가려진 다른 현실이 존재한다는 직감에서 오기 때문에 종교적이거나 종말론적 특성을 가질 가능성이 있다. 또한 구원의 리더십은 과학자들의 전문가적 신비주의나 알고리즘의 경고, 경제학자들의 모델, 영적인 스승들의 주문을 활용할 수 있다. 멸종반란과 같은 포용적인 사회 운동도 기후 불안에서 구원받을 확실한 근거가 될 수 있다. 연대와 행동주의에서 생기는 이런 심리적 건강함은 부정될 수 없다. 모든 구원이 (적어도 단기적으로) 망상은 아니고, 구원의 동력은 부정성을 극복하고 창조적인 적응으로 옮겨가는 데 중요할 수 있다.

적응의 리더십

이 리더십은 다양하고 때때로 거의 리더십으로 인식되지 않는다. 적응의 리더십은 반문화counter-cultural의 실험들이나 어떤 시위, 치안유지 활동에서 발견되곤 한다. 그리고 종종 사회를 유지하는 기관들(학교, 교회, 직업 등)에서 반복적으로 나타나지만 겉으로 잘 드러나지 않는다. 적응의 리더십은 우리가 그 상황과 타협하고, 위험을 제대로 평가하고, 손해를 볼 때 슬퍼하고, 선택범위가 좁아졌을 때 신중히 생각하고, 실용적이고 용기 있는 변화를 선택하도록 돕는다.

지속적인 적응sustained adaptation은 위기관리와는 다른 것이지만 어느 정도 비슷하고 연관된 교훈을 가지고 있다. 핵발전소의 중대한 사고를 검토하면서 스테인은 다음과 같이 결론 내렸다.

> 보통 중요한 시기에 도움이 되는 반응은 불안의 부재(부인)와 지나친 불안(공황) 사이에서 길을 잡는 것일 가능성이 크다. 우리가 이러한 극단 중 어느 쪽으로든 방향을 바꾸는 사람들을 연민하더라도 … 적당한 수준의 현실적인 불안감을 경험하고 견디는 사람들이 위기에 대처하고 거기에서 살아남을 가능성을 최고로 높일 기회를 더 많이 가진다(Stein 2004: 1253).

불안을 자극하는 상황에서 평정심을 가지게 하는 것은 미리 지정된 지도자나 공동체의 다른 사람이 수행하는 리더십의 중요한 기능이다. 이 점은 원자로의 용융이나 산불, 홍수 같은 단기적인 위기와 더 장시간 지속되는 혼란의 시기에서도 마찬가지다. 평정심을 갖게 하는 능력은 개인의 역량(예를 들어 명상과 자아의 각성, 자제력의 연습)이나 집단의 역량(예를 들어 차별 없는 모임과 심리적인 억제, 집단적인 정책 결정)이라는 사안으로 이해할 수 있다(Gosling and Grodecki 2020; Raelin 2011).

나는 지금부터 역량과 관행들 중 일부를 다룰 것이다. 적응의 리더십을 종합한 개념은 '의미-구축sense-making'과 '의미-제공sense-giving'일 수 있고,

특히 방향을 잃어버린 채 '한 번도 여기 와본 적 없고 여기가 어딘지 모르겠고 누가 나를 도와줄지 모르겠다'고 느끼는 부자데vuja dé*가 발생하는 '우주론적 에피소드'의 시기 동안 매우 중요하다(Weick 1993: 633~634).

오랜 기간 불안과 방향감각 상실, 악화되는 조건들 속에서 의미를 제공하는 능력을 유지하는 것은 불가피하게 오래 가기 어렵고 부인과 구원이 더 편리하다고 여기는 정치세력들에게 압도당하기 쉽다(Chace, Lynerd and DeSantis 2020).

실제로 부인과 구원, 적응의 리더십은 아주 분명하게 구분되지 않는다. 어떤 문제를 부인하려는 욕구는 그로부터 구원받고자 하는 바람과 함께 존재한다. 적응에 전념하는 지도자들은 안심을 시키고 구원의 희망을 제공하기 위해 자신들이 필요해졌다는 점을 알게 된다. 그래서 우리가 '적응의 정치'라고 부를 수 있는 것도 의식적이고 무의식적이면서 복잡한, 그리고 때로는 모순된 역동성에 말려든다. 실제로 적응을 이끌지 않으면서 부인이나 구원의 물결에도 휩쓸리지 않는 사람들은 사안에 실용적으로 반응하거나 불안해하는 동료들에게 확실성과 확신을 불어넣으면서 계속 활동하고 조직이나 공동체를 하나로 유지하기 위해 노력한다. 이것이 '적응'으로 밝혀질 수 있지만 이런 활동은 모든 것을 동시에 하려는 절망적인 시도로 여겨지기 쉽다. 리더십은 (우리에게 그런 기회가 주어진다면) 회상을 통해서만 알 수 있는 어떤 것일 수 있다.

그러나 때때로 부인과 구원, 적응의 리더십 사이의 차이점들도 분명하게 드러난다. 우리 시대에는 적응의 과제를 주도할 뚜렷한 역량이 없으면서 염치없이 부인의 충동과 구원의 환상을 행동으로 옮기는 저명한

---

* 이미 여러 번 본 것을 처음 본 듯 느끼는 것- 옮긴이

정치인들이 있다. 왜 이럴까?

아마도 우리 각자가 자신의 욕망과 두려움을 다루기 위해 개발하는 독특한 방식과 연관이 있을 수 있다. 이런 방식은 성격 특성^{personality} ^{characteristics}이 되고 불안에서 자신을 방어하는 전형적인 성향이 될 정도로 깊이 뿌리내린다. 프로이드(1961[1931])는 불안을 조성하는 상황에 대한 독특한 방어법과 관련해 각기 다른 성격을 세 가지 유형으로 가정했다. 자아도취적 방어법은 자신의 자아상에 이의를 제기하는 외부 현실을 부정하는 경향이 있다. 의존적(프로이드가 초기에 썼던 개념은 '에로스적') 방어법은 신앙이나 이성, 기술이라는 강력한 수단으로 구원을 추구한다. 강박적 방어법은 통제될 수 있는 것을 통제하는 데 초점을 맞추고 통제될 수 없는 것은 무시하거나 낮게 평가한다(Freud 1961[1931]; Maccoby 2000). (모든 사람들처럼) 지도자들도 이런 특성 중 하나를 지니고, 그들의 대중적인 매력들 중 일부는 사회·정치 영역에서 자신을 표현하는 능력에서 생긴다. 자기방어기제가 없는 인간 행동에는 몇 가지 종류가 있지만 그것을 초월하는 방법도 많이 있기 때문에 적응의 리더십은 이런 자기방어의 공통점들을 포괄하는 행동을 요구 받는다.

리더십의 사회적 기능들

위에서 설명한 리더십의 세 가지 유형, 즉 부인, 구원, 적응은 성격 유형을 나타낼 수 있다(자아도취, 의존, 강박). 그리고 이 유형들은 중요한 사회적 기능을 수행한다.

자아도취의 특징은 자신에게 좋은 것이 전 세계에도 좋다는 믿음이다. 자아도취적인 지도자가 조직 전체에 '일이 이렇게 되어야 한다'는 통찰력을 강요하는 이유다. 그리고 자아도취적인 지도자가 자신이 상상하는 범위 내에 모든 것을 담으려는 '초월적인 목적'을 좋아하는 이유이다. '우리가 누구이고 무엇이 우리에게 좋은가'(마치 그것이 유일하게 중요한 현실인 것처럼)에 관한 시각을 유지하는 것은 소중한 것을 보호하는 일을 정말 중요하게 여기는 심층적응의 중요한 지점일 수 있다. 부인은 보호에 대한 (자아도취적) 욕망을 정반대로 표현한 것이기 때문에, 이것은 리더십 개발의 한 축이 될 수 있다(이 생각은 이 장의 결론에서 보여주겠다).

　부인은 개인의 자아 이미지와 집단문화를 보호하기 때문에 강력한 힘이 된다. 예를 들어 석탄이 대기에 미치는 영향을 인정하는 것은 호주의 정치인들과 일부 대중의 자기 이미지를 위협할 것이고, 채굴산업은 경제를 유지하는 데 매우 중요해서 기후변화에 미치는 영향을 부인하는 것이 유일한 실용적 정책인 듯 보인다. 그러나 조만간 이런 부인은 믿음을 잃을 것이고 개인과 집단 정체성의 자아도취적인 방어도 다른 형태로 나타날 것이다. 채굴산업의 경제력은 생태계가 화재와 홍수에 무너지면 역효과를 보일 것이다. 일부는 더 강하게 부인하겠지만 전부가 그런 것은 아니다. 정치적이고 상업적인 리더십은 이 번창하는 사회가 급진적인 변화에 더 잘 적응하는 새로운 자기 이미지를 발전시키도록 노력할 것이고, 자아도취주의의 조금 더 긍정적인 면이 활성화되기 시작할 것이다.

　같은 방식으로 구원의 약속을 따르는 사람들은 희망에 대한 열망을 드러낸다. 탄소시장과 전기자동차로 몰려드는 것은 우리의 죄를 용서받고 다시 세워질 중세 성당에서 면죄부를 갈망하는 것과 같다. 우리를 둘러싼 문제들은 너무 무자비하고 복잡하고 바로잡을 수 없어서 사람들이 이 모든 것을 긍정적이고 올바른 것으로 바꿀 수 있는 기계장치의 신

deus ex machina(또는 결점이 없는 알고리즘을 만들 새로운 학습기계)을 바라는 것은 놀랄 일이 아니다. 우리는 코로나바이러스나 다른 질병을 고칠 만병통치약에 대한 약속을 자주 듣지만 그것으로 세계를 질병에서 구하는 데 성공하는 경우는 언제나(거의) 단편적이고 부분적이다. 지난 30년 동안 충분한 연구 자금을 지원받았지만 아직도 인체면역결핍 바이러스[HIV]에 맞설 백신은 없다. 그러나 항바이러스 요법은 행동 변화를 동반하고 유의미한 관리 효과는 인체면역결핍 바이러스/에이즈가 계속 발병하고 있음에도 어느 정도는 충분히 적응했음을 의미한다. 그래서 적응은 공공보건과 개인 건강의 매우 복잡한 측면들에 여전히 의존하지만 부유한 국가들에서 더 성공적이다. 이러한 제한 요건은 다른 기술적인 수정 사항, 즉 탄소포집, 생물다양성 보전, 지구공학에 부여된 희망에도 적용될 것이다. 적응의 효율성은 지속적인 관리와 투자에 달려 있다.

구원의 리더십이 자주 종말론을 따르는 궤적을 밟고 우리의 부패하고 오염된 문화를 무너뜨리는 것에서 정의감과 균형감각을 찾는다는 점에는 주목할 가치가 있다. 분명히 산업자본주의의 붕괴를 의도하는 것이 더 진실하고 더 나은 자아의 가능성(그리고 필요성)을 밝힌다고 보는 '심층적응'을 포함한 환경 운동의 많은 맥락에는 이런 요소들이 있다. 현재의 생활방식은 붕괴에서 구원받을 수 없지만 우리는(또는 우리 영혼은) 그 붕괴에서 구원받을 수 있다.

이 점을 좀 더 온화하게 말하면, 다가오는 붕괴를 깨닫고 한곳으로 모이는 공동체들(그중에서도 특히 심층적응, 붕괴론, 다크 마운틴[Dark Mountain] 등)은 구성원들이 구원의 희망을 포기하면서 우리가 다른 사람들에게 의존하고 있다는 인식에서 무언가를 발견하게 된다는 점을 깨달았다. 그리고 이 '무언가'는 연결성, 호기심, 행동주의를 포함한다(Bendell and Cave 2020).

이 분석에 따르면 구원의 리더십은 영적인 무언가를 가진다. 지도자들이 아무리 자신들의 한계를 강조하고 리더십을 공유하기로 결심했을지라도 자신들에게 투영된 의존적인 환상을 거부하는 것은 도전일 수 있다. 어떤 지도자들은 물러나는 데 성공할 수 있지만 리더십의 진정한 도전은 공동체의 구성원들이 상호의존성을 발견할 수 있도록 속박containment하는 것이다. 우리는 상호의존성에 대한 자유로운 인정을 표현하고 가능하게 하는 것을 구원 이후의 리더십이라고 부를 수 있고, 불교에서는 이를 어떤 원인에 따른 발생, 즉 연기緣起, pratityasamutpäda라고 한다(Thanisaro Bhikku 1997).

우리는 부인과 자아도취, 구원과 의존성을 연결시켰다. 그리고 우리는 한 개인과 개인 상호간의 역동성이 자아(와 연관된 사회적 정체성들)를 방어하는 데만 몰두하지 않을 경우 적응의 과제에 기여할 수 있는 방법을 지적했다. 프로이드(1961[1931])가 말한 세 번째 인격 특성은 강박으로, 주목하는 대상과 깊은 동일성을 가진다. 매니지먼트에서 강박은 모든 것을 측정하고 통제하려는 욕망과, 심지어 기형적인 통제와도 관련이 있을 수 있다. 강박은 더 많은 정보, 더 많은 연구, 사건에 대한 지속적인 업데이트를 추구할 때 많이 동원되는 방어기제이다. 더 확실한 것에 대한 욕망은 창의성과 다양성을 제한할 수 있고, 상황이 더 애매하게 전개되는 것을 막을 수 있다. 적응은 통제할 수 없는 변화에 직면해서 우리 운명을 통제하려는 실용적인 시도에서 등장한다. 홍수를 막으려는 계획이 하나의 사례인데, 한 마을 또는 서식지를 보호하는 것이 보통 다른 마을이나 서식지를 희생시키는 대가를 치르기 때문에 기술적인 독창성과 우선순위에 관한 미묘하고 복잡한 협상을 요구한다.

그래서 적응의 리더십이 통제하려는 의지에 의존함에도 또 다른 이해

관계가 생기고, 심지어 모순된 욕구들이 해결책을 찾으려는 협상의 문제로 되어 통제 가능한 범위를 넘어서기도 한다. 바로 여기에 (온건한) 자아도취주의자, 의존적인 사람, 강박적인 사람의 에너지를 위한 자리가 있다. 심각한 기후변화로 야기된 붕괴의 조건들이 이 모든 유형의 자기방어기제를 자극할 것이기 때문에 적응의 리더십은 주로 자기 에너지의 균형을 잡을 수 있는 사람들에게 주어질 것이고 지금 이 질문을 던지는 일에 그들을 참여시킬 것이다. 즉 적응의 과제란 무엇이고 리더십은 어떤 역할을 할 수 있는가?

친절하고 차별 없이 포용하며, 효율적이고 정당한 리더십을 유지하는 데 필요한 것들

사회 붕괴의 가능성과 심층적응에 관한 유명한 글에서 젬 밴델은 지도자가 기여할 수 있는 종류의 일을 깔끔하게 요약한 '4Rs'의 윤곽을 잡았다(Jem Bendall, 2018).

1. 심리적, 문화적, 자연적, 물질적 자원의 관리stewardship를 통한 회복력
2. 더 이상 지속될 수 없는 습관과 소유의 포기
3. 신뢰와 자신감, 공유된 가치, 다른 사회적 재화의 복원
4. 우리의 상호의존성을 인정하고 삶이 우호와 선의를 통해 더욱더 강해진다는 점을 인정하고 사이가 틀어졌던 사람들과 타협하기

과제를 이렇게 설명하면 적응의 리더십은 공동체에서 형성될 가능성이 높고, 대부분은 '가깝고 사적인' 것에서 생긴다.

심층적응의 가깝고 사적인 일은 리더십 이상의 것이 필요하게 될 것이다. 즉, 협력이나 제휴, 공유 같은 다른 조직 형태들이 먼저 나타날 것이다. 이런 조직 형태들은 사회생활의 질과 결과물에 영향을 미치는 것을 즐기면서도 자신의 정체성이나 지위에 대해 지나치게 불안해하지 않는 사람들의 일이 될 가능성이 크다. 우리가 삶에서 즐겨온 많은 것들을 포기하는 것은 어려운 일일 것이다. 그래서 행복이나 정의, 단순한 생존에 대한 약속이 필요할 것이다. 그리고 그 약속은 일종의 리더십이 제시할 가능성이 크다. 아마도 이 리더십은 신기술을 전도하는 사람들보다는 귀에 덜 거슬리지만 그럼에도 더 고차원적인 자질을 찾는 분위기를 만들고 매혹시키고 반향을 일으킬 것이다. 구원의 리더십이 결국 그 자리를 차지하게 될 것이다.

그러나 정치계와 언론, 기업의 지도자들이 심층적응을 지지하는 정책과 전략을 지원할 수 있도록 하는 것도 필요하다. 가장 큰 도전은 그것에 집중하는 것이다. 지도자들은 자신의 자아를 방어할 뿐 아니라 불안으로부터 사회를 방어하기 위해 싸워야 한다. 이렇게 사회를 지키는 것은 그만큼 활력이 넘치고 파괴적인 성향을 가진다. 즉 외부인을 공격하고 고정관념에 사로잡히며 세계를 선과 악, 우리와 그들, 피해자와 가해자로 나눈다. 차별 없이 관대한 접근법을 유지하는 것은 아주 좋은 시기라 하더라도 정치적으로 인기를 얻지 못할 수 있다. 인기를 기대하는 것은 비현실적이지만, 관대한 접근법은 종종 일반적으로 인정받는 것보다 훨씬 더 통합적으로 사회에 뿌리를 내리며 엮여있음을 보여주는 충분한 증거가 있다(Bregman 2020). 어쨌거나 우리는 그런 방식을 조직해야 한다. 모든 사람이 동일한 생태계 자원에 의존한다는 점은 분명한 일이다. 그래서 코로나바이러스가 우리에게 가르쳐줬듯이, 모두가 안전하지 않으면 어느 누구도 안전하지 않다. 생태계 붕괴는 모든 사람의 물리적 안전을 위협할 것이다. 그러나 아마도 그럼으로써 우리는 붕괴를 완화시키기 위한 사회적 결속을 강화할 것이다. 아마도 이것은 유엔을 재구성하거나 비슷한 국제 거버넌스를 만드는 것으로 확장될 것이다.

더 바람직한 리더십과 매니지먼트를 만들려면 어떤 대책이 필요한가?

여기서는 부인이나 구원을 향한 리더십을 다른 방향으로 돌리는 개인적인 요인과 사회적인 요인에 초점을 맞췄다. 솔선수범해서 집단 활동을 대표하려는 사람들은 의식적인 측면과 무의식적인 측면 모두에서 특별한 과제에 익숙한 사람들일 가능성이 크다. 이 익숙함은 (인성이나 자기방어기제 같은) 내부 요인만이 아니라 그 사람들이 생각하는 사회적인 정체성과도 관련이 있을 것이다. 우리가 회복력, 포기, 복원과 타협의 작업에 더욱더 깊이 개입할수록, 그리고 이런 가치들이 사회생활 전반의 정책과 실천에서 중심을 차지할수록, 적응의 리더십은 지원과 개발이 필요할 것이다.

그래서 리더십 개발은 부인과 구원, 통제라는 터무니없는 극단을 강요하지 않아야 한다. 어떤 상황에서건 훌륭한 지도자를 만드는 특징들을 종합적으로 담은 리스트는 없지만 앞서 봤듯이 우리는 성숙함, 자각, 자제력이 자기방어의 아주 비뚤어진 극단을 개선할 가능성을 높일 것임을 알 수 있다. 이는 동료나 코치와 성찰적이고 때때로 비판적인 대화를 나누는 기회를 통해 향상될 것이다. 마찬가지로 중요한 것은 좋은 리더십을 판단하는 다른 사람들이 적극적인 지지자와 비판자, 후원자가 된다는 점이다. 우리는 부인과 구원, 강박적인 통제에 주목하고 그것들을 불러낼 뿐 아니라 그것들에 대응하는 것들, 즉 보호되어야 하는 이상에 대한 자아도취적 예측, 상호작용하려는 의존적인 충동, 이해받으려는 강박적인 욕망을 제대로 이해함으로써 적응의 리더십에 기여할 수 있다.

적응의 리더십은 집단적인 결과물일 터이고 협력적이고 성찰적인 노력을 통해 가장 잘 개발된다.

10

가장 중요한 것

:변덕스럽고 복잡한 기후에 관한 심층교육 대화

샤를로트 폰 뷜로우, 샤를로트 심슨

'아마도 가장 중요한 점이 무엇인지 알아내는 게 가장 중요할 것이다'

(학교의 재정의Redefine School 2020)

하나의 지구 공동체에서 우리는 전에 없던 수준의 불확실성에 직면해 있다. 오늘날 어린이들은 오래된 서사들이 엄청난 속도로 파괴되고 있는 세계에서, 사회가 더 이상 안전을 약속하지 못하는 세계에서 태어나고 있다. 그리고 세계 각국의 교육제도 역시 지식경제의 학습과 연관시켜왔던 확신을 더 이상 보장할 수 없다(Lauder 2012; Macdonald 2005). 이 모든 것의 핵심은 가장 중요한 것이 무엇인지 점점 더 분별하기 어려운 가치의 위기(Crawford 2015)에 직면하고 있다는 점이다. 개인과 직장인의 삶이 점점 더 온라인과 연계되면서, 우리가 관심을 두는 행동들은 잘 알지도 못한 채 휘말리게 되는 *관심 경제*attention economy에서 추적되고 거래되고 있다(Williams 2017; Zuboff 2019). 이 특이한 상황은 목소리를 내는 사람들이 꽤 있지만 다수가 침묵하고 있고, 전 세계적으로 전염병이 유행하고, 가까운 시일 내에 기후가 초래할 사회 붕괴 위기에 처한 배경에서 펼쳐지고 있다(Bendell 2018; Harmer, Leetz and Eder 2020; Orr 2009).

이 장에서 우리는 이런 불확실하고 복잡성이 증가하는 조건에서 교육의 미래에 관한 대화를 시작하려 한다. 우리가 말하는 *심층교육*deep education은 심층적응에 대한 요구에 직접 반응하는 것이다(Bendell 2018). *대화*conversation의 중요성을 강조함으로써 우리는 교육이 중앙화되거나 지나치게 체계화되거나 모방되기보다 공동 창작되고 맥락을 고려하는 것이 심층적응의 정신을 반영한다고 제안하려 한다. 우리가 제안하는 심층교육은 새로운 표준교육과정syllabus이 아니고 하나의 체계도 아니다. 모방된 실천들은 혼란에 빠질 수 있고(Bülow 2020) 우리는 과거의 실패를 반복할 필요가 없다(Biesta 2006; Robinson 2007). 대신에 우리는 실패에 책임을 느끼는 모든 사람들이 대담한 결정을 내리도록 유도할 수 있는 교육에 대한 다른 방식의 사유를 제안하려 한다. 우리는 "심층교육이란 사람들이 살아가고 일하길 바라는 것이다. 심층교육은 결코 완전히 실현되지 못하고 언제나 구성중이며 상황에 의존한다"(Tochon 2010: 2)라고 말한 토촌에게 동의한다.

누구도 우리 생활방식의 혼란이 어떻게 전개될지 정확히 예측하지 못한다. 그러나 변화의 속도는 구태의연한 방식을 앞지르고 있다. 우리가 사회 붕괴의 가능성이라는 맥락에서 교육을 다룰 때 발생할 수 있는 조건들이 결국 우리가 알고 있는 교육에 도전할 것이라는 점을 인정할 필요가 있다. 각 학교들은 지금까지 상상하지도 않았던 사건들에 대비하기 위해 지역사회에 개입할 방법에 관한 결정들을 긴급하게 내려야할지 모른다. '교과 과정, 학교 교정, 공동체, 문화' 모델(Jones, Selby and Sterling

2010)은 교육에서 *무엇이 가장 중요한지*를 말하며 비교적 아직도 안정적일 때 행동을 취하기 시작하는 교육자, 지도자, 더 넓은 범위의 이해관계자들에게 이로운 틀의 한 예가 된다.

우리가 세상을 떠난 뒤 어린이와 청소년이 직면할지 모를 매우 파괴적인 영향에 대비하도록 그들을 준비시키려면 우리는 새로운 방식으로 생각하고 느끼고 행동하는 방법의 역할 모델이 될 필요가 있다는 점을 강조하고 싶다. 우리는 의도적으로, 협력해서 우리가 직면하고 있는 불확실성과 복잡성에 반응하는 방법을 발견할 필요가 있다. 철 지나고 부적절한 해결책을 취해서 아는 척 하거나 불확실성에 대한 두려움을 덜어내는 대신에(Bülow and Simpson 2020), 우리는 그 다음 중요한 단계로 갈 용기를 발견할 수 있는, *무엇이 가장 중요한 것인지*에 관한 공개되고 진실한 대화를 제안한다.

여러 해 동안 교육을 받고 이 분야에서 20년 동안 일하면서 우리는 준비된 해답이 없음을 인정한다. 하지만 그 대신에 오늘날 교육 문제에 관심을 가진 사람들의 마음과 정신에서 살아있는 것을 탐구하기 시작했다. 뒤이어 우리는 '심층적응의 틀'(Bendell 2018)이 교육에 관여하는 다른 집단들과 몇 차례 대화를 나누기 위한 출발점으로 채택되었다는 점을 확인했다. 이 장의 핵심은 관찰과 성찰을 통해 이 대화에서 발견된 사항들을 선별한 것이다. 우리는 핵심 개념들에 관한 토론과 전 세계에서 나타나고 있는 많은 실천들 중에서 두 가지 혁신 사례로 결론을 지었다.

심층적응 연구의 선별

2020년 초반에 우리는 연구를 위해 영국으로 범위를 좁혀서 오늘날 교육과 직접 연관된 사람들 사이에서 얘기되는 질문과 관심사항들을 정리하기 시작했다. 벤델이 정리했듯이(Bendell 2019) 우리는 심층적응 의제의 네 가지 핵심 개념the Rs에 바탕을 둔 일련의 질문들을 다듬었다. 8주가 지난 뒤 우리는 교육을 받고 있는 청소년, 유치원 학부모, 부모가 되려는 사람, 고등교육 기관의 교사와 학생들이 모임을 구성하도록 도왔다. 이 연구는 전 세계 곳곳에서 등장하고 있는 혁신적인 접근법과 실천 사례들에 관해 교육자와 교육 사업가들이 폭넓게 대화를 나누도록 하는 데 성공했다.

참여 집단에 제시된 네 가지 질문은 다음과 같다.

- **회복력**: 당신이 알고 있는 교육의 어떤 측면들이 변덕스럽고 복잡한 기후에서 개발되고 학습되길 원하는가?
- **포기**: 우리가 아는 교육의 어떤 측면들을 놓아버리기를 원하는가?
- **복원**: 우리는 교육에 무엇을 다시 도입하고 싶은가?
- **타협**: 어떻게 교육이 주도성agency만이 아니라 수용성acceptance을 촉진할 수 있는가?

우리는 이 질문들의 특수성을 인정하고 해결책을 찾는 것보다 대화를 촉진하고 추가 연구를 위한 기반을 만들려는 의도가 있다는 점을 강조했다. 관찰과 성찰을 통해 이 대화들에서 나타난 핵심 개념들을 다음과 같이 제시한다.

회복력 : 당신이 알고 있는 교육의 어떤 측면들이 변덕스럽고 복잡한 기후에서 개발되고 학습되길 원하는가?

우리는 참여 그룹 중 누구도 현재의 교육 시스템의 완전한 채택이나 심지어 부분적인 채택조차 제안하지 않았다는 점을 흥미롭게 봤다. 참여자들 대부분은 불확실성과 잠재적인 사회 붕괴라는 맥락에서 전통적인 교육의 미래를 회의적으로 바라봤다. 그렇지만 두 가지 특징적이고 상호연관된 주제가 모든 대화에서 등장했고 이 주제는 주목할 가치가 있다.

첫째, 참여자들은 놀이와 발견에 초점을 맞춘 조기 교육과 사전 학습이 긍정적일 뿐 아니라 필수적인 발달 과정을 지원한다는 점에 동의했다. 참여자들은 어린이가 공식적인 평가나 시험 없이 자신들의 감정을 사회화하고 경험할 수 있는 공간이 자기 확신과 주도적인 감각ᵃ sense of agency을 형성하는 데 필수라는 점에 초점을 맞췄다. 우리 삶에서 놀이와 발견이 자연스럽게 여겨지는 시간은 매우 짧지만 그 이후 삶의 정서적 어려움과 불확실함에 대처하는 능력을 기르는 시간이라는 의견이 제시됐다. 놀이는 정서적 회복력을 발달시키는 강력한 방법이라는 점이 언급되었고 참여자들은 일찍 시험을 치는 것이 평가에서 자유로운 환경을 나쁘게 만든다고 우려했다. 일부 사전 학습은 여전히 평가 없이 놀이와 탐구, 발견을 매우 장려하고 있지만 그런 곳에서도 최근 몇 년 동안 여러 나라에서 더욱더 시험 중심의 교육학(Garvis, Harju-Luukkainen and Yngvesson 2019)을 따라야 한다는 압력이 증가하고 있다는 지적이 있었다. 매우 어린 아이들을 평가하는 이런 움직임이 개인의 주도성 발전을 서서히 늦추는 수행 불안감performance anxiety을 조성한다는 제안이 있었다.

참여자들의 대화에서 나타난 또 다른 주요한 주제는 능동적인 교사-

학생 관계의 발전적인 역할에 관한 것이었다. 참가자들은 자신들의 교육 여정에서 강력한 영향을 미쳤던 선생님들에 대한 이야기를 나누었다. 학업 목표를 달성하고 학급 수를 늘려야 한다는 압력이 늘어나고 있음에도 *표준화된 시험 준비를 위한 교육*teaching to the test 접근(Firestone, Schorr and Monfils 2004)을 넘어서 나아가기 위해 헌신하고 의미 있는 관계를 촉진하는 학습 환경을 만들기 위해 노력하는 교사들이 여전히 있다는 점에는 동의가 이루어졌다. 공유된 이야기들은 자극하고 영감을 주는 교사와 학생 관계의 힘과 그런 경험이 나중에 자신감과 신뢰의 발전에 얼마나 기여했는지를 보여주었다. 참가자들은 [인격] 형성기의 긍정적인 역할 모델이 복잡하고 예측할 수 없는 세계를 항해하는 데 필요한 능력을 어린이들이 발전시키도록 도움을 준다고 강조했다. 특정 그룹은 교사와 학생의 관계를 평등화하려는 교육 상황이 차이에 기초한 형성적 연결formative connection의 힘을 위협한다는 점을 매우 걱정했다(Biesta 2006, 2020). 이 주제와 연관된 도전과 위험 모두를 인정하면서 권위와 전문 지식에 대한 긍정적인 경험이 새로운 도덕적 이상과 열망을 키운다(Crawford 2015; Sennett 2003)는 점과 이런 경험들이 평생 동안 우리의 가치와 결정, 행동에 정보를 제공한다는 점이 제안되었다.

이 두 주제가 교차하는 곳에서 우리는 어린 시절의 두 가지 강력한 주춧돌을 보호해야 한다는 요구를 받았다. 첫째는 형식적인 시험에서 해방된 환경에서 놀이와 발견의 경험, 둘째는 전문 지식에 대한 호기심을 불러일으킬 수 있는 어른들과의 긍정적인 관계의 힘이다. 이러한 특별한 주춧돌을 보호하는 이유는 참가자들이 모호함과 복잡함의 수준이 높아지는 삶에 필수적이라고 간주한 역량 개발과의 연계성 때문이다.

포기 : 우리가 아는 교육의 어떤 측면들을 놓아버리길 원하는가?

무엇보다도 참가자들은 전 세계에서 현재의 많은 교육 시스템을 지배하는 수동적인 학습 형태에서 벗어나기를 간절히 원했다. 교실에 앉아서 정보를 암기하는 것은 학습 경험을 자극하는 데 아무런 도움이 되지 않는다는 공감대가 강했다. 대신에 학생들이 시험을 넘어 삶을 준비하는 과정이 요청되고, 보통 성적은 스트레스와 불안을 낳는 불필요한 원인으로 밝혀졌다. 특히 이 점은 지금 교육을 받고 있는 청소년들과 정기적인 시험으로 모든 당사자들에게 생긴 스트레스를 한탄하는 선생님들에게 강하게 느껴졌다. 판단에 대한 두려움이 여기저기 스며든 학습 공간은 독립적인 사고를 할 여지를 거의 남기지 않고, 참가자들은 표준화된 시험에서 높은 점수를 받는 것이 주요 목표인 곳에서는 창의성을 발휘할 기회가 없다고 느꼈다.

고등교육을 받는 청소년과 학생들은 학교 교육의 반복적이고 경쟁적인 성격에 관해 불평하면서 더 협력적인 틀을 제안했다. 오늘날 학교 공동체 내부의 개인주의와 경쟁의식은 기후로 인한 붕괴를 더 빠르게 만드는 가치관에서 벗어나지 못한다. 교사들은 '목표를 달성하라'는 압박이 혁신할 시간을 얼마나 줄이는지를 설명했고, 이러한 압박은 논쟁을 불러일으키는 '모든 경우에 들어맞는 만능' 교실을 경험하도록 이끄는데, 사실 '모든 것에 적용되지'도 않는다.

청소년들은 자신들에게 특정 과목을 강요하고 다른 무엇보다도 학문적인 지능을 우선시하는 시스템에 숨이 막히는 것을 느꼈다고 주장했다. 이런 시스템은 다른 재능을 가진 사람들에게 자극을 주지 않고 고립감과 좌절감을 느끼게 했다. 고등교육에서 교사와 학생은 각기 독립된 전문 분야들을 결합하는 방법을 알려주지 않는 전통적인 교과 과정의 문제에 특히 초점을 맞추었고, 교육이 이 문제를 무시하거나 부정하지 않고 상호연결성을 인정할 필요가 있다고 제안했다(Tochon 2010). 교사와 학생들은 인문학 과목들이 인간과 자연을 분리하는 생각을 권장하고, 교육의 중심에 있는 이런 사고방식이 자연을 착취할 자원으로 이해하도록 유도한다고 강조했다. 대신에 그들은 누군가가 '생명공동체community of life'라고 부르는 것에 대한 소속감을 발전시키도록 우리가 초점을 맞출 필요가 있다고 제안했다.

객관적이고 과학적인 지식이 다른 모든 종류의 지식보다 우수하다는 생각을 전통적인 학교 교육이 빨리 포기해야 한다는 제안이 있었다. 일부 사람들은 이성적이고 가치중립적이며 기술적인 관찰을 우선시하는 전통적인 교육이 우리에게 자연환경과의 연계성을 가르치는 것에 반하면서 인류를 고립된 방관자의 역할로 내몰 위험이 있다고 말했다.

이런 대화는 교육에서 공통의 척도를 널리 사용하는 것을 재검토하게 한다(이에 대한 빈틈없는 비판은 Biesta 2010을 보라). 그리고 만약 우리가 사회 붕괴의 가능성을 알고 있다면 왜 그렇게 학교에서 시험을 치는 것을 강조하고 무엇을 위해 시험을 보는지를 빨리 재검토할 필요가 있다. 나아가 참여자들과의 대화는 소속감보다 분리와 단절의 사고방식을 촉진하는 교육에서는 우리가 직면하고 있는 가치의 위기와 그로 인한 관심사의 혼란(Bülow 2020; Crawford 2015)이 일부 생길 수 있다는 점을 검증했다(Orr 2009). 만약 우리가 세계를 참여자보다 구경꾼으로 경험하도록 조건 지어져 있다면, 우리는 축소되는 가치체계를 단순히 다른 것으로 교체하기만 할 위험을 가진다. 교육에 대해 우리가 해야 할 대화는 더 깊이 들어가서 인간이란 무엇인가라는 핵심에 닿아야 한다. 그렇게 할 때에만 우리는 '사물의 계보the family of things에서 우리의 자리'를 발견할 수 있다(Oliver 2004: 110).

복원: 우리는 교육에 무엇을 다시 도입하고 싶은가?

불확실성과 복잡성이 증가하는 맥락에서 교육에 관한 대화는 참여자들이 새로운 생활방식을 재창조하는 능력을 개발할 방법을 탐구하도록 이끌었다. 한 모임에서는 놀이의 힘이 타인이나 자연환경과 연결되는 가장 효과적인 방법들 중 하나로 느껴졌다. 다른 모임들은 평가를 받지 않고 강도가 세지 않은 사회적 기회들이 연계성과 소속감을 고취한다고 강조했다. 온라인이나 실내에서 주로 진행되는 교육은 많은 우려를 받았고, 이런 교육은 어린이와 자연 세계를 더욱더 분리하는 느낌을 줬다. 교사들은 모든 연령대의 사람들이 다른 사람이나 지역 환경과 상호작용하고 그 속에서 어린이들이 연장자에게 배울 기회를 얻거나 가르칠 기회를 얻을 수 있는 현장을 더 많이 반영하는 마을교육village-style schooling을 요청했다. 동갑내기 학생들로 구성된 수평적인 학교 시스템이 세대를 초월해 전해질 수 있는 지혜를 놓치고 있다는 생각도 드러났다.

참여자들은 생활기술life skills을 다시 도입하길 원했다. 고등교육을 받는 학생들은 어린이와 청소년들이 자기 먹거리를 기르는 법을 배우는 것이 중요하다고 느꼈다. 학생들은 어린이와 청소년들이 자신을 지탱할 지식과 경험을 얻음으로써 실질적인 이점을 얻을 뿐 아니라 자연을 더 깊이 이해하는 데 도움을 받을 수 있다고 주장했다. 또한 음식물 쓰레기 위기를 해결하는 데도 한 몫을 할 수 있다고 제안되었다. 더구나 생활기술을 다시 도입하면 만들고 수선하는 일도 가치 있는 것으로 여겨진다. 이것은 외부 공급자에 대한 의존도를 줄이고 소비문화가 영원히 이어지는 걸 막을 것이다. 이런 유형의 기술들은 어린이와 청소년들이 자립의식과 재능을 발전시키도록 힘을 북돋워준다.

모든 논의들은 물질의 물리적인 상태에 다시 관여하려는 열망과 힘을 불어넣어주는 학습이 필요하다는 점을 진지하게 드러냈다. 다른 누구보다도 크로포드(Crawford, 2015), 고든과 뷜로우(Gordon and Bülow, 2012), 로빈슨(Robinson, 2007), 세넷(Sennett, 2003)에서 우리는 실제 기술 활동에 참여할 때에만 맞닥뜨리게 되는, 미리 준비된 기회와 스스로 준비할 기회 모두를 제공하는 교육에 대한 요구를 발견한다. 이것은 쓸모없이 디지털 운동기구가 우리의 기력을 앗아가는 경험에서 벗어나기 위해 우리가 채택할 필요가 있는 저항적인 태도^{counter-gesture}이다(Williams 2017). 우리를 초보자로 만들 뿐인 디지털 기술을 최신의 상태로 갱신하면서 관심경제는 우리에게 무지의 상태를 지속적으로 강요하고 있고, 우리는 지금 우리가 완전히 의존하는 기기를 숙련할 수 없다. 이렇게 숙련되지 못하는 것은 체념과 무기력함으로 이어지고 타고난 주도성의 감각을 손상한다. [반면에] 물질과 그것이 제공하는 자연적인 권위와의 만남은 권한을 갖는 결정과 몰입 경험을 촉진한다(Nakamura and Csikszentmihalyi 2009). 이것은 단기적인 만족감이 아니라 고되게 얻어서 오래 지속되는 자신감이다.

타협 : 어떻게 교육이 주도성만이 아니라 수용성을 촉진할 수 있는가?

이 질문에 대한 반응에서 도출된 주요한 주제는 정직의 중요성과 부정직함의 영향에 관한 것이다. 참여자들은 오늘날의 교육자가 전 지구적인 현실 상황을 되도록 정확하고 진실하게 소통하고 그 결과 우리가 직면한 불확실성을 더 많이 인정하려고 노력해야만 한다고 느꼈다. 교육은 어린이와 청소년이 자신들의 감정을 효과적으로 다뤄서 인정을 받고 힘을 키우는 지점에 도달하기 위하여 그것을 공개적으로 말할 수 있는 의미 있는 토론을 활성화하는 데 목적을 둬야만 한다. 교사들은 기후 변화와 그 영향에 관한 의미 있는 토론을 활성화하지 못하는 가장 큰 방해물들 중 하나가 시간과 기회의 부족이고 그래서 어려운 질문만 남게 된다는 점을 깨달았다. 모든 참여자들은 기후가 초래하는 사회 붕괴라는 이슈가 오늘날 청소년들을 사로잡는 주제이자 종종 청소년들에게 불안과 무기력함을 불러오는 주제임을 인정했다. 시간표에 얽매이지 않는 '안전한 공간'을 만드는 것은 학생들이 자신들의 관심을 말하고 이슈를 함께 풀어갈 수 있도록 도울 것이라는 제안이 있었다.

스토리텔링은 주도성을 탐색하고 개발하는 또 다른 강력한 방법으로 제안되었다(사례는 Hull and Katz 2006에서 발견할 수 있다). 특히 교사들은 오늘날 청년들에게 전해지는 이야기가 주도적인 자아를 손상시킨다는 점에 우려를 표했다. 그런 이야기는 청년들이 학교를 떠날 때쯤이면 붕괴할 산업 시스템의 톱니바퀴가 되어버리는 미래를 촉진한다. 청년들에게 말할 새로운 이야기가 필요하고 정밀한 조사 없이 낡은 이야기를 반복하지 않도록 교육이 장려해야 한다고 청년들은 제안했다.

마지막으로 참여자들은 감사의 힘에 대해 토론했다. 어떤 사람들은 이런 태도가 자연자원에 대한 인간중심적 권리라는 이야기를 떨쳐내고 상호주의에 관한 이야기를 다시 쓰도록 자극하는 힘을 가진다고 주장했다. 부의 창출에 관한 이야기를 거부하는 것은 무엇이 중요한지에 대한 새롭고 더 강력한 이야기가 만들어지지 않는 한 불가능한 과제가 된다. 교육은 새로운 이야기를 탐구하기에 좋은 배경이라는 점에 그들은 주목했다. 교육은 우리가 무엇을 가치 있게 여기고 무엇을 걱정하는지 결정하기 시작하는 토대가 된다.

심층교육에 관한 대화

이런 대화에서 얻은 결론을 고려할 때 우리는 모든 그룹이 지식경제를 위한 교육 과목을 말하지 않았고(Lauder 2012) 거기에는 몇 가지 이유들이 있겠다는 점을 흥미롭게 관찰했다. 생각해볼 만한 가치가 있는 두 가지 질문이 있다. 첫째, 우리가 지식경제에 깊이 빠져있기 때문에 교육의 미래를 탐구할 기회가 주어졌을 때 질문을 던지거나 언급하는 걸 잊어버린 걸까? 아니면 우리는 더 이상 지식 위주의 교육에 관심이 없는 걸까? 우리는 환멸을 느끼고 있나? 아니면 단순히 전달받지 못한 걸까? 이런 질문들에도 우리는 지식의 습득이 우리가 상대한 그룹들에서 중요한 역할을 하지 않았다고 확신하기는 어렵다. 대신에 우리는 지금 초점을 맞추고 있는 것이 개인과 집단의 회복력, 협력, 개인의 주도성 같은 내적 태도의 개발도 촉진하는 확장된 교과 과정이고 그 일부로 지식 습득도 포함하는 것이 새로운 교육적 실천이라고 가정한다.

'회복력'에 대한 우리의 토론에서, 그리고 미래의 교육에서 우리가 지키고 싶은 것에 대한 토론에서 우리는 보육교사와 학교가 [그동안] 제대로 인정받지 못했던 놀이와 발견을 촉진해서 유년기의 주춧돌을 지켜야 한다는 요구를 들었다. 또 다른 통찰력은 신뢰와 자신감을 고취하는 성인-어린이 관계 형성의 중요성(Biesta 2006, 2020)에 관한 것이었다.

'포기'의 문제와 관련해 우리는 학교가 표준화된 시험을 강조하지 말고 경쟁보다는 협력에 대한 교육에 다시 초점을 맞출 필요가 있다는 점을 배웠다(Biesta 2006; Firestone, schorr and Monfils 2004; Garvis, Harju-Luukkainen and Yngvesson 2019). 학제간 접근법과 세대간 접근법이 이를 해결할 수단이 될 것으로 제안되었다.

우리가 버리고 싶은 것이 무엇인가라는 질문에 대해 우리는 여전히 전통적인 교과 과정을 제공하는 일반적인 사고방식이 인간과 자연 사이의 틈을 더욱 넓힐 위험이 있다는 답을 들었다. 자연환경과의 상호연계성에 초점을 맞춘 상황 교육*situated education*이 요청되었다(Orr 2009; Stone 2005; Tochon 2010).

'복원'에 관한 대화는 의미 있는 실천 활동을 통해 숙련기술을 개발하는 데 초점을 맞춘 교육을 다시 도입할 필요성을 언급했다(Crawford 2015; Sennet 2003). 숙련을 하면서 얻을 수 있는 몰입 경험이 없는 것은 어린이와 청소년들의 건강한 몰두를 가로막고 수양과 주도적 자아의 개발을 억누른다(Nakamura and Csikszentmihalyi 2009).

우리가 '타협'에 대한 대화를 시작하자 그룹들은 어린이와 청소년이 자신들의 감정을 *공유하고be with* 언어화하도록 배울 수 있는 안전한 공간의 필요성을 매우 강조했다. 이 공간은 신뢰와 자신감이 자랄 수 있는 진실과 정직의 공간이다. 그룹들은 감사와 호혜성을 발전시키는 것의 중요성을 강조했고 교육이 *더욱더 깊어지고 우리 자신의 한계를 넘어설 수 있는* 방법을 탐구하도록 초대했다(Orr 2009).

그래서 현재의 교육 시스템 대부분이 (예전에는 존재했더라도) 지금은 더 이상 존재하지 않는 세계의 이미지에서 만들어졌다는 전제 하에, 우리의 연구 결과는 다른 연구들과 마찬가지로(특히 Biesta 2006, 2020; Egan 2008; Robinson 2007) 모든 것에 [동일하게] 적용되는 교육 시스템이라는 구상이 언제나 목표를 달성하지 못할 것이라고 제안한다. 불확실성과 사회 붕괴의 가능성이라는 맥락에서 우리는 교육이 현재의 전 지구적인 맥락을 고려해야 하지만 교육과정이 펼쳐지는 자연환경과 사회 환경, 문화 환경과의 창조적인 대화로 여겨져야 한다는 점에 동의한다.

심층 도전

여기서 우리는 이 시기에 교육을 다시 구상하려는 노력에서 우리가 직면한 심층 도전의 윤곽을 설명할 것이다. 그 목적은 행동을 포기시키기 위해서가 아니라 우리가 인지한 현실 속에 우리가 발견한 것들을 안착시키고 변화를 가로막는 몇몇 장애물들을 파악하기 위해서이다.

최근 몇 년 동안 정기적으로 발간되는 보고서들은 하나의 *산업*으로서 교육의 영향을 점점 더 많이 인정하고 있다(Biesta 2020). 그리고 이 점은 [교육이] *관심경제*에서 생활하고 배우는 어린이와 청소년들에게 미치는 영향과 관계되어 있다(Bülow 2020; OECD 2018). 교육을 다루는 연구들은 교육의 접근 방식을 바꾸는 것이 너무 늦지 않았다고 확인해주지만 급박하게 변하는 세계에서 *무엇이 가장 중요한지*에 관한 합의를 만들 필요가 있다(Stone 2005). 사실 '무엇이 가장 중요한가?'라는 질문은 답하기 쉬울 것이다. 만약 우리가 그때에 가장 관심을 두는 것에 대해 안다면, 아마도 우리에게 가장 중요한 것이 무엇인지도 알 것이다. 그러나 이것은 결코 간단한 일이 아니다. 이 질문은 우리에게 대화와 발견의 기회를 제공하지만 우리 세계에 더 많은 불만과 부조화, 혼란을 낳기도 한다. 우리가 협력을 위해 노력하고 가치 있다고 여기는 것이나 가치를 측정할 방법에 관해 합의를 보려 할 때, 우리는 가장 중요한 것이 어떤 사람들에게는 덜 중요하다는, 아니면 전혀 중요하지 않다는 점을 알게 된다. 우리가 신경을 써야 하는 것이 무엇이고 무엇에 관심을 가져야 하는지에 대해 널리 퍼져 있는 혼란이란 이런 것이라고 크로포드(Crawford 2015)와 함께 우리는 제안한다.

우리는 최근의 사건들에서 중요한 사안들에 대해 완전히 다른 이야기를 하는 정치적인 부족들이 공동체를 얼마나 분열시켰는지를 관찰했다. 한 부족에서는 전 세계의 전염병 대유행이 전념해야 할 기후 위기에서 주의를 분산시키는 비극적인 틀로 여겨질 수 있다. 다른 부족에서는 기후 위기가 개인의 부를 만드는 데 주의를 기울이지 못하도록 방해하는 것으로 여겨진다.

최근 전 세계에서 벌어지는 사건들의 맥락에서는 코로나바이러스 문제가 좋은 사례이다. 코로나바이러스가 우리 사이에 도래함에 따라 전 세계 대부분의 지역을 사로잡고 있는 지배서사는 종말과 죽음에 대한 우리의 타고난 두려움에 초점을 맞추고 있다는 점이 부각되었다. 죽음은 어떤 이들에게는 궁극적인 종말을 뜻하지만 다른 이들에게는 새로운 시작에 대한 약속이다. 특히 서양 문화는 종말에 대해 보통 저항감을 가지고 있다(Wong and Tormer 2011). 그리고 이 주제는 가까운 시일에 기후로 인한 사회 붕괴를 직면할 수 있다는 주장에 대해 지금까지 가장 자주 나타났던 반응에 관해 알려준다. 낡은 존재 방식의 붕괴 가능성에 직면할 때 우리가 보통 목격했던 경향은 모래 속에 머리를 박는 접근법으로 가장 잘 설명된다. 즉 우리가 다른 어떤 것에 관심을 기울인다면 아마도 그 문제는 존재하지 않거나 사라질 것이라고 믿는 무언의 논리다.

이런 이야기들이 모두 공통으로 가진 점은 "우리가 무엇에 주의를 기울이는지가 중요하고 우리가 주목하는 것이 중요한 것이 된다."(Bülow 2020: 167)는 점이라고 본다. 여기에 교육에 관한 질문이라는 맥락에서 탐구할 만한 가치가 있는 두 가지 측면이 있다. 첫째, 우리가 주의를 기울여서 내리는 선택은 우리에게 중요해진 상황이 무엇인지 알리는 신호이다. 이 점은 일상적인 사회적 만남에서 분명해지는데, 예를 들어 대화를 나누던 한 사람이 대화를 하다말고 전화를 받으려 할 때, 이 의도적인 행동의 효과는 [대화가] 중요하지 않다는 느낌을 불러일으킬 수 있다. 둘째, 종종 *타인에게 중요한 것이* 우리의 주의를 사로잡는데, 이것은 긍정적일 수도 있는 매우 일반적인 경험이다. 그렇지만 만약 우리가 엄청난 양의 선택하지 않은 외부 자극에 시달린다면, 우리의 *관심 주도성*attentional agency에 문제가 생길 수도 있다. 이런 환경에서 우리는 실제로 우리가 관심을 갖지 않는 것을 준다고 약속하는 광고를 클릭하는 것을 거부하는 데 필요한 자제력을 잃을 위험에 빠진다. 그리고 그 순간 우리는 어느 정도 의식적인 자유를 포기하게 된다.

관심경제에서 *자유*라는 개념은 주로 *무엇으로의 자유 또는 무엇으로부터의 자유*(MacCallum 1967)라는 틀을 갖는다. 자유에 대한 우리의 경험이 이렇게 상대적인 것으로 자리 잡으면 기본적인 욕망을 추구하는 것으로 환원될 위험이 있다. 우리는 *우리가 없는 곳에 있고 싶고 가지지 못한 것을 가지길 원한다*[*]. 또는 우리는 우리가 가진 것으로부터의 해방을 열망한다[**]. 광고산업의 힘은 우리가 *더 많이 가질* 수 있다는 욕망을 키우고 그러한 메시지를 사방으로 뿌린다. 이 힘은 어린이, 청소년, 성인을 구별하지 않고 대상으로 삼는다.

우리가 직접 통제할 수 없는 상황들이 우리를 온라인에서 살도록 강요하고 있다. 그렇기 때문에 관심을 사로잡는 것으로부터 어떻게 해방될 것인지가 어린이와 청소년에게 완전히 다른 미래를 준비시키려는 우리의 노력에서 가장 심층적인 도전 중 하나가 될 수 있음을 인정할 필요가 있다. 만약 우리가 현재의 일반적인 생활양식이 미치는 영향을 계속 무시하고 끊임없이 바뀌는 기본적인 욕망들을 충족시키는 데 사로잡힌다면, 우

---

[*] 무엇으로의 자유– 옮긴이

[**] 무엇으로부터의 자유– 옮긴이

리는 여전히 모래 속에 머리를 묻고 잠을 청할 위험에 빠진 셈이다.

대신에 어린이와 청소년들이 우리와 함께 새롭고 상황에 맞는 학습 방법을 만들도록 초대한다면, 우리는 교육의 가치에 대한 그들의 믿음을 회복하고 동시에 우리 모두에게 가장 중요한 것이 무엇인지 탐구할 수 있다.

행동의 요청

우리는 심층교육이 인간이 된다는 건 무슨 의미인가라는 핵심에 이르게 할 수 있다고 제안한다. 그리고 그렇게 하기 위해서는 차이를 넘어 공존하고 무엇이 가장 중요한지에 대해 하나의 이야기에만 의지해 살아가는 걸 중단할 수 있는 방법을 함께 탐구하는 정직하고 공개된 대화를 시작해야 한다고 제안한다. 교육자로서 우리는 이야기꾼이다. 그리고 이 역할에 따라 우리는 어린이와 청소년이 자라며 살아가는 이야기와 관련하여 권력과 영향력 모두를 갖는다. 교육의 변혁은 교육자의 변혁에 달려있고 오늘 우리는 수용과 감사, 상호주의를 실천하는 것에서 시작할 수 있다. 우리는 "심층교육이 현재의 이해관계를 설명하고 다루며 인간과 인간 사회가 더욱더 조화로운 방향으로 심층 변혁을 이루게 하는 교과 과정의 철학을 향상시킨다"고 말한 토촌과 의견을 같이 한다 (Tochon 2010: 5).

이 조사를 하면서 우리는 현재와 내일의 어린이와 청소년들과 함께 지금 중요한 것을 배우고 분별하도록 교육을 다시 구상할 책임을 함께 느끼는 사람들에게 초대장을 보냈다. 급진적인 지구적, 사회적 변화와 복잡성에 더 깊이 들어가는 상황에서 새로운 이야기와 존재 방식을 알리고 싶다면 *심층교육에 관한 대화*가 중요하다고 우리는 제안한다.

등장하고 있는 전 세계의 실천들

마지막으로 우리는 교육에 관한 대화를 재개하도록 돕는 전 세계의 수많은 실천들 중 두 개의 사례에 주목하고 싶다. 우리는 대화를 나누고 행동을 취할 수 있도록 서로를 연결하고 지원 네트워크를 구축하기 위해 영감을 얻고자 하는 사람들을 초대한다. 끝으로 이 연구에 참여한 모든 사람들, 다른 방식으로 일하려는 전 세계의 용기 있는 교육자들에게 깊은 감사를 전한다.

기후 파탄에 관한 워크숍: 리투아니아의 시모나 바이트쿠테Simona Vaitkute

이 기획은 진솔한 대화와 진정한 접속이 이루어질 수 있는 공간을 활성화하는 캠프와 과정, 워크숍을 운영한다. 이 워크숍은 어린이와 청소년들이 안전하고 지지를 받는 분위기에서 기후 파탄과 사회 붕괴에 대한 감정을 표현하게 한다. 이 워크숍은 또한 어린이와 청소년들이 기후 위기에 개입하기 위한 아이디어와 해결책을 탐구할 기회를 제공한다. 열린 공간 형식의 토론을 활용해 참여자들은 함께 의미 있는 일에 기여하고 협력하면서 매우 활기차고 적극적으로 참여하게 된다. 개방적으로 공유하고 진심을 다해 열정적으로 참여한 경험은 무력감을 조절하고 주도적 위치에 도달하도록 돕는다.

자기 주도 교육과 완전한 인권 경험 교육
: 사우스 아프리카 리버스톤 빌리지의 지애나 클레멘츠Je'anna Clements

자기주도교육Self-directed education, SDE은 생활 경험과 자기 선택 활동을 중심으로 동의에 근거한 학습이다. 이 교육은 청소년에 의해, 그리고 청소년을 위해 행해지는 학습이다. 필요할 때 성인의 지원을 쉽게 받을 수 있지만, 중요한 점은 성인 교육에서 성인이 주도성을 행사하는 것만큼 청소년이 같은 양의 주도성을 학습에서 보여야 한다는 점이다. 완전한 인권 경험 교육full human rights-experience education, FHREE에서 청소년은 그들이 시간을 보내는 방법과 에너지와 관심을 쏟는 대상에 관해 전적인 책임을 진다. 따라서 대부분의 학습은 타고난 호기심에 따라 이루어지고 청소년의 선택은 개인적인 의미를 가진다. 자기 주도 교육과 완전한 인권 경험 교육은 변화와 도전에 직면할 때 창조성과 즐거움, 비판적인 사유, 확신, 융통성, 주도성을 고취하도록 돕는다. 이런 교육은 삶의 변화와 복잡함의 자연스러운 흐름을 지속시키고 청소년들이 타고난 진취성과 역량 강화의 감각을 받아들이게끔 한다.

11

두 말에 올라타기

:생태계에 의한 사회 붕괴의 가능성에 직면한
정치와 행동주의의 미래

루퍼트 리드

심층적응이 얼마나 중요한지 당신이 믿도록 만들기 위해 우리 문명의 갑작스런 종말, 즉 붕괴를 피할 수 없다고 믿을 필요는 없다. 문명의 붕괴가 분명히 *가능하다*고 믿는 것으로 충분하다. 왜냐하면 사전예방원칙은 그런 심각한 피해에 노출될 것을 감안하는 '보험정책'이 필요하다고 가리키기 때문이다. 나는 이 문명이 의심할 여지없이 *종말에 다다르고 있고*[*] 이 끝이 아마도 십중팔구 붕괴의 형태를 취하게 될 거라고 믿는다. 다만 피할 수 없다거나 확실히 그렇다는 것은 *아니다.*[**]

이 믿음은 정치에서 모든 것을 바꾸고 있다. 이 믿음은 '지속가능성'의 *정치가 끝났음*을 뜻한다(왜냐하면 지금의 방식으로 우리가 조금 더 어떤 것을 지속시

---

[*] 즉 이 말을 직접 제목으로 썼던 최근 책은 《이런 문명은 끝났다*This Civilisation is Finished*》(Read and Alexander 2019)이다

[**] 나와 젬이 일치하지 않는 부분에 대한 상세한 설명은 내 책 《멸종반란:내부에서의 통찰력*Extinction Rebellion: Insights from the Inside*》(Read 2020a)의 4장을 보라. 그리고 연관된 논의는 이 책의 8장, 9장, 11장을 보라. 그럼에도 결론에서는 현재까지 젬과 나의 견해가 대체로 합의되는 이유를 설명하겠다. 중요한 핵심은 이 장에서 밝힌다.

킬 수 있을 거라는 점을 누구도 당연하게 여길 수 없기 때문이다). *대신에 우리 정치는
붕괴를 막을 수 있을 거라 생각하는 시간에 맞춰 '공감의 혁명compassionate
revolution'을 일으키려고 아주 필사적으로 노력하는 장(변형적 적응 **의 핵심이
다)이 되었다. 또한 심층적응 과정을 시작하려는 진지한 시도이기도 하
다(두 가지를 동시에 추구하는 것이 왜 필요한지, 그렇게 하는 것이 왜 시너지 효과를 높이는
지 짧게 설명하겠다).

지난 몇 년 간 자각의 움직임이 늘어났지만 우리 정치는 여전히 심층
적응의 조건과는 많이 동떨어져 있다. (대부분의 '환경' 운동을 포함해서) 대다
수 사람들은 여전히 지속가능성의 정치가 끝났다는 점을 인정할 준비
가 되어있지 않고, 심층적응이나 (대부분의 경우) 일반적인 적응에 지금 상
당한 에너지를 쏟을 필요가 있다는 점조차도 인정하지 않는다(Phillips,
Bridewell and Richards 2019; The Clacier Trust).

그러나 이제 대안은 없다. 위에서 강조한 두 가지 요점을 받아들이지
못하면 부드러운 형태의 부인주의soft denialism인 필사적인 낙천주의desperate
Pollyanna-ism만 남는다.

더구나 그런 부인주의가 여전히 유행하는 주된 이유는, 우리 모두가
계속 시늉만 하지 않는다면 붕괴를 막을 수 있는 규모와 시간에 녹색 전
환을 실현할 수 있는 가능성이 매우 높다고 가정하고, 만약 그런 가정이

---

* 존 포스터의 책 《지속가능성 이후After Sustainability》(2015)를 보라. 당연히 이 심오한 변화가 극복하려는 것은
'지속가능한 발전'이라는 환상이다. 호지의 책 《오래된 미래Ancient Futures》(1991/ 중앙북스, 2007)와 내가 한 마불
울 하크 강좌(Mahbub ul-Haq lecture)(Read 2019a)를 보라.

** 변형적 적응(TrAd)이라는 내 구상에 관해서는 (출판되지 않은) 《변형적 적응 선언》을 보라. 이 구상은 대다수의
학술 문헌들에서 발견되는 것보다 훨씬 더 급진적이다. 이 구상은 그린 하우스(Green House)의 책 《기후 현실과
대면하기Facing Up to Climate Reality》(Foster 2019)에서 처음 요약된 위험한 기후변화와 기후 재앙의 밀물이 분명
다가오고 있고, 이런 문제들에 '완화' 중심의 접근을 하기에는 시간이 이미 늦었다는 평범한 인식에 바탕을 두고
있다. 이 구상은 심각한 상황에 적용할 '하향식' 접근법이 있을 거라는 점을 믿지 않고, 그래서 우리 손으로 사안을
다루기에 적합한 방식들 중에서 특히 비폭력 직접 행동의 필요성을 수용한다.

없다면 우리는 믿음을 잃고, 지치고, 뒤따르는 사람들의 사기를 떨어뜨리고, 끝내 실패하고 말 것이라는 독단주의가 널리 퍼져서이다. 이 독단주의를 '환경 낙천주의의 필요성'(the necessity for environmental Pollyanna-ism, 줄여서 NFEP)이라 부른다.

진실은 환경 낙천주의의 필요성과 *정반대*에 있다. 멸종반란은 이 점을 아주 분명하게 보여줬다. 멸종반란은 성공적인 '환경' 운동을 하려면 행복한 표정을 지으며 모든 것이 잘 될 것처럼 해야 한다는 독단주의를 성공적으로 반박해왔다.[*] '멸종반란'이라는 이름 자체가 우리가 저항하는 미래에 대한 가능한/그럼직한/거의 피할 수 없는 '묵시론적' 견해를 낳았다(그 저항의 상당 부분이 사랑과 때로는 즐거운 마음으로 이루어짐에도). 만약 환경 낙천주의의 필요성이라는 독단주의가 진실이라면 멸종반란은 (실제로 그랬던 것처럼) 기후에 대한 영국의 담론과 의식을 바꾸고(Todd 2019) 전 세계에 강하게 메아리치기보다는 비참하게 패배했을 것이다.

더구나 환경 낙천주의의 필요성을 무시하면 우리가 활동가로서 소진되어버릴 가능성이 높다는 가정도 다시 한 번 진실을 가려야 한다. 운동의 몇몇 지도자들을 포함해 멸종반란의 수많은 활동가들은 심층적응의 영향을 받은 것으로 드러났다. 심층적응이 활동가들의 분노와 결심을

---

[*] 분명히 말하지만 멸종반란은 어디에서도 목표를 달성하지 못했다. 이 장의 주요 내용(과 내 책)에서 나는 멸종반란의 성공을 주되게 강조하지만 그 요구가 실현될 가능성은 여느 때처럼 거의 없다는 점에서 고통스러울 정도로 슬픈 이야기이기도 하다. 운동은 더 이상 성장하지 않는 것처럼 보이고 사회에서 힘의 균형을 건드리는 데 필요한 규모에는 훨씬 못 미치고 대중성이 없다는 틀에 제법 많이 갇히게 되었다. 붕괴를 막기 위해 성공적으로 개입할 방법이 있다 하더라도 멸종반란은 그것을 *대행*하는 그룹이 될 수 없는 것으로 판명되었다. 이런 그룹은 급진성 또는 (훨씬 가능성이 높은) '평범함(vanilla)' 같은 서로 다른 측면을 가진 대리인(또는 산파)이 되는 것을 뜻한다. 이 점은 내 두 번째 책인 《미래의 부모로Parents for a Future》(Read 2021)에서 싹을 틔우기를 바라던 운동 방식이다. 그러나 지금부터 얘기하겠지만 멸종반란이 결정적으로 벗어나지 못한 이 한계라는 잔인한 진실의 의미는 어느 정도 깊이가 있는 적응(non-shallow adaptation)을 훨씬 더 강조할 필요가 있다는 점을 뜻하기도 한다.

부추겼다.[*] 만약 우리가 당사국 회의^{COP} 과정이 완전히 실패했다는 점에 계속 놀라기는커녕 우리 시대의 어둠에 관한 널리 신뢰를 받는 상황을 받아들인다면 우리 대부분이 과로로 쓰러질 가능성이 낮다는 점은 분명해졌다.^{**} 그리고 매우 불완전한 인간의 창조물이지만 최소한 멸종반란이 자신의 DNA에 과로하지 않는 '회복의 문화^{regenerative culture}'를 현명하게 구현하려고 노력해왔다는 점도 분명하다. 멸종반란은 활동가가 소진되지 않도록 도울 것을 실제로 약속한 최초의 '환경' 운동이다(저항의 일시적인 주기(temporal cycle)는 이 소진되지 않는 '회복의 문화(regen culture)'를 더욱더 분명하게 드러낸 측면일 뿐이다).

우리가 붕괴를 믿을 만하다고 생각할 때 도덕적인 해이가 생기는 것은 사실이다. 이것은 *젬이 처음 제시했던 특수한 형태의 심층적응 기획*을 내가 걱정하는 이유이기도 하다(Read 2018b). 붕괴를 불가피한 것으로 받아들이는 건 매력적이다. 왜냐하면 인간이 갈망하는 심리적인 확실성을 제공하고 붕괴를 막을 수 있다는 희망을 버리고 희망을 가지려는 노력을 더 이상 할 필요가 없게 만들기 때문이다.

그렇지만 심층적응의 관점이, 심지어 '심층적응' 논문에서 표현된 관점이 어떤 노력도 하지 않아도 됨을 보여준다고 주장하는 것은 명백한 거짓이다. 반대로 그 노력의 궤적은 내가 지금부터 개략적으로 설명할 방식에서 (말하자면) 단순하고 분명하게 변화하고 심화될 것이다. (다시 말하지만 만약 심층적응이 숙명론적이고 수동적인 태도를 권장하는 일종의 엄숙주의로 이해된다

---

[*] 이와 함께 멸종반란의 시작을 준비하던 단계에서 나 자신도 매우 현실적인 구상을 했는데, '이 문명은 끝났다'(Read 2018a)라는 케임브리지 대학의 공개 강연은 입소문이 났고 유튜브에서도 10만 번 이상 조회되었다. 많은 멸종반란자들은 자신들이 참여한 이유가 이 강연이었다고 내게 말했다. 그 후속편인 '기후 파국: 저항의 사례(Climate Catastrophe: The Case for Rebellion)'(Read 2019b)도 총 30만 번 이상 조회되었다.

^{**} 당사국 회의는 기후변화에 관한 유엔 기본협약을 따르는 국제기구다. 당사국회의는 기후 붕괴에 관한 국제 활동을 논의하기 위해 매년 소집된다.

면, 심층적응이 멸종반란 내에서 영향력을 행사한다는 것은 정말 이상한 일이다). 우리에게는 몰락 가능성으로 인한 충격을 완화하기 위해 항상 해야 할 일이 있다. 그것은 심리적인 조절 과정이자 구체적인 정책 작업(즉 이제 핵폐기물을 처리하는 것과 핵발전소를 안전하게 만드는 것 등이 점점 더 중요해지고 있다)이고[*] 구체적인 지역 활동이다(물론 공동체 조직 활동이다).

요약: 환경 낙천주의의 필요성은 너무 오랫동안 위축되어온 '환경' 행동주의가 죽어가고 있음을 뜻한다. 한 눈 팔지 않고 진실로 몰락하면서 감히 심연을 내려다보며 진실을 말하는 정치가 무르익을 때이다.

따라서 행동주의는 멸종반란과 같은 방식으로, 학교 기후파업 참가자들, 변형적 적응에서 등장하는 구상과 활동들로 바뀔 필요가 있다(Read, 미출간 (a)와 2020b를 읽어보라). '기후비상행동센터Climate Emergency Centres'와 《미래의 부모들》(근간을 읽어보라)[**]은 이 점을 구체화하려 했고 앞으로도 그럴 것이다. 우리의 행동주의는 두 마리 말을 동시에 탈 수 있는 방향으로 사회를 이동시키려 노력할 필요가 있다. 이 두 말은 대부분의 사람들이 여전히 타고 싶어 하지 않는 말이지만 점점 더 필요해지고 있고 멸종반란의 특별한 성공에 핵심이 되어 왔다.

1. 변형적 적응 계획과 결합된 '완화'의 응급 프로그램을 구체적인 사례

---

[*] 사회 붕괴를 고려하지 않고 이런 일련의 위험들을 주류의 시각으로 냉정하게 평가하던 〈수십 개의 미국 핵발전소가 기후변화로 위험에 처했다:무디스〉(Dolley 2020)라는 논문을 보라. 잠재적인 사회 붕괴 상황을 더 직접적으로 건드리는 글은 Energyskeptic 2014와 Hester 2018을 보라.

[**] 이 책은 멸종반란과 약간 비슷하지만 더 큰 운동을 상상했고 다소 '완성도'가 떨어졌다. 이 새로운 운동의 핵심은 다음과 같다. 부모들은 자식들이 미래를 갖길 원한다면 더 나은 세계를 위해 싸울 필요가 있다. '반대로' 자식들에게 편협하게 집중하면 좋은 미래를 제공하는 것이 더 이상 가능하지 않다. 기후 붕괴를 실질적으로 완화하고 깊이가 없지 않게 적응하는 작업은 더 이상 정치인과 과학자 등에게 그럴 듯하게 외주화할 수 없다. 부모들이 이 끔찍한 진실을 깨달을수록 우리는 기후 운동 자체가 변형되고 엄청나게 확장되길 기대할 수 있다.

로 만들기 위해 봉기하는 것[*]

2. 최종적인 보호 정책으로서 심층적응

인류가 현재의 생태적 비상사태를 적절히 다루지 못함으로써 발생하
는 재앙이 길어질수록 지역의 회복력을 만들기 위해 상향식 활동을 취
해야 할 가능성은 두 가지 방법 모두를 통해, 특히 후자의 방법으로 강
해질 것이다.

이 '두 마리 말' 접근법은 분명히 복잡하고 불편한 '요청'이다. 이 접근
법에는 우리가 '지속가능성'의 방향으로 개혁할 수 있다고 가정하는 전
통적인 '환경' 행동주의의 태평한 단순함이나 '우리는 망했다'고 가정하
는 태평한 단순함이 없다.

그러나 나는 이 복잡성이 매우 필수적인 것이라 주장한다. 우리는 미
래를 알 수 없기 때문이다. 전통적인 '환경' 행동주의는 우리 문명을 대
략적으로라도 구원할 현실적인 가능성(즉 변혁보다는 개혁)이 있으리라는 헛
된 희망을 품는다. 그런 행동주의는 구원의 가능성이 있거나 심지어 (우
리가 올바르게 행동한다면) 확실하게 구원받을 것처럼 행동한다. 심층적응은
정반대의 극으로 흐르는 경향이 있다. 즉 문명이 붕괴할 것이라는 점을
확실하게 받아들인다. 대신에 나는 예방적 접근법이 요구하는 부정적인
가능성의 공간에서 살아야 하고 희망을 포기한 사람들이 아니라 대다수
의 사람들에게 호소하고 멸망론자들의 심리적, 도덕적, 정치적 해이를
피하기 위해 심층적응이 그 공간에 자리 잡도록 보장해야 한다고 주장

---

* '변형적 적응에 대한 소개'(미출간(b)를 보라)에서 설명된 바와 같이, 내가 다시 틀을 짠 변형적 적응은 진정한
의미에서의 완화이다. 즉 우리가 빠진 곤란한 문제에서 파국을 줄이는 것이다. 누군가의 계획이나 요구의 우선순
위에서 그런 적응을 대략적으로라도 포함시키지 않는 것은 어리석은 일이다. 왜냐하면 여전히 몇몇 정부와 캠페
인 기획자들이 그렇듯이 소위 '완화'(즉 제거-감축) 프로그램에만 집중하기에는 너무 늦었기 때문이다.

한다.

지금까지의 내 연구를 통해 우리가 확신할 수 있는 한 가지 점은 환경 개혁주의라는 확실한 의제가 주어졌을지라도 우리가 하고 있는 것을 계속하는 것은 불가능하다는 점이다. 머지않아 그 방식은 붕괴로 이어질 것이다. 이 문명에는 미래가 없고, 자본주의의 개혁적인 형태조차도 미래가 없다. 성장이라는 '절대명령'이 이런 사실을 굳힐 것이다. 내가 이 문명이 끝났다고 말할 때 *의미하는* 바는 이것이다. 우리가 지금 붕괴를 막으리라 생각할 수 있는 유일한 방법은 아마도 기분 나쁘게 다가올 파국을 직면하는 것이다. 더 이상 가능성일 뿐이라며 무시할 수 없는 실질적인 *현재*의 위험으로 받아들여야 한다. 그리고 우리가 현재 빠르게 이동하고 있는 지점을 정확히 이해해야 한다.[*] 결국에는 모든 것을 바꾸기 위해 굳은 결심으로 충분히 빠르게 행동하고 그 결과가 아무 의미 없이 지금 우리가 살고 있는 문명과 똑같은 것이 되더라도 말이다.

여전히 우리가 붕괴를 막을 수 있으리라 기대할 때의 핵심은 변형적 적응을 완전히 받아들이는 것이다. 우리는 이 문명의 쇼를 조금 더 오래 유지하기 위해 (자기패배적으로) 노력하며 어느 정도 깊이 있는 방식을 통해 다가오는 변화에 적응하려고 노력할 필요가 있다. 그리고 변형적이고 즉각적으로 탄소를 줄이고, 회복력을 만들고, 새로운 사회가 지속될 수 있는 '모델'을 만들기 시작할 필요가 있다(그런 적응의 예는 습지의 복원과 우리가 더 이상 지구의 지배자인 것처럼 살지 않는 것이다).

당신이 붕괴를 피할 수 없는 것으로 상상하면 '포기'할 가능성이 생길 수도 있다. 그래서 그런 상상을 하면 붕괴를 피할 수 없다고 보증하는

---

* 여기서 내 생각은 (이 책의 3장에서 등장한) 붕괴론자들의 역설적인 사고와 매우 유사하고 그 다음에는 (내 예방철학을 발전시키는데 영향을 미쳤던) 장삐에르 뒤퓌라는 철학자에게도 빚지고 있다.

꼴이 된다고 생각할 법도 하다. 만약 우리가 모든 희망을 포기한다면 다른 결과를 얻을 가능성도 사라진다. 솔직히 이 걱정은 어느 정도 잠재적으로 타당하다. 그러나 내가 제안하는 바는 실제로 그 반대도 잠재적으로 타당하다는 것이다. 즉 다가오는 파국을 매우 현실적인 것으로 생각한다면, 우리가 파국을 우리 코앞에 다가온 것으로 받아들인다면, 파국의 도래를 막기 위해 충분한 결정을 내리고 행동할 가능성은 여전히 있다. 우리가 일상적인 희망을 포기하고서도 완전히 외면하지 않고 우리의 모든 관심을 불가항력juggernaut의 움직임에 쏟아 부을 경우 불가항력이 우리를 완전히 짓밟지 않도록 만들 기회가 있다.

그러나 우리가 그 목표를 달성할 가능성이 얼마나 낮은지를 고려하면, 우리가 붕괴를 막기 위해 모든 것을 변형시키는 데 성공할 가능성을 고려하면, 우리는 또한 심층적응을 상당히 빠르고 매우 철저하게 수용할 필요가 있다. 우리는 삶을 지속하는 현재의 방식이 갑작스럽게 끝날 가능성을 염두에 두고 다가오는 사태를 준비해야 한다. 특히 나는 먹거리 불안정*과 식량주권 확보 필요성을 염두에 두고 있다.** 먹거리 정치

---

* 영국 시민들에게 보내는 경고는 〈질문시간(Question Time)〉에 출연한 5분을 보라(Read 2019c). 젬의 경고도 보라(Bendell 2019a). 향후 가능한 방식에 대한 윤곽은 '왜 심층적응은 재지역화를 필요로 하는가'(Bendell 2019b)를 참조하라. 팀 랑(Tim Lang)의 작업도 참조하라.

** 아마 독자들도 발견했을 수 있겠지만 나는 희망적인 협력의 효과를 더 확인해보려 한다. 왜냐하면 변형적 적응과 심층적응은 상당한 정도로 중첩되기 때문이다. 이 중첩된 범위는 심층적응이 붕괴의 확실성과 분리되는 만큼 넓어진다. 만약 심층적응이 변형적 적응의 영향을 받는다면, 붕괴가 확실하다고 주장하지 않을 것이다. 무언가 (우리가 완전히 통제할 수 없는) 경이로운 변화가 우리 삶의 경로를 바꾸지 않는 한 우리를 압박하는 것으로 붕괴는 이해될 것이다. 만약 우리 적응의 경로가 체계적이고 심지어 상향식으로 진행된다면 그건 붕괴를 완화하는 데 최선일 수 있다. 심지어 아직 (변형적이고) 심층적인 적응은 예상되는 붕괴 자체를 막도록 도울 수 있다(이 점은 존 마이클 그리어(John Michael Greer)의 '이제 붕괴하니 서두르지 마시오(Collapse now, and avoid the rush)'라는 고약한 격언과 연관된다. 마치 붕괴가 다가오는 것처럼 행동하고 그것이 우리를 갑자기 덮치는 것을 막기 위해 호응하는 방식으로 움직일수록 붕괴는 수많은 죽음을 막는 재지역화, 에너지 축소 등으로 변화될 수 있다). 이와 관련해서는 마이클 무어의 〈인간의 행성(Planet of the Humans)〉에 대해 나와 루가니(Rughani)가 〈바이라인 타임스(Byline Times)〉에 실은 비평(2020)을 보라.

는 지금까지보다 다가오는 미래에 더욱더 중요해질 것이다.

(변형적이고) 심층적인 적응에 충분히 진지한 노력을 쏟을 때에만 우리는 앞으로 닥칠 일을 조금이라도 대비할 수 있을 것이다(우리가 집단적으로 준비하지 못한 것들 중 일부는 갑작스런 코로나 위기로 꽤 분명하게 드러났다). 특히 붕괴가 우리를 덮치고 우리가 준비되어 있지 않다면 그 이후의 재건을 어렵게 만들 것이다.[*] 가능한 붕괴를 대비함에 있어 한 가지 중요한 가능성은 이 문명의 잔해에서 등장하는 문명을 계승하는 것이다. 우리가 잘 준비할수록, 즉 계승되는 어떤 것을 제거하거나 약화시킬 수 있는 요소들을 제어하거나, 회복력 있는 종자은행과 바이오뱅크를 준비하거나, 회복력 있는 다기능 도서관을 만들거나, 적절한 기술을 배우거나, 충격에 대비해 집단적으로 마음의 준비를 하면, 붕괴의 사건 *이후* 의미 있는 무언가를 만들 가능성이 더 높아진다.

따라서 이런 준비들이 지금 우리 정치에 등장하기 시작해야 한다. 우리가 지금 그 지점에서 꽤 멀리 떨어져 있다는 점은 분명하다. 오히려 우리는 끝없는 '성장', 끝없는 '진보', 끝없는 '발전'에 관한 서사를 말하며 여전히 지배당하고 있다.

나는 지금이야말로 변해야 할 때라고 주장한다. 산업이 성장해야 한다는 물질주의를 따르는 완벽한 중심부 이데올로기, 매우 보잘 것 없는 패배주의와 패배주의의 그림자라 할 일탈문화drop-out culture라는 '전통적인' 두 마리 말은 타지 말자고 추천한다. 대신에 나는 고통과 함께할 것을 추천한다. 즉 생태적으로 유발되는 문명의 붕괴(내 판단으로는 가능성이 매우 높다)에 직면해서 문명의 변화에 대한 작은 희망과 심층적응의 깊은 필요로 대표

---

[*] 붕괴 이후 등장할 새로운 문명(에 대한 준비)의 가능성과 중요성을 다룬 '문명의 상속에 대한 몇 가지 고민'(Read 2018c)을 보라. 그리고 데이비드 플레밍(David Fleming)의 필생의 작업도 참조하라.

되는 불편하지만 비옥한 무지의 영역에서 살고 행동하는 것 말이다.

이러한 두 마리 말은 보이는 것과 달리 서로 멀리 떨어져 있지 않다. 왜냐하면 변형적 적응이 *다다르고자 하는 바*의 대부분과 심층적응이 다 다르고자 하는 바의 대부분이 중첩되기 때문이다.

따라서 우리는 변형적이고 심층적인 적응을 정착시키는 데 필요한 땅을 경작하려는 동맹과 같은 일종의 프로그램으로 이야기를 시작할 수 있다. 은유적으로, 문학적으로 말하면, 이것은 필요한 만큼 참신해지는 프로그램이다. 대부분의 내용이 훌륭하고 필요한 전통적인 '탈성장주의'조차도 심층적응이라는 말의 필요성을 (적어도 공개적으로는) 인식하지 못했기 때문이다.

나는 지금부터 심층적응을 정치에 도입하는 것의 효과를 합리적으로 기대할 수 있을지에 초점을 맞춘다. 우리가 위에서 요약했던 종류의 우려와 희망을 우리나라의 담론에 주입해서 우리에게 필요한 (실질적인) '진보'를 이루게 된다면 어떤 일이 일어날까?

가장 중요한 효과는 더욱더 일상적으로 경고의 종을 울리는 것이다. 달리 말하면 붕괴의 위험이 진짜인 것처럼 우리들 중 일부(급진적인 기후 활동가를 포함해; 아래를 보라)가 행동하기 시작하면서 그 위험이 실제로 더 믿을 만하고 더 널리 알려지기 시작할 것이다. 많은 사람들은 멸종반란 등이 말하는 것처럼 위기가 심각하다면 정부가 더 강력하게 대처할 것이라는 살짝 순진한 생각 때문에 우리 문명의 위기에 관한 진실을 믿는 것을 망설이고 있다. (코로나 위기의 초기 단계에서 우리는 잠깐이나마 이 진실을 봤다. 영국에서 많은 사람들은, 2020년 3월 말까지 기본적으로 큰 변화가 필요하지 않다고 가정하면서 현실에 안주하던 영국 정부보다 앞서 나갔다). 정부가 장기적인 기후와 생태의 비상사태를 선언하고서야, 수상이 이 문제에 대한 전국방송을 하고

서야, 모든 문에 공공 안내 책자가 붙고서야, 잠재적인 취약성과 붕괴에 대한 생태적 우려가 얼마나 넓고 깊어질 수 있는지에 대한 상한선이 정해졌다.

우리 또한 같은 일을 하기 위해 사회의 다른 핵심 역할들을 필요로 한다. 과학자들은 붕괴의 위협에 대해 더욱 솔직해질 필요가 있다.[*] 더 도발적으로 언론과 (우리 편이 아닌) '싱크탱크'도 진실을 말할 필요가 있다 (Cain and Murray 2020; 멸종반란 영국 2020). 더 나은 언론이 없다면 훨씬 더 가치 있는 적응이 이화작용에 따른 붕괴와 같은 상황[**]보다 앞서 일어날 가능성은 희박하다. 따라서 (예를 들어) 안일하게 '균형을 잡는' 국영방송[***]과 잔인하게 기후 위기를 부정하거나 지연시키는 머독 제국에 대한 체계적인 도전은 비록 이 기획의 성공 가능성이 희박하다는 점을 인정[****]하더라도 중요하다.

이 모든 것은 멸종반란의 첫 번째이자 핵심적인 요구인 '진실을 말해라'에 담긴 구체적인 형태의 핵심 동기를 반영한다. 그리고 이 요구가 모든 곳, 특히 정부와 언론을 계속해서 강하게 압박해야 하는 이유이기도 하다.

그러나 진실을 말하는 정부(또는 언론)가 없기에 아직 할 수 있는, 그리고 해야만 하는 일이 많다. 이미 말했다시피, 우리는 정말 위기가 닥치

---

[*] 이런 일은 벌어지고 있다(Moses 2020; Guardian 2020). 이 일은 더 많이 진전될 필요가 있다. 과학자가 텔레비전 생방송에서 무너져 울부짖기 전까지는 문제의 규모에 비해 바뀌는 것이 별로 없을 것이다.

[**] 《문명은 어떻게 붕괴하는가: 이화작용에 따른 붕괴에 관한 이론 *How Civilization Fall: A Theory of Catabolic Collapse*》(Greer 2003). 이 책은 존 마이클 그리어의 중요한 저작이다. 이 책을 더 잘 알 필요가 있는 테인터(Tainter)에게 권한다.

[***] 좋은 사례를 여기서 볼 수 있어야 한다(Sinclair 2018)

[****] 이 사실은 머독 제국에 대한 멸종반란의 직접적인 도전에 대한 거친 반응으로 증명되었다. 멸종반란 영국이 2020년 9월에 머독의 인쇄소를 하루 동안 점거했던 바 있다. 더 잘 알아야만 하는 많은 사람들은 인쇄소가 메시지가 아니라 매체로 간주되어야 한다는 점을 잊어버리고 단순히 '언론의 자유'를 외쳤다.

면 정부가 제 몫을 할 것이라는 헛소리에 맞서 지속적이고 교묘하게 대항할 필요가 있다. 심층적응을 진지하게 받아들이는 것이 *그렇게 하는 것*을 돕는다. 우리가 다른 사람들과 우리의 두려움에 대해 이야기를 나눌 때마다(붕괴에 관한 대화를 나누다 보면, 개인적인 것은 확실히 정치적이다), 언론이 붕괴를 진지하게 받아들이도록 노력할 때마다, (예를 들어) 우리가 식량 공급에서의 충격에 얼마나 취약한지를 안건으로 올릴 때마다, 우리는 모든 것이 잘 되고 있고 잘 될 것이라며 부드럽게 부정하는 대중적인 희망을 조금씩 갉아먹고 있다. 그리고 앞으로 닥칠 수 있는 힘든 시기를 적극적으로 준비하는 것을 볼 때마다, 예를 들어 지역 먹거리의 증가를 진지하게 고려할 때마다, 우리는 다시 한 번 의제를 조금씩 바꾸고 있는 *중이다*. 우리는 사람들과 정치가 기후 현실을 진실로 마주하는 것을 가능하게 하고 있다. 우리는 단지 말이 아니라 행동으로 말하고 있기 때문이다.

이 문제를 열심히 주시해온 몇몇 사람들이 실제로 붕괴가 가능한 것처럼 살기 시작하는 것은 붕괴가 더 널리 부각되도록 바꾼다. 이런 삶은 사회 곳곳으로 스며들어 더 믿을 만하게 만든다. 다시 말하자면 개인적인 것(그리고 특히 개인 간의 것, 공동체의 것)은 이 지점에서 정치적이 된다. 붕괴가 가능한 것처럼 행동하는 것은 정치적인 행동이다.

(지구공학을 진지하게 받아들이는 것도 마찬가지다. 기술적인 '해결책들'로 지구 온도를 철저히 통제해서 많은 '배출량을 줄이는 기술'을 비롯한 지구공학은 엄청난 규모의 도덕적 해이라는 분명한 이슈를 제기한다. 기술에 거는 희망은 이미 위험한 영향을 미치고 있다. 즉 사람들로 하여금 기후에 치명적인 배출량을 실질적이고 빠르게 줄이는 문제를 실제보다 덜 중요한 것으로 여기도록 부추긴다(Paul and Read 2019). 그러나 (내 견해로는) 그것이 왜 매우

무모하고 해서는 안 되는지 등*을 설명하는 것을 포함해서 지구공학을 토론하는 것 자체는 위기의 심각성을 사람들이 이해하도록 돕고, 현상유지에 사로잡히는 것에서 벗어날 가능성, 즉 기후에 따른 쇠퇴와 몰락에 정말 취약하다는 점을 이제 이해하고서도 매우 무기력한 것에서 벗어날 가능성을 뜻한다. 이 생각을 거칠게 말하면 이렇다. '만약 과학자들과 깨달음을 얻은 사람들이 우주거울과 같은 미친 생각을 하고 있다면, 우리는 정말 큰 곤경에 빠진 것이 틀림없다.)

이제 이 모든 것이 지금까지 가장 효과적인 운동인 멸종반란에 어떤 특별한 의미가 있는지 조금 더 깊이 살펴보겠다. 나는 활동 전부터 멸종반란에 긴밀하게 관여해왔지만 지금은 다른 기획(특히 변형적이고 심층적인! 적응을 포함해)에 집중하기 위해 한걸음 물러난 사람으로서 글을 쓴다. 이렇듯 내가 내부자**일 뿐 아니라 잘 이해하고 있는 비판적인 친구이자 동료 여행자이기에 유용한 관점을 제공할 수 있으리라 믿는다.

이제 2025년 이전에 (적어도 내가 글을 쓰는 영국에서는) 정부가 크게 경로를 바꿀 일은 없을 것 같다는 점은 분명해 보인다. 멸종반란의 행동과 강령을 위기에 직면해서 변화를 만드는 데 필요한 의제들로부터 우리가 직접 할 수 있는 것을 실현하는 것으로, 그리고 이해관계를 더욱 솔직하게 털어놓는 것으로 바꿀 시점인 것 같다.

이것은 다음을 의미할 수 있다.

• 아마도 정부가 변형적이고 심층적인 적응을 분명하게 수용하고 '지금 행동하라'고 요구하는 요구안 2를 바꿀 것이다.

---

* '아폴로 지구: 시간에 맞서는 우리 인류의 기상나팔(Apollo-Earth: A Wake Up Call in Our Race against Time)' (Read and Rughani 2017)를 보라. 유용하게 할 수 있는 일에 관한 몇 가지 제안들이 있다.
** 최근까지 내부자로서 내 관점에 관해서는 내 책 《멸종반란: 내부에서의 통찰 Extinction Rebellion: Insights from the Inside》(Read 2020a)을 보라.

- 정부가 대책을 만들어주길(정부는 만들지 않을 것이기 때문에) 기다리기보다는 (심층적응을 포함하는) 민중의회/시민의회(CAs)를 *만들자*고 제안하는 것이다.* 이것은 진정한 시민의회를 만들기 위해 지방정부와 협력하는 것도 포함한다. 그리고 전 세계 시민들의 의회를 만든다는 구상도 포함할 수 있다. 심층적응포럼이 시민의회를 만들 수 있게 노력해야 하는 것 이상으로 멸종반란이 직접 시민의회를 지원하려 하면 안 된다. 그러면 신뢰를 못 받게 될 것이다. 그보다는 독립적인 시민의회(멸종반란이나 심층적응포럼 등과 분리된)가 구성되는 과정을 시작하고 지원해야 한다. 이와 일정 정도 비슷한 모델로 콤파스Compass 그룹이 의뢰했던 영국의 '최고임금위원회High Pay Commission'가 유용하다. 이 위원회는 세간의 이목을 끈 의장(헬레나 케네디) 때문에 일정 정도 정당성을 얻게 되었다. 시민의회도 (말하자면) 조나단 딤블비(또는 헬레나 케네디)나 그와 비슷한 사람을 의장으로 임명하면 비슷한 관심으로 이득을 볼 수 있을 것이다. 그러나 내가 말했듯이 그들은 적당한 거리에서 최소한의 역할만 해야 한다.

- 아마도 퍼머컬처와 전환마을 운동과의 동맹을 추구해야 할 것이다. (그들의 활동을 좀 더 정치화시켜서, 즉 의회나 정부 소유의 땅이나 시민단체 소유의 땅, 사유지에 일시적인 텃밭pop-up allotments을 만들고 그것을 지키는 데 필요한 비폭력 수단을 사용하는 것을 진지하게 고민하는 것을 포함해)

---

* 2020년 9월에 (정부가 아니라) 영국 *의회*에 공식 보고된 시민의회(https://www.climateassembly.uk)는 멸종반란에게 사실상의 양해를 얻어 2019년에 설립되었다(Horton 2019). 그러나 시민의회는 멸종반란의 요구안을 실현하기에는 매우 부족했다. 가장 결정적으로 시민의회는 단지 권고만 했고, 그 권고들 대부분은 현 정부가 받아들이지 않을 것이라고 확신할 수 있었다. 더구나 시민의회는 (2025년 또는 2030년 같은) 탄소제로라는 시급한 목표를 잡지도 않았다. 멸종반란이 실제로 요구한 것은 이제야(2020년 1월에) 의회에 제출된 법안에서 구체화되었다(https://www.ceebill.uk) 〈인민에 대한 신뢰(Trust the People)〉의 활동은 대담한 시민의회를 아래로부터 효과적으로 구성*했다*는 맥락에서 중요하다. 이 점은 내가 '변형적 적용'이라고 부른 구상의 한 부분으로 여겨질 수 있다.

- 그리고 나는 이제 멸종반란과 같은 운동을 다가오는 위기에서도 살아
남을 수 있는 사회 형태를 잠재적으로 구체화하고 준비하는 것으로서
이해해야 한다고 생각한다. 이 마지막이 멸종반란이 주장하고 주도하
기 시작한 회복의 문화의 실질적이고 깊은 뜻이다. (이와 관련하여 멸종반
란이 심층적응포럼과 직접 협력할 가능성이 잠재적으로는 분명히 있다). 멸종반란
의 활동에, (특히) 멸종반란의 반란에 참여한 사람이 입증할 수 있는 건
경험 자체가 변형적이라는 점이다. 무언가를 얻기 위해 하나의 유기체
처럼 움직이는 강렬한 경험, 기꺼이 '희생'하려는 사람들의 고귀한 의
도에 대한 강력한 경험, 모든 경험이 실존적인 의미로 흠뻑 적셔지기
때문에 *희생*이라고 느끼지 않는 강렬한 경험, 사랑, 즐거움, 동료애,
진정성, 힘으로 충만한 전체라는 강렬한 경험 말이다.

　나는 멸종반란이 얼마나 이 많은 제안들의 실현을 원하거나 실현할
수 있는지 알지 못한다. 이 네 가지 모두 분명히 심층적응의 관점에서
잠재적으로 중요한 것들이다. 세 번째와 네 번째 제안은 최소한(그리고 어
쩌면 두 번째 제안도) 정부가 무엇을 하든 안 하든 상관없이 변형적이고 심층
적인 적응을 옹호하는 것으로 실천되어야 한다. 이 제안들은 멸종반란
의 안팎에서 협력했던 내 작업에서 추구하던 것의 일부다. 내가 이런 제
안들을 대략적으로 설명하면서 암시했듯이, 불행하게도 이런 작업들 대
부분은 밑바닥에서부터 수행되거나 이끌어*져야* 할 것 같다.
　우리가 길고 아마도 영원할 기후 붕괴의 시기에 살고 있다는 점은 분
명하지만 정당들은, 심지어 (내 생각에) 어느 정도는 녹색당까지도 이 마음
쓰라린 사실을 가볍게 생각하기 시작했다(Read 2019d). 정치가 오랫동안
진보나 더 나은 내일을 위한 약속 같은 개념과 가정에 의지했기 때문에,

우리가 알고 있듯이 정치에 이 제안들을 포함시키는 것은 매우 어려울 것이다.

이 가정이 근본적으로Radical[*] 바뀔 수 있을까? 우리는 '더 나은 내일'을 더욱더 정직하고, 물질에 덜 집착하며, 검소한 즐거움에 만족하고, 영적으로 더욱더 풍요로워지는 것으로 받아들이기 시작할 수 있을까? 정치철학은 간디와 소로, 루소 등의 최선의 지점에 가까워지고 생태론의 세계관[**] 에 빠져들 수 있을까?

얄팍하지만 진정한 희망의 근거는 우리 세계가 다가올 근원적인 죽음이라는 위기를 공유하고, 취약성의 위기(Read 2020c)를 공유하고, 위기의 우선순위를 다시 설정하도록(Read 2020d) 만든 생태계 변화에 따른 전염병[***] 의 영향에서도 발견할 수 있다. 인간이 코비드-19에 반응하는 특징들은 흥미롭게도 어디에든 퍼져있는 일상적인 정치의 성장주의 헤게모니를 대체하는 목표를 세울 수 있는 재지역화되고[****] 더 돌보고 자연에 더 민감한 세계로 향하고 있다. 코비드는 신자유주의만이 아니라 (세계화주의와 성장주의를 포함하는) 자유주의적 개인주의의 패권주의 정치철학 자체가 정점을 지나 쇠퇴하기 시작하는 순간을 드러낼 수 있다. 다시 한 번 우리는 2020년까지 거의 도전을 받지 않았던 세계 자본주의 패러다임과

---

* 이 흔해빠진 단어를 쓰는 건 조나단 리어의 책 《급진적 희망Radical Hope》(2006)을 연동시키고 싶어서다. 그의 책은 문화적으로 의미를 만들던 어제의 가정들을 급진적으로 포기함으로써 내일을 위한 기획을 재구성할 방법을 대략적으로 설명한다.

** 여기서 생태론은 앤드루 돕슨(2000)의 주장과 더불어 어느 정도는 심층생태철학으로도 여겨진다.

*** 코로나바이러스의 동력이 당연히 더욱 특수한 기후의 요인들을 포함한다는 젬의 견해에 대한 두드러진 논의는 여기서 볼 수 있다(Kishan 2020).

**** 존 그레이(John Gray)의 '왜 이 위기가 역사의 전환인가(Why This Crisis is a Turning Point in History)'(2020) 과 모리스 글래스만(Maurice Glasman)의 '코로나바이러스 위기는 자유주의 세계화의 죽음을 알리는 종을 울린다 (The Coronavirus Crisis has Sounded the Death Knell for Liberal Globalisation)'(2020)을 보라. 그리고 슬레이터 와 라소르(Slater and Rathor)가 쓴 다음 장(12장)을 보라.

같은 것이 충격에서 살아남지 못할 것이라고 확신할 수 있기 때문이다.

유일하게 남은 질문은 (젬이 불가피하다고 가정하듯이) 그 패러다임이 붕괴로 종말을 맞이할지 아니면 (내가 계속 희망하듯) 변형적 변화를 거칠지이다. 내가 생각하는 것은 심층적응 프로젝트의 배후에 있는 우리 모두가 터무니없이 불평등한 세계가 연장되지 않도록 미래에 대한 비전을 옹호하려는 열망들로 단결할 수 있다는 점이다. 미래가 아무리 험난하더라도 *인간*이 되려면, 우리가 조상이나 인종을 따지지 않고 엘리트나 계급도 따지지 않는 방식으로 공동체를 재건하고 다시 자리 잡기를 기대하는 것이 매우 중요하기 때문이다.

그리고 비교적 최근의 코로나바이러스 비상사태는 이 짧은 장에 요약된 개념과 정치의 현상유지가 얼마나 멀리 떨어져 있는지에 관한 흥미로운 교훈을 또 하나 제공한다. 우한에서 런던까지 관찰되는 널리 퍼진 경향은 일부의 예외를 제외하면(예를 들어 남한은 2008~2009년에 그랬던 것처럼 코로나로 인한 불황에서 벗어나기 위해 그린뉴딜을 시도하고 있다) 코로나 위기에 *얄팍하게*shallowly 적응하려는 것이다. 내가 말하고 싶은 것은 대부분의 경제적인 동기들이 순전히 단기적(예를 들어 일시적인 보편적 기본소득을 향한 동기) 또는 현상태를 지속하는 방향BAU으로 급하게 돌아가는 방식(예를 들어, 구제금융 대부분이 '부양책' 패키지 같을 것들이다. 이 패키지들은 진정으로 다르고 더욱 생태적인 방식으로 재설정할 수 있는 우리의 잠재적인 능력을 거의 모두 실시간으로 파괴하고 있다; McCarthy 2020 and Read 2020e)으로 **구상된다**는 점이다. 예를 들어, 미래의 충격에 대한 대비를 조금 더 하기 위해 정지된 세상을 재설계할 방법에 관한 질문에는 놀라울 만큼 관심이 거의 없어 보인다. 항공산업은 우리가 공유하는 기후를 파괴한 첨병이자 우리가 유례없이 전 세계 전염병에 취약해지도록 만든 대표선수다. (한 세기 전의 스페인 독감은 제트기가 아니라 배의 속도로 전파되었다. 전 세계가 코로나19로 정지되어버린 데는 아주 명백한 이유가 있다는 점이 핵심이다). 그러나 대부분의 나라들에서 항공 여행에 대한 집단적 의존도(물론 부자와 특권층이 엄청나게 심화시킨 의존도)를 의도적으로 계속 줄이자는 얘기는 거의 나오지 않는다(Read 2020f).

그래서 코비드-19를 감안한 세계에 변형적으로 적응하려는 노력도 거의 없었다. 더구나 전 세계 정부들이 (갑작스런 코비드 비상사태에 대한 반응으로) 마법의 돈나무가 있음을, 의지만 있으면 하늘과 땅이 몇 주 내에 움직일 수 있음을 증명한 것은 확실하지만, 우리는 그것에서 엄청 큰 위안을 받지는 않았다. 이 기가 막힌 노력들 중 일부는 생명을 구하기 위해 (생태의 비상사태가 아니라 단기적인 비상사태에 대한 대응으로) 이루어졌지만 대부분의 노력은 다시 '경제'를 구하기 위해 실행된 것으로 보인다.

점진적이고 얕은 방식으로만 생각하지 않고 적응하기 시작하여 변형적 적응과 심층적응을 성취하려면* 성과를 거두기까지 긴 시간이 필요하다. 우리의 패러다임을 심리문화적으로 재구성하는 것이나 경제 모델과 (사회 붕괴 상황에서 핵시설 등을 보호하는 데 필요한 것 같은) 중요한 기반시설을 재구성하는 것은 하루아침에 이루어지지 않는다. 코로나 비상사태는 정부가 매우 심각하게 요구될 때에도 몇 년(또는 수십 년) 뒤는커녕 몇 주 뒤도 생각할 수 없다는 점을 증명했고, 그러면서 패러다임의 가정들이 도전을 받고 있다. 미국과 영국 같은 정부들은 2020년 위기의 초기 단계에서 시간을 질질 끌다 상황의 새로움, 징후와 바이러스보다 앞서서 강력한 예방 조치를 취해야 하는 긴급성, 바이러스 전염병의 기하급수적인 증가와 의료서비스 붕괴라는 실질적인 위험이 제기하는 위협의 규모

---

* 젬과 나는 이제 이 두 개의 분명한 개념을 화해시키는 논문을 쓰고 있다.

를 파악하는 데 실패했다. 정부들이 위험의 규모를 제대로 인식하지 못하는 한, 경제의 현상태를 조금 더 오래 연장하는 데 집착하도록 만든다. 몇 주 이상, 즉 제때 봉합을 하지 못한 실패는 커다란 대가를 치렀고, 신속하게 목표를 정해 움직였으면 필요하지 않았을 대규모 봉쇄를 하도록 만들었다.

나는 기후와 생태학의 교훈이 다소 우울해 보이는 조화에 있다고 말한다. 만약 정부가 앞으로 몇 주 앞서서 계획을 세울 만큼 충분히 현명할 거라는 점을 당연하게 받아들일 수 없다면, 만약 정부가 전 세계의 다른 곳에서 잔혹하게 벌어지는 일들에 대해 예방적인 대응을 하리라(예를 들어 영국은 2020년 초에 이탈리아 북부에서 벌어졌던 일*에서 적절한 교훈을 얻지 못했다) 기대할 수 없다면, 몇 년 앞서서 계획을 세우려는 행동주의가 정부를 신뢰하기를 어떻게 기대할 수 있을까? 내가 보기에 핵과 유해 화학물질을 안전하게 만들고 해수면 상승으로 잠길지 모를 기반시설에 대한 투자를 미리 철회하는 것을 포함하는 심층적응의 국가 정책 행동은 시작부터 좌절되는 듯하다. 아마도 처음부터 '지역으로 가는 것'이 합리적일 것이다.

그렇지만 높은 수준의 심층적응 정책 행동주의에 대해 절망하기에는 너무 이르다, 심지어 정치문화가 위기 상황에 대한 사유와 예방 계획에 개입할 준비가 잘 되어있지 않은 듯 보이는 나라들에서도 그런 절망이 너무 이른 것이라고 생각하는 두 가지 이유(코로나 위기에서 유추할 수 있는)가 있다.

1. 영국 같은 나라들에서도 고무적인 것은 시민 행동이 정부의 지도력을 앞서가는 정도였다. 특히 2020년 3월에는 정부가 주도하지 못했던

---

* 코로나 사태 대응 - 옮긴이

모든 영역에서, 즉 물리적인 거리두기, 자기격리, 자기격리 하는 사람들에 대한 공동체의 지원, 행사들의 취소나 변경 등에서 거대한 시민 활동을 목격했다. (심지어 그 시기에 관찰된 가정 내 물자 비축과 때로는 반사회적인 사재기 행위도 내가 보기에는 긍정적인 면이 있었다. 즉 그것은 사람들이 위기를 심각하게 여기고 있음을 증명했고 약간의 '준비 행위(prepping)'가 좋다는 인식을 널리 심어주었다. 지금 우리가 할 필요가 있는 것은 지방의회와 행동에 적극적인 시장 등을 포함해 공동체 친화적인 준비 활동을 격려하는 것이다. 회복력을 기르는 것, 생태 붕괴 가능성에 대비할 감각을 기르기 위해 취약성과 비상사태에 대한 유용한 경험을 가진 사람들을 모으는 것이다. 이것이 기본적인 심층적응 의제에서 핵심적인 요소이다) 그래서 필요한 만큼 정책을 바꾸려는 보통의 욕구보다 대중적인 욕구가 더 많이 나아갈 수 있었다.* 시민들은 재앙에 대비하는 올바른 일을 하도록 정부를 압박할 수 있다.

2. 어쩌면 정부들(과 자기 정부를 선택한 국민들)은 자신들의 실패에서 *배울* 수 있다. 어쩌면 정부들은 코로나의 여파로 결국에는 예방원리를 충분히 이해하기 시작할 것이다(Eyres 2020). 어쩌면 정부들은 앞으로 치명적인 감염을 통한 집단면역이라는 터무니없는 교리를 만들었던, 죽음의 현실에 안주하는 자들에게 더 강하게 맞서는 사람들에게 귀를 더 기울일 것이다. 어쩌면 동아시아 국가들이 사스에서 배웠던 것처럼(민주주의든 독재든 이 나라들이 서구 국가들보다 코로나에 잘 대비했던 핵심적인 이유는 바로 사스의 경험이었다), 우리는 코로나-19에서 모두 배울 것이다. (어쩌면 배움은 기후 투쟁을 위한 '코로나 배당금corona dividend'으로 집약될 수도 있다. 어쩌면 우리는 화석연료를 태우기만 하는 항공사와 비행장을 보호하기 위해 배출전망치BAU를 예전으로 되돌리지 않고

---

*그리고 증거들도 그런 욕구가 있다는 점을 가리키고 있다. 예를 들어 '더 푸른 재건(build back greener, 영국 정부의 탄소중립전략)'에 대한 대중적인 의지가 있다. "영국 시민의 단 6%만이 '코로나 유행 이전의 경제로 돌아가고 싶어한다.'(Just 6% of UK public 'want a return to pre-pandemic economy')"(Proctor 2020)를 보라.

공적인 조사를 받고 잘 통제되는 정부를 장려하는 어떤 지점에 도달할 수 있을 것이다).

이 모든 '어쩌면'은 가망이 없어 보일 수 있다. 그러나 그것들이 불가능하다고 판단할 수는 없다. 이 모든 어쩌면들은 현명한 행동주의와 사상의 지도력을 통해 어느 정도 개연성을 가질 수 있다. 그래서 정치적인 개인과 지역 정치만이 아니라 전통적인 국가 정치에도 개입할 심층적응의 잠재력을 포기하기에는 너무 이르다. 심층적응 의제는 에너지 시스템과 먹거리 시스템, 기반시설 건설에 대한 논의 등 더 많은 것에 접목되어야 한다. 코로나 이후의 재설정은 냉전 이후 처음으로 전 세계에 걸쳐 취약성과 비상사태에 관해 생생하고 공유된 경험을 제공했고 나아가 사랑을 경험할 기회를 제공할 수 있다. 즉 우리 부모, 건강이 취약한 사람들에 대한 사랑 말이다.

더구나 코로나는 우연히 많은 사람들에게 폴 킹스노스의 뒤를 이어 내가 지난 몇 년 동안 주장해왔던 멈출 기회a chance to pause를 제공했다(Read 2020c). 멈추기. 봉쇄 기간 동안 경험할 수밖에 없었던 일을 우리 중 소수만이 경험하는 호사를 실제로 누릴 수 있는데, 때때로 세상의 절반이 이런 식으로 '함께 외롭게' 지낸다. 멈출 기회는 재평가의 기회를 만들었다. 우리 모두를 절벽 끝으로 몰아대는 광란의 삶으로 돌아가고 싶은지 생각해보라. 그 추진력의 상당 부분, 바로 그 특별한 종류의 추진력, 멈춰섬의 추진력이 소진되어 왔지만 그럼에도 사람들은 그 시간을 가질 수 있었다.(더구나 내가 썼듯이 정지의 시간이 다시 오는 새로운 봉쇄 가능성도 존재한다). 결국에는 우리 대다수도 마침내 멈추고 통근하지 않고 정원을 가꾸거나 우리를 돌보던 국가보건서비스NHS 직원들을 위해 박수를 치든 뭐든 하는 경험을 했던 것이다. 그런 경험은 결코 사라지지 않는다. 그 경험은 심층적으로 적응할 가능성이 높기 때문에 우리가 재건할 수 있는 다른 세상, 아마도 조금 덜 붕괴된 세상, 적어도 치명적으로 붕괴할 것 같지는 않은 세상에서 역할을 할 수 있을 것이다.

결국 내가 이 글에서 말한 바는 '활동'을 부분적으로 재정의하는 것을, 즉 정치적인 변화를 위해 행동을 취하는 것에서 지역적으로 심층적으로(또는 적어도 변형적으로!) 적응하려는 행동을 취하는 방향으로 이동하는 것을 함축하고 있다. 달리 말해 나는 전통적인 정치에 관해 알려주는 것과 함께 심층적응이 진정으로 새로운 정치를 불러내야 한다고 말하고 있다.

적어도 우리 시대나 지구 북반구 나라들에서는 새로운 일이다. 브라질의 토지 없는 농민의 운동이나 영국 내전 시기의 디거스Diggers에게는 그다지 새로운 일이 아닐 것 같다. 권력을 되찾기 위해 스스로 준비할 수단마저 빼앗긴 사람들보다 더 정치적이고 적극적인 사람은 없다. 그리고 (여러) 곡창지대breadbasket의 실패가 점점 확인되고 있는 이 시기에 이보다 더 중요한 것은 없다. 우리 시대는 전통적으로 행동주의로 여겨져 온 것과 닥쳐오는 것들로부터 우리 자신을 보호하기 위해 바로 그 자리에서 행하는 지역적인 '직접' 행동 간의 변증법적인 통합을 요구한다. 이 통합은 아마도 변형적이고 심층적인 적응의 관점이 정치에 줄 수 있는 가장 효과적인 영향일 것이다. 이것은 한편으로 멸종반란 같은 운동과 전환마을이나 퍼머컬처 같은 운동을 잠재적으로 통합한다. 이것은 우리가 미지의 바다로 나아갈 때 필요한 힘과 조화를 우리에게 줄 새로운 권력을, 땅에 의지하는 권력을 이 땅에 창조할 수 있다.

우리는 아는 것에 대해 겸손할 필요가 있다. 우리는 현대의 세계화된 문명처럼 아주 복잡한 것의 운명에 대해서는 조금도 알 수 없다. 그러나 우리는 더 이상 현재의 형태와 조금이라도 비슷한 그 어떤 것도 오래 지속되지 못할 것이라는 점을 알 수 있다고 나는 주장한다(Read and Alexander 2019를 보라). 우리 문명이 종말을 맞이하게 될 방법은 (이전의 많은 붕괴들이 그랬듯이)* 느리거나 (무엇보다 우리가 지독하게 상호연결된 국가들의 복합체이고 성장의 한계를 지나치게 넘어섰기에) 빠른 붕괴일 가능성이 매우 높은 듯 보인다. 왜냐하면 대부분의 사람들이 우리에게 남아 있는 짧은 시간 내에 요구되는 생활방식의 엄청난 변화를 받아들이기란 거의 불가능해 보이기 때문이다. 이것은 부분적으로 기후와 생태계의 붕괴가 언제나 [뉴스에서] 헤드라인 밖으로 밀려날 수 있기 때문인데, 그런 주제에는 *그러한 붕괴가 만들어내는* 시민들의 갈등이나 대규모 피난캠프, 전염병 같은 더 시급한 위기들도 포함된다.

이런 점들은 하나의 실천이자 정책으로서의 심층적응이 지금 이렇게 필요해진 단순하고 핵심적인 이유이기도 하다. 그래서 정치에 개입할 지적이고 인간적인 방법을 더 많이 찾을수록 더 나아진다.

---

* 다소 흥미로운 이 지점에 대해서는 존 마이클 그리어의 책(2005)을 보라.

심층적응으로서의 재지역화

매튜 슬레이터, 스키나 라소르

이 장은 지역화, 좀 더 마음에 드는 표현으로 재지역화라는 개념의 다양한 측면들을 매우 폭넓게 다루려 한다. 심층적응을 위한 행동을 취하는 방식은 생활과 사회의 모든 측면에 걸쳐 무수히 많다. 어느 곳에 사는 사람이든 자기 이웃들과 협력할 수 있고 회복의 힘을 더욱 강하게 하며 삶을 지탱할 체계를 만들 수 있다. 이 체계는 음식, 물, 쉼터, 에너지 등의 물리적인 요소들을 포함한다. 그렇지만 이 체계는 회복력과 함께 살아있다는 기쁨으로 구성된 사회적이고 심리적인 요소들도 포함한다. 이 장에서 우리는 공간적인 위치나 인종, 성, 경제 계급이나 신념과 상관없이 기후 붕괴에서 취약해지는 모든 사람들과의 연대를 염두에 두고 추진한다면 재지역화가 심층적응을 위한 중요한 경로가 될 수 있음을 서술할 것이다.

더욱더 지역화된 사회의 장점에 관한 희망적이고 지적이며 유토피아적인 설명들은 매우 많다. 《작은 것이 아름답다 *Small is beautiful*》(슈마허, 1973

/ 문예출판사, 2002)는 1970년대 초반에 더 작고 더 지역화된 경제 시스템을 가진 단순한 세계를 우아하게 지지했다. 학계에서는 생태계를 우선으로 하는 작은 학파(McGinnis, 1999)가 취수지역(과 다른 지리적 특징들)이 인류 역사가 그렇게 했던 것보다 훨씬 더 강한 협력과 책임성을 공유하는 자연적인 기반을 제공한다는 생각에 근거를 주었다. 소설에는 아메리카의 피크 오일 이후를 다루는 '수작업으로 만든 세계'가 있다.[*]

그렇지만 이런 설명들 중 어느 것도 더 나은 세계를 만들기 위해서는 아닐지라도 최소한 대혼란을 향해 자신을 밀어 넣는 경제기계에서 벗어나야 한다는 책임감을 느끼는 사람들을 특별히 돕지는 못한다. 그 혼란의 길목 위에서도 이 경제기계는 우리의 물리적인 필요를 대부분 충족시키기 때문이다. 물리적인 필요를 다른 방식으로 충족하려는 사람은 어디서 시작해야 할까? 그리고 우리는 충족되지 않을 뿐 아니라 이 경제기계와의 상호작용을 통해 더욱더 나빠지고 있는 사회적인 필요를 어디서 충족해야 하나?

회복력

많은 붕괴 이론들, 특히 복잡성을 강조하는 이론은 사회질서가 단순화되고 탈중앙화될 것이라고 전망한다. 왜냐하면 이 복잡성이 자원들을 더 이상 이용하지 못하도록 소모하기 때문이다(Homer-Dixon 2006: 221). 이 점은 멀리 떨어져 있는 권력의 중심이 발휘하는 통제력과 규제가 약해지고, 법과 그 강제력이 약해지며, 과세와 재분배가 줄어들며, 기술과

---

[*] https://kunstler.com/writings/books

소규모 군사집단에 대한 접근이 줄어듦을 의미한다. 사회 기반시설이 붕괴하고 안전이 우려되면서 운동의 자유도 줄어든다. 만약 국민 국가 자체가 약화된다면 지역 규모에 기반한 자급자족도 중요해진다.

비록 개인과 가족, 공동체로서 우리가 직면하는 위협과 충격의 성격이 다를지라도 전 세계적인 경제 붕괴를 앞두고 지역의 자급자족이라는 원리는 바람직한 것처럼 보인다. 지난 십년 동안 기후변화가 자신들의 나라에 직접적인 영향을 많이 주기 전에 서구 정부는 국내적으로 경찰서와 병원, 학교로 보내는 재정을 삭감하고 노숙자를 증가시키고 긴급 서비스와 재난대응 예산을 축소하는 긴축정책을 추구했다. 그럼으로써 서구권 정부들은 기후로 인한 충격이나 기후로 악화된 앞으로의 상황에 대한 취약성을 줄이기는커녕 증가시켰다.

회복력은 복잡계가 외부충격의 영향을 예방하고 최소화하며 회복하는 방법에 관한 시스템 이론의 한 분파로 다루어지고 있다(Haimes 2009: 1). 회복력은 특정한 종류의 충격에 특히 잘 맞을 수 있지만 예측 불가능한 상황에서 적용되는 일반적인 원리들도 있다.

보통, 체계의 다양성은 구성요소들 사이의 '여백'과 연계를 늘리고, 충격과 공격, 피해나 환경 변화의 수많은 유형들에 '대비할' 수 있도록 하는 각 요소들을 더 많이 활용한다는 특징이 있다. 회복력 체계의 가장 널리 인정되는 측면들 중 하나는 실패가 단 하나의 요소로 귀결되지 않는다는 점, 달리 말해 기능이 중앙집중적으로 수행되지 않고 매우 분산된 방식으로 수행된다는 점이다. 중앙집중식 체계는 취약하지만 효율적인 경향이 있다. 예를 들어 한 마을이 하나의 수도관을 통해 모든 물을 공급받을 수 있지만 그 관이 오염되면 공급이 완전히 중단될 수 있다. 반대로 모든 가정이 지하 탱크에 빗물을 모은다면, 이 체계를 구축하고 유지하는 데 비용이 많이 들 수 있으나 피해는 덜 받게 될 것이다. 왜냐하면 물탱크가 제각기 분리되어 많이 있을 뿐 아니라 물이 필요한 곳에 더 가깝게 저장되기 때문이다.

거의 어디에나 존재하는 세계화된 신자유주의는 모든 나라들이 세계 시장을 위해 자신들의 생산을 특화하도록 독려한다는 비교우위의 '법칙'을 논리적인 극한까지 밀어붙여서 매우 복잡한 경제 시스템을 만들었다. 이 경향은 전 세계의 개발 패러다임과 공동체에 뿌리내렸고 모든 나라들이 더 복잡하고 더 성장하고 더 특화된 방향으로 가게끔 했다.

이 영향은 많은 나라들이 더 쉽고 더 그럴싸하게 부채에 종속되도록 만들었고 모든 국가들이 시장에(즉 다른 국가들에) 심하게 의존하도록 만들었다. 이런 비판들은 대안적인 접근법들, 즉 '탈-개발'(Bawtree and Rahnema 1997) 또는 '대항발전'(Norberg-Hodge 1991)의 기치 아래 계속 제기되어 왔다.

이런 비판들이 회복력이라는 말을 거의 쓰지 않았음에도 몇몇 정부들은 시장을 개방하지 않고 약탈자본과 값싼 수입품에서 자신들을 보호하면서 다른 식의 개발노선을 구상했다. 보호무역 정책들은 해당 국가의 생산적인 부문을 육성해서 경제의 회복력을 증가시킬 수 있다. 그런데 보호무역 정책들은 보통 '자기결정'이라는 개념에 따라 구상되었다. 그런 개념들은 정치의 역사에서 좌파나 우파 어느 한 편의 전유물이 아니었다. 예를 들어, 대중적인 스와데시 운동은 인도가 영국과의 무역을 '필요로 하지' 않고 자급자족할 수 있음을 증명하려 했던 반면에, 심각한 결점들을 가졌지만 무솔리니 정권은 이탈리아를 거의 자급자족하는 국가로 만들어서 험난한 제1차 세계대전과 제2차 세계대전 사이의 시기를 헤쳐 나가려 했다.

보충성subsidiarity이라는 정치원리는 유럽연합법(EU 2014: 23)과 기독교 민주주의 운동(Grabow 2011: 17)에 분권의 원리를 도입했다. 가장 영향을 많이 받는 사람들과 가장 현장에 가까운 사람들에게 권위가 주어져야 한다는 개념은 보통 회복력을 염두에 두고 호출되지 않는다. 그보다는 근대정치에 이 개념을 도입한 교황 회칙에서 강조되었듯이 사회적이고 실천적이고 도덕적인 근거들로 호출된다.

개인이 자신의 노력과 근면함으로 이룰 수 있는 것을 빼앗아 공동체에 주는 것이 매우 잘못된 것처럼, 더 큰 상위 조직에 더 작은 하위 조직이 할 수 있는 일을 배당하는 것도 매우 부당하고, 올바른 질서에 혼란을 일으키는 것이다. 모든 사회활동은 근본적으로 사회 구성원들에게 도움을 줘야 하고 결코 그들을 파괴하거나 소비해서는 안 된다(교황 비오 11세 1931: §79)

첨단 기술이나 지구의 공유지 같은 몇몇 이슈들은 대규모로 관리될 필요가 있지만, 보충성의 올바른 적용은 지역 차원의 정치를 매우 활성화하고 사회의 보편적인 회복력을 강화할 수 있다.

그러나 실제 적용에서 보충성은 정치권력과 경제권력이 더 큰 중심에 집중되는 것을 거의 막지 못했다. 영국에서 '지역우선주의localism'는 지방정부에 더 많은 정치권력과 재정능력을 주자는 정책이었다. 지역우선주의는 녹색당과 몇몇 극우 운동에서 두드러졌을 뿐 다양한 정당들의 지지를 받지 못했다. 잘 알려졌다시피 토니 블레어 정부가 스코틀랜드와 웨일스에 자치의회를 만들면서 이 방향으로 조금 움직였을 뿐이다. 2011년의 지역우선법Localism Act은 좋은 평가를 받지 못했다. 〈가디언

Guardian〉은 다음과 같이 기록했다. "서비스는 자치구로 이양되었지만 그것은 진정한 권력 이양이나 재정 자치보다는 단순히 비용을 줄이는 행사가 되곤 했다. 즉 책임은 이양되었지만 그것을 실현할 돈은 이양되지 않았다."(Pipe 2013). 냉소적으로 말하면 지역우선법은 지방의 역량 강화와 정반대였다. 즉 중앙정부는 은행들을 구제해 준 뒤 그 비용의 상당 부분을 지방정부에 떠넘기고 예산을 삭감했다. 오늘날 유럽의 지방정부들은 위험 부담이 큰 영리 활동을 하고 자산을 매각하면서 부채에 점점 더 많은 이자를 지불하고 있다(Doward 2017).

이 장은 주로 물질적인 회복력의 문제에 초점을 맞추지만, 회복력이라는 개념이 문화나 개인 심리 외부에 있는 물질적인 것이 아님을 잠깐이나마 언급하고 싶다. 오히려 어떤 공동체의 회복력은 사람들이 공동체 내부와 공동체들 간에 서로 관계를 맺는 방식을 포함한다. 일상생활이 붕괴되고 사람들이 그런 변화에 대해 점점 더 불안해할수록 그들의 감정적인 회복력은 더 중요해질 것이다(4장). 특히 성찰 능력의 회복과 서로의 상황에 대한 공감, 즐길 수 있는 능력이 모두 중요하다.

우리는 재지역화 의제가 편협한 지역주의를 피하고 더 넓고 여러 지역에 걸친 운동에 참여하려는 의도를 담는다면 그런 사회심리적 회복력을 도울 수 있다고 믿는다. 회복력의 이런 측면들은 심층적응에 매우 중요하고(7장), 지역화를 통해 유지되는 잠재적인 회복력은 지역우선주의 운동이나 계획을 위한 핵심 요소가 될 필요가 있다. 재지역화의 물질적인 측면에 초점을 맞춘 이 장을 끝맺을 때 우리는 다시 이 점을 언급할 것이다.

재지역화의 측면들

몇 안 되는 튼튼한 생존자들은 스스로 문제를 해결하고 도시를 떠나 집에 태양광을 설치하고 채소를 기르고 응급처치법을 배우려 시도하고, 어쩌면 소형 무기를 숨겨둘지도 모른다. 확실히 이것은 특정 유형의 충격에 대비한 회복력의 한 형태이지만 대다수 사람들을 위한 선택이 되지 못하고 탐탁스럽지도 않다. 그리고 더 조화로운 대응책의 효율성과는 대비될 수도 없다.

이런 '프레퍼족prepper[*]'이나 생존주의 접근 대신에 재지역화 운동은 지역의 새로운 인프라 구조와 새로운 생활양식을 이웃들과 협력해서 만들려고 한다. 이 계획들은 초보자와 익숙한 사람도 함께 결정을 내리고 참여할 수 있을 만큼 소규모지만 서로 격려하고 지원하고 배우고 확인하는 과정을 공동으로 만들 만큼 충분히 크다. 건물을 세우고 활동하고 정치를 하고 기업을 운영하고 기술적인 문제를 해결하는 모든 종류의 기술과 지식이 필요하다(Giangrande 2018). 대부분의 활동은 규모가 작거나, 가치가 지나치게 화폐 중심인 경제의 기준으로 보면 실현 가능하지 않기 때문에 재원을 마련하거나 허가를 받기가 쉽지 않다. 그렇지만 인간의 전형을 자신 말고는 다른 관심을 갖지 않는 사람들에게서만 찾는 경제학자들의 생각과는 달리 기적은 곳곳에서 일어난다.

아래의 사례들은 영국에 초점을 맞춘 것이지만 우리는 전 세계 어느 곳의 독자들에게도 유용한 방법을 제공하려 한다. 앞으로 언급하겠지만 이런 시도들에서 협동조합이 두드러진다는 점에 주목할 만하다. 노동자

---

[*] 재난에 대비해 평소에 철저히 물품을 준비하는 사람들 — 옮긴이

가 소유하고 생산수단을 통제하는 데 초점을 맞춘 협동조합 운동은 재지역화의 '권력을 되찾자' 윤리와 조화를 잘 이룬다.

먹거리

보통, 먹거리는 하루하루 살아가는 데 필요한 음식의 양 때문에, 그리고 우리 신체에 영양분을 공급하는 연료라는 점에서 지역우선주의자들의 최우선 관심이다. 그러나 우리 대다수는 먹거리를 통제하지 못한다. 농작물을 기르고 땅을 고르는 일은 많은 사람들에게 깊은 만족감과 목적의식, 오랜 전통과의 연계성을 느끼게 한다. 산업혁명 이전에 농민과 촌락들은 대부분 자신의 땅에서 자신의 먹거리를 생산했기 때문에 거의 자급자족의 삶을 누렸다. 강제로 도시로 밀려나거나 경제적인 이유로 이주하면서 평범한 사람들은 살아남기 위해 돈과 정치를 비롯한 복잡한 사회경제적 시스템에 의존하게 되었다.

이런 대형 시스템에서 빠져나오기가 매우 어려울 수 있고 또 그 시스템이 모든 참여자의 삶을 반드시 개선시키지도 않는다. 산업화된 먹거리 시스템은 불확실한 미래에 매우 취약해질 것이다. 왜냐하면 산업화된 먹거리 시스템은 동력기계나 비료에 화석연료가 대량으로 투입되어야 하기 때문이다. 그리고 이 시스템은 엄청난 쓰레기와 환경오염을 낳고 수많은 동물을 학대하고 고통을 준다. 그래서 먹거리도 종종 영양가를 잃고 오염되어 장기적으로 건강상의 문제를 낳기도 한다.

이런 관점을 따를 때 먹거리를 자급자족하기 위해 일하는 것은 극단적인 정치 행동이나 체제를 거부하는 행동으로 해석될 수 있다. 이 분야의 문헌들은 19세기 영국의 급진적인 국회의원[*]의 말을 인용하곤 한다. "만약 내가 문법을 쓴다면, 내가 농업에 대해 쓴다면, 만약 내가 씨앗을 뿌리고 심고 거래한다면, 내가 무엇을 하든 저 악명 높은 폭군들의 파멸을 먼저 보게 될 것이다.'(Cobbett 1819: 8) 이런 생각은 몬산토와 같은 회사들이 종자를 독점하고 궁극적으로 세계 먹거리의 가격과 구입 가능성을 통제하려고 노력하는 오늘날 더욱 타당해 보인다.

곡물 조절 시스템은 단독 거래자나 가족 회사들보다 대형 기업들이 아주 쉽게 걷어낼 수 있는 장애물들을 만들곤 한다. 영국에서는 토양협회Soil Association가 주관하는 유기농 인증이 소규모 생산자들이 감당하기에는 너무 비싸다. 영국에서 산업화된 농업이 초래한 문제로 보이는 구제역foot-and-mouth이 폭발했던 2001년 이후 아주 소규모의 치즈 생산자들도 시장에 생산물을 내놓을 수 있으려면 이제는 스테인리스 시설을 갖추도록 요구받고 있다. 음식물 찌꺼기를 돼지와 닭에게 먹이는 것도 금지되었고, 돼지를 기르는 사람들은 산업화된 동물 사료를 구입하도록 요구받았다(Harrison 2018). 산업화된 도살장에서 도축되지 않은 동물이라면 무료로 나눠주거나 손님에게 제공하는 것조차도 금지되었다(Jarman 2016). 생우유는 영국에서 법에 따라 엄격하게 취급되고 스코틀랜드에서는 금지되고 잉글랜드에서는 가게 판매가 금지된다(Akehurst 2015). 이러한 점들은 소규모 유기농 먹거리 생산자들의 노력을 그 어떤 것이든 어렵게 만들어서 소규모 치즈 생산자들은 인증을 받은 것이 비유기농 먹거리라고 주장하고 있다(Fairlie 2016).

장애물은 규제뿐만이 아니다. 정부 보조금도 대규모 생산자들에게 유

---

[*] 윌리엄 코벳―옮긴이

리한 시장으로 집중된다. 5헥타르 이하의 소농(가령 200미터 × 250미터)은 농업 보조금을 받을 자격이 없다(Global Justice Now 2017: 1). 이런 재정 부담은 금융기관이 작은 기업들을 우호적으로 바라보지 않게 만든다.

그래서 지역의 먹거리 생산은 간헐적으로 가능하지만 보통은 어렵다. 농업으로 생계를 사는 대신 다른 방법을 찾던 지역의 생산자들 대부분은 다음과 같은 전략을 택했다.

- 시가 대여하는 시민농장의 개발을 권장한다.
- 게릴라 농업을 하거나 '놀라운 먹거리Incredible Edible'처럼 공공부지에 채소를 재배한다.
- 소비자들이 농부에게 직접 지불하고 유통망을 운영하고 때로는 선불을 지급하는 공동체 지원 농업[*]
- 법률을 개정하는 데 집중한다. 예를 들어 '버몬트 농장에서 식탁까지 Vermont's Farm to Plate'는 국가 입법을 위한 국민발안을 시작했다.[**]
- 공동으로 투자하는 빵집, 양조장, 카페(뒤에 나오는 '자금' 부분 참조)
- 자료를 생산해서 문화를 바꾸기[***]

전력

'그린'으로 받아들여지는 것들을 포함해서 전력 생산의 대부분은 재

---

[*] 대부분은 먹거리공개네트워크(Open Food Network)가 제공한 무료 물류 소프트웨어를 사용한다. https://www.openfoodnetwork.org

[**] https://www.vtfarmtoplate.com/plan/chapter/appendix-a-enabling-legislation

[***] 좋은 사례는 https://www.biggestlittlefarmmovie.com

생할 수 없는 자원을 어마어마하게 소비하고 이산화탄소를 배출한다. 재정적인 면에서 더 크게 중앙화하는 것이 전력 부하 균형의 필요성 때문에 더 효율적이다. 그런데 그런 만큼 2003년에 미국 북동부 대부분이 피해를 입었던 블랙아웃처럼 실패도 커질 수 있다(Minkel 2008).

대형 에너지 회사들과 그 투자사들은 끊임없이 재생에너지에 관해 말하지만 거의 아무 일도 한 게 없고 약속을 어기고(Macalister 2015) 경쟁자들을 매수하고 녹색분칠greenwash 캠페인으로 자신들의 주요한 활동을 은폐했다(Watson 2017)는 비난을 받았다. 실현된 사업들은 짧은 지속 기간과 재생할 수 없는 요소들을 가지고 있어 가장 협소한 의미에서만 '지속 가능했고', 회복적이지도 지역적이지도 않았다. "오늘날 재생가능 에너지의 주요 모델은 대규모 태양광 발전단지나 대형 풍력 발전단지처럼 대규모로 중앙집중된 발전 시스템이다. 이런 모델은 중앙집중화된 재정력과 경제력의 산물인 중앙에 집중되고 화석연료에 기반한 전력 생산 모델의 유산이 연장된 것이다."(Fairchild and Weinrub 2017) 지역우선주의의 관점에서 에너지는 더 안전하고 더 싸며 (화학적, 윤리적으로) 더 깨끗해야 하고 장기적인 이익을 염두에 두고 공동체가 관리하고 소유한다면 지역에 어울릴 것이다.

에너지 민주주의는 일하는 사람들, 소득이 낮은 공동체, 유색인종(과 문화) 공동체가 기성 에너지 체제(대형 에너지 생산 기업, 공공사업의 독점, 이런 기업들의 이익을 돌봐주는 주정부나 연방정부)에서 에너지 자원의 통제권을 되찾기 위한 전 세계적인 투쟁의 틀을 짤 방법이다. 그리고 이런 자원들을 활용해 말 그대로 (에너지를 제공해서) 경제적, 정치적으로 자신들의 공동체에 권한을 줄 방법이다(Fairchild and Weinrub 2017)

그렇지만 자신의 이웃에 전기를 합법적으로 공급하기 위해 어떤 방법으로든 전기를 생산하는 것은 대부분의 나라에서 금지되거나 매우 어렵게 되어 있다. 에너지를 사람들에게 직접 공급하는 것은 대부분 불법이다. 영국에서 에너지 공급은 정액을 지불하는 면허증fixed-fee licence이 필요하고 면허증이 없을 경우 생산자는 국가 송전망에 소매 요금의 겨우 22퍼센트로 판매를 해야만 한다. 지붕에 태양광 판넬을 설치하는 것을 넘어서 타인이 소비할 에너지를 생산하는 것은 상당한 지식과 책임, 돈이 필요하다. 타인에게 공급할 에너지를 생산하는 것은 단순히 전력 생산 능력에 투자하는 것이 아니라 생산된 에너지가 예측 가능한 속도로 소비되고 지불되는 것이 보장되도록 국가 송전망이나 소비자들과 협력하는 것이다. 이런 영역을 다뤄본 사람들은 규제에 맞서 '불법침입hacks' 하거나 다른 기능을 발전시킨 회사를 뒤따르거나 설립하라는 컨설팅을 제공한다. 예를 들면 다음과 같다.

- 〈셰어에너지Sharenergy〉는 새로운 사업을 육성하고 실시간 공유 매물live share offers을 공시한다.*
- 〈지역에너지Energy Local〉는 소비된 지역 에너지와 생산된 지역 에너지의 상관관계를 증명해서 지역 에너지가 송전망을 이용하는 가격에서 이득을 보도록 스마트 미터smart meters**를 활용한다.
- 〈빅솔라쿱Big Solar Coop〉은 공동체 태양광 에너지 생산자들이 기술과 자원을 함께 공유해서 조직적으로 효율성을 증가시키도록 한다.***

---

* https://www.sharenergy.coop/live

** 전기 에너지 소비, 전압 레벨, 전류 등을 측정하는 전자장비−옮긴이

*** https://bigsolar.coop

정부

충격적으로 예산이 삭감되었지만 몇몇 지방정부들은 여전히 미래를 고려하는 정책 결정을 내릴 능력을 가지고 있다. 미국 오하이오 주 클리블랜드의 사례를 따라 프레스톤 시의회는 자신들이 확인한 다양한 '중추기관들anchor institution*과 함께 가능한 지역 내 공급을, 차후에는 협동조합을 우대하겠다고 약속했다. 지역 안에 일자리를 만드는 것과는 별개로 지역 안에 돈이 더 오래 남아있는 승수 효과도 있다. 탄력을 받으면 이런 사례는 다른 형태의 다양한 경제 구상과 재정 구상으로 발전하기도 한다(Preston City Council 2020).

그러나 이 모든 것은 권력을 가질 때에만 가능하다. 영국의 한 집단은 작은 도시의 시의회를 통제하기 위해 협력하고 많은 사람들에게 영감을 주기 위해 자신들의 전략을 《조립식 민주주의Flatpack Democracy》라는 책으로 출간했다**. 그리고 그들 중 몇몇은 성공했다.***

정부만이 아니라 우리 스스로 집단을 만들고 정당성을 확립하고 신뢰를 쌓고 참여하고 결정에 따르는 방식도 혁신할 필요가 있다. 우리는 갈등을 변화시키는 방식, 특히 열망이 증가한 상황에서의 방식을 혁신할 필요가 있을 것이다. 소시오크라시Sociocracy**** 같은 사회 기술들은 진보적인 사업에서 발전했고 자본에 따른 분명한 위계질서가 없는 스스로 조직된 집단과 기획들에서 발전했다. 이 사회 기술들은 많은 사람들이 생

---

* 학교나 도서관처럼 지역에 뿌리를 내린 채 지속적으로 관계를 맺는 기관– 옮긴이

** https://www.flatpackdemocracy.co.uk

*** 이 운동에 관한 소식은 http://www.indie-town.uk

**** 구성원의 참여와 합의를 통해 역동적으로 움직이는 조직– 옮긴이

태 위기와 기후 위기를 만든 이데올로기들을 재생산하지 않도록 개입할 수 있게 하는 중요한 접근법 중 하나다(5, 6, 7장에서 서술되었듯이). 또한 다양한 협의 과정과 민주적인 과정들을 지원하는 수많은 소프트웨어 도구들도 있다.[*]

자금

이익과 성장보다 사회적인 가치에 따라 움직이는 작은 공동체 기업들은 은행이나 전통적인 투자자들에게 그리 매력적이지 않고, 그래서 크고 작은 자본금을 모을 방법이 별로 없다. 이것이 영국의 백만장자 데이브 피시윅Dave Fishwick이 자기 고향 번리에 소규모 금융은행high-street bank을 열려고 한 이유이다. 2008년 금융위기로 휘청거렸던 번리의 은행들은 지역의 기업들에게 투자하지 않으려 했다. 피시윅의 카프카적인 경험은 2012년에 제작된 다큐멘터리 〈데이브의 은행Bank of Dave〉에 담겨 있다.[**] 새로운 화폐 발행을 가로막는 장애물이 엄청났지만 피시윅은 결국 저축기관과 대부기관을 통해 자신과 다른 사람의 저축으로 지역 기업을 지원할 수 있었다.

자본은 사람이나 은행에서 돈을 빌리는 것만이 아니라 기업의 자산(주식)을 판매하는 것으로도 늘어날 수 있다. 그렇지만 그런 돈이 고객과 이웃, 친척에게서 마련될 수는 있어도 신뢰할 만하고 책임감 있는 방식으로 지역 기업이나 인프라 사업에 합법적으로 투자하기 위한 수단은 거의 없다.

---

[*] 하나의 사례는 https://decidim.org

[**] https://youtu.be/0fIGZOe-Oa0

영국에서 나타난 새로운 사업인 〈공동체 주식 유닛Community Shares Unit〉*은 주식 발행으로 모험 자본risk capital을 모아 공동체 사업들을 일정 정도 지원한다(단체 설립 후 10년 동안 350개 사업). 이런 사업들이 공개적으로 거래되기에는 너무 규모가 작기 때문에 〈공동체 주식 유닛〉은 만약 주주가 주식을 팔고자 할 경우를 대비해 기업이 일정한 돈을 보유하도록 요구해서 주주들에게 일정한 '유동성'을 보장했다. 주주들은 자신들의 돈이 영원히 묶여있지 않고 팔고자 할 경우 구매자를 찾을 책임을 질 필요가 없다는 점에 안심했다. 반대로 기업은 생존 가능성을 지속적으로 증명해서 대체 구매자를 찾아야만 했다.

이런 주식 발행은 일반적으로 카페와 마을주점, 마을회관의 구입을 용이하게 한다. 영국의 법률은 그런 자산이 시장에 나올 경우 지역 단체에 '입찰권'을 주기 때문이다. 그 결과 체인점들이 그런 자산을 낚아채는 것이 방지된다. 〈플런켓 재단Plunkett Foundation〉**은 자금을 조직하는 것을 포함한 과정들로 지역 단체들을 지원한다. 이런 유형의 조직화는 공동체를 위한 역량 강화의 경험이 될 수 있다. 이런 조직화는 신뢰와 공동의 목적을 가진 관계를 형성하도록 도울 수 있고 지역의 회복력에 핵심적인 동력인 인정과 공감을 증폭한다.

화폐

가장 최근의 지역화폐 사업은 사업과 일자리를 지역화된 방식으로 유지하고 공동체의 부가 외부의 조세회피처로 '유출'되는 것을 막기 위

---

* https://communityshares.org.uk

** https://plunkett.co.uk

해 지역 기업에 지출하도록 유도하는 데 초점을 맞춰 왔다. 이런 사업들 중 가장 눈에 띄는 것은 영국의 〈브리스톨 파운드 Bristol Pound〉와 뉴욕주의 〈버크셰어 Berkshares〉, 독일의 수많은 지역화폐들 중 하나인 〈킴가우어 Cheimgaur〉이다. 그렇지만 이런 알려진 사업들은 그들에게 쏟아진 자원에 비해 보여준 게 별로 없다. 나아가 벤델과 그레코는 다음과 같이 지적한다. "그런 시스템들은 현금 흐름에 문제가 있는 공동체와 기업들에 매력적이지 않고 확장 가능성도 제한적이다. 본질적으로 이런 지역화폐는 전혀 지역적이지 않다. 신용의 원천은 지폐를 사는 데 필요한 국가통화를 발행하는 국제은행 시스템이기 때문이다."(Bendell and Creco 2013)

화폐를 지역화하는 회복력 문제는 소규모 사업과 슈퍼마켓간의 갈등보다 훨씬 더 중요하다. 재정적인 회복력을 다루기 위해 생물학을 활용했던 한 연구는 통화의 다양성과 다양한 유형의 통화의 필요성을 강조하면서 우리 화폐 시스템이 지닌 동질성에 의문을 제기한다. "경제학은 시장 효율성 개선을 위해 기꺼이 모든 것을 희생하는 일원주의적 목표를 추구하는 듯 보인다. … 효율성에 대한 집착은 재앙으로 몰아갈 수 있다'(Lietaer and Ulanovicz 2010).

화폐의 다양성은 소규모 금융에서 '경화 hard currency'를 지키려고 노력하는 것보다 훨씬 더 많은 것을 의미해야 한다. 이는 별도의 계정단위 units of account나 별도의 '교환 영역'을 의미할 수 있다.* 그러나 근대 화폐의 엄청난 동질성은 화폐 발행의 기반이다. 거의 대부분의 근대 화폐는 은행이 수익성을 가장 높게 보는 기업에 제공하는 신용으로 유통되고, 그 발행은 정부가 긴축 프로그램을 미루고 구제 금융을 하면서 보장된다. 전체

---

* 어느 인류학의 구상에 따르면 그 무엇도 다른 것과 교환될 수 없다는 것이다.

경제는 은행들이 어떤 사업들에는 자금을 지원하고 다른 사업들에는 하지 않으면서 자신들의 이익을 극대화하는 방식으로 운영된다(Bendell and Greco 2013).

비트코인의 대중적인 성장은 통화들의 '공존'에 관한 하이에크의 구상을 따르는 많은 토론거리를 제공한다(Hayek 1976). 암호화폐는 유명 상표가 붙은 보조화폐다. 암호화폐는 빚을 갚아야 할 의무가 없고 제도적 중요성도 없고 결과적으로 투기의 능력과 재판매의 기대를 넘어서는 '가치'가 없다. 따라서 10년 전에 등장한 암호화폐 시스템은 하이에크의 모델과 거의 닮지 않았다. 통화 혁신 분야에서 몇몇 사람들이 '안정적인 동전'에게 건 관심은 브리스톨 파운드 같은 안정적인 동전 때문에 완전한 순환 운동을 할 것이다. 예를 들어 이 동전은 법적인 화폐의 지지에 전적으로 의존해 있고 화폐 발행의 다양성에 도전하기 위해 아무것도 하지 않았다.

화폐의 헤게모니에 실제로 도전하는 것은 은행 *이외의 당사자들이* 유통되기에 충분히 신뢰할 만한 *신용을 발행할* 방법을 찾는 것을 뜻한다. 신용을 발행할 수 있는 능력은 발행자가 공짜로 무언가를 효과적으로 빌리기 때문에 엄청난 책임이자 이익이다. 여러 접근법들은 각기 다른 당사자들에게 그런 특권을 부여한다. 그 가운데 정부가 더 많은 신용을 발행하도록 권장하는 운동은 현대통화이론MMT에 바탕을 두고 있다. 다른 구상은 기성 기업들이 바우처 같은 신용을 발행할 수 있도록 하는 것이다. 그러나 재지역화 구상은 작은 기업들이 연합해서 물물교환사업 네트워크 역할을 하는 상호적인 기반 위에 신용을 발행할 수 있는 것이다(같은 일이 지역교환 시스템의 이웃들 사이에 발생하지만 화폐를 대체하기보다는 호의에 따른 회계처리 방식이 더 많이 이루어진다).

이 모든 접근법들은 주류 화폐가 실패했던 과거에는 긍정적인 효과를 발휘했다. 이런 선택지들의 가장 지역적인 형태는 전 세계에 수천 개나 있는 물물교환사업 네트워크이고 이탈리아 사르데냐 주의 〈사르덱스Sardex〉와 스위스의 〈비어Wir〉같은 소수의 예외도 있지만 대부분은 환전이라는 과제가 없는 작은 기업들이다. 고정경비가 꽤 많고 그 화폐가 회피하려는 바로 그 통화로 세금을 지불해야 하는 것은 효율성을 꽤 많이 방해한다. 대부분의 물물교환 기반 제공자들은 경쟁하면서 모든 네트워크가 소규모로 유지하게 되는데, 이 모든 건 물물교환 사업이 특정 유형의 사업에서만 작동한다는 것을 뜻한다.

잠재적인 이점이 분명함에도 소수의 이단적인 경제학자만이 물물교환사업에 관심을 둔다. "빠르게 늘어나는 증거들은 … 물물교환 네트워크의 인기가 경기순환에 역행한다는 점을, 즉 필수적인 경제 활동을 지원할 재래식 화폐가 충분하지 않은 유동성 위기의 시기에 증가한다는 점을 나타낸다."(Scott Cato 2012)

대표적인 저자들 중 한 명인 매튜 슬레이터는 그런 네트워크들이 경쟁하지 않고 협력할 수 있도록 서비스의 상호이용이 가능한 프로토콜을 발행했다.* 〈크레디트 커먼즈Credit Commons〉는 친밀한 한 집단이 교환율을 결정하고 그들 사이의 교환에 쓸 신용을 발행하고 인수할 수 있다고 하는 방식이다. 〈크레디트 커먼즈〉는 회원과 집단이 운용할 회계 프로토콜도 운용하고 있다(Jenkin and Slater 2016).

신용을 지역화하는 것은 공동체 안에서 신뢰감을 쌓는 것이고 더욱 강력한 관계와 신뢰를 쌓도록 상호성과 상호의존성을 증가시킬 것 같

---

* http://creditcommons.net/

다. 신용이 재지역화 계획의 중심을 차지할 수 있는 것도 그 때문이다. 만약 한 공동체가 국가통화나 지역에 없는 통화 발행 회사에 의지하지 않고 자기 신용에 바탕을 둔 통화를 발행할 수 있다면 (사용되지 않고 종종 있는지도 모르는 자체 자산에 대한 접근권을 개선해서) 그 부를 활용할 수도 있다. 이렇게 신용의 지역화는 지배와 위계질서를 강요하는 부채에 기반한 경제의 희소성 타령에 도전할 수 있다(5장).

지면이 제한되어 첨단기술 의학에 대한 의존도를 줄이기 위한 한방의학, 예방적 보건, 바이오디젤 생산, 건축의 재지역화, 지역 플랫폼 협동조합으로 세계화된 우버Uber의 대체, 상호부조와 타임뱅크의 증가와 같은 다른 무수한 기획들을 다루지는 못한다. 대신에 우리는 지역화가 추진될 수 있는 방법과 그것이 현재 직면하고 있는 장애물들에 대한 몇 가지 사례를 소개했다. 우리는 기업과 기획의 생존 가능성이 그들이 자리 잡은 장소의 규제와 문화 환경에 주로 달려있다는 점을 보여줬다. 서구 문화에서 중소기업들은 대기업보다 더 많은 인원을 고용하고 있음에도 틈새경제로 취급된다. 심층적응의 관점에서 사회가 붕괴하기 시작해서 규제 환경이 단순해지면 지금은 실현 가능해 보이지 않는 기획들이 엄청나게 증가하는 결과를 가져오리라 기대할 수 있다. 어떤 경우든 수많은 기획들이 등장한다면 두려움 없이 지속되어 규제 장벽들을 넘어서길 바란다.

지역화된 운동

지역화와 정치의 분권, 회복력 개념은 역사에서 간간히 등장했다. 하나의 예는 10년 동안 외부 통치를 받은 뒤 결국은 대규모 마을을 이루어

자립했던 탄자니아의 우자마^{Ujamaa} 이데올로기[*]이다. 이렇게 이어졌던 이유들 중 하나는 신자유주의 질서를 강화하기에는 그 성격이 완전히 달랐고 사회주의 기획으로 이해되어서 외부의 투자가 거의 없었다는 점이다. 또 다른 사례는 우고 차베스 정부가 설계하고 지원했던, 베네수엘라의 민주주의를 강화하기 위해 나라 전역에 3만 개 이상 만든 꼬뮌 위원회^{colectivos} 시스템이다.

사실 아나키스트 사유는 정의와 자유를 보장하는 정치적인 생활의 중심에 개인을 두는 정치 분권의 가장 극단적인 형태이다. 아나키스트 사유는 가장 먼저 작은 공동체 단위에서 조직되고 모든 공동체가 정치권력을 확보하기 위해 지역 단위에서 조직되는 더 큰 구조로 연방화된다(Bookchin 2015). 이 구조는 경제 분권도 동반하고 그럼으로써 회복력을 갖춘다. 아나키즘의 원리를 따르는 사회는 1994년 이후 치아파스의 사빠띠스따^{Zapatistas}(Ramírez 2008), 시리아 북부연방^{Federation of Northern Syria}, 정부가 다른 전투에 집중하면서 철수한 쿠르드족 지역^{**}, 더 비공식적으로는 스페인 내전 당시 잠깐 독립했던 지역 아나키스트 체제를 활용하는 카탈로니아 생산자들의 연합인 카탈로니아 통합협동조합^{Cooperativa Integral Catalana}을 포함한다.^{***}

이 책에 글을 쓴 필자들이 아마도 또는 필연적으로 최후를 맞이할 거라 보는 복잡한 근대 산업사회에서 지역화는 사람들이 경제 활동에 참여하면서 느끼는 소외감, 기분 나쁜 불안에 대한 해답이다. 즉 출퇴근하느라 돈과 시간을 버리고 있다는 느낌, 이웃과의 고립감, 시내 중심가에

---

* 스와힐리어로 가족을 뜻하는, 줄리어스 니에레레가 주장했던 마을 단위에 기반한 사회주의 이념 – 옮긴이

** https://mesopotamia.coop/david-graeber-syria-anarchism-and-visiting-rojava/

*** http://cooperativa.cat (카탈로니아어 사이트)

서 벌어지고 있는 일에 대한 절망, 사회 붕괴 걱정에 대한 해답이다. 위에서 서술한 지역적인 행동들은 일부의 욕구를 만족시킬 뿐이고 다른 사람들은 전체 공동체 속에서 되도록 지역적으로 살려고 노력한다.

의도된 공동체 Intentional communities

공동체 재지역화의 발전된 형태는 스스로 생태마을이라 칭하는 많은 의도된 공동체들이다.* 생태마을은 '지속가능성과 협동의 가치를 중심에 두고 의도된 생활환경을 만들기 위해 의도적으로 모인 자발적인 집단들로 만들어진다.'(Peters, Fudge and Jackson 2010). 어떤 마을은 같은 스승이나 일련의 규칙을 따르며 영성에 초점을 맞춘다. 이런 집단들은 땅과 의사결정, 생활과 때로는 돈조차 공유하면서 더욱 공동체적인 생활방식을 함께 만들어간다. 다른 식으로 활동하는 것을 방해하는 물류와 사회생활, 법률, 규제와 경제적인 장애물들은 대부분의 공동체들의 생활을 매우 어렵게 만들어 높은 실패율로 이어진다. 그럼에도 몇몇 마을들은 건물을 디자인하고 확실히 더 널리 적용될 만한 가치가 있는 물리적인 기술과 사회적인 기술들을 디자인하고 만들고 연마해서 놀라운 진보를 이루었다. 이런 기술에는 개인 갈등과 대인관계 갈등을 연구하기 위한 방법론인 제그포럼 ZEGG Forum 같은 사회 기술도 포함된다.** 이 기술들은 도시 에너지***나 공동체 전체의 부엌에 전력을 공급하는 태양'접

---

* 의도적인 공동체 목록은 http://ic.org, http://ecovilage.org, https://www.diggersanddreamers.org.uk 을 보라.

** https://www.zegg.de/en/community/social-and-communication-skills.html

*** https://www.theguardian.com/sustainable-business/2016/jul/12/eco-village-hi-tech-off-grid-communities-netherlands-circular-housing-regen-effekt

시^{bowl*}처럼 지역에서 쓰기 적합한 많은 기술들을 포함한다.

그러나 대규모 토지 개혁 없이는 생태마을이 2050년까지 전 세계 90억 명의 사람들을 위한 모델로 여겨지기 어렵다. 생태마을 운동에 대한 공통된 비판 중 하나는 현재 전 세계 인구의 절반 이상이 도시에 살고 있음에도 도시 문제에 대한 해결책에 관심을 두지 않는다는 점이다. 땅을 구입하고 그곳에 공동체를 만드는 비용은 대다수 사람들에게 엄두가 안 나는 일일 뿐 아니라 일반적인 부동산 개발보다 훨씬 더 위험한 투자이다. 이것은 선진국 거의 모든 생태마을들이 중산층으로 채워지는 이유다. 그렇더라도 가장 가난한 나라의 공동체도 포함하고 연결고리를 만들려고 노력해온 것은 자선기금으로 운영되는 세계생태마을 네트워크의 덕이다.

지난 몇 년간 사회 붕괴에 대한 예상은 영국에서 헝가리, 남아프리카의 사람들까지 심층적응 개념을 활용하는 의도된 공동체를 시도하도록 이끌었다. 그런 기획들은 예상되는 붕괴에 현명하고 실천적으로 반응하는 것이지만 산업화된 소비사회가 점점 붕괴하는 만큼 더 중요한 영향을 미치려면 더 폭넓은 정치 운동의 일부가 될 필요가 있을 것이다. 지금부터 이 문제로 돌아간다.

전환 네트워크^{Transition network, TN}

석유 공급이 '정점'에 달하면 가격이 급등할 것이라는 두려움은 가격 상승이 그동안 사용하기 어려웠던 석유를 추출하도록 투자할 것이라는 점

---

* https://auroville.org/contents/3294

을 무시했다. 이 점을 이해하기란 이제 어렵지 않다. 그러나 많은 사람들이 십 년 전에는 그렇게 믿었고, 여전히 석유 추출의 경제성은 문제가 될 것으로 예상할 수 있다. 첫 번째 전환마을은 '피크 오일'의 위협에 대한 반응이었지만 그 예상보다 훨씬 더 적절했다. 서구인들은 에너지부터 먹거리, 의류, 전자기기까지 매일의 소비 대부분을 유한하고 대체할 수 없는 석유에 의존했다. 그래서 석유가 점점 줄어듦에 따라 점점 더 심각한 부족을 경험하고 있다.

전환을 추진하는 사람들transitioners은 위에서 언급했던 매우 많은 유형의 기획들을 세우거나 참여했고, 그 운동들은 영국과 다른 많은 국가들에서 재지역화의 상징이 되었다. 이 네트워크는 전 세계 수백 개의 지역 기획들을 포괄하고 공동의 언어를 만들기에 충분할 만큼 가까웠지만 고유한 운명과 정체성을 가지기에 충분할 만큼 독립적이었다(Giangrande 2018). 전환 운동은 확산을 멈춘 듯 보인다. 그리고 다음번엔 더 잘 되었으면 하는 마음으로 몇 가지 비판들을 검토하는 건 의미 있는 일이다.

전환 네트워크와 심층적응은 강조점들이 다르긴 하지만 쇠퇴의 가능성이나 쇠퇴의 불가피성에 대한 강력하고 공통된 서사를 가진다. 심층적응은 기후 위기로 시작하고 그것에 감정적으로 반응하는 반면, 전환 네트워크는 석유에 대한 의존과 지역 먹거리 생산 기술을 향상시킬 필요에서 시작한다.

전환 네트워크는 때때로 정치적으로 무기력하다는 비판을 받는다. "공동체의 회복력과 재지역화를 추구하는 전환 운동의 약속에 대해 많은 질문들이 제기되어야 하는 지점은 권력과 사회문화적 변화에 관한 것이다."(Yanarella and Levine 2017) 분명 그 내부에는 정치적인 동기가 있지만 전환 운동은 언제나 권력의 지렛대를 잡아서 세계를 변화시키는 방식 이외의 것으로 향했다. 비슷하게 심층적응 의제는 많은 정책 이슈들을 포괄하기에 정치적이지만 막상 글을 쓸 때에는 권력을 획득하기 위한 다자간 전략이 될 수 있는 일에 착수하려는 욕구를 운동 내에서 보이지 못했다. 루퍼트 리드가 운동에 권유한 더욱더 고려할 점들은 바로 정치이고(11장), 우리도 지금부터 이 점을 다룬다.

종종 사회 변화를 추동하는 정치권력은 중요하지만 반대로 사회 변화를 따라가기도 한다. 한편으로는 국가 차원과 국제 차원의 안전이 위태로울 때 재지역화의 많은 활동들이 서로에게 안전을 제공할 수 있다. 전쟁과 같은 실존적인 위협이 해결되지 않거나 재정적인 지원이 없는 상태에서 그런 위협이 발생했을 경우 재지역화는 정치혁명보다 한층 더 달성하기 좋은 목표이다.

전환 네트워크의 성공이 제한적이라는 또 다른 설명은 최근의 멸종반란이 그렇듯이 주로 유럽계 중산층 사람들로 구성된다는 점에서 올 수 있다. 그래서 이 운동도 노동계급이나 소수자 그룹에게 공감받거나 환영받지 못하는 분위기를 만든다(Bardos 2016). 전환 네트워크 대부분은 자신의 공동체를 변화시키기 위해 모인 사적인 시민들이라는 특징이 있다. 그렇다고 다양성 부족과 무의식적인 편견에 초점을 맞추는 것은 조금 가혹하게 보일 수 있다. 그러나 중산층 백인이 대중 운동을 일으킬 필요성을 먼저 알아차렸을 뿐이라 해도 그 운동이 사회의 다른 부문으로 적극적으로 개입할 필요성은 분명히 존재한다(Anantharaman 등 2019; Zinn 1980). 참여자를 늘릴 뿐 아니라 다른 사람들이 더 좋은 아이디어를 낼 수 있고 의미 있는 영향력을 행사할 수 있기 때문이다. 멸종반란의 경우 다수가 이 생각을 지지한다. "멸종반란 전체가 자신을 정의하고 위기를 이해하고 변화 조치를 공식화하는 방법에서 '상향식'으로 행동하는 것을 명목상의 관행으로 만들지 않으려면, 유색인종과 노동하는 사람들이 멸종반란 전략과 결정 과정에 직접 합류할 필요가 있다(Ahmed 2019)."

이런 우려는 멸종반란 내에서 탈식민화 기획을 만들도록 이끌었고(6장) 가부장제와 식민지 문화의 지배로 우리 각자가 어떻게 억압받고 있는지를 인식하는 공동해방의 시도로 이끌었다. 이 주제는 다양성과 탈식민화, 공동해방에 대해 자원자들이 이끄는 심층적응포럼에서도 받아들여졌다(7장). 심층적응이 받는 도전은 지구와 사회에 대한 미래의 실제 위협을 우려하는 방식이 이미 연체된 청구서를 지불하기 위해 버둥거리는 사람들의 인식에 잡히지 않는다는 점 때문에 복잡해진다. 생태와 사회의 붕괴라는 부담 속에서 자본주의 경제에 만연한 불안정성으로 점점 더 고통을 겪고 있는 사람들과 무관하지 않다면 경제정의 의제는 심층적응 운동이 개입해야 할 핵심의제로 보인다.

지구적 정의와 재지역화를 위한 조직화

만약 재지역화의 시도들이 우리의 기후 비극에 심층적으로 적응할 만큼 유용해지려면, 이 시도들은 국가 체계와 정책, 전 지구 체계와 정책이 전환되도록 기여하는 동시에 자신을 성장시키고 확산하고 지탱할 필요가 있을 것이다. 따라서 공동해방은 재지역화의 시도들을 담을 유용한 원리이자 틀이다. 다른 한편으로 공동해방은 지역 정체성과 자급을 옹호하면서 발생할 수 있는 편협한 지역성을 줄이도록 도울 수 있다. 지역적인 시도들과 정체성을 과거에도 그랬고 지금도 갉아먹고 있는 것은 우리도 그 지속에 한 몫을 하고 있는 통화 시스템과 탈-출 이데올로기가

가하는 더 폭넓고 체계적인 억압의 맥락 내에서 이해될 수 있다. 이렇게 우리의 사유 습관에 그런 억압들을 심어놓는 방식을 서로 드러내는 것이 공동해방의 과정이다(5장). 반면에 공동해방은 우리가 전 세계에서 기후변화의 영향으로 고통받고 있는 사람들과 연대할 수 있는 방법을 생각하도록 초대한다. 이 점은 전 지구적인 신자유주의와 외국인을 배척하는 권위주의 모두를 물리치기 위해 함께 협력함을 뜻한다. 그리고 전 세계적으로 지역화를 지지할 국가 제도와 규칙, 국제 제도와 규칙을 촉진하기 위해 국경을 가로지르는 조직화를 뜻한다(Norberg-Hodge and Read 2016).

서구에서 재지역화를 향한 공동해방 운동은 현재와 과거의 경제 부정의에 연루되어 있음을 인정할 필요도 있다. 지역 공동체들은 서구의 특권과 권력을 뒷받침해온 착취에 대한 배상의 일부로 지구의 더 가난하고 더 많은 영향을 받는 지역의 공동체들을 지원하는 방법을 생각할 수 있다. 만약 우리의 기후 곤경에 대한 심층적응의 과정으로서 공정하고 정의로운 재지역화를 추구하는 이런 전 세계적 운동이 없다면, 지역적인 시도들은 실제로 매우 약하고 미래에 갈등을 일으키게 될 것들과 편견을 줄이는 데 이데올로기적으로도 도움이 되지 않을 수 있다.

결론

분명히 미래는 우리를 놀라게 할 것이고 우리가 더 지역적으로 조직한들 살아남는다는 보장도 없다. 죽음의 진통 속에서 정치권력의 중심부는 로마제국이 서기 3세기의 급박한 몰락의 시기에 그랬듯이 자신을 위해 모든 부를 '재분배' 할 수 있다(Homer-Dixon 2006: 248). 그렇지만 이런 식으로 회복력을 구축하는 이유는 단지 승산이 없다는 점에만 있지 않다. 헬레나 노르베리호지^{Helena Norberg-Hodge}가 《로컬의 미래*Local is Our Future*》(남해의봄날, 2018)에서 지적했듯이 재지역화된 생활은 더 행복하고 더 건강할 수 있다.

시스템 사유와 먹거리의 중요성, 실용적이고 기초가 단단하고 자급자족하는 것에 관한 이 장의 많은 내용을 핵심적으로 보여주고 그 효과를

출처 : https://commons.wikimedia.org/wiki/File:PLANT_A_VICTORY_GARDEN._OUR_FOOD_IS_FIGHTING_-_NARA_-_513818.jpg 'Government propaganda in support of emergency localised food production'

그림 13.1 비상 시기에 지역화된 먹거리 생산을 장려하는 정부의 홍보물

되풀이해서 증명해온 접근법이 퍼머컬처다. 퍼머컬처는 전환 네트워크가 발아했던 철학적인 토양이다. 퍼머컬처는 주로 소농에 적용되는 전일적인 시스템 접근법으로서 다양성과 종간의 상호작용, 장기적인 토양 건강과 재생, 해충을 자연적으로 방제하는 전략(비독성), 지역의 기후와 토질과 토종 등을 존중할 것을 강조한다. 자연 시스템의 다양성과 순환, 중요한 세부 요소들에 더 많은 관심을 쏟음으로써 퍼머컬처는 자연과 공존한다는 감각을 완전히 일깨워줄 수 있다. 그럼으로써 퍼머컬처는 우리가 자연계와 분리된 감각을 줄이도록 역할을 하여 심층적응 의제의 일부인 상호존재inter-being에 대한 감각을 회복한다(5장과 7장을 보라).

여기서 우리는 우리 주변의 사람들과 자연환경과 한 번 더 연결되도록 자의식을 움직임으로써 물질적인 필요를 더 회복력 있는 방식으로 충족할 뿐 아니라 그 욕구를 전환함에 있어 재지역화의 중요성을 인정했던 논의의 시작으로 돌아간다. 이렇게 연결을 통해 생기는 원천적인 풍요로움은 산업화된 소비사회가 더욱 불안정해지고 앞으로 더 험난해질 시기에 우리가 정서적으로 버티도록 도울 수 있다.

심층적응의 시작을
마무리하기

젬 벤델, 루퍼트 리드

기후 현실을 직시하고 붕괴 준비의 필요성을 진지하게 생각하는 것은 처음에는 거의 확실히 하고 싶지 않은 일이다.* 그러므로 이 책은 단순한 지적 탐색이 아니다. 이 책을 읽음으로써 당신은 감정적으로 어려움을 주는 주제에 대한 숙고를 스스로 허락할 수 있게 되었을 것이다. 당신이 우리와 대체로 같은 선상에 있다면, 이 책의 기고자들과 마찬가지로 붕괴를 예상하는 고통이 일생 동안 당신과 함께할 것이다. 어려움을 외면하지 않을 용기를 갖고 간단한 탈출구를 찾지 않는 사람들이 많아지면서 인류가 피해를 줄이고 미래를 위해 더 많은 가능성을 만들기 위한 아이디어와 실천들을 더 많이 생성할 수 있기를 희망한다.

심층적응DA은 하나의 '넓은 교파'다. 이 책은 그 사실을 분명히 했다. 심층적응이 넓은 교파인 근본적 이유가 있다. 그것은 비상 대응이자 더

---

* 이런 널리 공유되는 거리낌을 탐색한 최근의 시도는 그린하우스 싱크탱크(Green House think tank)의 책, 《*Facing up to Climate Reality*》(Foster 2019)에서 찾을 수 있다.

욱이 새롭고 전례 없는 위협에 대한 대응이기 때문이다. 그것은 인간이 절박하고 계산할 수 없는 상황, 즉 우리 세계에 대한 실존적 위협에 대응하려고 하는 하나의 방식, 또는 차라리 방식들의 모음이다. 비상 대응, 특히나 범주적으로 새로운, '느리게 불타는' 그리고 오래 (잠재적으로 끝없이) 지속되는 '비상 상황'에 대한 비상 대응은 다양할 수밖에 없으며, 그래야만 한다. 우리는 진정한 재사고, 실험 그리고 깊은 정직함을 요청 받았다. 더욱이 비상 상황에서는 매우 다르지만 서로 겹치는 관점들 안에서 일종의 합의를 찾기 위해 함께 힘을 모으는 것이 말 그대로 중요하다. 말하자면, 작은 차이들의 나르시시즘은 진정한 비상 상황에서 감당할 수 없는 사치가 될 것이다. 오히려 경험, 이데올로기, 분석 또는 실제 도덕적 관점에서 차이가 있더라도 짐을 나눠 질 수 있는 방법을 찾을 필요가 있다. 요컨대, 차이의 바다 속에서 공통의 대의를 찾기 위해서는 교파의 폭이 넓어야 한다.

이런 비유를 고려하며, 때때로 유사하게 보이는 또 다른 비상 대응인 멸종반란XR을 생각해보자. 평범하고, 관조적이고, 반(半)수동적이며, 급진적이지 않은 희망이 죽으면 행동이 시작된다. 그리고 생명의 편에 서서, 다른 무엇을 할 수 없기 때문에 함께 행동을 취하는 이들끼리는 이데올로기, 경험적 지평, 영적 전통 등이 사뭇 다를 수 있다.

XR이 정당 정치를 넘어서, 이데올로기를 넘어서 광범위한 기반을 갖고 있다고 말할 때 그 의미는 XR이 비상한 상황이 아니라면 같은 편에 있지 않을 수도 있는 이들을 시스템 변화를 위해 비폭력 직접 행동에 전념하도록 한데 모았다는 것이다. 우리를 하나로 묶는 것은 비상 상황, 붕괴의 위협이다. 처음 시기에 있기 마련인 차이의 바다에서 벗어나야만 하기 때문에, 서로 겹쳐지는 합의가 형성된다(Bradbrook and Bendell

2020).[*]

우리 두 사람이 이 책을 엮어내기로 한 이유 중 하나가 심층적응 자체가 넓은 교파이고 그래야 하며, 너무 넓어서 '교파'라는 은유 자체가 희미해지기 시작한다는 것을 설명하기 위함이다. 젬은 사회 붕괴를 불가피한 것으로 (그리고 상당히 '가까운 시일 내에' 일어날 것이므로 지금 대응해야만 하는 것으로) 본다. 루퍼트는 그럴 가능성이 높은 것으로 (그러나 우리는 무엇이 닥칠지 확실히 알지 못하기 때문에, 불가피하지는 않은 것으로) 본다. 이 두 가지 모두 DA 운동 내에서 널리 견지되는 시각이다. 가장 '극단적인' 시각도 아니다. DA 분야의 일부 참가자들은 오늘날 태어난 일부 사람들의 생애 안에 인간 멸종이 가능성이 있거나 심지어 불가피하다고 생각하는 경향이 있다. 스펙트럼의 다른 쪽 끝에는 환경 문제로 인한 사회 붕괴가 '단지' 가능하다고 생각하며 심층적응포럼^{DAF}에 참여하는 사람들이 있다. 후자의 입장조차도 사전예방의 원칙 때문에 DA의 심각한 중요성에 대한 믿음과 완벽하게 양립할 수 있다. 붕괴가 가능할수록, 우리가 타격을 완화해야 한다면 실제적 또는 심리적 준비 없이 붕괴를 맞이하는 것이 훨씬 나쁠 것이므로 그것에 대비해야 마땅하다.

따라서 DA를 고려할 때, DA 개념 자체를 창립자들의 견해나 창립 문서(2장)와 모두 동일시하는 환원주의적 태도를 갖지 않는 것이 중요하다. 이 점이 이 책을 많은 목소리를 담아 만든 동기가 되었다고 우리는 믿는다. 이제 당신이 이해했듯이, DA는 광범위한 '교파 이상의 것'이라는 게 분명해졌을 것이다. 사회의 더 많은 부문들이, 특히 아마도 학계가 깨어

---

[*] '겹쳐지는 합의'에 대해서는 존 롤즈의 책 《정치적 자유주의*Political Liberalism*》(2005/ 동명사, 2016)를 보라. 그리고 이 특수한 맥락에 대한 적절성에 대해서는 다음을 보라. Vlad Vexler's interview with Rupert Read (Vexler 2020).

나서 반응하기 시작함에 따라, 우리의 생명을 지탱하는 시스템이 생태적 이유로 인한 사회 붕괴의 (최소한의) 불가피한 *가능성*에 이르도록 파괴됨에 따라, 그런 가능한 과정은 지속되고 있다. 그리고 그런 끔찍한 (그리고 이 책의 몇몇 장들이 암시한 것처럼, 희망적일 수도 있는) 가능성을 대면하는 것도 꼭 필요하다.

우리는 인류에게 알려지지 않은 영역으로 진입하고 있으며, 그곳에서 배우는 것만큼이나 배우지 못하는 것도 많을 것이다(10장). 따라서 이 결론 부분에서 우리는 주제를 좁히기보다는 열어젖히고자 한다. 우리가 붕괴 예측이라는 새로운 분야 내에서 가장 흥미로운 논점들로 여기는 것들 일부를 요약하는 것으로 해보려 한다. 우리가 열정, 호기심 그리고 존중감을 가지고 그러한 주제들을 탐색할 수 있다면, 그것은 도달된 결론만큼 중요할 것이다(7장). 다시 한 번, 그것이 우리 두 사람이 책을 구상하고 담아내고자 했던 정신이며, 열린 공감 대화의 하나이기도 하다는 점을 밝힌다. 따라서 우리는 아래에서 때때로 우리 둘 사이의 흥미롭고도 두드러진 차이점을 조금 더 밀고 가 볼 것이다.

심층적응을 소통하기

DA 분야에서 논의 대상이자 약간의 불일치가 있는 주제는 책임 있는 커뮤니케이션 전략의 문제다. 사회 붕괴가 가능성이 있고, 불가피하거나 일어나고 있다고 믿는 사람들은 그들의 지식과 의견을 일반 대중에게 피력하는 것을 피하는 것이 최선일까? DA 분야에 발을 들인 대부분의 사람들은 붕괴에 대한 예상이 자신의 삶에 어떤 의미인지를 처리하는 데 집중하며 같은 깨달음을 얻은 다른 사람들을 위해 자원을 만들려고 노력한다. 지금까지는 DA 분야에서 일반 대중 사이에서 붕괴에 대한 예상을 자극하는 방법에 초점을 맞춘 사람은 거의 없었다. 루퍼트는 그러한 대중의 참여에 더 개방적이었다. 루퍼트는 붕괴라는 방식보다는 의식적인 변형이라는 방식을 통해 이러한 문명을 끝낼 (희미한) 가능성을 차단하지 않았기 때문에 젬보다 이 길을 택하는 것이 더 쉽다.

매스미디어가 이 문제를 심각하게 다루지 않고 적절한 심리적 조언을 제공하지 않을 것이라는 믿음을 포함하여, DA에 대한 대중적 공개 발표가 다소간 의도적으로 결핍되는 데에는 여러 가지 이유가 있다. 사람들이 다른 사람들과 이야기하고 지원 커뮤니티를 찾을 수 있는 역량이 없다면, 그러한 정보는 사람들에게 그저 충격만 주고 소외시킬 수 있다. 또한 기득권이 뒷받침하는 기만적 메시지에 무의식적으로 더 휘둘릴 수 있다. 그러나 주저하는 데는 또 다른 이유가 있다. 이 소식을 다른 사람들에게 전하는 것은 감정적으로 매우 힘든 일이다. 그것은 필연적으로 어려운 감정으로 이어질 것인 만큼 그렇게 할 때 자신에게 미칠 수 있는 감정적 피해를 인식하면서 민감하게 수행되어야 한다(4장).

많은 경우에, 사람들은 붕괴에 대한 예상은 스스로에게 맡기고 대신에 과감한 감축과 드로다운의 필요성에 관한 대중적 소통에 집중하기로 마음을 잡았다. 그래서 우리 중 많은 사람들은 저항 운동인 XR에 힘을 보탰다. 활동가들 사이에서 일어나는 일대일 대화를 통해 미래 붕괴에 대한 내적 및 외적 회복력을 개발하기 위해 노력하면서 정책 입안자와 일반 대중들로부터 과감한 감축과 드로다운 조치를 달성하기 위한 노력을 이끌어내는 게 가치가 있다는 것이 이유다.

그러나 기후 인식을 고양하기 위한 때때로 놀랍도록 성공적인 새로운 전술에 대한 초기 흥분이 사그라들기 시작하면서, 일부 활동가들은 이러한 초점의 선택이 적절한 것인지 다시 살펴보고 있다. XR은 특히 영국에서 기후의 중요성을 향해 인식의 다이얼을 돌리고 '오버톤 윈도우 Overton Window[*]'를 열어젖히는 놀라운 성공을 거두었다. 그러나 XR은 때때로 우리가 처한 곤경의 절박함에 대한 근본적인 통찰에 충실하지 않음으로써, 번아웃의 위험에 기여했을 수 있다(Knorr et al. 2020; Moses 2020). XR 내의 일부 사람들은 마치 우리가 "세상을 구하는" "12년"(이제는 9년)을 갖고 있는 것인 양(Read 2020a), 현재 시스템과 유사한 무언가 속에서 요구들을 달성할 수 있는 것처럼 말하는 유혹을 받아왔다. XR의 창립자들과 그들의 초기 반란군들이 알고 있듯이, 상황은 그보다 더 나쁘며 특히 귀중한 3년이 지난 지금은 더욱 그렇다(Read 2020b; Read and Scavelli 2020).

DA에 대한, 사회 붕괴의 위험 및 이에 대한 가장 친절하고 현명하고 책임감 있는 대응 방법에 대한 주류적 아웃리치outreach의 결핍은 단점이 없는 게 아니다. 이는 붕괴라는 견해에 적대적인 사람들이 그것을 잘못 표현하고 공개적으로 비난해왔다는 것을 의미한다. 그것은 붕괴를 예상하는 사람들이 더 적극적인 아웃리치를 해야 한다는 것을 의미할까? 적어도 주류 미디어에서 이 주제에 대한 일부 정확한 정보가 있는지를 확인하기 위해서? 아마도 더 중요한 이유가 있을 것이다. 이것이 우리의 진실이라면, 이를 공유할 수 있는 더 많은 방법을 찾아야 하지 않을까? 그렇게 함으로써 우리는 더 많은 사람들이 스스로와 공동체가 준비하도록 도울 수 있지 않을까?

최초의 심층적응 논문에서, 일부 데이터는 지난 10년 동안 사람들이

---

[*] 미국의 정치 전략가 조셉 오버톤의 이름을 딴 것으로, 너무 급진적이지도 극단적이지도 않아서 대중들이 수용할 수 있는 범위의 생각을 말한다.—옮긴이

경제 발전이라는 스토리의 끝을 직관적으로 깨닫고 있음을 보여주었다. 환경 파괴는 그 일부일 수 있다. 새로운 연구에 따르면 영국인과 프랑스인의 절반은 사회가 머지않아 붕괴할 것이라고 믿는다(Cassely and Fourquet 2020). 그리고 이런 발견은 코로나-19 이전이었다. 그렇다면, 붕괴 가능성이 있거나 불가피하거나 이미 전개되고 있다고 생각하는 우리 중 누군가가 대중에게 말하기 전에 주저해야 한다는 것은 자기애적 망상일 수도 있지 않을까? 그것에 대해 말하고 그것이 의미하는 바에 대한 생산적인 대화에 초대하지 않음으로써 우리는 시간을 잃게 된다. 특히 미래의 불안에 대한 직관은 사람들이 심리적 안정감을 회복하도록 비생산적인 수단을 제공하는 강경 우파적이고 권위주의적인 메시지에 이끌리게 만들 수 있다. 그러한 정치와 무관한 사람들이 난기류에 직면하여 안전과 목적에 대한 대화에 참여하지 않는다면, 그것은 거대한 정치적 패착이 될 수 있다(Bendell 2020; 9장).

이것은 왜 붕괴 문제에 관하여 일반 대중에게 다가가야 하는 때인지에 대한 또 다른 주장과 관련이 있다. 여러 국가의 군대가 기후변화가 사회와 세계 경제를 어떻게 혼란에 빠뜨릴지 예상했다는 증거가 있다. 펜타곤과 미 해군은 잘 알려진 사례다(Ahmed 2019). 그들이 이런 상황이 다가오고 있다는 것을 알았다면, 다른 정부의 다른 부서들도 무언가 알고 있을까? 매스미디어의 시선과 시민사회 안의 정상적인 토론 과정들 바깥에서 그들은 무엇을 토론하고 결정했을까? 그것이 우리가 이해하지 못하는 방식으로 현재의 정치적 조류들에 어떤 영향을 미칠 수 있을까? 음모 이론의 영역으로 넘어가는 대신에 할 수 있는 더 간단하고 실용적인 대응책이 있다. 대중적 영역에서 붕괴 준비에 대한 논의를 정상화하는 것이다.

더 많은 아웃리치를 반대하는 한 가지 주장은 현대성과 통제라는 이데올로기 내에서 환경 커뮤니케이션의 공적인 역할을 하고 있는 사람들에게서 더 많은 비판을 불러오리라는 것이다. 즉 그들은 (5장과 6장에서 설명한 바처럼) 붕괴 예상을 좋아하지 않는다는 이야기다. 그것이 문제가 될 수 있는 이유는 심층적응 활동에 참여하는 사람들이 완전히 새로운 것을 구현하고 표현하기보다는, 그 패러다임 내에 존재하는 사람들의 생각과 의사소통 방식에 개입하는 데 많은 시간을 소모할 할 수 있음을 의미하기 때문이다.

그러나 그 둘은 상호 배타적일까? 우리의 에토스를 유지하고 심층적응의 핵심 작업을 흐트러뜨리지 않는 방식으로 비평가와 일반 대중을 참여시킬 수도 있지 않을까? 만약 우리가 대중적 소통을 외면한다면, 공황 상태에 빠진 그리고 공격적인 비판의 순간이 더 많이 포함될 우리 시대의 완전한 어려움을 견디는 것보다 더 쉬운 삶을 누릴 수 있을까?

새로운 아웃리치를 한다면, 공격을 받을 때조차도 부드러움을 유지하는 것이 중요할 것이다. 또한 정신 건강 전문가의 조언과 피드백, 그리고 대중이 사람들과 연결되어 반응을 함께 표현하고 탐색할 수 있는 수단을 미디어에 요청할 수 있다면 가장 좋을 것이다. 뿐만 아니라 모든 DA 자원활동 그룹들이 어떤 비상 상황에서든 사람들을 정신 건강 지원 서비스로 안내할 준비가 되어 있을 것이다. 누군가가 기후에 관련한 아웃리치를 하기로 선택하든 말든, 사회 속에서 불안은 증폭될 가능성이 있고, 따라서 심층적응 그룹들이 사회에 정신 건강을 지지할 수 있는 보완 수단을 제공할 수 있을 것이다(4장, Bendell 2019).

우리의 결론은 DA에 대해 접하도록 더 많은 청중을 찾아야 할 때라는 것이다. 그리고 이것이 우리가 이 책을 펴낸 한 이유이기도 하다. "이런 문명은 끝났다"라며 대중에게 다가간 루퍼트의 경험이 긍정적인 균형 추가 되어주었다. 그는 붕괴 없이 종결에 다가갈 수 있는 유일한 잠정적 경로는 매우 깊은 변형을 통해서 찾아질 것이라고 생각했다. 그리고 이 변형은 반대편 어딘가에서 출현하여 도저히 *지금 같은 문명*이라고 할 수 없는 모습일 거라고 생각하며 대중에게 다가섰다. 처음에 루퍼트는 적대감과 사기 저하 같은 반응을 우려하여 자신의 논문을 공개하지 않으려 했다. 실제로 반응은 그가 전에 했던 그 어떤 말에 대해서보다 강렬했다. 루퍼트는 DA가 붕괴가 불가피하다는 단정 없이 소통된다면, 그래서 광범한 교파 접근이 유지되고 심화된다면 반발을 덜 경험할 것이라고 생각한다.

하지만 원래의 DA 논문은 붕괴가 불가피하다고 결론 내렸음이 인지될 수 있고, 그것이 이 논문이 가진 매우 커다란 영향력의 일부였다 (그래서 이 책까지 나왔다). 젬은 특히 수백만 명의 사람들이 이미 붕괴의 형태를 경험하고 있는 때에, 사회 붕괴가 불가피하다는 결론을 커뮤니케이션 문제 때문에 사람들이 단념하게 해서는 안 된다고 믿는다. 그는 사회 붕괴가 거의 확실하거나 불가피하다고 결론짓는 많은 사람들이 그 문제를 일상 경험에서 피할 수 없게 되며 따라서 그들의 삶, 신념, 정치 등에 담긴 의미를 탐구하는 것을 더 이상 미루지 않게 됨을 의미한다고 지적한다. 그러나 그는 루퍼트와 마찬가지로, 어느 수준에서든 붕괴를 예상하는 모든 사람들을 위해 DA라는 틀과 커뮤니티의 유용성을 알린다. 이것은 매우 중요하다. 우리가 공유하는 요점은 단순히 사고중지thought-stopper를 넘어서 붕괴의 현실을 대면하는 것이다. 붕괴를 심각하게 받아들이는 것이 전환점이 된다.

더 많은 정의를 찾기?

이렇게 묻는 사람들이 있다. 붕괴 예측에 관여하는 사람들은 일반적으로 다른 이들이 현재에 겪고 있는 경험보다 그들 자신의 취약성과 미래에서의 생존에 초점을 맞추는지 말이다(6장). 이전에 붕괴를 예상했던 가정과 공동체들에 관하여 언론에 전해진 많은 이야기는, 그들이 전력망 독립생활이든 개인 보안에 대한 우려든 간에, 초국지적hyperlocal 회복력에 초점을 맞추고 있음을 시사하는 것으로 보인다. 이는 식재료 기르기와 사냥을 배우는 '프레퍼prepper'의 이미지다. 이것이 붕괴를 예상하는 사람들의 다양성에 대한 정확한 초상인지 우리가 뭐라 말하기는 어렵다. 수십 년 동안 전환마을 운동은 사회 붕괴를 준비하는 사람들을 참여시켰지만, 그들의 야채 주말농장과 뜨개질 클럽은 아마도 총을 쏘는 프레퍼보다는 덜 '미디어 친화적'일 것이다(12장). 그렇다면 심층적응과 거기에 참여하는 사람들은 어떨까? 그 개념과 성장하는 운동은 확실히 우리의 곤경에 대한 사랑의 반응을 가능하게 하고 구현하는 것과 관계있다. 그렇다면 이는 범죄와 내전에 스스로를 대비하는 프레퍼들의 이미지에 대한 평화 운동적 대안이다(8장).

이러한 방식으로 DA를 요약한다고 해서 우리가 범죄 증가를 예상하는 '프레핑'의 모든 노력을 폄하하려는 것은 아니다. 또한 식량과 의약품, 기타 필수품을 더 많이 획득해두려는 실천을 무시하지도 않는다. 그러나 우리 경험에 따르면, 이런 일들을 수행하는 것의 가장 유익한 효과 중 하나는, 특히 그러한 노력이 주로 개별적인 한, 가능한 붕괴를 '준비'하려는 많은 가능한 노력이 얼마나 상대적으로 무익한지 분명히 하는 경향이 있다는 것이다. 이는 선도자로서, 작게는 가까운 곳에 사는 다른 사람들과 *더불어* 충격에서 살아남을 수 있는 것의 중요성을 직관적으로 보여준다. 따라서 누군가 추가 식량을 가져오면 다른 사람들도 그렇게 하도록 격려하여 그들을 *위해* 일부를 가져오도록 해야 한다. 하지만 그러한 활동이 전체 공동체가 (적어도) 더 회복력이 있도록 돕기 위한 더 많은 집단행동을 대체할 수 없다는 점을 인정한다. 루퍼트의 경우, 이러한 방식으로 약간의 준비를 하는 것이 잠재적 붕괴에 대해 준비를 시작하려는 그의 노력이 얼마나 진지한 것인지를 사람들이 이해하는 데 도움이 된다는 것을 발견했다. 행동은 말만 하는 것보다 전달력이 더 크다.

이러한 종류의 고려는 도덕적 또는 정치적 요구뿐만 아니라 실용적인 필요성으로서, 정의 문제에 대한 기본적인 인식을 이미 북돋고 있다. 우리 대부분은 코로나-19 팬데믹의 초기 단계에서 이 문제와 관련하여 몇 가지 경험이 있다. 영국에서는 많은 패닉 사재기가 있었다(롤 화장지가 가장 잘 알려진 경우지만 파스타, 쌀 등은 더 두드러진다). 식료품상들은 기본적인 형태의 배급을 시작했고, 식품에 대한 접근의 공정성에 대한 대중의 호소가 있었고 일부는 주의를 기울였다. 불운하게도, 제대로 된 형태의 식량 배급이 이러한 맥락에서 바람직한지는, 수입하지 않은 식품들의 이용 비중 증가와 함께, 결코 대중적 논쟁에 이르지 못했다. 그러나 우리는 2020년 봄에 공유된 취약성 경험이 붕괴 인식과 붕괴 준비의 시작 단계에 지속적으로 긍정적인 결과를 가져올 수 있다고 생각한다(Read 2020c). 그런지 아닌지는 우리가 다가가고 있는 어려운 시대에 심층적응이 현명하고 유용한 '보험 정책'으로 이해될 수 있는지에 달려있다.

이 논의가 앞서의 대중적 아웃리치와 어떻게 연관되는지는 분명하다. '붕괴'가 단순히 개념의 영역이 아니라 실제 세계에서 어떤 어려운 경험 (현재의, 임박한 또는 잠재적인)에 붙여진 이름이라면 사람들이 그것에 대해 의

사소통하는 것이 좋은지 여부를 논하는 것은 유아론의 한 형태에 불과할 수 있다. 그 대신 우리의 임무는 폭력적이거나 배제적인 접근을 억제하고 보다 친절하고 현명하며 책임감 있는 대응을 장려하는 방식으로 상황을 이해하는 방법을 찾는 것일 수 있다.

심층적응의 대화와 계획이 불확실한 미래로부터 자신을 보호하려는 사람들의 이해할 수 있는 욕구에 더 적절한 것인지에 대한 흥미로운 질문이 있다. 만약 적절한 것이라면, 잠재적인 사회 붕괴에 대한 순전히 방어적인 접근 방식을 더 현명하고 친절한 접근 방식으로 바꾸는 데에 DA 의제의 전망이 더 강해질 수 있다. 거시적 수준과 미시적 수준 모두에서 보살핌이 크게 증가한 것은 2020년 코로나-19 비극의 고무적인 측면이었고, 이를 통해 배우고 기반으로 삼을 수 있다. 이러한 발전 없이는, 즉 DA와 개인/이웃의 실질적인 회복력 사이의 잠재적 연결 없이는 DA가 특정 중산층 '계토'로 제한되고 어려운 시기에 대부분의 사람들의 마음과 관련이 없게 될 위험이 있다. 스스로 자신의 식량을 재배하고 국가 또는 비국가 행위자에 의한 폭력적인 몰수로부터 토지와 식량을 보호하려는 사람들에게 눈살을 찌푸리는 것은 심층적응 의제의 잠재적 매력과 적절성을 제한할 수도 있다.

분명히 신중함뿐만 아니라 정의에 대한 질문이 이 모든 대화를 관통한다. 2020년대에 기후와 생태 위기가 필연적으로 악화됨에 따라, 사회가 불가피하게 직면한 실존적 위험에 대해 더 많은 계획을 세우게 됨에 따라, 두려움에 기반하여 생존에 몰두하면서 다른 모든 것을 밀어내는 것을 방지하기 위해 이러한 질문을 계속 유지하는 것이 매우 중요하다. 우리는 여기서 논의되는 어려운 문제들이 앞으로 연구와 실생활 모두에서 추구되기를 희망한다.

우리가 이런 희망을 부분적으로 품는 이유는, 이러한 모든 의도와 가치를 염두에 두더라도, 누군가는 DA 분야의 현재 토론과 이니셔티브가 사람들이 현재 겪고 있는 붕괴 경험과 현 체제에 의해 초래되는 계속되는 위해보다 미래의 붕괴 예상에 너무 초점을 맞추고 있는 게 아닌지 의문을 가질 수 있기 때문이다(6장). 현 체제의 불평등, 빈곤, 열악한 정신 건강, 동물의 고통, 독성 오염과 서식지 파괴가 양산되는 것을 볼 때 미래의 추세와 가능성에 초점을 맞추지 않더라도 비판하고 도전하기에 충분하다고 주장하는 사람들이 있을 수 있다. 많은 사람들과 다른 형태의 생명에게 붕괴는, 이 책을 읽는 대부분의 사람들이 혜택을 받는 사회가 지속하면서 직접 겪고 있는 현재의 경험이다. 그들은 고강도 혼란과 더불어 정의와 치유를 위한 투쟁을 경험하고 있다. DA 네트워크의 일부 사람들은 환경 파괴로 더욱 가능성이 커진 산불, 폭풍 피해, 생활비 상승 그리고 전염병의 영향으로 심각한 영향을 받았다는 점에 유의하는 것이 중요하다. 어떤 경우에는 그것이 그들이 참여한 이유이기도 하다.

그러나 대부분의 사람들은 아직 기후 파괴의 극심한 영향을 경험하지 않고 있다. 이는 DA에 대한 그들의 참여가 공모를 줄이거나 시스템에 도전하거나 인도적 행동을 지원함으로써 극심한 고통을 줄이는 방식으로 사람들을 변화시킬 수 있는지 여부에 대한 문제로 이어진다. DA 분야 내에서 역할을 가진 몇몇 사람들은 그러한 대응을 촉진하고 있다. 그러나 그게 현대 소비사회에서 중간계급인 경향이 있는, 이 논의에 참여하는 사람들의 주요 초점은 아닐 것이다. 그럼에도 우리의 현재 생활방식에서 일상적인 고통과 부당함을 줄이는 동시에 다가오고 있거나 잠재적인 사회 붕괴에 대비하는 것은 가능하다. 마지막 장에서 분명히 밝혔듯이 이 문제는 극복할 수 없는 장벽이기보다는 강조되어야 할 문제다.

관련된 한 가지 문제는 현재 DA에 관여하는 사람들의 제한된 다양성이다. 이 개념이 영국에서 영어로 출판되었고 주요 네트워크들이 영어로 이루어지는 만큼 백인이 압도적이라고 예상할 수 있다. 하지만 이는 DA 주변에서 부상하는 공동체들이 흑인, 원주민 및 유색인종^{BIPOC}에게 환영받지 못하는 방식으로 운영될 수 있음을 의미한다. 예를 들어 슬픔, 사랑, 지혜에 대한 강조 중 일부는 다소 자기만족적으로 보일 수 있으며, 공모, 책임, 정의, 배상과 치유 같은 문제들을 경시할 수 있다. 그들은 이것을 (6장에서 논의된 것처럼) 덜 억압받거나 억압에 관심이 적은 사람들에게 매력적으로 다가가기 위해 주제를 비정치화하는 수단이라고 볼 수 있다.

우리가 보기에 다양성의 또 다른 중요한 측면은 국가 내의 그리고 국가 사이의 경제적 계급이다. 많은 사람들은 생계를 꾸리기도 어렵고 그래서 공공 문제에 대한 토론에 참여하거나 자원 봉사를 할 여가 시간이 거의 없다는 것을 알게 된다. 이러한 상황은 코로나 사태 이후 경기 침체를 포함하여 많은 국가에서 임금 및 노동 조건이 하락함에 따라 더욱 악화되고 있다. 붕괴를 예상하는 일에 참여하는 것이 이 사람들에게 도움이 되어야 할까? 만약 그렇다면 어떻게 가능할까? DA 운동과 사람들이 현재 잘 대표되지 않는 사람들을 참여시키기 위해 보다 적극적으로 노력해야 하는지, 아니면 다른 틀과 실천들을 보완해야 하는지 여부는 토론에 열려 있는 문제다. 서로 다른 국가와 문화마다 각자 고유한 개념, 문구 그리고 토론의 장소가 있을 것이다. 예를 들어 프랑스어를 사용하는 세계에서 collapsologie는 학문 분야로 개발되었지만 학계 바깥의 '청중'에 대한 개방성이 내재되어 있다(3장).

이러한 문제들은 모두 DA가 어느 정도나 사회의 권력 관계를 변화시키려는 새로운 사회 운동이 될 수 있거나 되어야 하는지에 대한 보다 넓은 질문과 관련이 있다. 일부는 그러한 의제에 대해 명확한 입장을 갖지 않는 DA 참가자를 비판한다. 그렇게 하지 않는 이유 중 일부는 위에서 설명한, 대중적 아웃리치에 관한 이전부터 이어져 온 거리낌 때문이다. 그러나 아마도 그 이유는 우리가 주장했듯이, 덜 두드러지거나 유효하지 않게 되고 있다. 또 하나의 이유는 초기 초점의 대부분이 붕괴를 예상하는 사람들을 위한 내부 변화와 개발 지원 시스템에 두어졌기 때문이며, 그것은 지속되어야 할 것 같다. 세 번째 이유는 기후에 대한 정치적 행동에 관한 추동력 대부분이 비슷한 시기에 출범된 XR을 향해서 그리고 그것을 통해서 전달되었기 때문이다.

그러나 XR은 여론의 분위기를 바꾸는 놀라운 성공에도 불구하고, 실제 기후변화를 악화시키는 것을 막는 더 중요한 문제에 대해서는 크게 개입하지 않았다. 우리의 견해는 이제 XR이 '완화'(즉, 온실 가스 감축)뿐만 아니라, 변형적인 그리고 심층적인 적응에 초점을 두는 의제를 수용하는 것이 합리적이라는 것이다. 그 반대도 적용된다. 적응 운동은 우리가 접어들고 있는 기나긴 투쟁과 재구성을 인정해야 하며, 그것이 지닌 힘을 부끄러워 할 게 아니다. 다시 말해, XR이 적응을 향해 움직여야 한다면 적응도 XR 같은 것으로 향해, 그리고 경우에 따라서 실제로 전통적 정치의 영역으로 나아가는 것에 대해 생각해야만 한다(11장).

지역과 국가, 국제 정부를 통한 집단적 행동이 기후 붕괴로 인한 피해를 줄이는 데 본질적이라는 점을 감안할 때, 심층적응에서 나오는 정치적 의제의 부재는 미래의 비판, 토론 및 새로운 기획과 실천의 이유가 될 것이다. 그럼에도 루퍼트가 11장에서 지적했듯이, 무언가가 '본질적'이라고 말하는 것은 우리의 완전히 불완전한 정치 세계에서 그것이 일어날 것이라는 의미는 아니다(Read 2020d). 아마도 그 필요성은 DA의 일부로서 보다 정의로운 세상, 즉 에너지 감소와 더불어 생존형 배출과 사치형 배출을 구분하는 세상이 어떤 모습일지 분명히 하고 일하는 것일 테며, 그러나 그런 세상을 구현하는 것이 실제로 실현 가능하다는 가정 없이 그래야 할 것이다.

붕괴에 대한 예상이 정치적 의제를 생산하고 캠페인을 일으킨다면, 영향력 있고 정당한 동맹을 어디에서 발견할 수 있을지에 진지한 주의를 기울여야 한다. 우리 자신의 경력과 관심에서 알 수 있듯이 DA는 환경 운동에서 생겨났지만, 환경 운동이 덜 나쁜 기후를 위한 기회를 인류에게 제공하고 또한 더 커지는 곤란에 적응하도록, 우리 전체 시스템에 지금 요구되는 혁명적 변화를 추동할 최적의 자원이 될지는 불확실하다. 정치적 동맹이 어디에서 나타날 수 있는지 확인하기 위해서는 모든 종류의 사람과 조직과 더 폭넓게 대화하는 것이 중요하다.

보다 명확하게 통합하기?

세 번째 중요한 논의 주제는 DA에 관여하는 많은 사람들이 DA를 주류 기후변화 적응[CCA] 및 '변형적 적응'의 그 하위 분야와 별개의 분야로 취급해 왔다는 것이다. 인간이 불러온 기후변화로 인한 교란을 줄이기 위해 관행의 변화를 가능하게 하는 연구와 정책들이 수십 년간 만들어져 왔다.[*] 관행의 변화에는 농업용 관개, 새로운 해상 방어, 폭풍우에 견디는 건물 등이 포함된다(Few et al. 2017). 이런 영역에 관련된 일부 사람

---

[*] 예를 들어 변형적 적응 연구 연맹(Transformative Adaptation Research Alliance)을 보라. https://research.csiro. au/tara/core-concepts/ and https://research.csiro.au/tara/people/. 다음도 보라. Foster (2019).

들은 DA의 붕괴 대비 측면이 이러한 상대적으로 주류적인 적응 접근 방식에 대한 국제 및 국가 정책 프로세스 내에서 청중을 찾을 수 있으리라고 말한다. 재난 위험 감소와 인도적 구호 제공을 위한 준비 영역에서도 연결이 있을 수 있다. DA 아이디어와 실천이 이러한 기존 분야들과 연결될 수 있다면 교육과 같은 분야에서 아이디어를 주류화 할 수 있는 더 많은 기회가 생길 수 있다(10장).

반대 견해는 주류적 적응 접근법이 피상적이거나 얄팍한 것임을 인정한다면, DA의 개념은 그것과 구별되고 또 그에 대한 비판으로서 정의된다는 것이다. 주류 적응 분야는 위험한 기후변화와 그에 따른 직간접 영향이 불러오는 심각한 혼란 대응에 기여할 수는 있지만 산업소비사회를 유지한다는 목표를 전제하는 만큼 역효과를 내는 것으로 간주될 수 있다. DA 운동의 사람, 아이디어 및 실천이 주류 적응의 맥락에 통합되기 시작하면, 그들의 활력과 풍부한 상상력을 잃게 만들 수도 있다. 더 나쁜 것은, 그것이 대부분의 주류 환경주의가 지닌 생태중심주의적 이데올로기와의 타협으로 귀결되어 급진적인 정치적 의제의 주변화를 초래할 수 있다는 점이다.

미래에는 아이디어와 접근 방식들의 일정한 혼합이 나타날 것으로 보이며, 그 함의는 더 많은 사회가 심각하게 혼란에 빠지기 전에 우리가 얼마나 많은 시간을 가질 수 있는지에 달려 있을 것이다. 우리 두 사람이 수렴하고 있는 관점은 DA와 이른바 '변형적 적응' 사이의 수렴에 좋은 근거가 있다는 것이다. 과거에 루퍼트는 '변형적'이라는 용어에 합당하게 만들 수 있는 변형적 적응의 측면들을 분명히 정리했다.[*] 그것은

---

[*] 변형적 적응은 학계와 유엔을 배경으로 한 개념이다. 예를 들어 개요로 다음을 참조하라. Fedele et al. (2019). 이는 루퍼트와 그린 하우스에 의해 더 심화 발전되고 얼마간 '급진화'되어 그 이름에 부합한다. Read (2021)도 보라.

자연을 거스르지 않고 자연과 함께 작용하는 동시에 완화하는 적응으로 이해되어야 한다(예: 강력한 홍수 방어 시설을 구축하기보다는 습지와 맹그로브 숲을 복원하기). 이는 우리가 필요로 하고 원하는 변화된 사회를 어떻게든 공동으로 만들려는 적응이어야 한다. 그것은 또한 정부가 대부분 그러하듯이 이행하지 못하는 데에도 이행해달라고 요청하는 것이 아니라, 스스로 조직화하는 방법일 수도 있다. 그런 다음/그러므로 우리가 스스로 하는 것이다(필요한 경우에는 잠재적으로 비폭력 직접 행동/시민 불복종을 동원할 수 있다). 이는 DA와 겹치는 면을 명확하고 깊이 있게 만드는 데 도움이 된다. 루퍼트에게 변형적 적응은 붕괴 가능성이 있지만 확실하지 않다는 느낌에서 비롯된다. 젬에게 심층적응은 이제 붕괴가 확실하다는 느낌에서 나온다. 이런 불일치 때문에 지금 실현 가능한 생산적인 합류를 부정할 필요는 없다. 우리의 공동 미래 연구 의제의 일부는 이 책을 기점으로 이후에 정확히 어떻게 변형적이고 심층적인 적응이 구성되고 발전될 수 있는지 탐구할 것이다.

보다 정확한 붕괴 지도 그리기?

일부 독자는 '붕괴'가 정확히 무엇을 의미하는지에 대해 더 큰 명확성을 원할 수 있다. 따라서 DA 분야에 관련된 일부 사람들에게 네 번째 논의 주제가 되는 것은 기후 쇠퇴와 붕괴의 메커니즘 또는 단계에 더하여, 사회 붕괴의 무수한 동인들에 대한 충분한 지도 그리기가 되어 있지 않다는 것이다. 이 주장의 한 부분은 사람들이 더 자신 있게 참여하고 다른 사람들의 말을 들을 수 있도록 하려면 붕괴가 더 제대로 이해되어야 한다는 것이다. 주장의 또 다른 부분은 붕괴 압력과 과정들에 대한 보다 상세한 지도 그리기를 통해 대중들과 정책가들이 이 과정을 늦추고 피해를 줄이며 다음에 일어날 일에 대비하는 방법에 대해 더 잘 결정할 수 있으리라는 것이다.

붕괴 과정에 대한 더 많은 정보는 사람들에게 도움이 될 것으로 보이고, 따라서 DA 운동에 더 많은 '붕괴학'을 접목하는 것은 중요해 보인다(3장). 그것은 쇠퇴하는 사회가 대처해야 할 잠재적으로 골치 아픈 유산인 핵 발전(및 무기)에 대한 최선의 접근 방식이 무엇인지와 같은, 보다 구체적인 정책 토론들이 나타날 것임을 의미할 테다. 즉, (대부분의 축산업을 포함하지만 이에 국한되지 않는) 산업형 농업을 어떻게 할 것인가, 지구공학의 형태들을 어떻게 개발, 관리 또는 방지할 것인가(Paul and Read 2019), 은행과 금융을 어떻게 변화시킬 것인가(Bendell and Greco 2013), 그리고 외교 정책의 미래는 어떠할까 등이 될 수 있다. 그것은 또한 일반 대중과 정책가들이 헤지펀드, 보험회사 및 기타 금융기관이 그들의 우수한 위험 평가를 가지고 어떻게 계획을 하게 될 것인지를 이해하는 데 더 많은 지식을 갖게 될 것이며(Aronoff 2020), 그리하여 그런 기관들에게 받는 도움이 되지 않는 압력들에 보다 잘 대응하게 될 것임을 의미한다. 이런 강화된 전문 지식은 또한 DA를 정치적 영향력을 추구하는 사회 운동으로 발전시키기 위한 모든 기획들에 더 나은 정보를 제공할 것이다.

보다 정확한 붕괴의 지도 그리기 작업은 '붕괴'라는 용어를 사용하는 것이 도움이 되지 않을 수 있다는 일부 사람들의 비판에 대응하는 데 도움이 될 수 있다. 그들은 많은 사람들이 '붕괴'를 완전하고 갑작스러운 것으로 간주하기 때문에, 더 세분화된 방식으로 완화하는 방법이나 이미 붕괴가 어떤 형태로 진행되고 있는지 생각하지 않는다는 점을 지적한다. 그래서 어떤 사람들은 '작동 불능breakdown'이라는 용어가 총체적이고 영구적인 상황이라는 느낌이 덜하기 때문에 더 적합할 수 있다고 주장한다. 그러나 '작동 불능'이라는 용어는 상황이 해결되어 이전의 시스템을 복구할 수 있음을 의미할 수 있다. 우리 두 사람 다 금융과 산업, 정부 시스템이 지금처럼 작동하는 미래를 생각할 수 없기 때문에 '붕괴'와 '변형'이라는 용어가 우리의 논의에 더 적절해 보인다.

아마도, 예컨대 시나리오(매우 끔찍하거나 보다 '희망적인' 시나리오를 포함하여)의 개발처럼, 기후가 다른 스트레스 요인들을 증폭하는 방식과 그것들이 사회에서 느껴지는 방식들에 대한 더 많은 지도 그리기는 도움이 될 것이다. 이 문제는 전 세계 사회 안에서 이미 일어나고 있는 다양한 단절들에 대해 이해한다는 것의 본질이 무엇인가와 관련된다. 코로나바이러스 및 기타 전염병/팬데믹의 발생은 자본주의가 일으킨 서식지 파괴와 동물 학대, 인위적 기후변화로 인해 발생하거나 악화되며(Kishan 2020) (그리고 주요 슈퍼 전파자인 제트기에 의해 매개되며), 코로나-19 팬데믹은 일부 공동체와 수백만 가계의 생계를 일시적으로 반붕괴 상태에 이르게 했음이 분명하다. 하지만 이것은 아직 생태계 교란의 결과임이 충분히 이해되지 않고 있다(Read 2020e). 이는 우리 모두가 변화를 위해 더욱 노력해야 하는 상황임을 보여준다. 이러한 이해 확장은 말 그대로 앞으로 수십 년 동안 인류에게 닥칠 타격을 완화하는 데 핵심적이다(5장과 7장).

틀이 가져다주는 안정성을 피하기?

토론이 필요하며 불일치가 확인되는 다섯 번째 주제는 앞의 두 가지와 정반대의 것이다. 이는 소유적 근대성이라는 논란 많은 문화에 대한 우리의 심리적, 정서적 애착이 생물권 파괴의 매우 깊은 원인이라는 생각에서 비롯된다(5, 6, 7장). 우리는 자연 세계와 그리고 우리 서로가 분리된 삶을 경험하는 종이 되었고, 이로 인해 깊고 억압된 두려움이 발생하며 그것이 다양한 가정과 행동에 영향을 미친다는 것이다. 우리로 하여금 근대성, 식민주의, 가부장제, 경제적 착취 등 문제가 되는 측면들을 유지하도록 만드는 더 깊은 심리적 과정에 관한 이러한 관점은 널리 이해되는 것은 아니다. 하지만 현 시스템과 문화에 아무런 질문을 던지지 않는 과거의 충성심에 절망하면서도 그것에 균열을 내려고 하는 많은 사람들이 어떤 식으로든 감지하고 있는 것이다. 이러한 관점은 개인의 정체성 붕괴와 재구성 과정을 어떤 손쉬운 방법으로 이루려고 하는 것이 사람들을 위한 프로세스를 손상할 수 있음을 시사한다. 따라서 붕괴 예측에 토론을 위한 용어와 틀(4R 포함)을 제공하는 것은 사람들에게 확실함이라는 잘못된 감각을 갖게 만들 수 있다. 그래서 사람들이 자신의 지식과 정체성을 해체하고 재구성하지 않으려 할 수 있다. 이는 우리가 정확한 사실, 모델, 가치 및 신념의 관점에서 '정답'을 아는 것이 보다 좋다고 느끼도록 만드는 문화에서 훈육 받아왔기 때문이다. 그러한 욕망은 분리된 세계라는 조망에서 일어나는 불안한 자아라는 느낌과 관련이 있다(7장).

다른 한편, 이 분야에서 명성이 있다는 것은 하늘의 연과 같이 사람들이 쳐다보고 방향을 잡고, 다른 사람을 만나고 서로를 지지하고 아이디어를 논의할 수 있는 기준이 된다는 이점이 있다. 이 틀은 의도적으로 답이 없는 네 가지 질문의 집합이며, 이를 통해 공간을 유동적이고 창발적으로 유지해 준다. 그러나 '입소문이 난' 이름과 틀의 문제점은 일부 사람들이 심층적응을 감성적인 울림을 주는 브랜드로 생각하며 그래서 잘못된 이유(인기!)로 매력이 있을 수 있다고 생각한다는 것이다. 어떤 사람들은 사회와 환경에 대한 최신 아이디어와 토론에 함께하고 싶다는 이유만으로 참여할 수도 있다. 그런 만큼, 그들은 어떻게 이 '브랜드'를 키우고 유지하고 가공할 것인가 하는 데에 무용한 에너지와 관심을 쏟을 수 있으며 그래서 더 많은 사람들이 참여할 수 있지만 더 소수의 사람들은 세상으로 이런 대화가 퍼져나가는 것에 분개할 수도 있다. 이 지점에서, 우리는 단지 경계를 촉구할 뿐이다. 광범하게 철학적인 태도가 존재하는 한, 우리는 어떤 교리를 강요하기보다는 지금 대략적인 어떤 틀이 있는 것이 없는 것보다 낫다고 충분히 확신한다.

더 긍정적이 되라고?

여기에서 설명하고자 하는 불일치 및 토론의 여섯 번째이자 마지막 주제는 매우 광범위하다. 일부 사람들이 DA 개념과 그 참가자들이 '더 긍정적'일 수 있고 또 그래야 한다고 제안한다는 것이다. 현재 DA에 대한 논의가 일어나는 방식은 사회가 붕괴하는 동안과 이후에 어떤 일이 발생하는지에 대한 어떤 불가지론을 수반한다. 아마도 새로운 생태 문명을 위한 기회가 있을지 모르지만, 그러나 아마도 없을 수도 있다. 현재 DA 개념 및 공간의 에토스는 이 주제에 대한 사람들 자신의 탐색을 식민지화하지 않고 '무지'를 환영하는 것이다(그리고 이러한 방식으로 우리는 바로 위에서 탐색한 틀에 대한 경계에 공감한다.). 그 이유는 부분적으로는 DA 에토스의 주요 측면이 특정한 결과를 기대하지 않고 우리의 곤경에 대한 애정 있는 응답을 가능하게 하고 구현하기 위한 동기를 찾는 것이기 때문이다(9장).

우리는 이미 이와 관련하여 우리 둘 사이의 차이점을 언급했다. 루퍼트는 우리의 독성 문명을 끝내는 비붕괴적인, 비-다중적-대량사망non-multiple-megadeath 방식을 배제하지 않는다(Read and Alexander 2019). 그는 붕괴가 올지 안 올지 전혀 알지 못한다는 것을 강조한다. 그러나 그의 출발점이 젬보다는 인식론적 불확실성의 공간에 보다 더 자리한다는 단지 그 이유 *때문에*, 우리는 불확실성이라는 잠재적 부담을 안으면서, 또는 사람들을 큰 실망이나 번아웃에 다가가게 하면서, 부정적인 것이든 또는 긍정적인 것이든 간에 어떤 특정한 미래 시나리오에 무게를 둘 수는 없다. 우리 두 사람 모두가 가능한 미래 시나리오들(가능한 비-재앙적 미래들을 향하는 현실적 발걸음의 단계들을 상상하게 해주는 것들을 포함하는)을 탐색하고 개발할 충분한 가치가 있음에 강력히 동의하지만 그러하다. 더욱이 우리는 확고하게 '긍정적'이지 않은 비전은 지지와 견인력을 얻을 수 없다는 널리 퍼진 처방전은 효력이 없는 것으로 입증되었다고 확신한다. 지난 몇 년 사이 우리의 출판물들이 일으킨 반향이나, 이름 자체가 악몽을 포함하는 꿈은 실패할 수밖에 없다고 주장해온 이들을 정면으로 타격하는 조직인 멸종반란이라는 현상을 보라.

따라서 우리는 '더 나은' 세계에 대한 특정한 비전을 공표하는 것이 필요하거나, 심지어 진정으로 가능하거나, 심지어 도움이 된다는 확신이 없다. 그러나 많은 사람들은 희망찬 미래에 대한 구체적인 비전을 갖지 않는 것에 동의하지 않는다. 어떤 사람들은 종교적 관점 때문에 미래에 대한 실체적인 희망이 있어야 한다고 믿는다. 예를 들어, 일부 기독교인들은 그들의 믿음에 의해 초대받은 희망은 형이상학적이거나 영적인 희망이 아니라 물질적인 희망이라고 생각한다. '긍정적 사고'는 또한 근대성과 '진보'라는 가정의 중심이 되었다(5장). 양자역학에 대한 일부 견해는 그 함의에 대해 오해의 소지가 있는 방식으로 대중문화에 퍼졌다. 특히, 우리의 개인주의적 문화('뉴에이지' 버전을 포함하여)에서는 다른 사람이 무엇을 생각하고 행동하든지 간에 각 개인의 관점과 의도가 어떤 표현된 것의 본모습을 결정한다고 믿는 경우가 흔하다. 또 다른 사람들은 무언가가 표현되려면 우리 모두가 특정한 방식으로 사고해야 한다고 본다. 이 책은 우리가 그러한 마술적 사고의 오류를 설명하는 곳은 아니다. 말하자면, 우리 모두는 항상 나머지 우주와 우리의 현실을 함께 창조하고 있으며, 물질적 표현에 대한 모든 욕망은 합일의 의식보다 분리에서 발생할 가능성이 높으므로 어떤 환영할 만한 효과는 없을 것이다. 우리는 문장이 몇 번이고 다시 읽히고 약간의 토론이 필요할 수 있음을 알고 있다. 그러나 우리는 우리 자신의 목적을 위해 청원하기보다는 신의 뜻과 일치하도록 초대하는 많은 주류 종교의 신비로운 전통과 같은 선상에 있는 것이라고 덧붙이고 싶다(8장).

우리가 제시한 다양한 우려에도 불구하고 일부 비평가들은 여전히 한 개인, 그룹 또는 조직이 세상에서 보고 싶어 하는 것이 무엇인지에 대한 명확한 '필요성'과 '힘'을 주장한다. 우리는 의도를 갖는 것이 때때로 효과를 내는 데 도움이 될 수 있다는 데 동의한다. 그러나 기억하라. 심층적응포럼의 경우, 명시된 목표는 우리의 곤경에 대한 더 애정 어린 반응을 촉진하고 우리가 노력하고자 하는 방식을 구현하는 것이다. 우리 둘에게 그것은 착취적인 식민 가부장적 근대성에 덜 지배되고 불교의 지혜와 대부분의 종교의 신비로운 조류들을 더 환영하는 문화를 구축하는 것이 포함된다. 이 시련의 시기에 생태적 영성이 성장하고(Read 2020f) 엄청난 차이를 만들 수 있는 잠재력이 커지고 있다(Read 2018; Studley 2018).

그러나 관건은 사변적-행동주의적 공식을 통해 '목적만을 취하지end-gaining' 않는 것에 대해 진지해야 한다는 것이다. 다시 말해, 영성을 그저 개인 또는 집단 생존이라는 필사적인 목표를 달성하기 위한 또 다른 도구로서 물질적으로 *이용하는* 것이 아니라, 수용, 포기 그리고 절망에 대해 진지하게 임하는 것이다. 이러한 경험의 더 넓은 구원의 힘은, 만약 그것이 온다면, 바로 그 진정성에서 올 것이다. 절망을 억누르거나 피해가는 것보다 절망을 경험하고 소화하는 것이 자신과 사회에 변화를 일으킬 수 있다. 그 안에 갇히지 않고, *그리고* 희망보다 절망이 바람직한 결과를 보장할 수 있다고 가장하지 않는다면 말이다(Bradbrook and Bendell, 2020).

결론 : 시작의 끝

심층적응 의제에 대한 어떤 사람들의 저항은 그것이 개인의 정체성과 목적에 대한 전제에 도전하고 사실상 생각할 수 없는 것을 숙고하도록 초대하는 것인 만큼 충분히 이해할 수 있다. 자신과 사랑하는 사람의 죽음이 갖는 현실성뿐 아니라 수세기 동안 삶과 죽음이 이해되어 온 문명적 연속성 또는 '성장'이라는 매우 당연하게 여겨진 틀이 의문시되는 것이다.

기후가 악화되고 사회가 더욱 도전에 처하게 됨에 따라 아이디어, 이니셔티브, 혼란 및 반발 모두가 커질 것이다. 사회와 개인의 스트레스가 증가하게 될 것을 감안하면, 이러한 대화에서 우리를 드러내는 방식이 관건이다. 다양한 주제에 대해 열린 마음과 열려 있는 대화를 가능하게 하는 것이 중요할 것이다.

만약 당신이 사회 붕괴에 대한 예상이 잘못되었거나 도움이 되지 않는다고 생각했다면, 당신이 준비가 되었을 때를 위해 우리는 여기서 자리를 지킬 것이다. 우리는 당신이 이 책을 통해 함께하기를 희망하지만, 사회 붕괴에 대한 예상이나 경험에 대응할 수 있는 하나의 올바른 방법은 없으며, 우리가 앞으로 해나가면서 배우고 배우지 말아야 할 많은 것들이 있다.

문화 평론가인 존 마이클 그리어는 청중들에게 "지금 무너지고 있어요. 그러니 서둘러 몰려가지 마세요."라고 했다. 이것은 가장 적절한 종류의 블랙 유머다. 변형적 적응과 심층적응은 전 세계와 모든 사람들을 위한 의제다. 누가 알겠는가? 아마도 우리는 생태적으로 유발되는 붕괴를 무서운 것에서 견딜 수 있는 것으로, 또는 일부 사람들에게는 긍정적인 것으로 바꿀 수 있다. 또는 붕괴학자들이 암시하는 바와 같이, 아마도 붕괴를 피할 수 없는 현실로서 집단적으로 직면하는 것이 역설적으로 그래도 그것을 늦추거나 변형시킬 수 있는 유일한 길일 수 있다(3장). 우리가 확실하게 합의한 한 가지는 의지적인 무지는 더 이상 선택지가 아니라는 것이다. 붕괴의 현실을 직시하는 것은 훌륭하고도 필요한 발걸음이다. 이 어려운 상상과 실천의 여정에 함께해 준 당신께 감사드린다. 이 여정은 나눌수록 더 견디기 쉽고 밝아질 것이다.

참고문헌

여는 글: 지금 한계를 넘어버렸다면, 다음은?

Bendell, J. (2018) 'Deep Adaptation: A Map for Navigating Climate Tragedy'. IFLAS Occasional Paper 2. Available at: http://www.lifeworth.com/deepadaptation.pdf

Bendell, J. (2019) 'Doom and Bloom? Adapting Deeply to Likely Collapse', in C. Farrell, A. Green, S. Knights and W. Skeaping (eds), *This is Not a Drill: Extinction Rebellion Handbook*, 1st edn. London: Penguin Random House.

Bendell, J. and Cave, D. (2020) 'Does Anticipating Societal Collapse Motivate Pro-Social Behaviours?' IFLAS website. Available at: http://iflas.blogspot.com/2020/06/does-anticipating-societal-collapse.html

Bendell, J., Sutherland, N. and Little, R. (2017) 'Beyond Unsustainable Leadership: Critical Social Theory for Sustainable Leadership'. *Sustainability Accounting, Management and Policy Journal 8*(4): 418–44.

Coulter, L., Serrao-Neumann, S. and Coiacetto, E. (2019) 'Climate Change Adaptation Narratives: Linking Climate Knowledge and Future Thinking'. Futures 111: 57–70.

FAO (Food and Agriculture Organization) (2018) *Disasters Causing Billions in Agricultural Losses, with Drought Leading the Way*. Press release, 15 March.

Foster, J. (2015) *After Sustainability*. Abingdon: Earthscan/Routledge.

Foster, J. (ed.) (2019) Post-Sustainability: Tragedy and Transformation. London: Routledge.

Foster, J. et al. (2019) *Facing Up to Climate Reality*. London: London Publishing Partnership/Green House.

Future Earth (2020) 'Our Future on Earth 2020'. Available at: www.futureearth.org/

publications/our-future-on-earth

Gray, J. (2020 'Why This Crisis is a Turning Point in History'. Available at: https://www.newstatesman.com/international/2020/04/why-crisis-turning-point-history

Green, M. (2019) 'Extinction Rebellion: Inside the New Climate Resistance'. *Financial Times Magazine*. Available at: https://www.ft.com/content/9bcb1bf8-5b20-11e9-9dde-7aedca0a081a

Guardian (2020) 'JP Morgan Economists Warn Climate Crisis is Threat to Human Race'. Available at: https://www.thegu ardian.com/environment/2020/feb/21/jp-morgan-economists-warn-climate-cri sis-threat-human-race

Johnson, J. (2019) '"Terrifying" New Climate Models Warn of 6–7°C of Warming by 2100 if Emissions Not Slashed'. Common Dreams. Available at: https://www.commondreams.org/news/2019/09/17/terrifying-new-climate-models-warn-6-7degc-warming-2100-if-emissions-not-slashed

Klein, R. J. T. et al. (2015) 'Adaptation Opportunities, Constraints, and Limits', in C. B. Field (ed.), *Climate Change 2014: Impacts, Adaptation and Vulnerability: Part A: Global and Sectoral Aspects*, 1st edn. New York: Cambridge University Press.

Lenton, T. M. et al. (2019) 'Climate Tipping Points – Too Risky to Bet Against: The Growing Threat of Abrupt and Irreversible Climate Changes Must Compel Political and Economic Action on Emissions'. *Nature* 575: 592–5.

Meadows, D. H., Meadows, D. L., Randers, J. and Behrens, W. W. (1972) The Limits to Growth. New York: Universe Books.

Moses, A. (2020) '"Collapse of Civilisation is the Most Likely Outcome": Top Climate Scientists'. Voice of Action. Available at: https://voiceofaction.org/collapse-of-civilisation-is-the-most-likely-outcometop-climate-scientists/

Nisbet, E. G. et al. (2019) 'Very Strong Atmospheric Methane Growth in the Four Years 2014–2017: Implications for the Paris Agreement'. *Global Biogeochemical Cycles* 33(3): 318–42. Available at: https://doi.org/10.1029/2018GB006009

Read, R. (2020a) 'Theses on the Coronavirus Crisis', in Samuel Alexander (ed.), Extinction Rebellion: Insights from the Inside. Melbourne: Simplicity Institute Publishing. Available at: https://249897.e-junkie.com/product/1668648

Read, R. (2020b) 'The Coronavirus Gives Humanity One Last Chance – but for What Exactly?' Compass online. Available at: https://www.compassonline.org.uk/the-coronavirus-gives-humanity-one-last-chanc e-but-for-what-exactly/

Ripple, W. J., Wolf, C., Newsome, T. M., et al. (2019) 'World Scientists' Warning of a Climate Emergency'. *BioScience* 70(1): 8–12. Available at: https://doi.

org/10.1093/biosci/biz088

Servigne, P. and Stevens, R. (2020) *How Everything Can Collapse*. *Cambridge*: Polity Press.

United Nations (2020) 'Unite Human, Animal and Environmental Health to Prevent the Next Pandemic – UN Report'. Press release, 6 July. Available at: https://www.unenvironment.org/news-and-stories/press-release/unite-human-animal-and-environmental-health-prevent-next-pandemic-un

1부 곤경

1. 기후과학이 곤경에 대해 말해줄 수 있는 것과 없는 것

Anderson, K. (2018) 'World's Richest Must Radically Change Lifestyles to Prevent Global Catastrophe'. *Democracy Now*. Available at: https://www.democracynow.org/2018/12/11/scientist_kev in_and erson worlds_biggest_emitters

Arent, D. J., Tol, R. S. J., Faust, E., et al. (2014) 'Key Economic Sectors and Services', in C. B. Field, V. R. Barros, D. J. Dokken et al. (eds), *Climate Change 2014: Impacts, Adaptation, and Vulnerability. Part A: Global and Sectoral Aspects. Contribution of Working Group II to the Fifth Assessment Report of the Intergovernmental Panel on Climate Change*. Cambridge: Cambridge University Press.

Arrhenius, S. (2009 [1896]) 'On the Influence of Carbonic Acid in the Air upon the Temperature of the Ground'. *Philosophical Magazine* 5:41(251): 273–6. Available at: www.rsc.org/images/Arrhenius1896_tcm18-173546.pdf

Bamber, J. L., Oppenheimer, M., Kopp, R. E., Aspinall, W. P. and Cooke, R. M. (2019) 'Ice Sheet Contributions to Future Sea-Level Rise from Structured Expert Judgment'. *Proceedings of the National Academy of Sciences* 116: 11195–200.

Barbuzano, J. (2019) 'The Little Ice Age Wasn't Global, but Current Climate Change Is'. *EOS* 100. Available at: doi.org/10.1029/2019 EO129331

Betts, R., Jones, C., Jin, Y., et al. (2020) 'Analysis: What Impact Will the Coronavirus Pandemic Have on Atmospheric CO_2?'. *Carbon Brief*. Available at: https://www.carbonbrief.org/analysis-what-impact-will-the-coronavirus-pandemic-have-on-atmospheric-co2

Bjordal, J. Storelvmo, T., Alterskjaer, K. and Carlsen, T. (2020) 'Equilibrium Climate Sensitivity above 5°C Plausible Due to State-Dependent Cloud Feedback'. *Nature*

Geoscience. 13: 718–21.

Brysse, K., Oreskes, N., O'Reilly, J. and Oppenheimer, M. (2013) 'Climate Change Prediction: Erring on the Side of Least Drama?'. *Global Environmental Change* 23: 327–37.

Burke, K. D., Williams, J. W., Chandler, M. A., et al. (2018) 'Pliocene and Eocene Provide Best Analogs for Near-Future Climates'. *Proc. Nat. Acad. Sci.* 115: 13288–93.

Cooper, G. S., Willcock, S. and Dearing, J. A. (2020) 'Regime Shifts Occur Disproportionately Faster in Larger Ecosystems'. *Nature Communications* 11: 1–10.

Díaz, S., Demissew, S., Carabias, J., et al. (2015) 'The IPBES Conceptual Framework – Connecting Nature and People'. *Current Opinion in Environmental Sustainability* 14: 1–16.

Fagan, B. (2004) *The Long Summer: How Climate Changed Civilization*. New York: Basic Books.

Fagan, B. (2008) *The Great Warming: Climate Change and the Rise and Fall of Civilizations*. New York: Bloomsbury Press.

Farand, C. (2018) 'G7 Fossil Fuel Subsidies Worth $100bn a Year to Industry, Study Finds'. *Climate Home News*. Available at: www.clima techangenews. com/2018/06/04/uk-taxpayer-support-fossil-fuel-industry-exposed-ahead-g7

Global Carbon Project (2020) 'Carbon Budget 2020: Carbon Budget and Trends 2020'. Available at: www.globalcarbonproject.org/carbonbudget

Grantham, H. S., Duncan, A., Evans, T. D., et al. (2020). 'Anthropogenic Modification of Forests Means Only 40% of Remaining Forests Have High Ecosystem Integrity'. *Nature Communications* 11: 5978. Available at: doi.org/10.1038/ s41467-020-19493-3

Grégoire, L. J., Payne, A. J. and Valdes, P. J. (2012) 'Deglacial Rapid Sea Level Rises Caused by Ice-sheet Saddle Collapses'. *Nature* 487: 219–22.

Guardian (2020) 'A Warning on Climate and the Risk of Societal Collapse'. Available at: https://www.theguardian.com/environment/2020/dec/06/a-warning-on-climate-and-the-risk-of-societal-collapse

Hansen, J. E. (2007) 'Scientific Reticence and Sea Level Rise'. *Environmental Research Letters* 2, 024002. Available at: iopscience.iop.org/artic le/10.1088/1748-9326/2/2/024002

Hansen, J., Sato, M., Russell, G. and Kharecha, P. (2013) 'Climate Sensitivity, Sea Level and Atmospheric Carbon Dioxide'. *Philosophical Transactions of the Royal Society* A 371(2001): 1–31.

Hoegh-Guldberg, O., Jacob, D., Taylor, M., et al. (2018) 'Impacts of 1.5°C Global Warming on Natural and Human Systems', in V. Masson-Delmotte, P. Zhai, H.-O. Pörtner, et al. (eds), *Global Warming of 1.5°C. An IPCC Special Report on the Impacts of Global Warming of 1.5°C above Pre-industrial Levels and Related Global Greenhouse Gas Emission Pathways, in the Context of Strengthening the Global Response to the Threat of Climate Change, Sustainable Development, and Efforts to Eradicate Poverty.* Cambridge: Cambridge University Press.

Huntingford, C., Williamson, M. and Nijsse, F. (2020) 'CMIP6 climate models imply high committed warming'. *Climatic Change* 162: 1515–1520. Available at: https://link.springer.com/article/10.1007/s10584-020-02849-5

IPCC (International Panel on Climate Change) (2019a) 'Summary for Policymakers', in H.-O. Pörtner, D. C. Roberts, V. Masson-Delmotte, et al. (eds), *IPCC Special Report on the Ocean and Cryosphere in a Changing Climate.* Cambridge: Cambridge University Press.

IPCC (International Panel on Climate Change) (2019b) *Climate Change and Land: An IPCC Special Report on Climate Change, Desertification, Land Degradation, Sustainable Land Management, Food Security, and Greenhouse Gas Fluxes in Terrestrial Ecosystems*, ed. P. R. Shukla, J. Skea, E. Calvo Buendia, et al. Cambridge: Cambridge University Press.

Keene, S. (2020) 'The Appallingly Bad Neoclassical Economics of Climate Change'. *Globalizations.* Available at: https://www.tandfonline.com/doi/full/10.1080/14747731.2020.1807856

Knorr, W. (2019) 'Climate Scientist: Our Profession is Letting Down Humanity – We Must Change the Way We Approach the Climate Crisis'. *The Conversation.* Available at: https://theconversation.com/climate-scientist-our-profession-is-letting-down-humanity-we-mustchange-the-way-we-approach-the-climate-crisis-122479

Kornhuber, K., Coumou, D., Vogel, E., et al. (2019) 'Amplified Rossby Waves Enhance Risk of Concurrent Heatwaves in Major Breadbasket Regions'. *Nature Climate Change* 10: 48–53.

Lee, R. J. (2009) *Climate Change and Armed Conflict: Hot and Cold Wars.* London: Routledge.

Lenton, T. M., Rockström, J., Gaffney, O., et al. (2019) 'Climate Tipping Points – Too

Risky to Bet Against'. *Nature* 575: 592–5.

Le Quéré, C., Jackson, R. B., Jones, M. W., et al. (2020) 'Temporary Reduction in Daily Global CO2 Emissions during the COVID-19 Forced Confinement'. *Nature Climate Change* 10: 647–53.

Lunt, D. J., Foster, G. L., Haywood, A. M. and Stone, E. J. (2008) 'Late Pliocene Greenland Glaciation Controlled by a Decline in Atmospheric CO2 Levels'. *Nature*. 454: 1102–5.

Marcott, S. A., Shakun, J. D., Clark, P. U. and Mix, A. C. (2013) 'A Reconstruction of Regional and Global Temperature for the Past 11,300 Years'. *Science* 339: 1198–1201.

Masson-Delmotte, V., Landais, A., Combourieu-Nebout, N., et al. (2005) 'Rapid Climate Variability during Warm and Cold Periods in Polar Regions and Europe'. *Comptes Rendus Geoscience* 337: 935–46.

Masson-Delmotte, V., Stenni, B., Pol, K., et al. (2010) 'EPICA Dome C Record of Glacial and Interglacial Intensities'. *Quaternary Science Reviews* 29(1–2): 113–28.

Matthews, H. D. and Zickfeld, K. (2012) 'Climate Response to Zeroed Emissions of Greenhouse Gases and Aerosols'. *Nature Climate Change* 2: 338–41.

McLaren, D. and Markusson, N. (2020) 'The Co-evolution of Technological Promises, Modelling, Policies and Climate Change Targets'. *Nature Climate Change* 20: 392–7.

Mendelsohn, R., Morrison, W., Schlesinger, M. E. and Andronova, N. G. (2000) 'Country-Specific Market Impacts of Climate Change'. *Climatic Change* 45: 553–69.

Moses, A. (2020) 'Collapse of Civilisation is the Most Likely Outcome: Top Climate Scientists'. Voice of Action. Available at: https://voiceofaction.org/collapse-of-civilisation-is-the-most-likely-outcometop-climate-scientists/

Myhre, G., Shindell, D., Bréon, F.-M., et al. (2013) 'Anthropogenic and Natural Radiative Forcing', in T. F. Stocker, D. Qin, G.-K. Plattner, et al. (eds), *Climate Change 2013: The Physical Science Basis: Contribution of Working Group I to the Fifth Assessment Report of the Intergovernmental Panel on Climate Change*. Cambridge and New York: Cambridge University Press.

Neukom, R., Steiger, N., Gómez-Navarro, J. J., Wang, J. and Werner, J. P. (2019) 'No Evidence for Globally Coherent Warm and Cold Periods over the Preindustrial Common Era'. *Nature* 571: 550–4.

NOAA (National Oceanic and Atmospheric Administration) (2020a) *Global*

Temperature Time Series. Available at: https://www.ncdc.noaa.gov/cag/global/time-series/globe/land_ocean/ann/2/1880-2020

NOAA (National Oceanic and Atmospheric Administration) (2020b) 'Global Atmospheric CO2'. Available at: https://www.esrl.noaa.gov/gmd/ccgg/trends/global.html

Nordhaus, W. (2018) *Nobel Prize Lecture Slide* 6, Stockholm. Available at: https://www.nobelprize.org/prizes/economic-sciences/2018/nordhaus/lecture/

Nordhaus, W. and Sztorc, P. (2013) DICE 2013R: *Introduction and User's Manual*, 2nd edn. Yale University. Available at: http://www.econ.yale.edu/~nordhaus/homepage/homepage/documents/DICE_Manual_100413r1.pdf

ODI (Overseas Development Institute) (2019) *Are the G7 on Track to Phase Out Fossil Fuel Subsidies by 2025?* Available at: https://www.odi.org/opinion/10482-are-g7-track-phase-out-fossil-fuel-subsidies-2025

Peacock, K. A. (2018) 'A Different Kind of Rigor: What Climate Scientists Can Learn from Emergency Room Doctors'. *Ethics, Policy & Environment* 21: 194–214.

Pagani, M., Liu, Z., LaRiviere, J. and Ravelo, A. C. (2010) 'High Earth-System Climate Sensitivity Determined from Pliocene Carbon Dioxide Concentrations'. *Nature Geoscience* 3: 27–30.

Pagani, M., Zachos, J. C., Freeman, K. H., Tipple, B. and Bohaty, S. (2005) 'Marked Decline in Atmospheric Carbon Dioxide Concentrations During the Paleogene'. *Science* 309: 600–3.

Read, R. (2020) 'Imagining the World after Covid-19'. *ABC Religion and Ethics*. Available at: https://www.abc.net.au/religion/rupert-read-imagining-a-world-after-coronavirus/12380676

Read, R. and Alexander, S. (2019) *This Civilization is Finished*. Melbourne: Simplicity Institute.

Read, R. and O'Riordan, T. (2017a) 'Understanding, Strengthening and Safeguarding the Precautionary Principle'. *APPG Limits to Growth*. Available at: http://limits2growth.org.uk/wp-content/uploads/2017/11/APPG-Briefing-Precautionary-Principle-online.pdf

Read, R. and O'Riordan, T. (2017b) 'The Precautionary Principle Under Fire'. *Environment* 59: 4–15.

Rockström, J. (2015) *Bounding the Planetary Future: Why We Need a Great Transition*. Great Transition Initiative. Available at: https://greattransition.org/publication/bounding-the-planetary-future-why- we-need-a-great-transition

Rogelj, J., Shindell, D., Jiang, K., et al. (2018) 'Mitigation Pathways Compatible with 1.5°C in the Context of Sustainable Development', in V. Masson-Delmotte, P. Zhai, H.-O. Pörtner, et al. (eds), *Global Warming of 1.5°C. An IPCC Special Report on the Impacts of Global Warming of 1.5°C above Pre-industrial levels and Related Global Greenhouse Gas Emission Pathways, in the context of Strengthening the Global Response to the Threat of Climate Change, Sustainable Development, and Efforts to Eradicate Poverty.* Cambridge: Cambridge University Press.

Schmidt, J. (2000) *Disciplined Minds: A Critical Look at Salaried Professionals and the Soul-Battering System that Shapes their Lives.* Oxford: Rowman & Littlefield.

Servigne, P and Stevens, R. (2020) *How Everything Can Collapse.* Cambridge: Polity Press.

Sherwood, S. et al. (2020) 'An Assessment of Earth's Climate Sensitivity Using Multiple Lines of Evidence'. *Reviews of Geophysics.* Available at: https://agupubs. onlinelibrary.wiley.com/doi/full/10.1029/2019RG000678

SIMIP (Sea Ice Model Intercomparison Project) Community (2020) 'Arctic Sea Ice in CMIP6'. *Geophysical Research Letters* 47: e2019GL086749. Available at: doi. org/10.1029/2019GL086749

Slingo, J. (2017) 'The Evolution of Climate Science: A Personal View from Julia Slingo'. *World Meteorological Organization Bulletin* 66(1). Available at: https:// public.wmo.int/en/resources/bulletin/evolution-of-climate-science-personal-view-from-julia-slingo

Solomon, S., Daniel, J. S., Sanford, T. J., et al. (2010) 'Persistence of Climate Changes Due to a Range of Greenhouse Gases'. *Proceedings of the National Academy of Sciences* 107: 18354–9.

Spratt, D. and Dunlop, I. (2018) 'What Lies Beneath: The Understatement of Existential Climate Risk'. Breakthrough [National Centre for Climate Restoration]. Available at: https://www.breakthroughonline.org.au/whatliesbeneath

Staubwasser, M. and Weiss, H. (2006) 'Holocene Climate and Cultural Evolution in Late Prehistoric–Early Historic West Asia'. *Quaternary Research* 66: 372–87.

Steffen, W., Rockström, J., Richardson, K., et al. (2018) 'Trajectories of the Earth System in the Anthropocene'. *Proceedings of the National Academy of Science* 115: 8252–9.

Taleb, N., Read, R., Douady, R., Norman, J. and Bar-Yam, Y. (2014) 'The Precautionary Principle'. *Extreme Risk Initiative: NYU School of Engineering Working Paper*

Series. Available at: https://arxiv.org/abs/1410.5787

Tol, R. S. (2009) 'The Economic Effects of Climate Change'. *Journal of Economic Perspectives* 23: 29–51.

Tong, D., Zhang, Q., Zheng, Y., et al. (2019) 'Committed Emissions from Existing Energy Infrastructure Jeopardize 1.5°C Climate Target'. *Nature* 572: 373–7.

Trinomics (2018) *Study on Energy Prices, Costs and Subsidies and their Impact on Industry and Households, Final Report.* European Commission Directorate General for Energy. Available at: https://ec.europa.eu/energy/sites/ener/files/documents/energy_prices_and_co sts_-final_report-v12.3.pdf

Wang, S. et al. (2020) 'Recent Global Decline of CO2 Fertilization Effects on Vegetation Photosynthesis'. *Science* 370(6522): 1295–1300.

Williams, H. T. and Lenton, T. M. (2010) 'Evolutionary Regime Shifts in Simulated Ecosystems'. *Oikos* 119(12): 1887–99.

WMO (World Meteorological Organization) (2019) '2019 Concludes a Decade of Exceptional Global Heat and High-impact Weather'. Press release. Available at: https://public.wmo.int/en/media/press-release/2019-concludes-decade-of-exceptional-global-heat-and-high-impact-weather

Xu, Y., Ramanathan, V. and Victor, D. G. (2018) 'Global Warming Will Happen Faster Than We Think'. *Nature* 564: 30–2.

Zeebe, R. E., Ridgwell, A. and Zachos, J. C. (2016) 'Anthropogenic Carbon Release Rate Unprecedented During the Past 66 Million Years'. *Nature Geoscience* 9: 325–9.

2. 심층적응 : 기후 비극의 탐험 지도

Aaron-Morrison, A. et al. (2017) State of the Climate in 2016. *Bulletin of the American Meteorological Society* 98(8): Si-S280.

Adams, T. et al. (2015) *Autoethnography.* New York, NY: Oxford University Press.

Ahmed, N. (2013) 'Seven Facts You Need to Know about the Arctic Methane Timebomb'. *Guardian.* Available at: https://www.theguardian.com/environment/earth-insight/2013/aug/05/7-fac ts-need-to-know-arctic-methane-time-bomb

American Psychology Association (2018). *The Road to Resilience.* Available at: www.apa.org/helpcenter/road-resilience.aspx

Arctic News (2018) 'Warning Signs'. Available at: https://arctic-news.blogspot.

co.id/2018/03/warning-signs.html

Asay, M. (2013) *Americans Losing Faith in Technology, but Can't Break the Addiction.* Readwrite.com. Available at: https://readwrite.com/2013/09/12/americans-losing-faith-in-technology-but-ca nt-break-the-addiction/

Banos Ruiz, I. (2017) 'This Apocalyptic Is How Kids are Imagining Our Climate Future'. DW.com. Available at: www.dw.com/en/this-apocalyptic-is-how-kids-are-imagining-our-climate-future/a-40847610

Becker, E. (1973) *The Denial of Death.* New York: Simon & Schuster.

Becker, R. (2017) *Why Scare Tactics Won't Stop Climate Change: Doomsday Scenarios Don't Inspire Action.* The Verge. Available at: https://www.theverge.com/2017/7/11/15954106/doomsday-climate-science-apocalypse-new-york-magazine-response

Bendell, J. (2018) 'After Climate Despair – One Tale of What Can Emerge'. Jembendell.com. Available at: https://jembendell.wordpress.com/2018/01/14/after-climate-despair-one-tale-of-what-can-emerge/

Bendell, J. (2019) 'Hope and Vision in the Face of Collapse: The 4th R of Deep Adaptation'. Jembendell.com. Available at: https://jembendell.com/2019/01/09/hope-and-vision-in-the-face-of-collapse-the-4th-r-of-deep-adaptation/

Bendell, J. (2020) 'The Collapse of Ideology and the End of Escape'.Jembendell.com. Available at: https://jembendell.com/2020/06/28/the-collapse-of-ideology-and-the-end-of-escape/

Bendell, J. and Lopatin, M. (2016) 'Democracy Demands a Richer Britain'. *Huffington Post.* Available at: http://www.huffingtonpost.co.uk/jem-bendell/democracy-demands-a-riche_b_13348586.html

Bendell, J., Sutherland, N. and Little, R. (2017) 'Beyond Unsustainable Leadership: Critical Social Theory for Sustainable Leadership'. *Sustainability Accounting, Management and Policy Journal* 8(4): 418–44. Available at: https://doi.org/10.1108/SAMPJ-08-2016-0048

Benson, M. and Craig, R. (2014) 'The End of Sustainability'. Society and Natural Resources 27: 777–82.

Bernhardt, A. (2018) 'Bonds: How to Finance Climate Adaptation'. Brinknews.com. Available at: http://www.brinknews.com/bonds-how-to-finance-climate-adaptation/

Brand, F. S. and Jax, K. (2007) 'Focusing the Meaning(s) of Resilience: Resilience as a Descriptive Concept and a Boundary Object'. Ecology and Society 12(1): 23.

Available at: http://www.ecologyandsociety.org/vol12/iss1/art23/

Brand, U., Blarney, N., Garbelli, C., et al. (2016) 'Methane Hydrate: Killer Cause of Earth's Greatest Mass Extinction'. *Palaeoworld* 25(4): 496–507.

Britten, G. L., Dowd, M. and Worm, B. (2015) Changing Recruitment Capacity in Global Fish Stocks. *Proceedings of the National Academy of Sciences.* Published ahead of print, 14 December. Available at: www.pnas.org/content/early/2015/12/09/1504709112

Brysse, K., Reskes, N., O'Reilly, J. and Oppenheimer, M. (2013) 'Climate Change Prediction: Erring on the Side of Least Drama?' *Global Environmental Change* 23(1): 327–37. Available at: https://www.sciencedirect.com/science/article/pii/S0959378012001215

Canadell, P., Le Quéré, C., Peters, G., et al. (2017) 'Global Carbon Budget 2017'. Globalcarbonproject.org. Available at: http://www.globalcarbonproject.org/carbonbudget/index.htm

Clément, V. and Rivera, J. (2016) 'From Adaptation to Transformation: An Extended Research Agenda for Organizational Resilience to Adversity in the Natural Environment'. *Organisation and Environment* 30(4): 346–65.

Climate Action Programme (2018) '$1 Billion of New Funding Announced for Climate Adaptation Projects'. Climateactionprogramme.org. Available at: http://www.climateactionprogramme.org/news/1-billion-of-new-funding-announced-for-climate-adaptation-projects

Cohen, D. A. (2017) 'The Power and Peril of "Climate Disaster Porn"'. New Republic. Available at: https://newrepublic.com/article/143788/power-peril-climate-disaster-porn

Copernicus Programme (2020) 'Surface Air Temperature for June 2020'. Available at: https://climate.copernicus.eu/surface-air-temperature-june-2020

de Sousa Fragoso, R. M. and de Almeida Noéme, C. J. (2018) 'Economic Effects of Climate Change on the Mediterranean's Irrigated Agriculture'. *Sustainability Accounting, Management and Policy Journal* 9(2): 118–38.

ECJCR (European Commission Joint Research Centre) (2018) 'Climate Change Promotes the Spread of Mosquito and Tick-borne Viruses'. ScienceDaily. Available at: www.sciencedaily.com/releases/2018/03/180316111311.htm

Eisenstein, C. (2013) *The More Beautiful World Our Hearts Know Is Possible.* Berkeley, CA: North Atlantic Books.

Eisenstein, C. (2018) *Climate – A New Story.* Berkeley, CA: North Atlantic Books.

FAO (Food and Agriculture Organization) (2018) 'Disasters Causing Billions in Agricultural Losses, with Drought Leading the Way'. Press release, 15 March.

Farquharson, L. M., Romanovsky, V. E., Cable, W. L., et al. (2019) 'Climate Change Drives Widespread and Rapid Thermokarst Development in Very Cold Permafrost in the Canadian High Arctic'. *Geophysical Research Letters* 46(12): 6681–9. Available at: https://doi.org/10.1029/2019GL082187

Flannery, T. (2015) *Atmosphere of Hope: Searching for Solutions to the Climate Crisis*. New York: Atlantic Monthly Press.

Foster, J. (2015) *After Sustainability*. Abingdon: Earthscan/Routledge.

Gosling, J. (2016) 'Will We Know What Counts as Good Leadership if "Things Fall Apart?" Questions Prompted by Chinua Achebe's Novel'. *Leadership* 13(1): 35–47.

Gosling, J. and Case, P. (2013) 'Social Dreaming and Ecocentric Ethics: Sources of Non-Rational Insight in the Face of Climate Change Catastrophe'. *Organization* 20(5): 705–21.

Greenberg, J., Solomon, S. and Pyszczynski, T. (2015) *The Worm at the Core: On the Role of Death in Life*. New York: Random House.

Greiner, J. T., McGlathery, K. J., Gunnell, J. and McKee, B. A. (2013) 'Seagrass Restoration Enhances "Blue Carbon" Sequestration in Coastal Waters'. *PLoS ONE* 8(8). Available at: http://journals.plos.org/plosone/article?id=10.1371/journal.pone.0072469

Hamilton, C. et al. (eds) (2015) *The Anthropocene and the Global Environmental Crisis*. Abingdon: Routledge.

Hansen, J. E. (2007) 'Scientific Reticence and Sea Level Rise'. *Environmental Research Letters* 2(2). Available at: http://iopscience.iop.org/article/10.1088/1748-9326/2/2/024002

Harrington, C. (2016) 'The Ends of the World: International Relations and the Anthropocene'. *Millennium: Journal of International Studies* 44(3): 478–98.

Hawken, P. and Wilkinson, K. (2017) *Drawdown*. London: Penguin Books.

Henley, B. J. and King, A. D. (2017) *Geophysical Research Letters* 44(9): 4256–62. Available at: https://agupubs.onlinelibrary.wiley.com/doi/full/10.1002/2017GL073480

Herrando-Pérez, S., Bradshaw, C. J. A., Lewandowsky, S. and Vieites, D. R. (2019) 'Statistical Language Backs Conservatism in Climate-Change Assessments'. *BioScience* 69(3): 209. Available at: https://www.sciencedaily.com/

releases/2019/03/190320102010.htm

Herring, S. C., Christidis, N., Hoell, A., et al. (2018) 'Explaining Extreme Events of 2016 from a Climate Perspective'. *Special Supplement to the Bulletin of the American Meteorological Society*, 99(1): S1–S157.

Hill, J. S. (2017) 'Global Attitudes to Climate Change Risks Show Increasing Concern'. Cleantechnica. Available at: https://cleantechnica.com/2017/05/29/global-attitudes-cli mate-change-risks-show-increasing-concern

Howard, J. L. et al. (2017) 'CO2 Released by Carbonate Sediment Production in Some Coastal Areas May Offset the Benefits of Seagrass "Blue Carbon" Storage'. *Limnology and Oceanography* 63(1): 160–72.

Hudson, S. R. (2011) 'Estimating the Global Radiative Impact of the Sea Ice–Albedo Feedback in the Arctic'. *Journal of Geophysics Research* 116(D16).

Ipsos MORI (2017) 'Only 13% of the Public Think the World is Getting Better (Belgians Most Gloomy = "Must be the Booze" Says@benatipsosmori)'. #ipsosmorilive. Twitter, 7 December. Available at: https://twitter.com/IpsosMORI/status/938492368659116033

Johnson, J. (2019) '"Terrifying" New Climate Models Warn of 6–7°C of Warming by 2100 If Emissions Not Slashed'. Common Dreams. Available at: https://www.commondreams.org/news/2019/09/17/terrifying-new-climate-models-warn-6-7degc-warming-2100-if-emissions-not-slashed

JPL/PO.DAAC (2018) 'Key Indicators: Global Mean Sea Level'. NASA. gov. Available at: https://sealevel.nasa.gov/understanding-sea-level/key-indicators/global-mean-sea-level

Kahn, B. (2017) 'The Arctic has Been Crazy Warm All Year. This Is What It Means for Sea Ice'. Climate Central. Available at: www.climatecentral.org/news/arctic-crazy-warm-sea-ice-21599

Keenan, T. F., Prentice, I. C., Canadell, J. G., et al. (2016) 'Recent Pause in the Growth Rate of Atmospheric CO2 due to Enhanced Terrestrial Carbon Uptake'. *Nature Communications* 7. Available at: https://www.nature.com/articles/ncomms13428

Keller, D. P., Feng, E. Y. and Oschlies, A. (2014) 'Potential Climate Engineering Effectiveness and Side Effects during a High Carbon Dioxide-Emission Scenario'. *Nature Communications* 5. Available at: https://www.nature.com/articles/ncomms4304

Knoblauch, C., Beer, C., Liebner, S., et al. (2018) 'Methane Production as Key to the Greenhouse Gas Budget of Thawing Permafrost'. *Nature Climate Change* 8:

309–12. Available at: http://www.nature.com/articles/s41558-018-0095-z

Knorr, W. (2019) 'Climate Scientists Should Admit Failure and Move On'. IFLAS, University of Cumbria. Available at: http://iflas.blogspot.com/2019/09/climate-scientists-should-admit-failure.html

Kornhuber, K., Coumou, D., Vogel, E., et al. (2019) 'Amplified Rossby Waves Enhance Risk of Concurrent Heatwaves in Major Breadbasket Regions'. *Nature Climate Change* 10: 48–53. Available at: https://www.nature.com/articles/s41558-019-0637-z

Lamarche-Gagnon, G. et al. (2019) 'Greenland Melt Drives Continuous Export of Methane from the Ice-Sheet Bed'. Nature: 73–7. Available at: https://www.nature.com/articles/s41586-018-0800-0

Lear, J. (2008) *Radical Hope: Ethics in the Face of Cultural Devastation*. Boston, MA: Harvard University Press.

Lee, H. (2014) 'Alarming New Study Makes Today's Climate Change More Comparable to Earth's Worst Mass Extinction'. *Skeptical Science*. Available at: https://skepticalscience.com/Lee-commentaryon-Burgess-et-al-PNAS-Permian-Dating.html

Lenton, T. M. et al. (2019) 'Climate Tipping Points – Too Risky to Bet Against: The Growing Threat of Abrupt and Irreversible Climate Changes Must Compel Political and Economic Action on Emissions'. Nature 595: 592–95. Available at: https://www.nature.com/articles/d41586-019-03595-0

Nisbet, E. G. et al. (2019) 'Very Strong Atmospheric Methane Growth in the Four Years 2014–2017: Implications for the Paris Agreement'. *Global Biogeochemical Cycles* 3(33): 318–42. Available at: https://doi.org/10.1029/2018GB006009

Lynch, T. (2017) 'Why Hope Is Dangerous When It Comes to Climate Change: Global Warming Discussions Need Apocalyptic Thinking'. Slate. Available at: www.slate.com/Arcticles/technology/future_tense/2017/07/why_climate_change_discussions_need_apocalyptic_thinking.html

Lesnikowski, A. C., Ford, J. D., Berrang-Ford, L., et al. (2015) 'How Are We Adapting to Climate Change? A Global Assessment'. *Mitigation and Adaptation Strategies for Global Change* 20(2): 277–93.

Machmuller, M. B., Kramer, M. G., Cyle, T. K., et al. (2015) 'Emerging Land Use Practices Rapidly Increase Soil Organic Matter'. *Nature Communications* 6. Available at: https://www.nature.com/articles/ncomms7995

Malmquist, D. (2018) 'Researchers Issue First-Annual Sea-Level Report Cards'. Phys.

org. Available at: https://m.phys.org/news/2018-03-issue-first-annual-sea-level-cards.html

조지 마셜 지음(2014), 이은경 옮김, 《기후변화의 심리학-우리는 왜 기후변화를 외면하는가 Don't Even Think About It: Why Our Brains Are Wired to Ignore Climate Change.》(갈마바람, 2018)

Mathesius, S., Hofmann, M., Caldeira, K. and Schellnhuber, H. J. (2015) 'Long-Term Response of Oceans to CO2 Removal from the Atmosphere'. *Nature Climate Change* 5: 1107–13. Available at: www.nature.com/articles/nclimate2729

Matousek, M. (2008) *When You Are Falling, Dive: Lessons in the Art of Living.* New York: Bloomsbury.

McDonald, R. I., Chai, H. Y. and Newell, B. R. (2015) 'Personal Experience and the "Psychological Distance" of Climate Change: An Integrative Review'. *Journal of Environmental Psychology* 44: 109–18.

Kumar, N. et al. (2014) 'Vulnerability of Wheat Production to Climate Change in India'. *Climate Research* 59(3): 173–87.

NASA (2018) *Greenland Ice Loss 2002–2016.* NASA.gov. Available at: https://grace.jpl.nasa.gov/resources/30

NASA/GISS (2018) 'Vital Signs: Global Temperature'. NASA.gov. Available at: https://climate.nasa.gov/vital-signs/global-temperature

Neumann, B., Vafeidis, A. T., Zimmermann, J. and Nicholls, R. J. (2015) 'Future Coastal Population Growth and Exposure to Sea-Level Rise and Coastal Flooding – A Global Assessment'. *PLoS One* 10(3). Available at: https://doi.org/10.1371/journal.pone.0118571

NSIDC/NASA (2018) 'Vital Signs: Arctic Sea Ice'. NASA.gov. Available at: https://climate.nasa.gov/vital-signs/arctic-sea-ice

Orsato, R. J., Ferraz de Campos, J. G. and Barakat, S. R. (2018) 'Social Learning for Anticipatory Adaptation to Climate Change: Evidence from a Community of Practice'. *Organisation and Environment* 32(4): 416–40.

Phys.org. (2018) 'The Sorry State of Earth's Species, in Numbers'. Available at: https://phys.org/news/2018-03-state-earth-species.html

Pidcock, R. (2013) 'Carbon Briefing: Making Sense of the IPCC's New Carbon Budget'. Carbonbrief.org. Available at: https://www.carbon brief.org/carbon-briefing-making-sense-of-the-ipccs-new-carbon-budget

Pistone, K., Eisenman, I. and Ramanathan, V. (2014) 'Observational Determination of Albedo Decrease Caused by Vanishing Arctic Sea Ice'. *Proceedings of the*

National Academy of Sciences of the United States of America 111: 3322–6.

Rigaud, K. K., de Sherbinin, A., Jones, B., et al. (2018) 'Groundswell: Preparing for Internal Climate Migration'. World Bank. Available at: https://openknowledge. worldbank.org/handle/10986/29461

Rogers, A. et al. (2017) 'Fisheries Productivity under Progressive Coral Reef Degradation'. *Journal of Applied Ecology* 55(3): 1041–9. Available at: https://doi. org/10.1111/1365-2664.13051

Ruppel, C. D. and Kessler, J. D. (2017) 'The Interaction of Climate Change and Methane Hydrates'. *Review of Geophysics* 55(1): 126–68. Available at: https:// agupubs.onlinelibrary.wiley.com/doi/full/10.1 002/2016RG000534

Saunois, M. et al. (2016) 'The Global Methane Budget 2000–2012'. *Earth System Scientific Data* 8(2): 697–751. Available at: www.earthsyst-sci-data. net/8/697/2016/

Schmidt, J. (2000) *Disciplined Minds – A Critical Look at Salaried Professionals and the Soul-Battering System that Shapes Their Lives*. Lanham, MD: Rowman & Littlefield.

Schuur, E. A. G. et al. (2015) 'Expert Assessment of Vulnerability of Permafrost Carbon to Climate Change'. *Climatic Change* 119(2): 359–74.

Servigne, P. and Stevens, R. (2020) *How Everything Can Collapse*. Cambridge: Polity Press.

Shakhova, N. et al. (2010) 'Extensive Methane Venting to the Atmosphere from Sediments of the East Siberian Arctic Shelf'. *Science, New Series* 327(5970): 1246–50.

Singh, H., Harmeling, S. and Rai, S. C. (2016) *Global Goal on Adaptation: From Concept to Practice*. A report written on behalf of CARE International, ActionAid and WWF. Available at: http://care climatechange.org/wp-content/ uploads/2016/11/Global-Goal-on-Adaptation-From-Concept-to-Practice-v2-DesktopPrint-NoCrops.pdf

Spratt, D. and Dunlop, I. (2018) 'What Lies Beneath: The Understatement of Existential Climate Risk'. National Centre for Climate Restoration. Available at: https://www.breakthroughonline.org.au

Steffen, A. (2017) 'My Reservations, in a Nutshell: Despair is Never Helpful, and This Is Essentially One Long Council of Despair'. Twitter. 10 July. Available at: https:// twitter.com/AlexSteffen/status/884262230279176193

Stockholm Resilience Centre (2015) 'What is Resilience?' Available at: www.

stockholmresilience.org/research/research-news/2015-02-19-what-is-resilience.html

Stokes, B. (2017) 'Global Publics More Upbeat about the Economy, but Many are Pessimistic about Children's Future'. Pew Global. Available at: www.pewglobal. org/2017/06/05/global-publics-more-upbeat-about-the-economy/

Temby, O., Sandall, J., Cooksey, R. and Hickey, G. M. (2016) 'Examining the Role of Trust and Informal Communication on Mutual Learning in Government: The Case of Climate Change Policy in New York'. *Organization & Environment* 30(1): 71–97.

Thurber, A. R., Seabrook, S. and Welsh, R. M. (2020) 'Riddles in the Cold: Antarctic Endemism and Microbial Succession Impact Methane Cycling in the Southern Ocean'. *Proceedings of the Royal Society B* 287(1931). Available at: https://doi. org/10.1098/rspb.2020.1134

Wadhams, P. (2016) *A Farewell to Ice*. Oxford: Oxford University Press.

Wadhams, P. (2018) 'Saving the World with Carbon Dioxide Removal'. *Washington Post*. Available at: https://www.washingtonpost.com/news/theworldpost/ wp/2018/01/08/carbon-emi ssions/?utm_term=.308256f2236c

Wallace-Wells, D. (2017) 'The Uninhabitable Earth: Famine, Economic Collapse, a Sun that Cooks Us: What Climate Change Could Wreak – Sooner than You Think'. *New York Magazine*. Available at: http://nymag.com/daily/ intelligencer/2017/07/climate-change-earth-too-hot-for-humans.html

Watts, J. (2018) 'Arctic Warming: Scientists Alarmed by "Crazy" Temperature Rises'. *Guardian*. Available at: https://www.theguardian.com/environment/2018/ feb/27/arctic-warming-scientists -alarmed-by-crazy-temperature-rises

Whyte, K. P., Talley, J. and Gibson, J. (2019) 'Indigenous Mobility Traditions, Colonialism and the Anthropocene'. *Mobilities* 14(3): 319–35.

Wiebe, K. et al. (2015) Climate Change Impacts on Agriculture in 2050 under a Range of Plausible Socioeconomic and Emissions Scenarios'. *Environmental Research Letters* 10(8). Available at: https://iopscience.iop.org/artic le/10.1088/1748-9326/10/8/085010

Williams, T. (2018) 'Adapt or Die: How Climate Funders Are Falling Short on a Key Challenge'. Insidephilanthropy.com. Available at: https://www.insidephilanthropy. com/home/2018/2/15/climate-adaptation-field-faces-large-gap-in-action-and-funding

Woosley, R. J., Millero, F. J. and Wanninkhof, R. (2016) 'Rapid Anthropogenic Changes in CO_2 and pH in the Atlantic Ocean: 2003–2014'. *Global Biogeochemical*

Studies 30(1): 70–90. Available at: https://agupubs.onlinelibrary.wiley.com/doi/abs/10.1002/2015GB005248

World Values Survey (2016) 'Findings and Insights'. Available at: http://www.worldvaluessurvey.org/WVSContents.jsp

WWF (World Wide Fund for Nature) (2018) 'Half of Plant and Animal Species at Risk from Climate Change in World's Most Important Natural Places'. Available at: http://wwf.panda.org/wwf_news/?324471/Half-of-plant-and-animal-species-at-risk-from-climate-change-in-worlds-most-important-natural-places

Xu, Y. and Ramanathan, V. (2017) 'Well Below 2°C: Mitigation Strategies for Avoiding Dangerous to Catastrophic Climate Changes'. *Proceedings of the National Academy of Sciences* 114(39): 10315–23. Available at: https://www.pnas.org/content/114/39/10315

Xu, Y., Ramanathan, V. and Victor, D. G. (2018) 'Global Warming Will Happen Faster Than We Think'. Nature 564: 30–2. Available at: https://www.nature.com/articles/d41586-018-07586-5

Zhang, P. et al. (2016) 'Economic Impacts of Climate Change on Agriculture: The Importance of Additional Climatic Variables Other than Temperature and Precipitation'. *Journal of Environmental Economics and Management* 83: 8–31.

3. 사회 붕괴가 예상되는 이유들

Ahmed, N. M. (2017) Failing States, Collapsing Systems: B*ioPhysical Triggers of Political Violence.* Cham: Springer International Publishing.

Ahmed, N. (2019) *The Collapse of Civilization May Have Already Begun.* Vice. Available at: https://bit.ly/2BmI3s6

Alexander, S. (2019) *The Rebellion Hypothesis: Crisis, Inaction, and the Question of Civil Disobedience.* Melbourne: Simplicity Institute. Available at: https://bit.ly/2CNjcyC

Bardi, U., Falsini, S. and Perissi, I. (2019) 'Toward a General Theory of Societal Collapse: A Biophysical Examination of Tainter's Model of the Diminishing Returns of Complexity'. *BioPhysical Economics and Resource Quality* 4(1). Available at: 10.1007/s41247-018-0049-0

Barker, K. (2019) 'How to Survive the End of the Future: Preppers, Pathology and the Everyday Crisis of Insecurity'. *Transactions of the Institute of British*

Geographers 45(2). Available at: 10.1111/tran.12362

Barnosky, A. D. et al. (2012) 'Approaching a State Shift in Earth's Biosphere'. *Nature* 486(7401). Available at: 10.1038/nature11018

Barnosky, A. D., Ehrlich, P. R. and Hadly, E. A. (2016) 'Avoiding Collapse: Grand Challenges for Science and Society to Solve by 2050'. *Elementa: Science of the Anthropocene* 4(1). Available at: 10.12952/journal.elementa.000094

Bendell, J. (2019) *Hope in a Time of Climate Chaos: Keynote Speech at the UK Council of Psychotherapy.* Available at: https://bit.ly/30GH5jh

Bendell, J. and Cave, D. (2020) *Does Anticipating Societal Collapse Motivate Pro-Social Behaviours?* University of Cumbria: Initiative for Leadership and Sustainability. Available at: https://bit.ly/3jyJEMY

Bidet, A. (2019) 'Faut-il "avertir de la fin des temps pour exiger la fin des touillettes"'? *Multitudes* 76(3): 134–41. Available at: 10.3917/mult.076.0134

Biewendt, M., Blaschke, F. and Böhnert, A. (2020) 'The Rebound Effect – A Systematic Review of the Current State of Affairs'. *European Journal of Economics and Business Studies* 6(1). Available at: 10.26417/ejes.v6i1.p106-120

Bostrom, N. and Cirkovic, M. M. (2011) *Global Catastrophic Risks.* Oxford: Oxford University Press.

Brandt, G. and Merico, A. (2013) 'Tipping Points and User-Resource System Collapse in a Simple Model of Evolutionary Dynamics'. *Ecological Complexity* 13. Available at: 10.1016/j.ecocom.2012.12.003

Brockmann, K. et al. (2010) *Peak Oil: Sicherheitspolitische Implikationen knapper Ressourcen.* [pdf] Berlin: Planungsamt der Bundeswehr. Available at: https://bit.ly/30Se2JF

Brown, C., Seo, B. and Rounsevell, M. (2019) 'Societal Breakdown as an Emergent Property of Large-Scale Behavioural Models of Land Use Change'. *Earth System Dynamics* 10(4). Available at: 10.5194/esd-10-809-2019

Burger, A. (2012) *Turn Down the Heat: Why a 4°C Warmer World Must Be Avoided.* Washington, DC: World Bank. Available at: https://openknowledge.worldbank.org/handle/10986/11860

Capellán-Pérez, I. et al. (2015) 'More Growth? An Unfeasible Option to Overcome Critical Energy Constraints and Climate Change'. *Sustainability Science* 10(3). Available at: 10.1007/s11625-015-0299-3

Cardoso, P. et al. (2020) 'Scientists' Warning to Humanity on Insect Extinctions'. *Biological Conservation* 242. Available at: 10.1016/j.biocon.2020.108426

Cassely, J.-L. and Fourquet, J. (2020) *La France : Patrie de la collapsologie?* Fondation Jean-Jaures. Available at: https://bit.ly/37jzvOv

Cavicchioli, R. et al. (2019) 'Scientists' Warning to Humanity: Microorganisms and Climate Change'. *Nature Reviews Microbiology* 17: 569–86. Available at: 10.1038/s41579-019-0222-5

Cumming, G. S. and Peterson, G. D. (2017) 'Unifying Research on Social-Ecological Resilience and Collapse'. *Trends in Ecology & Evolution* 32(9). Available at: 10.1016/j.tree.2017.06.014

Diamond, J. (2005) *Collapse: How Societies Choose to Fail or Succeed.* London: Penguin.

Femia, F. and Werrell, C. E. (2020) *A Security Threat Assessment of Global Climate Change: How Likely Warming Scenarios Indicate a Catastrophic Security Future.* Washington, DC: National Security, Military and Intelligence Panel on Climate Change. The Center for Climate & Security. Available at: https://climateandsecurity.org/a-security-threat-assessment-of-global-climate-change/

Franzen, J. (2019) 'What if We Stopped Pretending the Climate Apocalypse Can Be Stopped?' *The New Yorker.* Available at: https://bit.ly/3jxqKGa

Future Earth (2020a) *Our Future on Earth.* Available at: https://bit.ly/30npSg6

Future Earth (2020b) *Risks Perceptions Report 2020.* Available at: https://futureearth.org/wp-content/uploads/2020/02/RPR_2020_Report.pdf

Gadeau, O. (2019) 'Breve chronologie de la médiatisation de la collapsologie en France (2015–2019)'. *Multitudes* 76(3). Available at: 10.3917/mult.076.0121

Garrett, T. J. (2014) 'Long-Run Evolution of the Global Economy: 1. Physical Basis'. *Earth's Future* 2(3). Available at: 10.100 2/2013EF000171

Garrett, T. J. (2015) 'Long-Run Evolution of the Global Economy: 2: Hindcasts of Innovation and Growth'. *Earth System Dynamics* 6(2). Available at: 10.5194/esd-6-673-2015

Gifford, R. (2011) 'The Dragons of Inaction: Psychological Barriers that Limit Climate Change Mitigation and Adaptation'. *American Psychologist* 66(4). Available at: 10.1037/a0023566

Granados Franco, E. et al. (2020) *The Global Risks Report 2020*, 15th edn. WEF. Available at: https://www.weforum.org/reports/the-global-risks-report-2020

Gutteres, A. (2018) 'Secretary-General's Remarks on Climate Change [as Delivered]'. United Nations Secretary-General. Available at: https://bit.ly/2X0xv9I

Haque, U. (2020) 'The Age of Collapse'. Eudaimonia&Co. Available at: https://bit.

ly/3fUsvL7

Heleno, R. H., Ripple, W. J. and Traveset, A. (2020) 'Scientists' Warning on Endangered Food Webs'. *Web Ecology* 20(1). Available at: 10.5194/we-20-1-2020

Hogg, A. (2015) 'As Inequality Soars, the Nervous Super Rich Are Already Planning Their Escapes'. *Guardian*. Available at: https://bit.ly/3huip4m

Jenny, J.-P. et al. (2020) 'Scientists' Warning to Humanity: Rapid Degradation of the World's Large Lakes'. *Journal of Great Lakes Research* 46(4): 686–702. Available at: 10.1016/j.jglr.2020.05.006

Jones, A. and Steffen, W. (2019) 'Our Climate is like Reckless Banking before the Crash – It's Time to Talk about Near-Term Collapse'. The Conversation. Available at: https://bit.ly/32MVlJP

Korowicz, D. and Calantzopoulos, M. (2018) 'Beyond Resilience: Global Systemic Risk, Systemic Failure, & Societal Responsiveness'.[pdf] White Paper, Geneva Global Initiative. Available at: https://t.co/F6AmRrY5FN

Laurent, A. (2018) 'Quand Edouard Philippe et Nicolas Hulot papotent théorie de l'effondrement'. Usbek & Rica. Available at: https://bit.ly/32QejiA

Leiserowitz, A. (2006) 'Climate Change Risk Perception and Policy Preferences: The Role of Affect, Imagery, and Values'. *Climatic Change* 77(1). Available at: 10.1007/s10584-006-9059-9

Lenton, T. M. et al. (2019) 'Climate Tipping Points – Too Risky to Bet Against'. *Nature* 575(7784). Available at: 10.1038/d41586-019-03595-0

Le Quéré, C. et al. (2020) 'Temporary Reduction in Daily Global CO2 Emissions during the COVID-19 Forced Confinement'. *Nature Climate Change* 10(7). Available at: 10.1038/s41558-020-0797-x

Macy, J. and Johnstone, C. (2012) 'Active Hope: How to Face the Mess We're in Without Going Crazy'. New World Library. Available at: https://www.activehope.info/

Meadows, D. H. et al. (1972) 'The Limits to Growth'. New York: Universe Books. Available at: https://clubofrome.org/publication/the-limits-to-growth/

Middleton, G. D. (2017) *Understanding Collapse: Ancient History and Modern Myths*. Cambridge: Cambridge University Press.

Moses, A. (2020) 'Collapse of Civilisation is the Most Likely Outcome': Top Climate Scientists. Voice of Action. Available at: https://voiceofaction.org/collapse-of-civilisation-is-the-most-likely-outcometop-climate-scientists/

Motesharrei, S., Rivas, J. and Kalnay, E. (2014) 'Human and Nature Dynamics

(HANDY): Modeling Inequality and Use of Resources in the Collapse or Sustainability of Societies'. *Ecological Economics* 101: 90–102. Available at: 10.1016/j.ecolecon.2014.02.014

Nicholas, T., Hall, G. and Schmidt, C. (2020) 'The Faulty Science, Doomism, and Flawed Conclusions of Deep Adaptation'. Open Democracy. Available at: https://www.opendemocr acy.net/en/our economy/faulty-science-doomism-and-flawed-conclusions-deep-adaptation/

Ord, T. (2020) *The Precipice: Existential Risk and the Future of Humanity.* New York: Hachette Books.

Oreskes, N. (2015) 'The Fact of Uncertainty, the Uncertainty of Facts and the Cultural Resonance of Doubt'. *Philosophical Transactions of the Royal Society A: Mathematical, Physical and Engineering Sciences* 373(2055). Available at: 10.1098/rsta.2014.0455

Parrique, T. et al. (2019) 'Decoupling Debunked – Evidence and Arguments against Green Growth as a Sole Strategy for Sustainability'. European Environmental Bureau. Available at: https://eeb.org/library/decoupling-debunked/

Read, R. (2020) 'It's a matter of the #precautionaryprinciple. Collapse will/would probably be so dreadful that not preparing for it to make it less so is now gross irresponsibility. This is why, despite our important differences, I work alongside Jem as a colleague'. 19 July. Available at: https://twitter.com/GreenRupertRead/status/1284790888955367426

Read, R. and Alexander, S. (2019) *This Civilisation is Finished: Conversations on the End of Empire – and What Lies Beyond.* Melbourne: Simplicity Institute.

Rees, M. (2013) 'Denial of Catastrophic Risks'. *Science* 339(6124). Available at: 10.1126/science.1236756

Ripple, W. J. et al. (2017) 'World Scientists' Warning to Humanity: A Second Notice'. *BioScience* 67(12): 1026–8. Available at: 10.1093/biosci/bix125

Ripple, W. J. et al. (2019) 'World Scientists' Warning of a Climate Emergency'. *BioScience.* 70(1): 8–12. Available at: 10.1093/biosci/biz088

Salama, S. and Aboukoura, K. (2018) 'Role of Emotions in Climate Change Communication', in W. Leal Filho, E. Manolas, A. Azul, et al. (eds), *Handbook of Climate Change Communication: Vol. 1.* Cham: Springer.

Servigne, P. and Stevens, R. (2015) *Comment tout peut s'effondrer. Petit manuel de collapsologie a l'usage des generations presentes.* Paris: Editions du Seuil. Available at: https://www.seuil.com/ouvrage/comment-tout-peut-s-effondrer-pabloservigne/9782021223316

Servigne, P., Stevens, R. and Chapelle, G. (2018) *Une autre fin du monde est possible*. Paris: Seuil. Available at: https://bit.ly/2P3iC28

Shackelford, G. E. et al. (2020) 'Accumulating Evidence Using Crowdsourcing and Machine Learning: A Living Bibliography about Existential Risk and Global Catastrophic Risk'. *Futures* 116. Available at: 10.1016/j.futures.2019.102508

Smith, N. and Leiserowitz, A. (2014) 'The Role of Emotion in Global Warming Policy Support and Opposition'. *Risk Analysis* 34(5): 937–48.

Steffen, W. et al. (2018) 'Trajectories of the Earth System in the Anthropocene'. *Proceedings of the National Academy of Sciences* 115(33). Available at: 10.1073/pnas.1810141115

Sutter, P. and Steffan, L. (2020) 'Qui a peur de l'effondrement?' *Revue Project* 375(2): 34–7.

Tainter, J. (1988) *The Collapse of Complex Societies*. Cambridge: Cambridge University Press.

Tannenbaum, M. B. et al. (2015) 'Appealing to Fear: A Meta-Analysis of Fear Appeal Effectiveness and Theories'. *Psychological Bulletin* 141(6). Available at: 10.1037/a0039729

Thomas, E. F., McGarty, C. and Mavor, K. I. (2009) 'Transforming "Apathy into Movement": The Role of Prosocial Emotions in Motivating Action for Social Change'. *Personality and Social Psychology Review: An Official Journal of the Society for Personality and Social Psychology, Inc.* 13(4). Available at: 10.1177/1088868309343290

Turchin, P. (2018) *Historical Dynamics: Why States Rise and Fall*. Princeton, NJ and Woodstock: Princeton University Press.

United Nations Environment Programme (2019) *Emissions Gap Report 2019*. UNEP. Available at: https://bit.ly/3hxkrjR

Unruh, G. and Carrillo-Hermosilla, J. (2006) 'Globalizing Carbon Lock-in'. *Energy Policy* 34(10): 1185–97.

Vadén, T., Lähde, V., Majava, A., et al. (2020) 'Decoupling for Ecological Sustainability: A Categorisation and Review of Research Literature'. *Environment and Society* 112: 236–44.

Wagner, G. and Weitzman, M. (2015) *Climate Shock: The Economic Consequences of a Hotter Planet*. Princeton University Press: Princeton and Oxford.

Wallace-Wells, D. (2017) 'The Uninhabitable Earth'. *New York Magazine*. Available at:

https://nym.ag/2X4Ajmh

Wiedmann, T. et al. (2020) 'Scientists' Warning on Affluence'. *Nature Communications* 11(1). Available at: 10.1038/s41467-020-16941-y

World Bank (2020) *Global Economic Prospects, June 2020*. Available at: https://bit. ly/2CZFdKh

Xu, C., Kohler, T., Lenton, T., et al. 'Future of the Human Climate Niche'. *Proceedings of the National Academy of Sciences* 117(21): 11350–5.

Yang, Z. J. and Kahlor, L. (2013) 'What, Me Worry? The Role of Affect in Information Seeking and Avoidance'. *Science Communication* 35(2). Available at: 10.1177/1075547012441873

Yoffee, N. and Cowgill, G. L. (1991) *The Collapse of Ancient States and Civilizations*. Chicago, IL: University of Arizona Press.

Yu, H. H. (2017) 'What Tech's Survivalist Billionaires Should Be Doing Instead'. IMD Business School. Available at: https://bit.ly/2CWToQj

Yu, Y. et al. (2016) 'System Crash as Dynamics of Complex Networks'. *Proceedings of the National Academy of Sciences* 113(42). Available at: 10.1073/pnas.1612094113

2부 존재의 전환

4. 심층적응과 긴밀히 연관되는 기후심리학

Bednarek, S. (2019) '"This is an Emergency" – Proposals for a Collective Response to the Climate Crisis'. *British Gestalt Journal* 28(2). Available at: https://www.climatepsychologyalliance.org/explorations/papers/448-by-steffi-bednarek

Flanagan, R. (2020) 'How Does a Nation Adapt to its Own Murder?' *New York Times*. Available at: https://www.nytimes.com/2020/01/25/opinion/sunday/australia-fires-climate-change.html

Gillespie, S. (2020) *Climate Crisis and Consciousness – Re-imagining our World and Ourselves*. Oxford and New York: Routledge.

클라이브 해밀턴 지음(2017), 정서진 옮김,《인류세 – 거대한 전환 앞에 선 인간과 지구 시스템 *Defiant Earth – The Fate of Humans in the Anthropocene*》(이상북스, 2018)

도나 해러웨이 지음(2016), 최유미 옮김,《트러블과 함께하기》(마농지, 2021)

Hickman, C. (2019) 'Children and Climate Change', in Paul Hoggett (ed.), *Climate Psychology: On Indifference to Disaster*. Cham: Palgrave Macmillan.

Hopkins, R. (2008) *The Transition Handbook*. Totnes: Green Books.

Lacan, J. (1981) *The Seminar of Jacques Lacan, Book XI: The Four Fundamental Concepts of Psychoanalysis*. New York: Norton.

Malan, D. H. (1995) *Individual Psychology and the Science of Psychodynamics*, 2nd edn. London: Hodder Arnold.

에릭 M. 콘웨이, 나오미 오레스케스 지음(2011), 유강은 옮김,《의혹을 팝니다》(미지북스, 2012)

Randall, R. (2020) *Transgression*. Amazon e-book. Available at: https://rorandall. org/2020/02/02/my-new-novel-is-out-now/

슈마허 지음(1973), 이상호 옮김,《작은 것이 아름답다 – 인간 중심의 경제를 위하여 *Small is Beautiful: A Study of Economics as if Humans Mattered*》(문예출판사, 2002)

Singer, T. and Kimbles, S. (eds) (2004) *The Cultural Complex: Contemporary Jungian Perspectives on Psyche and Society*. Hove and New York: Brunner-Routledge.

Tait, A. (2020) 'Covid-19 and the Climate and Ecological Emergency'. Climate Psychology Alliance. Available at: https://www.climatepsychologyalliance.org/ explorations/blogs/453-covid-19-and-the-climate-and-ecological-emergency-cee

Weintrobe, S. (ed.) (2013) *Engaging with Climate Change*. London: Routledge.

Winnicott, D. W. (1990) *The Maturational Processes and the Facilitating Environment*. London: Karnac Books.

5. 사회 붕괴가 지닌 보다 깊은 함의
: 탈-출(e-s-c-a-p-e) 이데올로기로부터의 공동해방

Abhayananda, S. (2002) *The History of Mysticism: The Unchanging Testament*. London: Watkins Publishing.

Adorno, T. W. and Horkheimer, M. (1997) *Dialectic of Enlightenment*. London: Verso.

Andreotti, V. (2014) 'Conflicting Epistemic Demands in Poststructuralist and Postcolonial Engagements with Questions of Complicity in Systemic Harm'. *Educational Studies* 50(4): 378–97.

Atkinson, E. (2002) 'The Responsible Anarchist: Postmodernism and Social Change'. *British Journal of Sociology of Education* 23(1): 73–87.

Bailey, C. (2019) 'Teaching in Outrageous Times: Vipassana Practice and the Pedagogical Power of Anger'. *Journal of Contemplative Inquiry* 6(1). Available at: https://journal.contemplativeinquiry.org/index.php/joci/article/view/189

Bakewell, S. (2016) *At the Existentialist I: Freedom, Being, and Apricot Cocktail*. New York: Other Press.

Beauvoir, S. de (2015) *The Ethics of Ambiguity*. Translated from French by B. Frechtman. London: Philosophical Library/Open Road.

Bendell, J. and Greco, T. (2013) 'Currencies of Transition', in M. McIntosh (ed.), *The Necessary Transition*, 1st edn. Sheffield: Greenleaf Publishing.

Bendell, J., Sutherland, N. and Little, R. (2017) 'Beyond Unsustainable Leadership: Critical Social Theory for Sustainable Leadership'. *Sustainability Accounting, Management and Policy Journal* 8(4): 418–44.

Budolfson, M., McPherson, T. and Plunkett, D. (forthcoming) *Philosophy and Climate Change*. Oxford: Oxford University Press.

Ceballos, G., Ehrlich, P. R. and Dirzo, R. (2017) 'Biological Annihilation via the Ongoing Sixth Mass Extinction Signaled by Vertebrate Population Losses and Declines'. PNAS 114(30). Available at: https:// doi.org/10.1073/pnas.1704949114

Cole, M. (2007) *Marxism and Educational Theory: Origins and Issues*. London: Routledge.

Dietz, R. and O'Neill, D. (2013) *Enough Is Enough: Building a Sustainable Economy in a World of Finite Resources*. Oakland, CA: Berrett-Koehler Publishers.

Doppelt, B. (2016) *Transformational Resilience: How Building Human Resilience to Climate Disruption Can Safeguard Society and Increase Wellbeing*. London and New York: Routledge.

Doucet, A. and Mauthner, N. (2006) 'Feminist Methodologies and Epistemology', in C. D. Bryant and D. L. Peck (eds), *21st Century Sociology: A Reference Handbook (Volume 2)*, 1st edn. Thousand Oaks, CA: Sage Publications.

Eisenstein, C. (2011) *Sacred Economics: Money, Gift, and Society in the Age of Transition*. Berkeley, CA: Evolver Editions.

Eisenstein, C. (2018) *Climate – A New Story*. Berkeley, CA: North Atlantic Books.

Fairclough, N. (2014) *Language and Power*, 3rd edn. London: Longman.

Foucault, M. (1984) *The Foucault Reader*. London: Pantheon.

Gandhi, M. (1993) *The Story of My Experiments with Truth*. Boston, MA: Beacon

Press.

데이비드 그레이버 지음(2011), 정영진 옮김,《부채, 첫 5,000년의 역사*Debt: The First 5000 Years*》(부글북스, 2021)

Greer, J. M. (2015) *After Progress.* Gabriola Island, BC: New Society Publishers.

GTDF (2020) 'Preparing for the End of the World as We Know It'. Open Democracy. Available at: https://www.opendemocracy.net/en/ oureconomy/preparing-end-world-we-know-it/

Hagen, S. (1998) *Buddhism Plain and Simple: The Practice of Being Aware,* Right Now, Every Day. New York: Broadway Books.

Hughes, S. and Pennington, J. (2017) *Autoethnography: Process, Product, and Possibility for Critical Social Research.* Thousand Oaks, CA: SAGE Publications.

Irigaray, L. (1993) *An Ethics of Sexual Difference,* trans. C. Burke and G. Gill. Ithaca, NY: Cornell University Press.

Jenkinson, S. (2016) *Die Wise – A Manifesto for Sanity and Soul.* Berkeley, CA: North Atlantic Books.

Lakoff, G. (2002) *Moral Politics: How Liberals and Conservatives Think.* Chicago, IL: University of Chicago Press.

Macy, J. (2020) *A Wild Love for the World: Joanna Macy and the Work of Our Time.* Boulder, CO: Shambhala Publications.

Mann, M. (forthcoming) *The New Climate War: The Fight to Take Back Our Planet.* New York: Public Affairs Books.

Menzies, R. G. and Menzies, R. E. (2019) 'Emotional Pain and Suffering: The Search for Global Solutions', in P. Rhodes (ed.), *Beyond the Psychology Industry: How Else Might We Heal?* 1st edn. New York: Springer.

Nhat Hanh, T. (1987) *Interbeing.* Berkeley, CA: Parallax Press.

Reyes Mason, L. and Rigg, J. (2019) *People and Climate Change: Vulnerability, Adaptation, and Social Justice.* Oxford: Oxford University Press.

Rorty, R. (1989) *Contingency, Irony, and Solidarity.* Cambridge: Cambridge University Press.

Rothberg, D. (2006) *The Engaged Spiritual Life: A Buddhist Approach to Transforming Ourselves and the World.* Boston, MA: Beacon Press.

Servigne, P., Stevens, R. and Chapelle, G. (2020) *Another End of the World is Possible: Living the Collapse (and Not Merely Surviving It).* Cambridge: Polity.

Stanley, L. and Wise, S. (1993) *Breaking Out Again: Feminist Ontology and Epistemology.* London: Routledge.

Stein, S. et al. (2020) 'Gesturing Towards Decolonial Futures: Reflections on Our Learnings Thus Far'. NJCIE 2020 4(1): 43–65. Available at: https://journals.hioa. no/index.php/nordiccie/article/view/3518/3521

Vaughan-Lee, L. (2017) *The Return of the Feminine and the World Soul.* San Francisco, CA: Golden Sufi Centre.

Versluis, V. (2006) 'Antimodernism'. Telos 137: 96–130. Available at: http://www. arthurversluis.com/Antimodernism.pdf

Woodstock, L. (2007) 'Think about It: The Misbegotten Promise of Positive Thinking Discourse'. *Journal of Communication Inquiry* 31: 166–89.

6. 무의식적인 중독: 기후변화와 잠재적 기후 붕괴에 대한 반응 유형 분류

Alcoff, L. M. (2007) 'Epistemologies of Ignorance: Three Types', in N. Tuana (ed.), *Race and Epistemologies of Ignorance.* Albany, NY: SUNY Press, pp. 39–57.

Anderson, J. L. (2019) 'At the U.N., Jair Bolsonaro Presents a Surreal Defense of His Amazon Policies'. *New Yorker.* Available at: https://www.newyorker.com/news/ daily-comment/at-the-united-nations-jair-bolsonaro-presents-a-surreal-defense-of-his-amazon-policies

Andreotti, V. (2019) 'The Enduring Challenges of Collective Onto-(and Neuro-) Genesis'. *LÁPIZ* (4): 61–78.

Andreotti, V., Stein, S., Pashby, K. and Nicolson, M. (2016) 'Social Cartographies as Performative Devices in Research on Higher Education'. *Higher Education Research & Development* 35(1): 84–99.

Andreotti, V., Stein, S., Sutherland, A., Pashby, K., Suša, R. and Amsler, S. (2018) 'Mobilising Different Conversations about Global Justice in Education: Toward Alternative Futures in Uncertain Times'. *Policy & Practice: A Development Education Review* 26: 9–41.

Bendell, J. (2018) *Deep Adaptation: A Map for Navigating Climate Tragedy. IFLAS Occasional Paper* 2. Available at: http://www.lifeworth.com/deepadaptation.pdf

CBC (2017) 'Trudeau: "No country would find 173 billion barrels of oil in the ground and leave them there"'. *CBC News.* Available at: https://www.cbc.ca/news/ world/trudeau-no-country-would-find-173-billionbarrels-of-oil-in-the-ground-and-leave-them-there-1. 4019321

Chase, S., Cryderman, K. and Lewis, J. (2018) 'Trudeau Government to Buy Kinder

Morgan's Trans Mountain for $4.5-Billion'. *The Globe and Mail.* Available at: https://www.theglobeandmail.com/politics/article-trudeau-government-to-buy-kinder-morgans-trans-mountainpipeline/

Economist (2019) 'Black in Business. Adani's Giant Australian Coal Mine Gets the Go-Ahead'. Available at: https://www.economist.com/asia/2019/06/29/adanis-giant-australian-coal-mine-gets-the-go-ahead

Foster, J. (2015) *After Sustainability.* Abingdon, UK: Earthscan/Routledge.

GTDF (2020) *Preparing for the End of the World as We Know It.* Open Democracy. Available at: https://www.opendemocracy.net/en/oureconomy/preparing-end-world-we-know-it/

Jackson, H. (2019) 'National Climate Emergency Declared by House of Commons'. Global News. Available at: https://globalnews.ca/news/5401586/canada-national-climate-emergency/

Jimmy, E. (2019) 'Why I Can't Hold Space for You Anymore'. Available at: https://decolonialfutures.net/portfolio/why-i-cant-hold-space-for-you-anymore/

Koenig, N. (2017) 'The Nuclear Bunkers Designed for Luxury Living'. BBC. Available at: https://www.bbc.com/news/business-38795967

Kraus, C., Castrén, E., Kasper, S. and Lanzenberger, R. (2017) 'Serotonin and Neuroplasticity – Links between Molecular, Functional and Structural Pathophysiology in Depression'. *Neuroscience & Biobehavioral Reviews* 77: 317–26.

Liu, B., Liu, J., Wang, M., Zhang, Y. and Li, L. (2017) 'From Serotonin to Neuroplasticity: Evolvement of Theories for Major Depressive Disorder'. *Frontiers in Cellular Neuroscience* 11, Article 305. DOI: 10.3389/fncel.2017.00305

Maldonado-Torres, N. (2004) 'The Topology of Being and the Geopolitics of Knowledge: Modernity, Empire, Coloniality'. *City* 8(1): 29–56.

조지 마셜 지음(2014), 이은경 옮김,《기후변화의 심리학-우리는 왜 기후변화를 외면 하는가*Don't Even Think About It: Why Our Brains Are Wired to Ignore Climate Change.*》(갈마바람, 2018)

Paulston, R. G. and Liebman, M. (1994) 'An Invitation to Postmodern Social Cartography' *Comparative Education Review* 38(2): 215–2.

Pitt, A. and Britzman, D. (2003) 'Speculations on Qualities of Difficult Knowledge in Teaching and Learning: An Experiment in Psychoanalytic Research' *Qualitative Studies in Education* 16(6): 755–6.

Pompeo, M. (2019) 'On the US Withdrawal from the Paris Agreement' Press statement. Available at: https://www.state.gov/on-the-u-s-withdrawal-from-the-paris-agreement/

Remeikis, A. (2019) 'No Better Place to Raise Kids" Scott Morrison' New Year Message to a Burning Australia' *Guardian*. Available at: https://www.theguardian.com/australia-news/2020/jan/01/no-better-place-to-raise-kids-scott-morrison-new-year-message-burning-australia

Stamp, E. (2019) 'Billionaire Bunkers: How the 1% Are Preparing for the Apocalypse' CNN. Available at: https://www.cnn.com/style/article/doomsday-luxury-bunkers/index.html

Stein, S. (2019) 'The Ethical and Ecological Limits of Sustainability: A Decolonial Approach to Climate Change in Higher Education' *Australian Journal of Environmental Education* 35(3): 198–12.

Stein, S., Andreotti, V., Suša, R. and Čajkova, T. (forthcoming) 'From "Education for Sustainable Development" to "ducation for the End of the World as We Know It" Interrupting Denial and Inviting Otherwise Possibilities' *Educational Philosophy and Theory*.

Stein, S., Hunt, D., Suša, R. and Andreotti, V. (2017) 'The Educational Challenge of Unravelling the Fantasies of Ontological Security' *Diaspora, Indigenous, and Minority Education* 11(2): 69–9.

Suša, R. and Andreotti, V. (2019) 'Social Cartography in Educational Research' *Oxford Research Encyclopedia of Education*. Avalable at: https://oxfordre.com/view/10.1093/acrefore/9780190264093.001.0001/acrefore-9780190264093-e-528

Taylor, L. K. (2013) 'gainst the Tide: Working with and against the Affective Flows of Resistance in Social and Global Justice Learning' *Critical Literacy: Theories & Practices* 7(2): 58–8.

Tuana, N. (2006) 'he Speculum of Ignorance: The Women' Health Movement and Epistemologies of Ignorance' *Hypatia* 21(3): 1–9.

Zembylas, M. (2014) 'heorizing "ifficult Knowledge"in the Aftermath of the "ffective Turn" Implications for Curriculum and Pedagogy in Handling Traumatic Representations' *Curriculum Inquiry* 44(3): 390–12.

7. 심층적응 촉진 : 우리가 직면한 궁지에 대한 보다 따뜻한 대화 활성화

Abhayananda, S. (2002) *The History of Mysticism: The Unchanging Testament.* London: Watkins Publishing.

Adorno, T. W. and Horkheimer, M. (1997) *Dialectic of Enlightenment.* London: Verso.

Beauvoir, S. de (2011) *The Second Sex.* London: Vintage Books.

Bendell, J. (2018) 'Deep Adaptation: A Map for Navigating Climate Tragedy'. IFLAS Occasional Paper 2. Available at: http://www.lifeworth.com/deepadaptation.pdf

Bendell, J. (2019) 'The Love in Deep Adaptation – A Philosophy for the Forum'. JemBendell.com. Available at: https://jembendell.com/2019/03/17/the-love-in-deep-adaptati on-a-philosophy-for-the-forum/

데이비드 봄 지음(1996), 강혜정 옮김, 《대화란 무엇인가 : 갈등과 대립을 넘어 공생을 추구하는 지속가능한 변화의 시작점 *On Dialogue*》(에이지21, 2021)

Carr, K. and Bindewald, L. (2019) '"Zero Is Where the Real Fun Starts" – Evaluation for Value(s) Co-Production', in P. Bamber (ed.), *Teacher Education for Sustainable Development and Global Citizenship: Critical Perspectives on Values, Curriculum and Assessment,* 1st edn. Abingdon: Routledge.

Crettaz, B. (2010) *Cafés mortels: sortir la mort du silence.* Geneva: Labor et fides.

Cunsolo, A. and Landman, K. (eds) (2017) *Mourning Nature: Hope at the Heart of Ecological Loss and Grief,* 1st edn. London: McGill-Queen's University Press.

Díaz, S., Settele, J., Brondízio, E., et al. (2019) *Summary for Policymakers of the Global Assessment Report on Biodiversity and Ecosystem Services of the Intergovernmental Science-Policy Platform on Biodiversity and Ecosystem Services.* Bonn: IPBES Secretariat. Available at: https://ipbes.net/sites/default/files/2020-02/ipbes_global_asse ssment_rep ort_summary_for_policymakers_en.pdf

Fairclough, N. (2001) *Language and Power.* Harlow: Longman.

Farb, N. A. S. et al. (2007) 'Attending to the Present: Mindfulness Meditation Reveals Distinct Neural Modes of Self-Reference'. *Social Cognitive and Affective Neuroscience* 2(4): 313–22.

Foucault, M. (1984) 'On the Genealogy of Ethics: An Overview of Work in Progress', in P. Rabinow (ed.), *The Foucault Reader: An Introduction to Foucault's Thought,* 1st edn. London: Penguin.

Freire, P. (2005) *Education for Critical Consciousness.* New York: Continuum

International Publishing Group.

Frosh, S. (2018) 'Rethinking Psychoanalysis in the Psychosocial' *Psychoanalysis, Culture and Society* 23(1): 5–4.

Greer, J. M. (2015) *After Progress.* Gabriola Island, BC: New Society Publishers.

Hagen, S. (1998) *Buddhism Plain and Simple: The Practice of Being Aware, Right Now, Every Day.* New York: Broadway Books.

Harris, D. (2010) 'Oppression of the Bereaved: A Critical Analysis of Grief in Western Society' *Journal of Death and Dying* 60(3): 241–3.

Hattam, R. (2004) *Awakening-Struggle: Towards a Buddhist Critical Social Theory.* Flaxton: PostPressed.

Heron, J. (1999) *The Complete Facilitator's Handbook.* London: Kogan Page.

Irigaray, L. (1985) *Speculum of the Other Woman,* trans. G. C. Gill. Ithaca, NY: Cornell University Press.

Kramer, G. (2007) *Insight Dialogue: The Interpersonal Path to Freedom.* Boulder, CO: Shambhala Publications.

Kübler-Ross, E. (1969) *On Death and Dying.* New York: Macmillan.

Murray, E. (2015) *Disrupting Pathways to Genocide.* Basingstoke: Palgrave Macmillan.

Naess, A. (1977) 'Spinoza and Ecology' *Philosophia* 7: 45–4.

Nussbaum, M. (1995) 'Objectification' *Philosophy and Public Affairs* 24(4): 249–1.

Rabkin, Y. and Minakov, M. (eds) (2018) *Demodernization: A Future in the Past.* New York: Ibidem Press.

Ringer, M. (1998) 'Two Vital Aspects in the Facilitation of Groups: Connections and Containment' *Australian Journal of Outdoor Education* 4(1): 5–1.

Rorty, R. (1989) *Contingency, Irony, and Solidarity.* Cambridge: Cambridge University Press.

Sim, S. and van Loon, B. (2004) *Introducing Critical Theory.* Royston: Icon Books.

Smit, H. (2014) *The Depth Facilitator's Handbook: Transforming Group Dynamics.* The Depth Leadership Trust.

Thieleman, K. (2015) 'Epilogue: Grief, Bereavement, and Ritual across Cultures' in J. Cacciatore and J. DeFrain (eds), *The World of Bereavement Cultural Perspectives on Death in Families,* 1st edn. Cham: Springer.

Xu, Y. and Ramanathan, V. (2017) 'Well below 2°C: Mitigation Strategies for Avoiding Dangerous to Catastrophic Climate Changes' *Proceedings of the National Academy of Sciences* 114(39): 10315–3. Available at: https://www.pnas.org/content/114/39/10315

8. 거대한 전환 : 붕괴 속에서 확립하는 재연결

Bendell, J. (2019a) 'Hope and Vision in the Face of Collapse – The 4th R of Deep Adaptation'. Available at: https://jembendell.com/2019/01/09/hope-and-vision-in-the-face-of-collapse-the-4th-r-of -deep-adaptation/

Bendell, J. (2019b) 'Notes on Hunger and Collapse'. Available at: https://jembendell.com/2019/03/28/notes-on-hunger-and-collapse/

Kelly, S. (2020) *Living in End Times: On the Threshold of Planetary Initiation*. Revelore Press. Available at: https://revelore.press/publications/living-in-end-times/

조애나 메이시, 몰리 영 브라운 지음(2014), 이은주 옮김《생명으로 돌아가기*Living in End Times: On the Threshold of Planetary Initiation*》(모과나무, 2020)

Mendosa, M. A. (2019) 'Climate Grief: Is It Real? Solastalgia and Mourning the Loss of the Environment'. *Psychology Today*. Available at: https://www.psychologytoday.com/us/blog/understanding-grief/201912/climate-grief-is-it-real

Servigne, P. and Stevens, R. (2020) *How Everything Can Collapse*. Cambridge, UK: Polity Press, pp. 8, 98, 178–9.

토마스 베리, 브라이언 스윔 지음(1992), 맹영선 옮김,《우주이야기-태초의 찬란한 불꽃으로부터 생태대까지*The Universe Story: From the Primordial Flaring Forth to the Ecozoic Era: A Celebration of the Unfolding of the Cosmos*》(대화문화아카데미, 2010)

Syme, K. L. and Hagen, E. H. (2019) 'Mental Health is Biological Health: Why Tackling "Diseases of the Mind" is an Imperative for Biological Anthropology in the 21st Century'. *American Journal of Physical Anthropology* 171: 87–117.

3부 행동의 전환

9. 심층적응의 맥락에서 리더십과 매니지먼트

Alvesson, M. and Blom, M. (2019) 'Beyond Leadership and Followership: Working with a Variety of Modes of Organizing'. *Organizational Dynamics* 48(1): 28–37.

Bendell, J. (2018) 'Deep Adaptation: A Map for Navigating the Climate Tragedy'. *Occasional Paper 2, Initiative for Leadership and Sustainability, University of Cumbria*. Available at: https://iflas.blogspot.com/2018/07/new-paper-on-deep-adaptation-to-climate.html

Bendell, J. and Cave, D. (2020) 'Does Anticipating Societal Collapse Motivate Pro-social Behaviours?' Initiative for Leadership and Sustainability, University of Cumbria. Available at: http://iflas.blogspot.com/2020/06/does-anticipating-societal-collapse.html

Bendell, J., Sutherland, N. and Little, R. (2017) 'Beyond Unsustainable Leadership: Critical Social Theory for Sustainable Leadership'. *Sustainability Accounting, Management and Policy Journal* 8(4): 418–44.

뤼트허르 브레흐만 지음(2020), 조현욱 옮김, 《휴먼카인드 *Humankind*》(인플루엔셜, 2021)

Chace, S., Lynerd, B. T. and DeSantis, A. (2020) '"A Distant Mirror": Sensemaking in the Era of Trump'. *Leadership*. September.

Cohn, N. (1957) *The Pursuit of the Millennium: Revolutionary Millenarians and Mystical Anarchists of the Middle Ages.* Oxford: Oxford University Press.

Diamond, J. (2005) *Collapse: How Societies Choose to Fail or Succeed.* London: Penguin.

Eisenstein, C. (2020) *The Coronation.* Available at: https://charleseisenstein.org/essays/the-coronation/

Freud, S. (1961 [1931]) 'Libidinal Types', *The Standard Edition of the Complete Psychological Works of Sigmund Freud* 21: 215–20.

Gosling, J. and Grodecki, A. (2020) 'Competencies for Responsible Management (and Leadership) Education', in D. Moosemayer, O. Laasch, C. Parkes and A. Brown (eds), *Responsible Management Leadership and Education.* London: Sage.

Haslam, S. A., Reicher, S. and Platow, M. (2011) *A New Psychology of Leadership: Identity, Influence and Power.* Hove: Psychology Press.

Lear, J. (2006) *Radical Hope: Ethics in the Face of Cultural Devastation.* Cambridge, MA: Harvard University Press.

Maccoby, M. (2000) 'Narcissistic Leaders: The Incredible Pros, the Inevitable Cons'. *Harvard Business Review* (Sept.)

Raelin J. (2011) 'From Leadership-as-Practice to Leaderful Practice'. *Leadership* 7(2): 195–211.

Stein, M. (2004) 'The Critical Period of Disasters: Insights from Sense making and Psychoanalytic Theory'. *Human Relations* 57(10): 1243–61.

Taylor, M. (2019) 'Why Balance is the Key to Success'. London: Royal Society of the Arts. Available at: https://www.thersa.org/blog/matthew-taylor/2019/05/balance

Tha-nissaro Bhikku (1997) *The Great Causes Discourse Maha- Nida-na Sutta* (DN15). Available at: https://www.dhammatalks.org/suttas/DN/DN15.html

Thompson, M. (1997) 'Security and Solidarity: An Anti-Reductionist Framework for Thinking about the Relationship between Us and the Rest of Nature'. *Geographical Journal* 163(2): 141–9.

Thompson, M., Ellis, R. and Wildavsky, A. (1990) *Cultural Theory*. Boulder, CO: Westview Press.

Weick, K. E. (1993) 'The Collapse of Sensemaking in Organizations: The Mann Gulch Disaster'. *Administrative Science Quarterly* 38(4): 628–52.

10. 가장 중요한 것: 변덕스럽고 복잡한 기후에 관한 심층교육 대화

Bendell, J. (2018) 'Deep Adaptation: A Map for Navigating Climate Tragedy'. Available at: www.iflas.info

Bendell, J. (2019, March 17) 'The Love in Deep Adaptation – A Philosophy for the Forum'. Available at: https://jembendell.com/2019/03/17/the-love-in-deep-adaptation-a-philosophy-for-the-forum/

Biesta, G. J. (2006) 《학습을 넘어 *Beyond Learning: Democratic Education for a Human Future*》(교육과학사, 2022년).

Biesta, G. (2010) *Good Education in an Age of Measurement: Ethics, Politics, Democracy*. New York: Routledge.

Biesta, G. (2020) 'Perfect Education, But Not for Everyone: On Society's Need for Inequality and the Rise of Surrogate Education'. *Zeitschrift für Pädagogik* 66(1): 8–14.

Bülow, C. von (2020) 'The Practice of Attention in the Workplace –Phenomenological Accounts of Lived Experience'. (Thesis). Bristol: University of the West of England Research Repository.

Bülow, C. von and Simpson, P. (forthcoming) 'Managing in Uncertainty: Contributions of Negative Capability'.

Crawford, M. (2015) *The World Beyond Your Head: How to Flourish in an Age of Distraction*. (Kindle edn). London: Penguin.

Egan, K. (2008) *The Future of Education: Reimagining Our Schools from the Ground Up*. London: Yale University Press.

Firestone, A., Schorr, L. and Monfils, L. (2004) *The Ambiguity of Teaching to the Test: Standards, Assessment, and Educational Reform*. London: Routledge.

Garvis, S., Harju-Luukkainen, H. and Yngvesson, T. (2019) 'Towards a Test-Driven Early Childhood Education: Alternative Practices to Testing Children', in G. Barton and S. Garvis (eds), *Compassion and Empathy in Educational Contexts*. Cham: Palgrave Macmillan.

Gordon, A. and Bülow, C. von (2012) 'Re-Imagining Potential: A Collaborative Action Inquiry'. Cotswolds, UK: RSUC.

Harmer, A., Leetz, A. and Eder, B. (2020) 'Time for WHO to Declare Climate Breakdown a PHEIC?' *Lancet* 396(10243): 23–4.

Hull, G. and Katz, M.-L. (2006) 'Crafting an Agentive Self: Case Studies of Digital Storytelling'. *Research in the Teaching of English* 41(1): 43–81.

Jones, P., Selby, S. and Sterling, S. (2010) *Sustainability Education: Perspectives and Practice across Higher Education*. London: Earthscan.

Lauder, H. (2012) *Educating for the Knowledge Economy: Critical Perspectives*. London: Routledge.

MacCallum, G. C. (1967) 'Negative and Positive Freedom'. *Philosophical Review* 76(3): 312–34.

Macdonald, H. (2005) 'Schools for a Knowledge Economy'. *Policy Futures in Education* 3(1).

Nakamura, J. and Csikszentmihalyi, M. (2009) 'Flow Theory and Research', in C. R. Snyder and S. J. Lopez (eds), *Oxford Handbook of Positive Psychology*, 2nd edn. Oxford: Oxford University Press, pp.89–105.

OECD (2018) 'Children and Young People's Mental Health in the Digital Age Shaping the Future'. Available at: http://www.oecd.org/health/health-systems/Children-and-Young-People-Mental-Health-in-the-Digital-Age.pdf

Oliver, M. (2004) *New and Selected Poems, Vol. 1*. Boston, MA: Beacon Press.

Orr, D. (2009) *Down to the Wire: Confronting Climate Collapse*. New York: Oxford University Press.

Redefine School (2020) 'be you. a quiet revolution'. Redefine School. Available at: https://redefineschool.com

Robinson, S. K. (2007) 'Do Schools Kill Creativity?' TED. Available at: http://youtu.be/iG9CE55wbtY

리차드 세넷 지음(2003) 유강은 옮김, 《불평등 사회의 인간존중 Respect: The Formation of Character in an Age of Inequality》(문예출판사, 2004).

Stone, M. K. (2005) *Ecological Literacy: Educating Our Children for a Sustainable World*. Berkeley, CA: California University Press.

Tochon, F. V. (2010) 'Deep Education'. *Journal for Educators, Teachers and Trainers* 1: 1–12.

Williams, J. (2017) 'The Attention Economy'. Available at: https://www.youtube.com/watch?v=xxyRf3hfRXg

Wong, P. E. and Tomer, A.(2011) 'Beyond Terror and Denial: The Positive Psychology of Death Acceptance'. *Death Studies* 35(2): 99–106.

쇼샤나 주보프 지음.(2019), 김보영 옮김, 《감시 자본주의 시대 *The Age of Surveillance Capitalism: The Fight for a Human Future at the New Frontier of Power*》(문학사상사, 2021).

11. 두 말에 올라타기: 생태계에 의한 사회 붕괴의 가능성에 직면한 정치와 행동주의의 미래

Bendell, J. (2019a) 'Notes on Hunger and Collapse'. Jembendell.com. Available at: https://jembendell.com/2019/03/28/notes-on-hunger-and-collapse/

Bendell, J. (2019b) 'Why Deep Adaptation Needs Re-localisation'. Jembendell. com. Available at: https://jembendell.com/2019/11/02/deep-adaptation-relocalisation/

Cain, S. and Murray, J. (2020) '"Culture of Misinformation": Artists Protest against London Thinktanks'. *Guardian*. Available at: https://www.theguardian.com/environment/2020/sep/02/ground-zero-of -lies-on-climate-artists-protest-at-london-thinktanks

Dobson, A. (2000) *Green Political Thought*, 3rd edn. Abingdon: Routledge.

Dolley, S. (2020) *Dozens of US Nuclear Power Plants at Risk Due to Climate Change:* Moody's. S&P Global. Available at: https://www.spglobal.com/platts/en/market-insights/latest-news/electric-power/081820-dozensof-us-nuclear-power-plants-at-risk-due-to-climate-change-moodys

Energyskeptic. (2014) 'David Fleming. 2007. "The Lean Guide to Nuclear Energy. A Life-Cycle in Trouble"'. Available at: http://energy skeptic.com/2014/david-fleming-2007-the-lean-guide-to-nuclear-ene rgy-a-life-cycle-in-trouble/

Extinction Rebellion UK (2020) 'Keep Speaking Truth to Power –Here Comes Week 2'.

Available at: https://extinctionrebellion.uk/2020/09/06/keep-speaking-truth-to-power-here-comes-week-2/

Eyres, H. (2020) 'How Coronavirus Has Led to a Return of the Precautionary Principle'. *New Statesman*. Available at: https://www.newstatesman.com/international/2020/04/how-coronavirus-has-led-return-precautionary-principle .

Foster, J. (2015) *After Sustainability: Denial, Hope, Retrieval*. Abingdon, UK: Routledge.

Foster, J. (ed.) (2019) *Facing Up to Climate Reality: Honesty, Disaster and Hope*. London: London Publishing Partnership/Green House.

The Glacier Trust (2020) 'Framing Adaptation'. The Glacier Trust. Available at: http://theglaciertrust.org/blog/2020/8/26/framing-adaptation

Glasman, M. (2020) 'The Coronavirus Crisis Has Sounded the Death Knell for Liberal Globalisation'. *New Statesman*. Available at: https://www.newstatesman.com/politics/economy/2020/04/coronavirus-crisi s-has-sounded-death-knell-liberal-globalisation

Gray, J. (2020) 'Why This Crisis is a Turning Point in History'. *New Statesman*. Available at: https://www.newstatesman.com/intern ational/2020/04/why-crisis-turning-point-history

Greer, J. M. (2005) *How Civilizations Fall: A Theory of Catabolic Collapse*. Ecoshock. Available at: https://www.ecoshock.org/transcripts/greer_on_collapse.pdf

Guardian (2020) 'After Coronavirus, Focus on the Climate Emergency'. [Letter from W. Knorr et al.] Available at: https://www.theguard ian.com/world/2020/may/10/after-coronavirus-focus-on-the-climate-emergency

Hester, K. (2018) 'This Civilisation is Finished. Rupert Read, Paul Ehrlich and Jem Bendell'. Kevinhester.live. Available at: https://kevinhester.live/2018/12/28/this-civilisation-is-finished-ruppert-reidpaul-ehrlich-and-jem-bendell/

Horton, H. (2019) 'MPs Bow to Extinction Rebellion Demand, as They Send Out Invitations to Climate Change Citizens' Assembly'. *The Telegraph*. Available at: https://www.telegraph.co.uk/climate/2019/11/01/mps-bow-extinction-rebellion-demand-send-invitations-climate/

Kishan, S. (2020) 'Professor Sees Climate Mayhem Lurking Behind Covid-19 Outbreak'. Bloomberg. Available at: https://www.bloomberg.com/news/articles/2020-03-28/professor-se es-climate-mayhem-lurking-behind-covid-19-outbreak

Lang, T. M. and Heasman, M. (2015) *Food Wars: The Global Battle for Mouths, Minds and Markets*, 2nd edn. Abingdon: Routledge.

Lear, J. (2006) *Radical Hope: Ethics in the Face of Cultural Devastation*. Cambridge, MA: Harvard University Press.

McCarthy, D. (2020) 'The Bank of England's Coronavirus "Recovery" Plan is Pushing Us Deeper into a Climate Emergency'. *Independent*. Available at: https://www.independent.co.uk/voices/coronavirus-ba nk-england-economic-recovery-plan-climate-change-rishi-sunak-a954 8396.html

Moses, A. (2020) '"Collapse of Civilisation is the Most Likely Outcome": Top Climate Scientists'. Voice of Action. Available at: https://voiceofaction.org/collapse-of-civilisation-is-the-most-likely-outcometop-climate-scientists/

헬레나 노르베리호지 지음(1991), 양희승 옮김,《오래된 미래*Ancient Futures: Lessons from Ladakh for a Globalizing World*》(녹색평론사, 2003/중앙북스, 2015)

Paul, H. and Read, R. (2019) 'Geoengineering as a Response to the Climate Crisis: Right Road or Disastrous Diversion?', in J. Foster (ed.), *Facing Up to Climate Reality: Honesty, Disaster and Hope*, 1st edn.London: London Publishing Partnership.

Phillips, M., Bridewell, A. and Richards, C. (2019) 'We Need to Talk about Adaptation'. The Glacier Trust. Available at: https://static1.squarespace.com/static/54b52dbde4b09c18186752fd/t/5e3d99797ffea47838bb08c0/1581095295885/WeNeedToTalkAboutAdaptation_TheGlacierTrustUK_FinalReport_Feb5th2019.pdf

Proctor, K. (2020) 'Just 6% of UK Public "Want a Return to Pre-Pandemic Economy"'. *Guardian*. Available at: https://www.theguar dian.com/world/2020/jun/28/just-6-of-uk-public-want-a-return-to-pre-pandemic-economy

Read, R. (2018a) 'This Civilisation is Finished: So What Is to Be Done?' Available at: https://www.youtube.com/watch?v=uzCxFPzdO0Y

Read, R. (2018b) 'After the IPCC Report, #climatereality'. Medium. Available at: https://medium.com/@rupertread_80924/after-the-ipcc- report-climatereality-5b3e2ae43697

Read, R. (2018c) 'Some Thoughts on "Civilisational Succession"'. Truth and Power. Available at: http://www.truthandpower.com/rupert-read-some-thoughts-on-civilisational-succession/

Read, R. (2019a) *The End of Globalisation and the Return of Localisation: How Climate Breakdown Terminates Developmentality*. HDCA Plenary Mahbub-ul-Haq Lecture, London, Sept. Available at: https://mediacentral.ucl.ac.uk/Play/18827

Read, R. (2019b) 'Climate Catastrophe: The Case for Rebellion'. Available at: https://www.youtube.com/watch?v=RnonKverhOg

Read, R. (2019c) 'BBC Question Time, 10-Oct-2019'. [video] Available at: https://www.youtube.com/watch?v=QK7DKiKh9_Q

Read, R. (2019d) 'We Must Adapt to Climate Decline'. Green World. Available at: https://greenworld.org.uk/article/we-must-adapt-climate-decline

Read, R. (2020a) Extinction Rebellion: Insights from the Inside. Melbourne: Simplicity Institute.

Read, R. (2020b) 'A Discussion of Transformative Adaptation: A Way Forward for the 2020s'. Available at: https://www.youtube.com/watch?v=msvHevicz24

Read, R. (2020c) '24 Theses on Corona'. Medium. Available at: https://medium.com/@rupertjread/24-theses-on-corona-748689919859

Read, R. (2020d) 'Smell the Roses'. The Idler. Available at: https://www.idler.co.uk/article/smell-the-roses/

Read, R. (2020e) 'The Coronavirus Gives Humanity One Last Chance– but for What Exactly?' Compass. Available at: https://www.compassonline.org.uk/the-coronavirus-gives-humanity-one-last-chance-but-for-what-exactly/

Read, R. (2020f) 'Imagining the World after COVID-19'. ABC Religion and Ethics. Available at: https://www.abc.net.au/religion/rupert-read-imagining-a-world-after-coronavirus/

Read, R. (2020g) 'I'll No Longer Be a Source for Murdoch's Empire of Lies'. Open Democracy. Available at: https://www.opendemocracy.net/en/opendemocracyuk/ill-no-longer-be-a-so urce-for-murdochs-empire-of-lies/

Read, R. (2021) Parents for a Future. Norwich: UEA Publishing Project.

Read, R. (unpublished(a)) 'Transformative Adaptation: A Declaration'. Available at: https://docs.google.com/document/d/1yJbpvCi6 51_E1tsTtYuuaSTJ1dByfAhj MET8X7Yqs-Q/

Read, R. (unpublished(b)) 'An Introduction to Transformative Adaptation'. Available at: https://docs.google.com/document/d/1lAWJxPFbV7IuShx2ShSIzN1yORL-v5_BgAbUtcAqTNI

Read, R. and Alexander, S. (2019) This Civilisation is Finished: Conversations on the End of Empire–and What Lies Beyond. Melbourne: Simplicity Institute.

Read, R. and Rughani, D. (2017) Apollo-Earth: A Wake Up Call in Our Race against Time. Ecologist. Available at: https://theecologist.org/2017/mar/09/apollo-earth-wake-call-our-race-against-time

Read, R. and Rughani, D. (2020) 'Heartbreaking Genius of Staggering Over-Simplification'. *Byline Times*. Available at: https://bylinetimes.com/2020/05/14/review-michael-moores-planet-of-the-humans-heartbreaking-genius-of-staggering-over-simplification/

Sinclair, I. (2018) 'No More Climate Cranks on Our Screens'. Morning Star. Available at: https://morningstaronline.co.uk/article/no-more-climate-cranks-our-screens

Todd, M. (2019) 'Extinction Rebellion's Tactics Are Working. It Has Pierced the Bubble of Denial'. *Guardian*. Available at: https://www.theguardian.com/commentisfree/2019/jun/10/extinction-rebellion-bubble-denial-climate-crisis

12. 심층적응으로서의 재지역화

Ahmed, N. (2019) 'The Flawed Social Science Behind Extinction Rebellion's Change Strategy'. *Medium*. Available at: https://medium.com/insurge-intelligence/the-flawed-science-behind-extinction-rebe llions-change-strategy-af077b9abb4d

Akehurst, William (2015) 'Where Do You Stand on Raw Milk? Interview with "Raw" Dairy Farmer Low Impact'. Available at: https://www.lowimpact.org/where-do-yo u-stand-on-ra w-milk-inte rv ie w-with-raw-dairy-farmer

Anantharaman, M., Huddart Kennedy, E., Middlemiss, L. and Bradbury, S. (2019) 'Who Participates in Community-Based Sustainable Consumption Projects and Why Does It Matter? A Constructively Critical Approach', in C. Isenhour, M. Martiskainen and L.Middlemiss (eds), *Power and Politics in Sustainable Consumption Research and Practice*. Abingdon, UK: Routledge.

Bardos, L. (2016) 'Is Sustainability Only for the Privileged?'. *Degrowth*. Available at: https://www.degrowth.info/en/2016/05/is- sustainability-only-for-the-privileged/

Bawtree, V. and Rahnema, M. (1997) *The Post-Development Reader*. London: Zed Books.

Bendell, J. and Greco, T. H. (2013) 'Currencies of Transition: Transforming Money to Unleash Sustainability', in M. McIntosh (ed.), *The Necessary Transition: The Journey Towards the Sustainable Enterprise Economy*. Sheffield: Greenleaf, ch. 14.

Bookchin, M. (2015) *The Next Revolution: Popular Assemblies and the Promise of Direct Democracy*. Edinburgh: Blair Taylor.

Cobbett, W. (1819) *Political Register*, Vol. 35. Available at: https://babel.hathitrust.org/

cgi/pt?id=chi.22519144&view=1up&seq=12

Doward, J. (2017) 'Bankruptcy Risk as "Desperate" Councils Play the Property Market'. *Guardian*. Available at: https://www.theguard ian.com/society/2017/ apr/29/vince-cable-c ash-stra pped-coun cils -at-ri skcredit-bubble

EU (2014) *How the EU Works*. Available at: https://europa.rs/images/publikacije/ HTEUW_How_the_EU_Works.pdf

Fairchild, D. and Weinrub, A. (2017) 'Energy Democracy', in D. Lerch (ed.), *The Community Resilience Reader*. Post Carbon Institute, ch. 11. Washington, DC: Island Press.

Fairlie, S. (2016) 'Why Do Organic Farmers Have to Pay for Certification Rather than Farmers Who Use Toxic Chemicals?' *Low Impact*. Available at: https:// www.lowimpact.org/organic-farm ers-pay-certification-rather-farmers-use-toxic-chemicals

Giangrande, N. (2018) 'Seven Lessons on Starting a Worldwide Movement for Change'. *Transition Network*. Available at: https://transitionnetwork.org/news-and-blog/seven-lessons-star ting-worl dwid e - movement-change

Global Justice Now (2017) 'Policy Briefing: From Handouts to the Super-Rich to a Hand-Up for Small-Scale Farmers'. *Global Justice Now*. Available at: https://www. globaljustice.org.uk/sites/default/files/files/resources/postbrexitagsubsidies_ briefing_3.pdf

Grabow, K. (2011) *Christian Democracy, Principles and Policy-Making*. Berlin: Konrad-adenauer-stiftung.

Haimes, Y. (2009) 'On the Definition of Resilience in Systems'. *Risk Analysis* 29: 498–501. Available at: https://onlinelibrary.wiley.com/doi/abs/10.1111/j.1539-6924.2009.01216.x

Harrison, J. (2018) 'On a Small Scale, Why Is It Illegal to Give Food Waste to Chickens and Other Animals?' *Low Impact*. Available at: https://www.lowimpact.org/ whats-wrong-with-feeding-food-waste-to-chickens-and-other-livestock

Hayek, F. (1976) *Denationalisation of Money*. London: Institute of Economic Affairs.

Homer-Dixon, T. (2006) *The Upside of Down: Catastrophe, Creativity, and the Renewal of Civilization*. Toronto, Canada: Knopf.

Jarman, N. (2016) 'Home Slaughter, Part 1'. *Country Smallholding*. Available at: https://www.countrysmallholding.com/livestock/home-slaughter-part-1-1-4368809

Jenkin, T. and Slater, M. (2016) *The Credit Commons: A Money for the Solidarity*

Economy. Available at: http://creditcommons.net

Lietaer, B. and Ulanovicz, B. (2010) *Is Our Monetary Structure a Systemic Cause for Financial Instability? Evidence and Remedies from Nature.* Available at: http://www.lietaer.com/images/Journal_Future_Studies_final.pdf

Macalister, T. (2015) 'BP Dropped Green Energy Projects Worth Billions to Focus on Fossil Fuels'. *Guardian.* Available at: https://www.theguardian.com/environment/2015/apr/16/bp-dropped-greenenergy-projects-worth-billions-to-focus-on-fossil-fuels

McGinnis, M. V. (1999) *Bioregionalism.* Abingdon, UK: Routledge.

Minkel, J. R. (2008) 'The 2003 Northeast Blackout – Five Years Later'. *Scientific American* Available at: https://www.scientificamerican.com/article/2003-blackout-five-years-later

헬레나 노르베리호지 지음(1991), 양희승 옮김,《오래된 미래》

헬레나 노르베리호지 지음(2019), 최요한 옮김,《로컬의 미래》(남해의 봄날, 2018)

Norberg-Hodge, H. and Read, R. (2016) *Post-Growth Localisation.* Weymouth: Green House.

Peters, M., Fudge, S. and Jackson, T. (2010) 'Low Carbon Communities: Imaginative Approaches to Combating Climate Change Locally'. Elgar. Available at: https://pdfs.semanticscholar.org/1c3b/89197efae2e29ddc1a8e0ace2597ea9388e4.pdf

Pipe, J. (2013) 'Two Years On, What Has the Localism Act Achieved?' *Guardian.* Available at: https://www.theguardi an.com /local-government-network/2013/nov/02/locali sm-ac t-devol ut ion -uk-lo cal -auth orities

Pius XI (1931) *Quadragesimo Anno.* Available at: http://www.vatican.va/content/pius-xi/en/encyclicals/documents/hf_p-xi_enc_19310515_quaragesimo-anno.html

Preston City Council (2020) 'What is Preston Model?' Preston City Council. Available at: https://www.preston.gov.uk/article/1339/What-is-Preston-Model-

Ramírez, G. M. (2008) *The Fire and the Word: A History of the Zapatista Movement.* San Francisco, CA: City Lights.

슈마허 지음(1973), 이상호 옮김,《작은 것이 아름답다》(문예출판사, 2002)

Scott Cato, M. (2012) 'Local Liquidity: From Ineffective Demand to Community Currencies'. Greenhouse Think Tank. Available at: https://greenhousethinktank.org/uploads/4/8/3/2/48324387/local-liq uidity-inside.pdf

Watson, B. (2017) 'The Troubling Evolution of Corporate Greenwashing'. *Chain Reaction* 129: 38–40. Available at: https://search.informit.com.au/documentSum

mary;dn=766428450523476;res=IE LAPA

Yanarella, E. J. and Levine, R. S. (2017) 'Power, Democracy, and the Commons: Community Resilience Activism and the Problem of Governance'. Bonus chapter. *Community Resilience Reader*. Post Carbon Institute. Washington, DC: Island Press. Available at: https://reader.resilience.org/bonus-chapter

하워드 진 지음(1980), 유강은 옮김, 《미국민중사*A People's History of the United States*》(이후, 2008)

결론 : 심층적응의 시작을 마무리하기

Ahmed, N. (2019) 'US Military Could Collapse Within 20 Years Due to Climate Change, Report Commissioned by Pentagon Says'. Vice. Available at: https://www.vice.com/en/article/mbmkz8/us-militarycould-collapse-within-20-years-due-to-climate-change-report-commissioned-by-pentagon-says

Aronoff, K. (2020) 'The Planet Is Screwed, Says Bank that Screwed the Planet'. New Republic. Available at: https://newrepublic.com/article/156657/planet-screwed-says-bank-screwed-planet

Bendell, J. (2019) 'Glocalising DA – Launching Deep Adaptation Groups Network'. Jembendell.com. Available at: https://jembendell.com/2019/09/09/glocalising-deep-adaptation-launching-the-d eep-adaptation-groups-network/

Bendell, J. (2020) 'What Activism Next? Ideas for Climate Campaigners'. Jembendell. com. Available at: https://jembendell.com/2020/02/06/what-activism-next-ideas-for-climate-campaigners/

Bendell, J. and Greco, T. (2013) 'Currencies of Transition', in M. McIntosh (ed.), *The Necessary Transition*, 1st edn. Sheffield: Greenleaf Publishing.

Bradbrook, G. and Bendell, J. (2020) 'Our Power Comes from Acting without Escape from our Pain'. *Resilience*. Available at: https://www.resilience.org/stories/2020-07-30/our-power-com es-from-act ing -without-escape-from-our-pain/

Cassely, J.-L. and Fourquet, J. (2020) 'La France: Patrie de la collapsologie?' Fondation Jean-Jaures and IFOP. Available at: https://jean-jaures.org/nos-productions/la-france-patrie-de-la-collapsologie

Fedele, G. et al. (2019) 'Transformative Adaptation to Climate Change for Sustainable Social-Ecological Systems'. *Environmental Science and Policy* 101: 116–25.

Few, R. et al. (2017) 'Transformation, Adaptation and Development: Relating Concepts to Practice'. *Palgrave Communications* 3. Available at: https://www.nature.com/articles/palcomms201792

Foster, J. (ed.) (2019) *Facing Up to Climate Reality: Honesty, Disaster and Hope.* London: London Publishing Partnership.

Kishan, S. (2020) 'Professor Sees Climate Mayhem Lurking behind Covid-19 Outbreak'. Bloomburg. Available at: https://www.bloomberg.com/news/articles/2020-03-28/professor-sees-climate-may hem-lurking-behind-covid-19-outbreak

Knorr, W. et al. (2020) 'Letters'. *Guardian.* Available at: https://www.theguardian.com/world/2020/may/10/after-coronavirus-focus-on-theclimate-emergency

Moses, A. (2020) '"Collapse of Civilisation is the Most Likely Outcome": Top Climate Scientists'. Voice of Action. Available at: https://voiceofaction.org/collapse-of-civilisation-is-the-most-likely-outcometop-climate-scientists/

Paul, H. and Read, R. (2019) 'Geoengineering as a Response to the Climate Crisis: Right Road or Disastrous Diversion?', in J. Foster (ed.), *Facing Up to Climate Reality: Honesty, Disaster and Hope*, 1st edn. London: London Publishing Partnership.

존 롤스 지음(2005), 장동진 옮김,《정치적 자유주의》(동명사, 2016),

Read, R. (2018) 'Religion After the Death of God? The Rise of Pantheism and the Return to the Source'. Medium. Available at: https://medium.com/@GreenRupertRead/religion-after-the-death-of-god-the-rise-of-pantheism-and-the-return-to-the-source-54453788bbaa

Read, R. (2020a) *Our Last Chance to Save a World that Won't Be Saved.* Available at: https://www.youtube.com/watch?v=LZtRv58OeCM

Read, R. (2020b) '24 Theses on Corona'. Medium. Available at: https://medium.com/@rupertjread/24-theses-on-corona-748689919859

Read, R. (2020c) 'Negotiating the Space between Apocalypse and Victory'. *Byline Times.* Available at: https://bylinetimes.com/2020/06/12/negotiating-the-space-between-apocalypse-and-victory/

Read, R. (2020d) 'The Coronavirus Gives Humanity One Last Chance – but for What Exactly?' Compass. Available at: https://www.compassonline.org.uk/the-coronavirus-gives-humanity-one-last-chan ce-butfor-what-exactly/

Read, R. (2020e) 'Imagining the World after COVID-19'. ABC. Available at: https://www.abc.net.au/religion/rupert-read-imagining-a-world-after-coronavirus/12380676

Read, R. (2020f) *Eco-Spirituality at the Moment of Last Chance*. Available at: https://www.youtube.com/watch?v=4kbzI_jTGIk

Read, R. (2021) 'Transformative Adaptation: A New Framework for Responding to Our Predicament'. *Permaculture Magazine* 107.

Read, R. and Alexander, S. (2019) *This Civilisation Is Finished: Conversations on the End of Empire – and What Lies Beyond*. Melbourne: Simplicity Institute.

Read, R. and Scavelli, F. (2020) '2025 No More? The Tory Victory, XR, and the Coming Storms'. Open Democracy. Available at: https://www.opendemocracy.net/en/opendemocracyuk/2025-no-more-toryvictory-xr-and-coming-storms/

Studley, J. (2018) *Indigenous Sacred Natural Sites and Spiritual Governance: The Legal Case for Juristic Personhood*. London: Routledge.

Vexler, V. (2020) *The Future of the Climate Crisis and Extinction Rebellion?* Available at: https://www.youtube.com/watch?v=hctKL9R2eUE

저자 소개

젬 벤델 Jem Bendell, PhD

컴브리아 대학 교수이자 심층적응포럼deepadaptation.info의 설립자다. 연구자, 교육자 및 자문가로서 기후 혼돈에 대한 심층적응을 위한 리더십, 커뮤니케이션, 촉진 및 통화 혁신이 전문 영역이다. 100만 회가량 다운로드된 유명한 "심층적응" 논문을 저술했다. 또한 25년 이상 20개가 넘는 국가에서 기업, 자원봉사 단체 및 정당과 함께 사회와 조직 변화에 관련된 일을 했다. 유엔을 위한 5개를 포함하여 100개 이상의 출판물을 집필하고 다중이해관계자 이니셔티브 개발에 참여함으로써 세계경제포럼에서 차세대 글로벌 리더Young Global Leader로 인정받았다.

테레자 차이코바 Tereza Čajkova

전례 없는 지구적 도전에 함께 대응하기 위해 어떤 종류의 학습과 기술이 필요한지에 대한 질문에 초점을 맞춰 지속가능 개발을 위한 교육 분야에서 일해왔다. 현재 브리티시컬럼비아 대학에서 박사 과정을 밟고 있다. 그녀의 연구는 보다 사회적으로 그리고 생태학적으로 책임 있는 혁신 관행을 지원하기 위해 관행적 패러다임을 넘어 사회혁신 이론을 확장하는 데 중점을 두고 있다.

케이티 카 Katie Carr, MA

정규 교육, 공동체 및 조직들 내에서 17년의 경험을 가진 협력 학습 퍼실리테이터다. 그녀의 작업은 인간적이라는 것 그리고 함께 산다는 것이 무엇을 뜻하는지 탐구하는 사람들 사이의 관계적 공간 속에서 의식성과 사랑의 인식을 불러일으키는 데 중점을 둔다. 심층적응포럼의 선임 퍼실리테이터로서 퍼실리테이터를 위한 실행 커뮤니티의 발전을 이끌었다. 그녀는 석사 과정 수준에서 리더십을 가르치고, 기후 위기에 대처하는 자원활동 부문, 민간 및 공공 부문의 지도자들에게 가이드와 코치 역할도 한다.

고띠에 샤뻴 Gauthier Chapelle

벨기에의 작가, 강사이자 생태모방 및 붕괴학 분야에서 땅에 깊이 뿌리박은 in-Terre-dependent 연구자이며, 한 아버지, 박물학자, 농업 엔지니어, 극지 생물학 박사다. 그는 유럽 생태모방 분야의 선구자 중 한 명이며(2003), 조애나 메이시(2010)에게서 영감을 받은 재연결 작업Work that Reconnects 네트워크의 개척자로서, 지금도 테레베이유Terr'Eveille와 함께 일하고 있다. 2015년부터는 친구이자 공동 저자인 파블로 세르비뉴(《상호 부조, 정글의 다른 법칙Mutual Aid : The Other Law of the Jungle》) 및 라파엘 스티븐스(《세상의 다른 끝은 가능하다Another End of the World is Possible》, 파블로 세르비뉴와 공저)와 함께 문명 붕괴를 예상하여 조직적이고 '로우-테크low-tech' 생태모방을 장려하고 있다.

조나단 고슬링 Jonathan Gosling

엑스터 대학의 리더십 명예 교수다. 현재 포워드 연구소Forward Institute의 독립 학자로서 정부와 NGO, 기업의 책임 있는 리더십 활동을 촉진하고 있다. 또 아프리카에서 HIV 및 말라리아 통제 프로그램의 최전선 리더십을 지원한다. 그는 Rio+20 유엔 지속가능성 정상회의에서 영국 대학들을 대표했으며, 《지속가능 비즈니스 : 행성적 접근 Sustainable Business: A One Planet Approach》 교과서의 공동 저자이자 하나의 행성 교육 네트워크OPEN의 공동 설립자로서 경영 교육의 '녹색화'에 기여했다. Coachingourselves.com을 공동 설립하여 커뮤니티 중재자로 수년간 일해온 열렬한 활동가이기도 하다.

션 켈리 Sean Kelly, PhD

캘리포니아 통합 학문 연구소CIIS의 철학, 우주론 및 의식 이론 교수다. 그는 《가이아 되기 : 행성적 시작의 문턱에서Becoming Gaia: On the Threshold of Planetary Initiation》, 《귀환 : 행성 시대의 탄생과 변천Coming Home: The Birth & Transformation of *the Planetary Era*》의 저자이며, 《통합 생태론의 다양성: 행성 시대의 자연, 문화, 지식 *The Variety of Integral Ecologies: Nature, Culture, and Knowledge in the Planetary Era*》의 공동 편집자다. 또한 에드가 모랭의 《고향 지구: 새천년을 위한 선언*Homeland Earth : A Manifesto for the New Millennium*》의 공역자다. 션은 학술 활동과 더불어 태극^{Taiji}을 가르치며 재연결 작업의 퍼실리테이터다.

조애나 메이시 Joanna Macy, PhD

불교, 심층생태학 및 일반 시스템 이론을 연구하는 학자이자 평화와 정의, 생태학 운동에서 존경받는 발언자다. 그녀는 재연결 작업의 간부 교사이자 《생명으로 돌아가기*Coming Back to Life*》, 《연인으로서의 세계, 자아로서의 세계*World as Lover, World as Self*》, 《역동적인 희망*Active Hope*》(크리스 존스턴과 공저), 《붓다의 연기법과 일반 시스템 이론*Mutual Causality in Buddhism and General Systems Theory*》, 《커져가는 원: 회고록*Widening Circles: A Memoir*》, 《유한성을 찬양하며: 라이너 마리아 릴케의 두이노 비가와 오르페우스에게 보내는 소네트 선집*In Praise of Mortality: Selections from Rainer Maria Rilke's Duino Elegies and Sonnets to Orpheus* 》(아니타 배로우즈와 공저) 등 많은 책과 글을 썼다.

바네사 드 올리베이라 안드레오티 Vanessa de Oliveira Andreotti

캐나다 밴쿠버의 브리티시컬럼비아 대학 교육학과에서 인종과 불평등, 지구적 변화에 대한 캐나다 연구위원장을 맡고 있다. 식민주의와 인간 예외주의에 대한 다양한 비판을 바탕으로 그녀의 연구는 근대성 내에서 역사적, 체계적, 지속적인 폭력 형태와 지속 불가능한 물질적, 실존적 차원 사이의 접점을 탐색한다. 그녀는 '탈식민 미래를 위한 몸짓decolonialfutures.net'의 창립 멤버이자 라틴아메리카 원주민 공동체의 In Earth's Care 네트워크의 창립자 중 한 명이다.

루퍼트 리드 Rupert Read

이스트앵글리아 대학의 철학 교수다. 《이런 문명은 끝났다*This Civilisation is Finished*》(2019)와 《생태학과 계몽의 영화 철학*A Film-Philosophy of Ecology and Enlightenment*》(2018) 등 11권의 책을 썼다. 그린하우스 싱크탱크의 전 의장이자 잉

글랜드와 웨일스의 전 녹색당 의원, 대변인, 유럽 의회 후보 및 전국 의회 후보다. 그동안 〈가디언〉, 〈인디펜던트〉, 〈이콜로지스트〉와 여러 신문과 웹사이트에 글을 기고했다.

스키나 라소르 Skeena Rathor

카슈미르 수피교도로 세 딸, 가족, 스트라우드 공동체와 삼림지대의 도움 덕분에 정신없는 외부 활동으로 나날을 보낸다. 그녀는 지방의원으로, 공감하는 스트라우드 프로젝트Compassionate Stroud Project의 공동 설립자이며, 공동-해방과 활력-충만 프로젝트Co-Liberation and Power-fullness Project, 그리고 멸종반란의 공동 창립자다. 출생, 산모 건강, 아동 발달, 호흡, 외상 및 사랑에 관한 전문 지식을 바탕으로 20년 동안 신체-뇌 및 심장-뇌 회복 활동을 가르치고 있으며 13개의 자격증을 보유하고 있다. 스키나는 관계 상실에 따른 슬픔 때문에 15세 때부터 캠페이너와 활동가가 되었다.

다니엘 로더리 Daniel Rodary

생태학자로, 처음에는 황제펭귄을 연구하고 국제 과학 프로젝트(국제과학협의회 International Council of Science, 수단의 쿠스토 소사이어티Cousteau Society)의 관리를 맡고 극지방(남극 대륙, 스피츠베르겐, 그린란드)에서 가이드 강사로 일했다. 2010년부터는 아이티, 인도, 멕시코의 지역 농부들 그리고 프랑스와 남인도의 유기농 농부들과 함께 삼림 재조림 프로젝트의 코디네이터로 일하고 있다. 2010년부터 기후변화, 행성적 경계 및 생태모방에 대해 강의했으며 인도 남부에 심층적응 오로빌Auroville을 공동 설립했고 현재는 심층적응 프랑스Adaptation Radicale에 참여하고 있다.

파블로 세르비뉴 Pablo Servigne

생물학 박사 학위(벨기에)를 가진 농업 엔지니어다. 작가와 강사가 되기 위해 2008년 학계의 직책을 그만뒀다. 붕괴, 전환, 회복력, 농생태학 및 상호부조에 관한 많은 기사와 책을 썼다. 현재 프랑스 잡지 〈우주목Yggdrasil〉의 편집장이다. 그는 2015년에 라파엘 스티븐스와 함께 우리 문명과 생물권의 붕괴에 대한 학제간 연구를 위해 '붕괴학'이라는 단어를 고안했다.

샤를로트 심슨 Charlotte Simpson

지속가능한 식품 및 천연자원 석사 과정의 마지막 단계를 수행하고 있다. 그녀의 현재 연구는 지속가능한 식단, 행동 변화에 대한 사회적 및 문화적 영향의 중요성, 행동 변화의 장기적 유지, 그리고 기후 교란에 직면한 사회 변화를 위한 교육의 역할에 중점을 둔다.

디노 시웩 Dino Siwek

브라질 출신의 독립 연구자로 인류학과 사회 커뮤니케이션을 연구해왔다. 그의 작업은 생태 위기와 조직적 폭력 간의 상호작용 그리고 세계 안에 그리고 세계와 함께 존재하는 더 깊은 가능성들을 찾는 방법으로서 구체화되는 실천 등 실험적이고 반직관적인counter-intuitive 학습 방법에 중점을 둔다. 그는 땅 속으로Terra Adentro 프로젝트의 공동 설립자다.

매튜 슬레이터Matthew Slater

지역통화를 위한 오픈소스 소프트웨어를 구축하고 운영한다. 그의 행동주의는 화폐이론 연구에서 커뮤니티 구축, 소프트웨어 정치학에 이르기까지 다양한 주제를 다룬다. 그는 젬 벤넬과 함께 [온라인 강좌] "화폐와 사회 무크Money & Society MOOC"를 공동 저술했으며 몇몇 학술 논문에 기고했다.

샤론 스테인 Sharon Stein

브리티시컬럼비아 대학 교육학과 조교수다. 그녀의 연구는 고등 교육의 국제화, 탈식민화 및 지속가능성에 대한 연구와 실행에 비판적이고 탈식민적인 관점을 제공한다. 이 작업을 통해 그녀는 지역 및 지구적 (부)정의의 상호 연관된 생태적, 인지적, 정서적, 관계적, 정치적 및 경제적 차원들을 다루는 도전, 복잡성과 가능성에 개입한다.

라파엘 스티븐스 Raphaël Stevens

독립 연구자, 작가 그리고 강사다. 슈마허 칼리지와 플리머스 대학에서 전체론 과학으로 석사 학위를 받기 전에는 경영 및 환경 관리를 공부했다. 2006년에 순

환경제에 대한 지원과 지침을 제공하는 컨설팅 회사인 그린루프Greenloop를 공동 설립했다. 2011년부터 모멘텀 인스티튜트Momentum Institute(프랑스)의 부연구원으로 일하면서, 6개 언어로 번역된 《모든 것이 무너질 수 있는 방법How Everything Can Collapse》(Seuil, 2015, P. 세르비뉴와 공저; 영어로는 2020년 Polity에서 출간), 그리고 《세상의 다른 끝은 가능하다》(Polity, 2021, P. 세르비뉴 및 G. 샤펠과 공저) 등 몇 권의 책을 썼다.

르네 수사 Rene Suša

브리티시컬럼비아 대학 교육학과의 박사후 연구원이다. 그의 연구는 포스트식민주의, 탈식민주의, 정신분석학적 사유에 기반한 근대성과 근대적 주체에 대한 비판에 초점을 맞추고 있다. 특히 우리의 상상력, 인지 및 관계 능력을 확장하는 것을 방해하는 무의식적인 근대적/식민주의적 욕망, 투영 및 정서적 몰입에 생성적으로 개입하는 교육적 도전에 관심이 있다.

에이드리언 테이트 Adrian Tait

26년 동안 정신분석 심리치료사로 일했으며 데본에서 왕립정신분석학 칼리지 MRCPsych 훈련생을 가르치고 지도하고 있기도 하다. 2009년에는 기후 위기에 대한 지구적 심리-사회적 대응을 개발하고 조정하는 데 도움을 주기 위해 웨스트 오브 잉글랜드 대학에서 방문 연구원을 맡았다. 이는 2013년에 기후심리학동맹Climate Psychology Alliance, CPA의 결성으로 이어졌다. 에이드리언은 CPA를 위해 광범위한 글을 썼으며 더 많은 청중에게 기후심리학의 관점을 제공하는 데 적극적이다.

샤를로트 폰 뷜로우Charlotte von Bülow, PhD

웨스트 오브 잉글랜드 대학 브리스톨 비즈니스 스쿨의 리더십 분야 선임 강사다. 또한 통합교육, 고등교육 기관 및 컨설팅에 대한 국가 공인 수여 기관인 크로스필드 인스티튜트 그룹Crossfields Institute Group(영국)의 설립자다. 샤를로트는 성인이 된 후 줄곧 교육자로 일했다. 사회적기업가, 컨설턴트 및 임원 코치로서 전 세계의 개인과 조직, 공동체들을 도왔다. 그녀의 연구와 저서는 교육에 대한 통합적 접근 방식, 불확실성과 복잡한 시대의 리더십, 의식적인 윤리학에 초점을 둔다.

기후대혼란, 피할 수 없는 붕괴에 어떻게 적응할 것인가

심층적응

1판 1쇄 인쇄 2022년 8월 15일   **1판 1쇄 발행** 2022년 8월 25일

지은이 젬 벤델 · 루퍼트 리드 외   **옮긴이** 김현우, 김미정, 추선영, 하승우

펴낸이 전광철   **펴낸곳** 협동조합 착한책가게

주소 서울시 마포구 독막로 28길 10, 109동 상가 b101 - 957호

등록 제2015 - 000038호(2015년 1월 30일)

전화 02) 322 - 3238   **팩스** 02) 6499 - 8485

이메일 bonaliber@gmail.com

홈페이지 sogoodbook.com

ISBN 979 - 11 - 90400 - 39 - 8   (03300)

• 책값은 뒤표지에 있습니다.

• 잘못된 책은 구입하신 서점에서 바꾸어 드립니다.